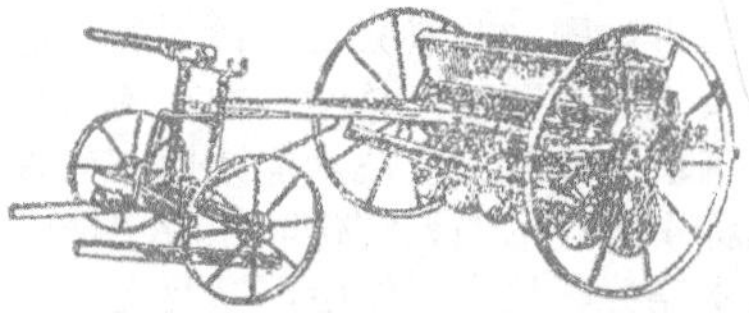

中国引进俄苏农业技术结构变迁及本土化研究

1840—1966

宋 超 著

科 学 出 版 社
北 京

内 容 简 介

本书根据史志、档案和农业史料写就。重点探讨中国自清末至新中国成立初期引进俄国（苏联）农业技术的历史背景、途径、方式、结构变迁以及成效和影响；总结清末、民国和新中国成立初期三个历史时期中国引进俄苏农业技术连续性、积累性、涌现性和本土化的特点；阐释引进技术的系统化，在应用推广和本土化进程中的边界效应、技术差势、技术流作用，以及文化因素的影响等。

本书适合对中国科技史、中华人民共和国史、中俄（苏）关系史感兴趣的读者阅读。

图书在版编目（CIP）数据

中国引进俄苏农业技术结构变迁及本土化研究：1840—1966/宋超著.—北京：科学出版社，2022.1
ISBN 978-7-03-063812-0

Ⅰ. ①中…　Ⅱ. ①宋…　Ⅲ. ①农业技术-技术引进-研究-中国-1840-1966　Ⅳ. ①F329. 05

中国版本图书馆 CIP 数据核字（2019）第 299316 号

责任编辑：李春伶　李秉乾 / 责任校对：韩　杨
责任印制：张　伟 / 封面设计：楠竹文化

科学出版社出版
北京东黄城根北街 16 号
邮政编码：100717
http://www.sciencep.com
北京中石油彩色印刷有限责任公司印刷
科学出版社发行　各地新华书店经销
*
2022年1月第　一　版　开本：720×1000 1/16
2022年1月第一次印刷　印张：27
字数：400 000

定价：138.00元

（如有印装质量问题，我社负责调换）

本书为国家社会科学基金项目“中国引进俄苏农业技术结构变迁及本土化研究（1840—1966）”（立项号：12BZS096）结项成果

序

作为宋超教授的同事，我有幸为宋老师的著作写序。中国引进俄苏农业技术的研究是学术界很少关注的一个领域，宋老师进行了深入的研究。这本著作不仅学术价值高，而且具有重要的现实意义。

人类文明史是一部不同文明不断交流与融合互动发展的历史。任何民族、国家的文化都是一种动态系统，演化发展需要通过交流吸收异质文化的积极要素。中外科技交流，作为中国科学技术史研究的一个重要领域，是南京信息工程大学科学技术史研究院的重点研究方向之一。中国优秀传统文化智慧包含协和万邦、天下一家等外交理念和原则。在近现代，中俄互为最大邻国和重要地缘经济体，中国与俄国（苏联）在外交、经济、科技等方面的关系一直受到国内外政界、商界、学界的广泛关注。中国与俄苏农业技术交流地缘优势和资源互补性强，两国文化融通、异质性弱，引进技术易于应用推广、实现本土化。中国从俄苏境内（地域包含苏联时期的广大地区）引进农业技术历史悠久，早在汉代就引入大宛马、苜蓿、葡萄等农牧品种，在清代引进铃铛麦、老羌菜、老羌谷和猪、马、牛等农牧品种。这些品种本土化后在中国广泛种养。

宋老师先后主持了两个国家社科基金项目，《中国引进俄苏农业技术结构变迁及本土化研究（1840—1966）》是其中的一项成果。该书以丰富翔实的农业史料、地方志和档案资料为研究基础，综合利用历史学、经济学、文化学、系统哲学等学科的理论方法，通过宏观审视和微观分析相结合的研究，考证中国引进俄苏农、林、牧、渔等方面技术结构变迁、推动中国农业发展和引起社会生产生活方式变迁等史实，论述引进农牧品种丰富种质资源和培育新品种的意义，探究引进农业技术及其本土化的经济意义和社会文化影响。该书系统展现了清末至新中国成立初期中国引进俄苏农业技术的结构变迁、本土化成效及影响的整体图景，注重从引进技术系统结构变化的内在规律、社会因素的外部影响、本土化引起的社会文化变迁等方面考察史实，提出了一些关于技术交流一般规律的认识，概括起来，主要包括以下三个方面。

第一，技术差势存在是技术引进的前提条件。清末至新中国成立初期，俄苏农业技术相对先进，中国引进俄苏农业技术途径和方式不断拓展，动力、成效和影响不断增强。1840 年鸦片战争后，孙中山、康有为等有识之士提出学习国外农业科技，教农民照法耕植，创办农业试验推广机构，发展农业教育事业。俄国十月革命的影响和苏联社会主义制度的建立，加强了中俄（苏）两国人民交往和认同。从 19 世纪末开始，黑龙江、内蒙古、吉林和新疆等省份的中苏边境地区通过边境贸易引进俄苏农牧品种、农机具和种养技术。吉林省农事试验场引进俄国蔬菜品种试种，清政府马政机关引入俄国种马改良地方品种。黑龙江地方官员出面从俄国引进拖拉机，并聘请俄匠驾驶。20 世纪 30—40 年代，新疆省通过聘请苏联专家、派遣留苏学生等途径，引进苏联农牧品种、西兽医药和青贮饲料等新技术。近代引进苏联农业技术的推广应用，在一定程度上促进了相关区域农业近代化和商品经济发展。新中国成立初期，在西方国家对华经济封锁、中国采取“一边倒”政策和中苏友好互助合作的背景下，中国全面学习苏联经验，通过多种途径在农业生产、科研和教育等方面系统引进苏联农业技术，对中国农业恢复发展和农业现代化建设发挥了重要的推动作用。

第二，引进技术应用推广和本土化成效是积累性与跃迁性、合规律性与合目的性的辩证统一。技术是具有开放性、目的性、协同性等特点的复杂系统。早在公元前 4 世纪，古希腊哲学家亚里士多德就强调技术的目的性。18 世纪唯物主义哲学家德尼·狄德罗在《科学、美术与工艺百科全书》中，把技术定义为“为了完成特定目标而协调动作的方法、手段和规则相结合的体系”，强调技术的目的性与协同性。引进技术应用推广和本土化成效是技术要素与社会的、自然的各种环境因素相互作用的结果。清末至新中国成立初期，随着中俄（苏）外交关系、贸易往来和科技交流的发展，引进俄苏农业技术动因、目的经历了从不自觉、无计划性到有目的、高度计划性的嬗变。引进俄苏农业技术的应用推广及本土化成效既是技术差势存在引起的自然流动，也是社会主体，特别是政府组织有目的、有计划地推动合作交流的结果。

第三，引进技术本土化引起区域生产生活方式和社会文化的变迁。根据文化学理论，所有变迁的终极来源都是创新，创新是指在一个群体内部得到广泛接受的任何新的做法、工具或原理。清末至新中国成立初期引进俄苏农业技术的应用和实现本土化，作为一种改造传统农业的创新发展过程，在中国形成了新的生产方式和生活方式，并引起了社会文化的变迁。移居在内蒙古呼盟岭西额尔古纳河东岸的俄国（苏联）侨民，引入农牧机械和打草圈养技术，使这里世代习惯游牧生活的蒙古人逐步学会垦荒种田和打草圈养牲畜。20 世纪 30 年代盛世才主政新疆时期，聘请苏联专家帮助制定计划发展农业机械化，引进并推广农业机械实行垄作，逐步取代了当地传统的“无垄”式农业。移居伊犁地区的俄国人带来有利于蜜蜂越冬的箱式养蜂法，逐步取代中国传统木桶养蜂法。俄国人在哈尔滨及滨洲铁路沿线饲养奶牛和加工销售乳制品，使当地人逐渐习惯食用消毒牛奶、酸奶等乳制品，兴起了乳品加工业。

目前，关于中外农业技术交流史的专门研究还比较少。《中国引进俄苏农业技术及本土化研究（1840—1966）》一书的出版丰富了中外农业技术交流史研究的成果，有助于加强中俄（苏）农业交往和中国农业近现代化的历史研究，为农业文化遗产保护、利用、传承提供了史料线索和史实依据。同时，在推进“一带一路”国际合作、构建人类命运共同体的背景下，该书的出版具有历史镜鉴意义，为农业“走出去”开展国际科技合作提供了经验借鉴和决策参考。

我和宋超教授共同在南京信息工程大学科学技术史研究院工作。宋老师为人谦和，他不仅带研究生认真负责，强调对学生的文献训练，上课也非常投入。记得语言文化学院许先文书记听了他的课后，赞不绝口，认为宋老师讲得很生动。作为研究院科学技术与社会研究方向的带头人，宋老师和我们一起，申请了科学技术史一级学科博士点，共同建设南京信息工程大学的科技史学科。我们齐心协力，风风雨雨一路走来，终于取得了初步成绩。如今，宋老师又为本学科开拓了一个新的领域，并且高水平的成果频出，让人非常欣慰。在此，衷心祝愿宋老师取得越来越丰硕的成果。

李晓岑

2019年7月19日

目 录

CONTENTS

导　言

中国与俄国（1721 年彼得一世建立俄罗斯帝国；1917 年俄国十月革命后称苏俄；1922—1991 年称苏联）山水相连，从俄国境内（地域包含苏联时期的广大地区）引进农业技术历史悠久。早在西汉时期，张骞就从大宛引进苜蓿、葡萄、大宛马等农牧品种，广泛种养并实现本土化。晚清至新中国成立初期，中国引进俄苏[①]农业技术种类增多，数量、规模和应用范围不断扩大。引进技术包括农作物品种（含中国原来没有的作物品种）[②]、畜牧品种、农业机械等物质形态技术，农业生产经验、技能、技巧等经验形态技术，以及知识形态技术。这些技术是一个相互贯通、相互联系的有机整体，具有清晰的变迁脉络、层次结构和特定功能。中国引进俄苏农业技术结构的变迁对其推广应用和本土化产生了深远影响。

一、问题提出

中国是一个文明古国，农业文明历史近万年，农业科技发展走过辉煌灿烂的历程，在传统农学等领域取得了相当高的成就。正如科学史学家李约瑟（Joseph Needham）所言：在公元 3—13 世纪，中国一直保持着一个令西方世

① 在本书中“俄苏”指 1840—1922 年的俄国、苏俄和 1922—1991 年的苏联。根据表述需要，俄苏、俄（苏）均有出现，不宜统一。

② 李明滨：《中国与俄苏文化交流志》，上海：上海人民出版社，1998 年，第 42—46 页。

界望尘莫及的科学知识水平。明清时期，中国经济发展十分迅速，其主要支撑体系就是中国传统农业。[①]明清鼎革之后，由于封建政府虚骄自大，闭关锁国，轻视科学技术，中国经济和农业科技发展缓慢，日渐落后，农业生产力水平低于西方资本主义国家。鸦片战争以后，尽管中国开始引入西学办洋务，但由于帝国主义、封建主义及后来的官僚资本主义的压榨统治和长期战乱，农业生产力遭到严重破坏，农业科技发展滞缓。至 1949 年，农业良种化、商品化、机械化水平仍然十分落后。

为发展农业，清政府设置农业机构、农业试验场，兴办农业教育。鸦片战争后，以李鸿章为代表的洋务派认为，只要学习了西方的“船坚炮利”，中国就能中兴自强。而有识之士则认为，为挽救国家于危亡之中也要振兴产业，尤其是振兴农业。孙中山强调农政有官，农务有学，耕耨有器。同时，倡导学习国外农业科技。1895 年，孙中山提出关于创办农学会的主张，“首以翻译为本，搜罗各国农桑新书”，译成汉文“以教农民，照法耕植”。[②]1895 年 4 月，康有为等联名发起“公车上书”，提出应该学习外国科技和经验，改进中国农业。他们研究外国农书，仿照外国设农会，解决农业生产上的问题，兴办农业学堂，培养农业技术人才。1897 年，张謇在《请兴农会奏》等文中主张讲求农学，行四国农学所得之法。[③]1898 年，上海农学会设立农事试验场。1902 年，保定建立直隶农事试验场。1903 年，清政府成立掌管全国农商矿等政务的商部，内设平均司，专司农务、蚕桑、树艺、开垦、水利诸事，省级设农务局。1906 年，平均司更名为农务司，职能范围新增农业教育及农场、农事试验场、农业公司设置与管理等。同年，农工商部筹建直属农事试验场，设园艺、树艺、蚕桑、病虫害、化验等 5 个部门；在张家口建立模范牧场 1 处。与此同时，各省也先后兴办了农事试验场、棉作试验场、茶叶试验场等。同年，奉天省设立农事试验场，并在锦州、绥中、海龙等地设有 12 个农事试验场分场。1912 年，中华民国成立，建立中央、省级农业

---

① 王思明：《如何看待明清时期的中国农业》，《中国农史》2014 年第 1 期，第 3—12 页。

② 宋超：《建国初期中苏农业科学技术合作研究》，北京：中国三峡出版社，2009 年，第 22—23 页。

③ 中国农业博物馆：《中国近代农业科技史稿》，北京：中国农业科技出版社，1996 年，第 24 页。

行政机构和农事试验场，部分县也设有农事试验场。国民政府接管已有农牧试验场，并在北京、武昌、长清等地设立林业试验场；在北京、河南安阳、河北正定、湖北武昌、江苏南通等地设立棉业试验场；在安徽凤阳和北京西山设畜牧试验场；在江苏海州、浙江定海新建或扩建渔业试验场。省、县农业事务分别由各省实业厅、县实业科掌管。

中国早期农业试验机构大多于 20 世纪初开始设立。设立之初科研条件简陋，缺乏农业科研人才，但注重翻译外国书刊、学习国外农业生产经验和引种试种。吉林省农事试验场从 1909 年开始，引进了俄国青豌豆、白菜豆等一些蔬菜新品种在吉林试种，吉林农安县农事试验分场还试种了俄国的甘蓝（*Brassica oleracea L.*）、金瓜等蔬菜新品种。[①]当时的这些举措在总结农业生产经验，保持种质，引进国外农业新技术、新品种等方面，起到了一定的积极作用。1892 年，张之洞在湖北引种美国陆地棉。1904 年，中国开始试用国外化肥和农药。中国最早选育的稻、麦、棉等优良品种，大都来自高等农业院校。1930 年后，中山大学丁颖教授育成“中山一号”水稻良种，金陵大学沈宗瀚教授等育成“金大 2905”小麦良种。中国科学院院士金善宝教授引进意大利“明他那”小麦，育成“中大 2419”小麦品种。中央农业实验所 H. H. 洛夫（Love）教授（从美国康奈尔大学聘请）选育出“斯字”棉和“德字”棉。[②]

农业教育方面，1898 年，杭州知府林迪臣发起创办浙江蚕学馆。湖北及其他相关省份相继兴办农务学堂、农业学堂。1905 年，京师大学堂筹办分科大学，设有农科。至 1909 年，全国共有 5 所高等农业学堂，学生 530 名；31 所中等农业学堂，学生 3000 多名。1913 年，改学堂为学校。到 1919 年，全国有农科大学 4 所、农业专门学校 8 所，学生 1554 人，每年毕业生不到 500 人。[③]五四运动后，中国高等农业教育分三个层次：大学院、大学校和专门

---

① 吉林省地方志编纂委员会：《吉林省志（第 38 卷）·科学技术志·科技》，长春：吉林人民出版社，1997 年，第 231—235 页。

② 沈志忠：《近代中美农业科技交流与合作初探——以金陵大学农学院、中央大学农学院为中心》，《中国农史》2002 年第 4 期。

③ 周邦任、费旭主编：《中国近代高等农业教育史》，北京：中国农业出版社，1994 年，第 92 页。

学校。1927年，大学院改为大学的研究生院。20世纪初期，北京农业大学、东南大学农科、金陵大学农科、广东大学农科及岭南农科大学等早期建立的农业高校，培养人才和科研成绩较为显著。虽然中国农业学校教育的兴办始于19世纪末，但至新中国成立之前，中国农业教育基础依然非常薄弱。1948年，全国有公立、私立高等农业院校58所（含专科），在校学生仅1万人；中等农校271所，在校学生2.2万人。1932—1947年，共毕业农科大专学生1.3万人，中等专业学生约5万人。所有学校师资不齐、设施简陋。在抗日战争和解放战争中，多数学校历经搬迁合并损失严重，有的停办或濒临关闭。成人农业技术教育几乎处于空白。①

农业生产方面，仍主要使用传统小农具。因战乱频繁，农业生产力遭到严重破坏。1949年以前，中国工业技术装备和机器制造业十分落后，农机具制造业几乎是一个空白。20世纪40年代末，近代机器工业在全部工业中所占的比重约为17%。②因而，农业生产仍然主要使用由铁匠、木匠手工打制的传统小农具，采用近代半机械化和机械化农具的微乎其微。1840—1949年，中国人民深受帝国主义、封建主义的压迫，农业生产力落后，粮食平均单产低于清代中叶。日本侵华推行“以战养战”政策，肆意掠夺。在抗日战争中，仅晋察冀边区农具损失就达2621万件，猪、羊损失370万头（只），粮食损失1333万吨，造成农村耕地面积缩减，土地荒芜，农业生产力遭到严重破坏。1931—1947年，大豆、小麦、稻谷、高粱和花生等作物的总产量均有不同程度的降低。③受战争影响，农具、耕畜大大减少，许多地方粮食、种子被抢光，土地无法播种。至1942年，山东省主要农具短缺40%，农作物总产量下降，耕地面积缩小。抗战后与抗战前比较，受战争影响广东、湖南

① 《当代中国》丛书编辑部：《当代中国的农业》，北京：当代中国出版社，1992年，第499页。
② 赵德馨主编：《中华人民共和国经济史（1949—1966）》，郑州：河南人民出版社，1988年，第14页。
③ 吴承明、董志凯主编：《中华人民共和国经济史（1949—1952）》第一卷，北京：中国财政经济出版社，2002年，第51页。

减少了40%，1946年河南耕地比战前减少了30%。[①]

近代俄苏农业科技相对先进。俄国从18世纪初开始重视学习西方。1724年，俄罗斯科学院在圣彼得堡成立，聘请德国科学家担任院士，规划和引领各领域科学发展。在农业科技方面，于1797年创办圣彼得堡农学院（后改为列宁格勒农学院）。1779年，世界上第一所土地整理学校（后改名为俄罗斯国立莫斯科土地整理工程大学）成立。俄国农业高校数量多，不少院校教学和科研水平在世界范围久负盛名。季米里亚捷夫农学院始建于1865年，是俄国创办的最早的农业高校之一，该校在农学、畜牧兽医、土壤农化等学科方向处于世界领先水平。

俄苏畜牧兽医技术先进，推广应用措施有力。家畜人工授精是一种重要的育种技术措施。1890—1909年，俄国生理学家H. 伊万诺夫开创的马匹人工授精技术在俄国部分地区推广应用。1913年，马的人工授精产驹率达42.3%。[②]1919年，H. 伊万诺夫在莫斯科建立中央实验育种站，培训技术人员。同时，俄国逐步建立延伸到村庄兽医站的家畜人工授精服务网络，利用优良种畜改良当地畜种。[③]俄罗斯植物栽培研究所成立于1894年，该研究所在植物品种搜集、保存和遗传育种领域走在世界前列。根据遗传学家Д. A. 瓦维洛夫的建议，苏联于1930年成立全苏植物栽培研究所和遍布全国各地的实验基地网络，收集了15万余种植物种子分别在各地研究所、试验站、育种站试验研究，目的在于建立植物高产育种体系。

俄国不仅兽医生物药品制造技术先进，而且生产监察制度建设也比较早。俄国十月革命之前，实施扑灭兽疫的方法是建立封锁线、杀死病畜、焚烧深埋。俄国还建立了兽医警察组织，严格监督和控制兽药使用。在兽医传染病的防治诊断及治疗的实际工作中，俄国规定应用13种生物制品，且兽医只有在畜禽疫情很严重时才能使用。在俄国十月革命之后，苏俄政府把家

---

① 刘再兴、吴郁文、连亦同：《中国经济地理概论》，北京：商务印书馆，1983年，第292页。

② 中国农业博物馆：《中国近代农业科技史稿》，北京：中国农业科技出版社，1996年，第262页。

③ 中央人民政府农业部畜牧兽医司：《畜牧兽医选辑（六）·兽医生物药品制造》，上海：中华书局，1953年，第15页。

畜传染病防治作为国家的一项重要事业，并在预防及控制牧畜传染病方面颁布了一系列法令，保证了各共和国防治牧畜传染病的物资供应。1919 年 1 月 28 日，列宁批准了关于动员兽医医生及兽医助手防治牧畜传染病（如鼻疽、炭疽、牛痘等）的法令。1919 年 8 月 20 日，列宁批准了关于研究所、试验所制造疫苗血清需要材料供应的法令。①

农业机械制造方面，列宁于 1921 年签署了《关于农业机械制造法令》，开始改建、新建大批农业机械制造厂。1923—1932 年，拖拉机（tractor）和机引犁、中耕机、谷物联合收割机、马铃薯收割机等机引作业机械品种、机型和制造能力均能满足当时需要。1933 年，农具和拖拉机进口全部停止。20 世纪 40 年代，棉花播种机械化率达到 81%；甜菜播种机械化率达到 93%；春播耕地播种机械化率达到 70%。1953 年，苏联实现了农业机械化。20 世纪 50 年代初，苏联农业机械化虽然在每千公顷耕地配备拖拉机马力数与美国、加拿大相比还有差距，但其农业机械、拖拉机制造技术却比中国先进。②

总体上，近代中国农业科技相对落后，农业生产一直采用传统技术方法和传统小农具。由于战乱频仍，农业生产力遭到了严重破坏。中国近代农业科学技术教育、研究与推广始创于 19 世纪末 20 世纪初。到 1949 年，全国只有少量农业科研和推广机构。由于缺乏科研人员、仪器设备、经费和规划，当时相仅在非常有限的领域和方向进行农业科学技术研究和推广工作。③近代俄苏农业科技在农作物、畜牧育种、植保、兽医、农业机械、土地规划整理等方面相对先进。在农业技术近代化历程中，俄苏比中国先行一步。根据技术流动传播差势理论，中国引进俄苏农业技术具有内在必然性。同时，在地缘、文化、外交等方面也具有优势。因此，研究、总结该时期引进俄苏农业技术及本土化变迁规律和历史经验是十分必要的。

本书具有一定现实意义和理论价值，以及历史借鉴与农业文化遗产保护

---

① 中央人民政府农业部畜牧兽医司：《畜牧兽医选辑（六）·兽医生物药品制造》，上海：中华书局，1953 年，第 13—14 页。

② 宋超：《建国初期中苏农业科学技术合作研究》，北京：中国三峡出版社，2009 年，第 45 页。

③《当代中国》丛书编辑部：《当代中国的农业》，北京：当代中国出版社，1992 年，第 554 页。

价值。中国引进俄苏农业技术及其本土化，在地缘关系、文化关系和外交关系等方面优势显著，并具有近代以前引进农业技术的基础。中国引进俄苏农业技术留下宝贵经验的同时也有深刻教训，然而目前系统的研究成果尚付阙如。发掘、利用史志和档案资料，全面研究和系统总结引进俄苏农业技术变迁及本土化特点、规律、经验、教训和引入农业品种繁育谱系，在当今中国引进俄罗斯及中亚国家农业技术、抢救保护农业遗产、种质资源库建设、疫病虫害成因分析、生物入侵溯源等方面，都具有历史借鉴意义和参考价值。清末至新中国成立初期，引进俄苏农业技术的历史资料丰富、综合、翔实，内容涵盖农作物种植、植保、畜牧饲养、兽医、农产加工、农业机械等方面。引进途径包括边民、侨民来华，边境贸易引入及地方政府出面引进实体形态农业技术，接受苏联成套技术援助，执行中苏科学技术合作委员会计划、中苏“122 项”协定，以及中苏两国相应机构直接联系等。引进方式包括引进农牧品种、农机具，聘请苏联专家，派遣留学生，共同科研，举办学术会议及成果展览等。根据史志和档案资料，在历史与现实的视野中探讨引进俄苏农业技术变迁及本土化特点、规律和影响，有助于丰富技术引进、技术传播、技术哲学等方面的理论。同时，发掘、研究引进农业技术物质文化遗产，如从俄国购进开荒用的“三马镣子”（大洋犁）、割地“马神”（马拉收割机）、打场“马神”（马拉脱谷机）等农机具和旅俄归侨创办面粉厂、酒厂（旅俄归侨徐祥久于 1922 年创建的黑河振边酒厂已成为国家保护文物），具有农业文化遗产保护意义。

二、前人研究概述

俄国（苏联）是中国最大的邻国。中俄（苏）两国山水相连，曾有长达 7600 多公里共同边界。中俄（苏）两国农业交往互补性强，在地缘关系、文化关系、外交关系等方面有显著优势。从俄苏境内引进农业技术历史悠久。西汉时期张骞引进苜蓿、葡萄、大宛马等农牧品种，广泛种养并实现本土化。

清末至新中国成立初期，中国引进俄苏农业技术种类增多，数量、规模和推广应用范围不断扩大。而且，引进技术形态结构也发生了巨大变迁，从以农牧品种、农机具等实体形态技术为主，发展到以共同科研获得知识形态技术为主。在引进技术变迁中，物质形态、经验形态、知识形态三种技术要素所占比重发生变化，体现了引进俄苏农业技术应用和本土化成效及中国农业科技发展进程。从清末至新中国成立初期，引进俄苏农业技术要素整体性、适应性和本土化成效不断增强。同时，这些技术是一个相互贯通、相互联系的有机整体，具有清晰的变迁脉络、层次结构和特定功能，对推广应用和本土化产生了深远影响。尽管目前尚未有专题研究著述系统探讨引进俄苏农业技术及本土化问题，但以下两个方面的研究成果具有一定相关性，为本书提供了必要的背景知识和研究线索。

（一）中俄（苏）经贸关系研究

俄国学者米·约·斯拉德科夫斯基（М. И. Сладковский）在《俄国各民族与中国贸易经济关系史（1917年以前）》中，对19世纪中俄贸易关系分四个阶段进行了剖析，尤其对恰克图贸易进口中国茶叶数量增长情况进行了分析，阐述了俄国市场对中国茶叶的需求及俄国政府对华贸易政策，同时认为俄国加工茶叶技术设备先进，是大量进口中国茶叶再返销中国的技术根源。依据斯拉德科夫斯基研究提供的线索，结合相关史料分析便发现，这一现象实际体现了一个共同问题，即俄国农产品加工技术设备先进，加工后的产品可以满足俄国市场需求；同时，这些新产品在中国也有巨大的市场空间。因此，俄商在中国经营农产品加工厂，具有原料、劳动力、能源等价格低廉的优势。因而俄商不断扩大投资，扩大农产品加工厂的规模和经营范围，如1893年8月，在汉口就有4家俄商兴办的砖茶加工厂，且它们都是当地最重要的企业，拥有先进的砖茶压制机、茶饼压制机，雇用工人数千名。[①]这些工人和技术人员是引进俄国制茶技术扩散和本土化的主体力量。

---

① 汪敬虞：《中国近代工业史资料》第二辑（1895—1914年）上册，北京：科学出版社，1957年，第282页。

厉声的《新疆对苏（俄）贸易史（1600—1990）》和庄鸿铸的《近现代新疆与中亚经济关系史》，根据大量史料论述了民国时期新疆与苏联经济关系发展，分析了引进苏联农业技术的积极成效、存在问题和影响。由于引进的苏联技术偏重作物品种、农业机械等实体形态技术，缺乏经验形态和知识形态技术，因而引进技术发挥作用有很大的局限性。比如，引进农机具，由于没有引进制造维修技术，更没有进行仿制改进，这些农机具使用一段时间就变成废铁，广大农民不得不再利用传统小农具耕作。尽管当时新疆省政府与苏联合作，没有请苏联帮助新疆建设农具厂，但却借建设农具厂之名建设了一座飞机维修厂，即“头屯河飞机修配厂”，对外称为农具制造厂，是苏联方面自 1938 年下半年开始援助建设的。1944 年，苏联把这座飞机修配厂以 420 万美元的价格卖给了新疆，除抵拖欠货物款项外，其余 390 多万美元，由新疆向苏联出口羊 40 万只作抵。[①]由此可见，这些关于苏新贸易的著作包含研究引进苏联技术的很多宝贵线索。

东北是中国主要粮食产区，也是近代粮食加工业兴起最早的区域，粮食加工技术领先。研究这些加工技术本土化（localization of technology）及其影响是一个绕不开的问题，目前尚未有相关研究成果问世。一些学者关于中俄（苏）贸易的研究成果，包含了一些比较零散的、关于这些引进俄苏农产品加工技术规模及其本土化的相关信息。美国学者雷麦（C. F. Remer）在《外人在华投资》一书中，论述了俄商在华投资兴办农产品加工企业。中东铁路修建后，俄国人大批涌入中东铁路沿线和哈尔滨等地。1902 年，东北已经有 3 万多俄国人。至 1907 年，东北北部拥有 14 家俄商兴办的面粉加工厂。[②]这 14 家面粉厂总投资额为 618 万卢布，单个工厂投资额都在 15 万卢布以上。俄国农产品加工技术是随着资本一起进入中国的，技术发展同投资发展紧密相关。俄国学者 B. 阿瓦林（B. Аварин）在《帝国主义在满洲》中，细致论述了俄商在华投资农产品加工厂的经营模式变迁和面粉出口规模变

① 厉声：《新疆对苏（俄）贸易史（1600—1990）》，乌鲁木齐：新疆人民出版社，1993 年，第 517—518 页。
②〔美〕雷麦：《外人在华投资》，蒋学楷、赵康节译，北京：商务印书馆，1957 年，第 425—426 页。

化。他说："面粉工业是完全用俄国资本建立起来的，约花费七百万卢布。俄日战争时期兴起的面粉工业到1908年在北满只剩下十四台蒸汽磨粉机，后来联合为面粉辛迪加。"①

张凤鸣在《中国东北与俄国（苏联）经济关系史》一书中，列举了不少关于俄商兴办农产品加工厂经营状况的史实，既反映了引进俄苏农产品加工技术时间、投资额、产品市场分布等信息，也提供了引进农产品加工技术扩散、本土化进程和对区域农牧业发展拉动方面的研究线索。如在技术本土化方面，在1917年俄国十月革命前，俄国人只于1916年在哈尔滨建立了一座布扎尔夫休般斯面粉厂，而这个面粉厂建成第二年即1917年就转卖给了华人，变更为万福广面粉厂。之后，陆续有更多的俄商面粉厂转卖给华人经营。1916年，华资双合盛公司以25万卢布购买了俄国人的德烈金面粉厂。同年，华资在哈尔滨开办的成发祥面粉厂和华资在双城堡开办的双城堡面粉厂，均是购买了原俄国人面粉厂而建立的。②该书利用这些史料，论证了第一次世界大战对俄商在华投资的影响，但这些史料也反映了俄商在华投资兴建农产品加工厂引进技术本土化情况。同样，M. И. 斯拉德科夫斯基的《苏联与中国的经济贸易关系史（1917—1974）》、Г. П. 罗曼诺娃的《远东地区俄罗斯与中国经济关系（1917—1949）》、О. В. 扎列斯卡娅的《1920—1930年中国东北与苏俄远东地区经贸关系》，以及Л. В. Филатов（1975）、F. P. Making（1990）、郭蕴深（1995）③、欧阳云梓（2003）④、杨海莹（2007）⑤等学者的关于中俄（苏）经贸关系的著述，也为探讨引进俄苏农业技术提供了研究线索。

（二）中俄（苏）侨民异国工作及两国文化交流研究

李明滨《中国与俄苏文化交流志》探讨了中国与俄苏文化交流，包含一

① 〔苏〕B. 阿瓦林：《帝国主义在满洲》，北京对外贸易学院俄语教研室译，北京：商务印书馆，1980年，第160页。
② 张凤鸣：《中国东北与俄国（苏联）经济关系史》，北京：中国社会科学出版社，2003年，第72—73页。
③ 郭蕴深：《论新疆地区的中俄茶叶贸易》，《中国边疆史地研究》1995年第4期。
④ 欧阳云梓：《20世纪40年代后期中苏新疆经贸合作谈判》，《江西社会科学》2003年第11期。
⑤ 杨海莹：《马铃薯在山西的本土化》，《安徽农业科学》2007年第2期。

些中国作物品种在俄国种植的信息，如茶、大米、小米、高粱的俄文名称就是直接来自汉语的译音，Галян 即高粱，表明该作物是从中国引入的。同时，该书详细论述了中国茶树引入俄国种植、推广和新品种培育的过程。该书反映在其他引进技术事例中共同存在的三个方面现象：一是近代引进国外技术大多是贸易拉动并通过贸易途径进行的。把中国茶树引到俄国成功种植的人是著名的俄国茶商康斯坦丁·谢苗诺维奇·波波夫（亦作 К. 波波夫）。二是引进技术应用推广需要科学家的支持，即需要知识形态技术支撑。中国茶树在俄国室外引种栽培始于 19 世纪 40 年代，在多名科学家的共同参与下，引种获得成功。其中，亚历山大·布特列罗夫（1828—1886）是有机化学家，先后任喀山大学教授、彼得堡大学教授、俄罗斯科学院院士。他对种植业、养蜂业、茶树栽培都极为关注，为引种茶树提供了极有价值的资料。此外，布特列罗夫还亲自用春茶嫩叶做了两次制茶叶实验，第二次获得了成功。实际参加 К. 波波夫茶树种植工作的有著名的俄罗斯科学院院士弗·威廉斯和中国专家劳仲造。三是引进技术成果本土化是一个长期过程，需要经验形态技术。К. 波波夫引种中国茶，聘请了中国 10 名懂技术、有经验的茶工。俄国引进中国茶树试种获得成功历时近百年时间，至 1900 年俄国茶树种植园面积达 900 公顷。[①]同样，Г. Л. 别拉格拉佐夫的《Е. Е. 雅斯诺夫：一位取得很高学术成就的哈尔滨俄侨》、李志学的《试析 1860 年—1914 年间的赴俄华侨》、纪大椿的《中亚的中国移民》、王建革的《农牧生态与传统蒙古社会》、贺灵的《近代俄罗斯文化对锡伯族的影响》，以及 Л. В. Филатов（1995）[②]、А. И. Крушанов（1991）[③]、沈志华和李丹慧（2006）[④]、刘春丽（2011）[⑤]等学者的著述，也为探讨引进俄苏农业技术提供了重要背景知识。

---

① 李明滨：《中国与俄苏文化交流志》，上海：上海人民出版社，1998 年，第 42—46 页。

② Л. В. Филатов，научно-техникое Сотрудничество между СССР и КНР（1949-1966）. Инфор-мационный Бюллетель Советско-китайчкие Отношенния，1995г,（65），Стр. 7-10.

③ А. И. Крушанов. Дальгего Востока СССР 19-20вв. Очерки историй. Владивосток，1991г,（39）, Стр. 41-42.

④ 沈志华、李丹慧：《战后中苏关系若干问题研究——来自中俄双方的档案文献》，北京：人民出版社，2006 年，第 163 页。

⑤ 刘春丽：《俄侨面粉业在哈尔滨的兴衰》，《廊坊师范学院学报（社会科学版）》2011 年第 4 期。

（三）中俄（苏）科学技术合作及两国政治关系研究

沈志华在《对在华苏联专家问题的历史考察：基本状况及政策变化》一文中，根据大量档案及当事人口述资料，考证了20世纪50年代援华苏联专家的基本状况。苏联专家数量考察是个难点，因为苏联来华专家数量多，在华时间长，且在多个部门和单位工作。虽然各单位档案记载往往有重复，考证数量结果影响因素复杂，但该文得出的结论为本书提供了重要的参考信息。①张柏春、张久春、姚芳的《苏联技术向中国转移的特点及其影响》一文，分析了新中国成立初期苏联技术向中国转移的三种途径，认为这次技术转移是大规模的、混合式的、系统的和有偿的、水平较高的、成功的技术转移。所转移技术是比较先进的，既符合国情实际，满足当时需要，同时又为当代中国技术长期发展奠定了基础，带动了科学研究的发展，形成了以任务带学科的发展模式，并产生了深远影响。②Л. В. 菲拉托夫的论文《谈中苏科技合作问题》和著作《1949—1966年苏联对中国科学技术援助的经济评估》（莫斯科：苏联科学出版社，1980年），利用苏联科学院等机构的档案资料，论述了苏中科技交流关系的概况；О. Б. 鲍里索夫、В. Т. 科洛斯科夫合著的《苏中关系（1945—1980）》，论证了苏联技术援助对中国经济恢复发展的作用；Г. А. 克罗契夫的《一位苏联科学家在红色中国》、沈志华的《苏联专家在中国（1948—1960）》，以及D. H. 海茵茨希（2001）③、Б. Т. Кулик（2000）、О. Б. Раманин（2002）、И. Н. 基谢廖夫（1960）④、董志凯（2002）等学者的著述，主要讨论了1949—1966年苏联对华工业方面的技术援助，为考察新中国成立初期引进苏联成套技术设备、苏联农业专家在华工作情况提供了

---

① 沈志华：《对在华苏联专家问题的历史考察：基本状况及政策变化》，《当代中国史研究》2002年第1期。

② 张柏春、张久春、姚芳：《苏联技术向中国转移的特点及其影响》，《科学学研究》2004年第3期。

③〔德〕迪特·海茵茨希：《中苏走向联盟的艰难历程：1945—1950年苏联与中共关系研究》，张文武等译，北京：新华出版社，2001年，第263—269、307—309页。

④ И. Н. Киселев. Советско-китайчкие научные связи. Из историй науки и техники в странах востока.Быn.2, 1960г. Стр. 12.

重要线索。

上述学术成果史料基础扎实，论证深刻严谨，观点明确。但因选题不同，涉及中国引进俄苏农业技术的内容非常少且零散。由于现有成果还没有对中国引进俄苏农业技术进行专门研究，所以关于引进俄苏农业技术变迁及本土化特点、规律等相关问题，还有待进行系统的史实考证和理论研究。

三、研究内容结构

技术（τεχγη）主要指技巧、技能及方法等技艺（τεχνη），包括技术产物、技术活动和技术思考。一切技术都和生成有关，即一切技术都与技术产物有关。技术活动就是为了技术产物得以生成，技术思考亦即审视可能生成的东西怎样生成。①技术包括三种形态：一是实体形态技术，即器物技术，如农作物品种、畜牧品种和工具、机器等客观性技术要素；二是经验形态技术，主要是经验和技能、技巧、诀窍等，如蜜蜂越冬方法、管理技巧等在劳动过程中表现出来的主体活动能力；三是知识形态技术，主要是以科学为基础的技术知识，是现代技术的主导因素。引进技术是域外技术引入本区域的过程。中国引进俄苏农业技术，是指从俄苏境内把农业技术引入中国境内。本土化概念内涵丰富，使用范围广，各学科有不同解释。比如，张传燧、石雷在《论课程与教学论的本土化》一文中，就教学论的本土化问题进行了解释，从文化学角度强调了本土化就是外来器物、制度、行为方式、思想等事物成为本地事物的过程。②

本土化是一种约束性、适应性的改造和演变过程。根据复杂适应性系统理论，本土化是使外来的思想观念、制度政策、物质产品等事物适应本土（本国、本地区、本民族）环境并成为本土环境事物的变化过程。本土化既是适应本土环境的过程，也是改造本土环境的过程。如人与自然环境的关系，人

---

① 〔古希腊〕亚里士多德著，苗力田主编：《亚里士多德全集》第 8 卷，北京：中国人民大学出版社，1994 年，第 124 页。

② 张传燧、石雷：《论课程与教学论的本土化》，《教育研究》2012 年第 3 期。

受自然环境约束，要适应和改造自然，同时也改造自身。或者说，环境改造人，这是双向改造。本土化是本土事物接受外来事物挑战、冲击、改造而不断调整、强化自身的变化过程。根据文化学理论，本土化是外来文化与本土文化碰撞、交流、消减异质性并融入本土文化的变化过程。技术本土化是引进技术在本土技术系统和文化环境中受限改造的适应性发展过程，即域外技术适应和融入本土技术系统的变化过程，也是域外技术与本土技术相互改造、相互适应的演化发展过程。引进技术作为一种舶来品融入本土技术系统和文化环境是很困难的。因而，引进技术本土化包含渗透、进攻、斗争、抵制和逐步接纳等复杂过程。①

本书研究的时间范围是1840—1966年，即清末、民国时期、新中国成立初期。这三个时期引进俄苏农业技术及本土化是一个有机整体。清末是启动期，主要是民间引进实体形态农业技术，只有少部分官方引进农业技术。民国时期是发展时期，新疆省开始有计划、有规模地引进苏联农业技术。尽管以引进农牧品种、农机具等实体形态农业技术为主，但已经开始通过较有规模地聘请苏联专家、派遣留学生等途径来引进经验形态和知识形态农业技术。新中国成立初期是快速发展期，1949—1954年期间引进实体形态农业技术占较大比重；1954年之后，通过科技合作逐步以引进知识形态农业技术为主。

本书共分五个部分。第一部分，分析中国从俄苏引进农业技术在地缘关系、文化关系、外交关系等方面的优势和农业交往基础。第二、第三、第四部分，从纵向上考论清末、民国时期、新中国成立初期三个历史阶段中国引进俄苏农业技术的变迁过程和相互关系。第五部分，总结中国引进俄苏农业技术结构变迁及本土化成效。各部分内容重点如下。

第一部分：分析中国从俄苏引进农业技术的地缘关系优势、文化关系优势、外交关系优势和农业交往基础。

中国与俄国陆路相邻，两国共同边界曾长达7600多公里。中国与俄国

---

①〔英〕阿诺德·汤因比：《历史研究》，刘北成、郭小凌译，上海：上海人民出版社，2005年，第375页。

农业科技资源具有很强的互补性。两国幅员辽阔，长期复杂自然演化形成各具特色的丰富农业种质资源。俄国农业育种技术、农机具技术相对先进。中国与俄国边境地区具有阻隔不断的天然联系。俄国边境一部分土地原属于中国，这些土地上的留居者原属于中国人。在 17 世纪之前，俄国距离中国很远，中俄没有共同边界。17 世纪，俄国加紧向亚洲扩张。《尼布楚条约》《恰克图界约》《瑷珲条约》《中俄北京条约》等条约的签订，割去了中国包括库页岛在内的黑龙江以北、外兴安岭以南、乌苏里江以东的 100 多万平方公里的领土。如苏联布拉戈维申斯克市原属于中国领土，中俄签订《瑷珲条约》后，划归俄国。因而 1858 年前原居住在这里的华人，随着领土主权和边界的变更，自然成为区域性华侨。同样，1860 年沙俄侵占海参崴，由于领土主权和边界变更，留居在原来土地上的中国人，也就成了中国在俄国的侨民。由于两国之间陆路相通，边民之间语言相通、姻亲相连，边贸互市便捷、农业技术交流历史悠久。早在清末以前，俄国老羌菜（甘蓝）、老羌谷、铃铛麦（燕麦）、金瓜等农作物品种已经在中国大面积种植。俄国的农具比较先进。中国边民以自产的小麦、燕麦、土豆等农产品，从俄境换回“三马镣子”、“革足力”（中犁）、打场“马神”等马拉农具。中国引进俄国农作物、畜禽优良品种具有同纬度引种优势，适应性强，易于本土化，提高跨纬度引种成效，丰富遗传物质，加快推进杂交育种工作。20 世纪初，中国茶树已经被成功引种在格鲁吉亚、高加索等地区，使这些地区成为世界重要茶叶产区之一。中俄两国经历长期经济文化交往，互通有无，互学互鉴，相互磨合，文化异质性弱。近代以来，两国相互支持，俄国十月革命胜利后，中俄（苏）关系快速发展。《中苏友好同盟条约》《中苏友好同盟互助条约》的签订，进一步深化了两国友谊和互助合作，为中苏农业科学技术合作交流铺平了道路。

第二部分：考论清末引进俄国农业技术。

近代中国农业科技落后。鸦片战争后，为发展农业，清政府设置农业机构、建立农业试验场、兴办农业教育，张之洞、孙中山等有识之士积极推动农业生产技术革新，倡导向西方学习科学技术。俄国农业技术相对先进，在农业育种、农机制造、畜牧兽医、土地规划整理等方面处于世界先进水平。清末引进俄国农业技术，主要通过中俄贸易，侨民、边民来华，以及地方政府的官方协商交往等途径。早期引进俄国农业技术是随着中俄贸易发展而发展起来的。清末中国与俄国农产品贸易是引进俄国实体形态农业技术的主要途径。这时期，俄国政府以免税、退税、奖励等政策措施，鼓励和支持俄商进口中国茶叶、大黄、牲畜、粮豆等农牧产品，向中国出口丝织品、棉织品、皮革、面粉、牲畜等商品。俄国对中国农牧产品需求增加，拉动了中国区域农牧业发展，刺激和促使了中国从俄国引进优良农牧品种，改良地方品种。

俄商对华投资兴办农产品加工厂，引进农产品加工技术。1895—1914 年，俄国对华投资超过了它向中国输出商品的价值。这些投资增加是贸易发展拉动的。1895—1914 年，中俄贸易额从 4660 万卢布增加到 11 830 万卢布，增长了 1.5 倍多。日俄战争期间，中俄贸易额进一步增长。中东铁路开始营运，中俄贸易额增长率进一步提高。这时期，俄国对华出口剧增，出口额增长了 4.8 倍。同时，中国进口额增长了 1.1 倍。可见，清末俄国对华贸易发展，带动了俄国人在华投资农产品加工等企业的设立与经营。具体而言，俄国对华出口贸易增长额远大于进口贸易额，其中一个重要因素就是进口中国农产品经加工后返销中国。由于在华兴建加工企业有资源、劳动力和销售市场的优势，因此刺激了俄商加大在华投资。农牧产品加工起初依附于贸易经营，洋行、商铺根据客户需要以“前店后厂”的模式进行了小规模的农牧产品加工和经营，后来发展成为大规模的辛迪加的经营模式。清末俄商投资兴建的面粉厂、酒厂等企业，相当一部分转卖给中国人经营，其技术已经基本实现了本土化。

由于中俄两国陆路相邻，两国边民、侨民姻亲相连，引进家畜、农作物优良品种和农机具十分便捷。清末中国引进俄国作物品种有燕麦、冬麦、玉米（毛子苞米）、甘蓝、油菜、甜菜、青豌豆、马铃薯（土豆）、金瓜、甜瓜（黄蛋子）、棉花、油葵、猫尾草、红三叶牧草、紫苜蓿；果树有“阿波尔特”“夏力蒙”等苹果品种；畜牧品种主要是马、牛、猪、蜜蜂及家蚕。引进和使用比较多的农具有割草机、搂草机、铡草机、脱谷机等半机械化农具，个别地方引进火犁（拖拉机），兴办火犁公司代耕土地，其中还有官方参股引进兴办的火犁公司，以低价代耕支持和鼓励农民垦荒。

第三部分：考论民国时期引进俄苏农业技术。

民国时期引进俄苏作物品种、畜牧品种、农机具的数量和规模比清末有大幅度增加。例如，新疆省政府聘请俄苏专家制订农业发展计划，培训技术人员，指导地方品种改良和新品种培育，推广应用家畜人工授精、兽医生物药品防疫等西方兽医技术；聘请俄苏灭蝗团，在中国首次采用航空技术实施大面积灭蝗；设立农业所、农机租赁所、种畜场、配种改良站、畜牧兽医站等农业技术推广机构；派遣青年学生赴俄苏留学，学习农业科学技术。民国时期，从俄苏引进到哈尔滨及中东铁路沿线的奶牛数量猛增，牛奶产量的增加拉动了牛奶加工业的发展。至 1920 年，中东铁路俄籍员工、商人和来华俄籍地主、富农和资本家，先后带来奶牛 4000 多头；1923 年发展到 7136 头，分布区域从中东铁路沿线和黑河地区，扩展到齐齐哈尔、安达、肇东、阿城、一面坡、绥芬河地区的一些大小城镇。到 1940 年，黑龙江全境奶牛达 8254 头。1920—1936 年，哈尔滨供应工厂加工的鲜牛奶量达到 368.1 万瓶。这时期，不少俄商农产品加工厂转卖给中国人经营，同时不少俄商扩大农产品加工企业投资，加快了俄苏农产品加工业技术本土化。

民国时期引进俄苏作物品种和畜牧品种，在品种种类上，与清末相比几乎没有增加，但有些品种引进数量多、种植面积大，如白马牙、金皇后、维尔 156 号、维尔 42 号等玉米品种，乌克兰 0246 号、乌克兰 83 号、奥德萨 16 号等冬麦品种，什乃得尔、那勿罗斯基、舍列迭列 8517-36 号等棉花品种，奥罗油菜，“先进工作者”油葵及一些甜菜、亚麻品种。盛世才主政新疆时期引进俄苏舍列迭列 8517-36 号棉种 100 吨，分发到迪化（今乌鲁木齐）、阿克苏、喀什三地区推广。俄国十月革命前后，中国引进畜牧品种数量、规模比较大。当时居住在后贝加尔一带的哥萨克人进入额尔古纳旗一带定居，带去了畜牧品种和农具。1928 年，据中东铁路局统计，仅中国东北北部就从苏联引入马匹 665 匹。民国时期新疆从俄苏引进大批优良品种马匹，是其利用俄苏技术发展农牧业的重要内容，也是推动苏新贸易发展的需要。在盛世才主政后期，苏新贸易缩减，但仍有较大规模的军马贸易。1942 年，新疆省政府与苏联签订合同，规定新疆供给苏联军用乘马 5 万匹。新疆引进苏联高加索细毛羊（Caucassias Merino，即卡夫卡孜兰布里耶毛羊）等品种和家畜人工授精技术，在苏联专家帮助下，中国成功培育出过渡品种“哈兰羊”。1949 年，杂种自交群已有羊 9000 余只，这是新中国成立初期育成新疆细毛羊品种的基础群。新疆引进俄苏西兽医技术和药品，为生产兽医生物药品奠定了技术和推广应用的基础，因而成为中国畜牧业应用西兽医技术比较早的地区。新疆省通过设立畜牧兽医技术推广机构、种畜场和配种改良站，聘请俄苏畜牧兽医专家培训科技人员，采用引进苏联畜牧品种和人工授精技术等途径，在改良畜禽品种等方面取得了一定成效。

民国时期，引进俄苏拖拉机和作业机械品种、数量均有了不同程度的增加。1934 年，仅新疆引进苏联拖拉机就有 20 余台。盛世才主政新疆时期推行“亲俄政策”，大批量引进俄苏农机具，推行农业机械化运动。至 1942 年，新疆引进俄苏各种新式农机具达 70 个品种，10.5 万（台）架。同时，民间引进俄苏农机具数量规模也有所扩大。原白俄富农及官兵曾携带大量新式犁、耙、播种机、收割机在伊犁地区种田，俄国十月革命后，他们将部分农具卖给当地农民。这时期内蒙古呼伦贝尔地区鼓励垦荒，边民引进俄苏农业机械明显增多。农户和农具垦殖公司等企业从俄苏购买农用机械，有的农具垦殖公司购买拖拉机达 10 多台，有些种田大户除购买拖拉机外还购买多种配套作业机械。

第四部分：考论新中国成立初期引进苏联农业技术。

新中国成立初期，引进苏联农牧业良种、农机具和成套项目，对农业恢复发展起到了重要作用。棉花、冬小麦、玉米、甜菜、亚麻、油葵等农作物品种，大部分在清末和民国时期已经引进应用。新疆、黑龙江、吉林、甘肃等省区引进苏联农作物品种数量和推广范围最大，栽培时间长。在新疆引进各种作物品种中，应用时间长、推广面积大，具有代表性的作物品种有冬麦、春麦、棉花、玉米、亚麻、甜菜等。1950 年，新疆军区从苏联引进乌克兰冬 83 号小麦品种试种。1966 年，新疆生产建设兵团种植乌克兰冬 83 号品种，面积达 4.9 万公顷，占冬麦播种面积的 44.9%。该品种作为主栽品种直到 20 世纪 80 年代。1950 年，甘肃从新疆引入苏联早熟的 C3173 棉花品种试种，推广范围不断扩大。1958 年，甘肃全省种植苏联 C3173 品种达 48.9 万亩，占全省棉花种植面积的 93.2%。引进苏联农作物品种不仅是当时的主栽品种，而且培育成一批新品种，至今仍然是育种主要遗传物质来源。

新中国成立初期引进苏联畜牧品种多、数量大。1950 年，由对外贸易部经办，以易货贸易方式从苏联引入第一批优良马种 1125 匹，包括顿河马、阿尔登马等 8 个品种，并将它们分配到 14 个省区饲养繁育。为发展毛纺工业，中国大批从苏联引进高加索细毛羊等近 10 个品种。1950—1966 年，仅新疆、吉林、黑龙江、甘肃四省区就引进苏联高加索细毛羊等 5 个品种，共 3476 只。清末和民国时期，引进俄苏畜牧品种与地方品种杂交虽形成不少优良杂种畜群，但由于缺乏科学培育计划和方法定向固定性状，加之制度缺陷和战乱影响，所以没有培育成一个新品种。新中国成立初期，中国继续从苏联引进马、牛、羊、猪等优良品种，杂交改良地方品种，并利用近代形成的优良杂种畜群，培育成新疆细毛羊、伊犁马、三河牛等一批新品种。在苏联专家帮助下，中国建立了兽医生物药品生产技术规程和产品质量监察制度；家畜疫病防治、人工授精等新技术在全国得到推广普及。

新中国成立初期，党和国家把农业机械化作为农业恢复发展、走集体化道路的重要动力和途径。通过大批引进农业机械产品、苏联援建成套拖拉机制造项目、聘请苏联专家、派遣留学生和中苏科研合作等方式引进农业机械和技术。1951—1958年，中国从苏联等国进口拖拉机2.8万多台，以装备国营农场。1953年，中国引进苏联半机械化农具开始实现国产化；1955年，中国开始对引进苏联机引农业机械进行仿制、试制也实现生产国产化，如沈阳农业机械制造厂仿造苏双列V型镇压器、西安农业机械制造厂仿造苏24行播种机等。1958年，苏联援助中国建设的拖拉机制造成套项目开始批量生产德特-54（ДТ-54）型拖拉机。至1966年，中国引进苏联农业机械技术不仅实现了国产化，而且还结合国情进行改进与再创新，研发生产新产品，提高通用化、标准化、系列化水平，进一步满足了农业生产需要。

哈尔滨亚麻纺织厂、第一拖拉机制造厂（简称一拖）、国营友谊农场是“一五”计划期间苏联援助中国建设“156项”重点工程项目的组成部分。这三个项目建设采用苏联成套技术设备，在建设过程中，苏联专家来华指导建设，中国派员赴苏实习培训，苏联专家在华培训技术人员。项目的建成投产有效拉动了中国农业的发展。哈尔滨亚麻纺织厂的建成投产，填补了中国亚麻纺织工业的空白，拉动了亚麻种植业的发展，展现了农业商品化发展前景。一拖的建成投产，结束了中国不能生产拖拉机的历史，带动了农机工业的发展，迅速提高了中国农用拖拉机的保有量，有力推动了农业机械化的发展；国营友谊农场的建设起到了农业机械化示范作用，对中国土地规划整理、农业现代化产生了重大影响。国营友谊农场为中国建设大型机械化农场提供了模式和经验，培养和锻炼了一大批经营管理干部和技术人员。进入21世纪，国营友谊农场发展精准农业、生态农业，引领中国农业向现代化发展。成套项目技术的消化吸收和再创新表明，引进技术本土化在很大程度上取决于引进技术形态结构的完整性。

第五部分：论述引进俄苏农业技术结构变迁及本土化特点。

清末到民国时期，再到新中国成立初期，中国引进俄苏农业技术途径与方式不断拓展。引进技术途径与方式和引进技术结构层次密切相关。随着引进俄苏农业技术路径与方式的不断拓展，引进技术种类增加，数量规模扩大，形态结构从以实体形态技术为主，转变为以知识形态技术为主。清末引进俄国农业技术主要通过边民、侨民来华和边境易货贸易等民间途径，以及官方引进农作物品种、畜牧品种、农业机械等实体形态农业技术途径。边民、侨民引进农牧品种和机具是自种、自养、自用，地方政府引进是用于品种的改良和推广。随着边境贸易发展，俄商在华兴办农产品加工厂引进相关设备、技术和管理方法，其形式主要是实体形态技术和经验形态技术。在中国边境地区，俄匠在中国东北地区驾驶拖拉机耕地、俄国人越境开荒种田，使一些农牧品种、农机具、相关技能等实体形态和经验形态农业技术引入中国。

民国时期，官方引进俄苏农业技术数量规模较大，尤其是新疆省政府较大规模地引进农牧良种和农机具，采用聘请苏联专家、派遣留苏农科学生、赴苏参加展览会等形式，有计划、有规模地引进经验形态和知识形态农业技术。东北省区官方牧场引进苏联奥尔洛夫马（Орлов лошадь）等品种，提高了马群质量。同时，通过边民、侨民来华等民间途径，以购买农作物品种、畜牧品种、农机具等方式引进实体形态农业技术。在东北齐齐哈尔一带继续兴办火犁公司和机器垦殖公司，从俄苏海兰泡等地购进农业机械较多。民国时期，俄商在华兴办的农产品加工厂大多转卖给当地人，其技术基本实现本土化。特别是俄商还兴办乳品加工厂，引进消毒牛奶、酸奶等乳品加工技术先进，本土化影响深。

新中国成立初期，引进苏联农业技术途径和方式全面拓展。通过外贸、中苏科学技术合作委员会、中苏“122 项”协定、中苏相应机构直接联系等官方途径，以进口农牧良种、农机具，聘请苏联专家，派遣留苏学生，赴苏参观考察和共同举办展览会、学术会议等形式，系统地引进苏联实体形态、经验形态和知识形态农业技术。清末、民国和新中国成立初期三个时期虽都通过贸易途径，但主体和方式不同，清末和民国时期主要是边贸和民间的物物交换，新中国成立初期则是中苏两国政府间以贷款订货、进口形式引进。

清末、民国时期和新中国成立初期这三个时期引进俄苏农业技术，无论在技术种类、技术数量规模还是在技术推广应用范围上都呈现出不断扩大的跳跃性变迁特点。民国时期引进苏联农业技术规模扩大、层次性增强，主要有两方面原因：一是俄国十月革命引起大批白俄逃亡到新疆伊犁、哈尔滨及中东铁路沿线，带来马、牛、猪及农业机械，并投资兴办农产品加工企业；二是新疆省政府通过进口苏联农机具、农牧良种，聘请苏联专家，派遣留苏学生等方式，大批引进和推广应用苏联农业技术。新中国成立初期，在国家层面上中央政府采取多种途径和方式系统地引进苏联农业技术，与民国时期相比，在技术规模及推广范围上发生了跳跃性变迁。

清末至新中国成立初期，引进俄苏农业技术变迁总体趋势是技术形态种类增加，数量规模扩大，加快引进技术本土化。引进农牧品种育成新品种和引进农业机械国产化，是引进实体形态农业技术本土化的重要标志。清末和民国时期，新疆、内蒙古和东三省引进的俄苏农牧品种没有培育成一个新品种；引进农机具没有进行仿制或改进以实现国产化。新中国成立初期，引进苏联农牧品种育成一批新品种；引进农业机械通过仿制、改进和创新全部实现国产化。

本书根据复杂型适应系统理论，系统分析了清末至新中国成立初期引进俄苏农业技术本土化成效和本土化机制的积极影响及缺憾。引进技术本土化，作为一种被选择、利用和改造的过程，是一种约束生成机制。引进俄苏农业技术连续积累，数量规模扩大、形态结构趋于完整，再加上政策、制度、文化等因素的影响，共同促成引进技术本土化。中国引进俄苏农业技术及本土化，推动了区域农业近代化并开启了中国农业现代化。中国引进俄苏兽医生物药品制造技术、农业机械技术、土地整理和农场规划设计技术，以及消化吸收本土化技术等都是中国对外农业援助的重要技术来源，但同时也存在不少缺憾。清末，封建统治阶级轻视科技，缺乏引进推广俄国农业技术的政策措施。民国时期新疆有计划、有规模地引进推广俄苏农业技术，但因政局影响和制度缺陷，政策执行和计划实施中断；同时，因缺乏国家层面政策措施，引进俄苏农业技术仅在新疆应用，没有向更大区域范围推广应用。新中国成立初期引进苏联农业技术吸收利用也有弯路，造成了一定的负面影响。

四、研究结论和创新点

（一）研究结论

清末至新中国成立初期，中国引进俄苏农业技术及本土化是一个有机整体和不断发展的过程。中国引进俄苏农业技术具有地缘优势、边界优势和文化异质性弱等多方面优势。燕麦、甘蓝、苜蓿、葡萄、大宛马等农牧品种早在古代就从俄国及中亚地区引进中国种植或饲养。近代以来，随着中俄（苏）贸易和外交关系发展，中国引进俄苏农业技术的途径、方式、数量规模和形态结构不断向更高层次变迁。

20 世纪初，中国开始创设农业试验机构，这是引进俄国农业技术的重要转折点。起初，中国引进俄国农业技术大多是“不自觉”行为，因为在商人、边民、侨民等行为主体看来，引入的实物只是一般消费品，没有把引进实物用在技术活动之中的动机和目的，如农牧品种没有用于新品种培育、农机具没有仿制国产化等。俄国政府实施减税、免税和奖励等积极政策，支持鼓励俄商经营对华农产品贸易。随着农产品贸易额不断扩大，俄商开始在华投资兴办洗毛、砖茶、面粉、榨油等农产品加工厂，并将火磨、榨油机、制茶机等采用蒸汽动力的机器设备和相关技术工艺引入中国。引进俄国农作物品种用于试种推广始于 20 世纪初，正值中国近代意义的农业教育、农事试验机构开始创立的时期。1897 年，张謇在《请兴农会奏》等文中主张，讲求农学，行四国农学所得之法。1898 年，上海农学会设农事试验场。1902 年，保定建立直隶农事试验场。1906 年，清政府农工商部筹建直属农事试验场，外设园艺、树艺、蚕桑、病虫害、化验等 5 个部门；奉天省设立农事试验场，并在锦州、绥中、海龙等地设有 12 个农事试验场分场。1906—1909 年，吉林省农事试验场引进俄国甘蓝、金瓜、青豌豆、白菜豆等蔬菜品种试种；清政府奉天官牧场和马政机关引入俄国种马，用于改良地方马群质量。黑龙江地方官员出面引进火犁和机引农具，创办火犁公司，聘请洋匠驾驶火犁，开荒招农种田和低价为农户代耕。因此，20

世纪初，中国开始创设农业试验机构，是中国引进俄苏农业技术从不自觉、被动到有目的、主动的重要转折点。

清末至新中国成立初期，引进俄苏农业技术动力是一个复杂系统。在主观方面，有识之士认为挽救国家危亡就要振兴产业，尤其是振兴农业。孙中山倡导学习国外农业科技，主张将外文农业科技书刊译成汉文，以教农民，照法耕植。1895年，孙中山就创办农学会之事提出："首以翻译为本，搜罗各国农桑新书，俾开风气之先。"[①]1895年，康有为等发起联名"公车上书"，提出应该学习外国改进中国农业。他们研究外国农书，仿照外国设农会，解决农业生产上的问题。中国引进俄苏农业技术提高农牧业产量和产品质量，也是发展中俄农产品贸易的需要。或者说，中俄农产品贸易发展是引进俄苏农业技术的重要推动力。茶叶、棉花、大豆、小麦、蚕茧、马、牛、羊、猪鬃、羊毛等农牧产品在俄苏市场需求量大。俄国引进中国农产品加工后大量返销中国。由于中国能源、劳动力价格低廉，因此许多俄商选择在中国投资兴办农产品加工厂。中国与俄苏农业资源互补性强。俄国历来重视引进中国农作物品种和中兽医技术。俄国引进中国茶树在高加索等地试种历经近百年时间，至1900年，中国茶树在俄国安营扎寨，实现本土化。新中国成立初期，苏联农业部副部长阿斯科琴斯基等中苏农业科学技术合作委员会苏联组成员，多次来华并提出扩大中苏农业科学技术合作。

清末至新中国成立初期，俄苏农业科技相对先进，这是中国引进俄苏农业技术的基本前提。中国古代农业科技发展曾走过辉煌灿烂历程，但明清以后封建政府轻视科技，中国农业科技日渐落后。鸦片战争以后，列强掠夺战争频仍，农业生产力遭到严重破坏，农业科技发展滞缓。新中国成立前夕，广大农村仍然主要使用由铁匠、木匠手工打制的传统小农具，采用近代半机械化和机械化农具非常有限。近代俄苏农业科技在农作物、畜牧育种、植保、兽医、农业机械、土地规划整理等方面相对先进。1779年，莫斯科建立了世

① 中国农业博物馆：《中国近代农业科技史稿》，北京：中国农业科技出版社，1996年，第27页。

界上第一所土地整理学校。1890—1909 年，俄国生理学家 H. 伊万诺夫开创的马匹人工授精技术已经在俄国部分地区推广应用。1894 年，俄罗斯植物栽培研究所成立，在植物品种搜集保存和遗传育种领域走在世界前列。1919 年，列宁批准防治牧畜传染病法令，推进疫苗血清研究和应用。列宁于 1921 年签署农业机械制造法令，发展农业机械制造业。1933 年，农具和拖拉机进口全部停止。清末至新中国成立初期，引进俄苏农业技术符合技术流动传播差势规律。

清末至新中国成立初期，引进俄苏农业技术动因、目的经历了从不自觉、无计划性到有目的、高度计划性的嬗变。而随着引进俄苏农业技术途径及方式的拓展，引进技术的数量和规模扩大，形态结构向更高层次变迁。清末引进俄国农业技术主要通过边民、侨民来华，边境贸易，俄商在华兴办农产品加工厂引入，地方政府官员出面和农业试验场引进则以农牧品种、农机具等实体形态技术为主；经验形态和知识形态技术很少。民国时期官方引进俄苏农业技术占较大比重，尤其是新疆省政府既通过贸易途径大批引进农牧品种、农机具等实体形态农业技术，同时以聘请苏联专家、派遣留苏学生等形式引进西兽医药、农业机械应用、农业技术推广等经验形态和知识形态农业技术。新中国成立初期，中国引进苏联农业技术，主要通过两国政府间贸易、中苏科学技术合作委员会、执行中苏“122 项”协定的科研合作、中苏两国相应机构直接联系等途径，以引进农牧良种、农机具，聘请苏联专家，派遣留苏学生，接受成套技术援助等形式，引进实体形态、经验形态和知识形态农业技术。且 1954 年后，中国主要通过派遣留学生、专家互访、执行科技合作计划等形式引进经验形态和知识形态农业技术。引进技术途径与方式决定引进技术种类、数量规模和形态结构。清末、民国、新中国成立初期三个时期引进苏联农业技术的途径与方式拓展直接影响了引进技术种类、数量规模和形态结构向更高层次变迁。

清末至新中国成立初期，引进俄苏农业技术连续积累引起本土化成果集中涌现。以引进俄国实体形态农业技术为例，从清末到民国时期，再到新中国成立初期，三个时期连续引进并推广应用大量俄苏农作物品种，在新中国成立初期培育成一批新品种。例如棉花，清末引进的品种有安集延、什乃得尔、那勿罗斯基等俄国棉花品种；民国时期，在继续引进安集延、什乃得尔、那勿罗斯基等棉花品种基础上，扩大引进品种范围，使引进俄苏棉花品种数量达 170 多个；新中国成立初期，引进苏联 2И3、斯 3173、斯 2421 等棉花品种达 300 多个，培育成胜利 1 号、新海棉、军棉 1 号等新品种 40 多个。又如亚麻，清末引进亚麻贝尔纳 1 号种、露西亚 1 号品种，民国时期继续引进亚麻贝尔纳 1 号种，选育出哈系 384 和哈系 419 新品种；新中国成立初期引进贝尔纳 1 号种、五河林、乐 1120（Л1120）亚麻品种，已育成哈系 384、哈系 419、华光 1 号、黑亚 3 号、黑亚 4 号等 5 个新品种。这三个时期连续引进俄苏农作物品种，为培育新品种积累了遗传物质、适应性和种植经验。但在持续引进大量俄苏农作物品种中，清末没有选育成一个新品种；民国时期，选育出两个亚麻新品种；新中国成立初期，棉花、冬小麦、亚麻、甜菜等连续引进品种，育成一批新品种，呈现出积累连续性和本土化成果涌现性特点。

同样，清末至新中国成立初期引进畜牧品种和农机具本土化，也具有积累连续性和本土化成果涌现性特点。清末和民国时期连续从俄苏引进马、牛、猪等畜牧品种，与地方品种杂交形成一些优良杂种畜群；新中国成立初期，以这些杂种畜群为基础，继续从苏联大批引进相关种畜并定向培育，育成一批新品种，包括黑河马、三河马、伊犁马、鄂伦春马、三河牛、新疆白猪、伊犁白猪、新疆黑猪、哈尔滨白猪、上海白猪、汉中白猪、湖北白猪、东北黑蜂、新疆黑蜂等。羊品种引进从民国时期开始，在新中国成立初期先后育成新疆细毛羊、军垦细毛羊、东北细毛羊、新疆羔皮羊等新品种。清末引进俄苏畜力半机械化农机具，在中国内陆和中俄边境地区应用。民国时期继续引进，其中新疆引进数量最多，但没有进行仿制和改进已经实现国产化。新中国成立初期，中国继续大批量引进和推广苏联农机具。1953 年，中国开始进行半机械化农具的仿制或改进已经实现国产化，机械化农具于 1966 年全部实现国产化。新中国成立初期，新农机具不断涌现，促进了农业机械化的起步和发展。这种涌现是解蔽、露面、凸现自身整体之意，是部分之间交互作用协同创生新层次的整体行为，特点是一而再，再而三地出现。清末至新中国成立初期引进俄苏各种农业技术，由于应用经验、知识积累和其他条件的作用，本土化成果一而再，再而三地涌现。

清末到新中国成立初期，引进俄苏农业技术形态结构的完整性直接影响本土化进程。技术形态结构决定其性质和功能。技术本土化进程和成效从根本上取决于技术结构的变化。引进技术本土化的途径在于应用，通过应用与被改造融入本土技术系统和文化环境。而引进技术应用需要实体形态技术、经验形态技术和知识形态技术的协同作用。清末和民国时期引进俄苏马、牛、猪等许多家畜品种，已经形成优良杂种畜群，但未育成新品种。20 世纪 30 年代新疆省政府引进苏联细毛羊品种，同时聘请苏联专家传授相关技术知识和经验，在 20 世纪 40 年代就育成过渡品种“哈兰羊”。新中国成立后，继续聘请苏联专家指导，利用“哈兰羊”于 1953 年育成新疆细毛羊品种。新品种培育不仅需要良种，还需要育种经验和知识。援助成套项目综合性强，援助方既要指导项目建设，又要传授技术知识和经验，提供全套技术、设备器材和人员培训，选派专家指导试车生产。新中国成立初期，苏联援建一拖、国营友谊农场、哈尔滨亚麻纺织厂等成套项目并顺利建成投产，中国不仅消化吸收了引进的成套技术，而且在投产不久就创造出新技术、新工艺、新产品。其共同特点是，不仅引进成套机器设备、仪器等实体形态技术，而且还聘请苏联专家指导项目建设、培训工人，以及派员到苏联实习和接受培训。援建成套项目引进的技术分布在项目各工序、各方面，概括起来即实体形态技术、经验形态技术、知识形态技术三种技术。

引进俄苏农业技术本土化是三种形态技术协同作用的结果。清末至新中国成立初期，引进俄苏农业技术形态结构不断趋于完善，整体性不断增强。清末从俄国主要引进农牧品种、农机具等实体形态农业技术，形态结构单一，缺乏整体性，影响本土化进程。民国时期，从俄苏引进农牧品种、农机具等实体形态农业技术，同时新疆省通过聘请苏联专家、派遣留学生等途径引进经验形态和知识形态技术，在农牧品种选育等方面取得了较好成效。新中国成立初期，除了引进农牧品种、农机具等实体形态农业技术，还接受成套项目援助、派遣留学生、开展专家互访和科研合作，全面系统地引进三种形态农业技术，且在1954年之后主要引进知识形态及经验形态农业技术。因此，引进俄苏农业技术形态结构整体性强，本土化进程快，创新成果集中涌现。

引进俄苏农业技术实现本土化引起了人们生产生活方式的变迁。居住在呼盟岭西额尔古纳河东岸的俄苏侨民，引入打草和圈养技术，改变了这个地区传统单一的游牧生产生活方式，该地区逐渐发展成为半农半牧的先进地区。引进技术在一个区域、一个群体普遍应用并本土化是一个创新过程。所有变迁的终极来源都是创新，创新是指在一个群体内部得到广泛接受的任何新的做法、工具或原理。蒙古族世代习惯游牧生活。俄侨村落普遍使用俄式农牧机械垦荒种田，打草圈养牧畜，而且还雇用蒙古族打草、出租打草机给蒙古族使用、出售干草给蒙古族，这慢慢地改变了蒙古族单纯的游牧生活方式，他们也开始打草圈养牧畜和耕种土地。新中国成立后，地方政府重视推广游牧与定居相结合的半农半牧生产方式，引进和推广农业机械的使用，促进了区域农业机械化、集约化和精耕细作。1934—1936年，新疆利用引进苏联拖拉机及三铧犁、播种机、收割机、脱粒机等农业机械建设农场，推动了区域农业机械化。20世纪30年代末，稍富裕户已有播种机、收禾机、打粮机等畜力农机具，有些富裕农民还购置了拖拉机。20世纪30年代初，新疆仍是“无垄”式农业。农机具的推广应用，使垄作逐步发展起来。俄国箱式养蜂方法随着黑蜂一起被引入中国，改变了中国传统木桶养蜂法。1910—1912年，伊犁地区部分县的俄苏侨民带来黑色高加索蜂，这种蜂采用箱养，越冬较安全，后来当地蜂农掌握了箱养蜜蜂的安全越冬方法，也大量饲养黑色高加索蜂。1927年后，中东铁路沿线的俄国人带来了俄式箱养蜜蜂方法。

吉林蜂农学习利用俄国人箱养蜜蜂方法，并从苏联境内引入远东黑蜂。后来，不仅箱养法几乎在全国取代了桶养法，而且黑蜂繁育还形成了伊犁黑蜂和东北黑蜂两个优良品种。俄国在华投资兴办农产品加工企业，引起了当地人们消费结构和生活方式的变迁。新技术的引入和应用促使某些先前被遮蔽的东西显现出来，逐步引起人们生产生活方式及思维方式的改变。中国乳品加工业兴起于20世纪初，西人设坊加工消毒奶自用。1920年，哈尔滨及中东铁路沿线始有乳品厂，生产消毒奶、酸奶、奶酪等产品，当地人开始逐渐习惯食用消毒奶等乳制品。

清末和民国时期引进俄苏农业技术的推广应用，为新中国成立初期引进苏联农业技术的推广应用奠定了基础。传统农业抵抗新技术应用，引进俄苏农机具意味着要打破传统的生产方式。20世纪50年代初，中国引进大批苏联拖拉机和作业机械，设立国营拖拉机站为农民代耕，示范农业机械化，加强干部和群众对农机作业的认识。新式农具在东北、新疆和内蒙古等地的应用积累了认识基础和使用经验，使新式农具在新中国成立初期推广应用中所受阻力较小。但其他省区干部群众对新式农具应用缺乏认识，推广难度大。1952年8月，农业部召开座谈会总结上半年新式农具推广计划的完成情况，多数省区仅完成全年计划的10%—25%，而东北区、察哈尔省完成了全年计划的50%。

民国时期新疆引进俄苏农业技术，新中国成立初期继续引进并在全国推广应用。1942—1944年，苏联专家И. В. 特罗依茨基主持伊犁种羊场育种技术工作，推广应用家畜人工授精技术，培育成过渡品种“哈兰羊”。1950—1953年，中国再次聘请苏联专家И. В. 特罗依茨基来华指导，大力推广绵羊授精技术，培育并鉴定新疆细毛羊品种。此后，新疆得以向全国各地提供细毛羊种羊。1933—1944年，新疆各区设农牧场，场内设种畜场、兽医院，苏联专家培训技术人员学习西兽医药技术。1941—1942年，阿克苏、塔城、伊犁口蹄疫流行。留苏畜牧兽医专业毕业生于大新配合苏联专家拉特聂尔率领的口蹄疫防治队，采用氢氧化铝甲醛疫苗、高免血清、口蹄疫皂苷疫苗等生化药品扑灭疫情，并于 1944 年建成新疆首座兽医生物药品制造厂，生产牛瘟疫苗、炭疽疫苗等生物药品。新中国成立初期，中国建立农业技术推广体系，将引进的苏联农业技术在全国范围推广应用。农业部苏联顾问组长 П. С. 巴列金（П. С. Балезин）建议建立农技推广服务体系。1956 年，全国建成拖拉机站 326 个、农业技术推广站 1.4 万个、畜牧兽医站 2257 个、牲畜配种站 545 个。В. П. 班达林科建议颁布兽医法规，草拟中国第一部“兽医法”。1951 年，新疆等 9 个省区暴发口蹄疫，В. П. 班达林科拟定防治方案，研制出痊愈血清，有效控制了口蹄疫的蔓延。1952 年 3 月，根据 М. М. 伊凡诺夫（М. М. Иванов）、В. П. 班达林科等苏联专家的建议，中国建立了生物药品监察制度，成立了中央生物药品监察所，生物药品制造厂设立驻厂监察室。1958 年，苏联专家协助中国成功试产口蹄疫氢氧化铝甲醛疫苗。1959 年，牛肺疫菌苗的成功研制，使牛肺疫在中国被彻底消灭。家畜人工授精技术从 20 世纪 30 年代开始在新疆推广应用，至新中国成立前仍未能在全国推广。新中国成立后，不到 10 年就在全国普及。1941 年，苏联派灭蝗团帮助新疆采用飞机灭蝗，面积达 70 万公顷，这是中国历史上首次采用飞机撒药治蝗。1953—1955 年，苏联派出治蝗人员共 87 人次、飞机 33 架次，帮助新疆治蝗，面积达 240 万亩。同时，中国还引进苏联飞机发展农用航空。1960 年，全国航空治蝗面积达总面积的 70%。

中国引进苏联农业机械技术没有停留在消化吸收和国产化的层次上，而是再创新，生产出具有通用化、系列化、标准化和适合精耕细作等本土特点的新一代农机具。[①]由苏联援建的第一个拖拉机制造厂、哈尔滨亚麻纺织厂、国营友谊农场等成套项目，出产品、出技术、出人才，对推动中国农业现代化进程发挥了重要作用。

苏联专家和留学生是技术传播的主要载体，对引进苏联农业技术应用推广和本土化作用最大、影响最深。聘请苏联专家主要是为了发展高、精、尖、

---

① 宋超：《新中国初期对苏联农业机械技术引进特点与绩效》，《中国经济史研究》2009 年第 4 期，第 83—90 页。

新的农业科技，他们不仅指导新技术应用，而且帮助进行学科建设，培养科研人员和高校师资。苏联专家在农业生产、教育、科研方面发挥了重要作用。科技发展的关键在于开放，中苏专家互访交流与科研合作，促进了中苏双方农业科技的发展。留苏学生主要在苏联几所具有较高办学和科研水平的农校及研究机构学习，专业侧重农业基础科学、新兴学科。他们学成回国后成了农业技术推广应用专家、教育骨干力量和学术队伍的带头人。

中国引进俄苏农业技术消化吸收、创新发展和本土化形成的新成果，是中国对外农业援助的重要技术来源。1959 年 2 月 28 日，中国与越南两国政府签署了一系列经济技术援助协议和议定书，其中包括中国对越南援助兽药生产成套项目。该项目由中国无偿援助人民币 560 余万元兴建，并提供全套技术设备，派出 11 名专家赴越南参与援建工作，接受越南实习生 40 多人来华学习。1963 年 7 月，中国援建河内兽医生物药品制造厂正式投产，生产兽医生物药品 24 种，年产量 1 亿毫升。1960 年 3 月 28 日，中越两国政府签署《关于中华人民共和国政府援助越南民主共和国政府建设八个农场和一所中等农业技术学校的议定书》规定，8 个农场成套项目包括 37 个附属加工厂和 8 个综合人工授精站、农业试验站等配套项目，援助资金共 4000 万元；中方承担总面积 3.8 万公顷的 8 个农场的勘测规划，提供各种农牧机械、种畜、种子和种苗。中国以农垦部为筹建单位，从农垦部设计院、新疆生产建设兵团、广东农垦局等单位抽调专业技术人员 48 名，赴越工作。1966 年，8 个农场及附属工厂全部建成运行。援助越南建设 8 个农场所提供技术大部分是引进苏联技术本土化的成果，包括土地整理、农场规划设计技术、植棉技术，以及一拖生产的拖拉机，新疆细毛羊、大白猪、棉花等农牧品种。

引进苏联土地整理、大型机械化农场设计技术的消化利用和本土化，不仅在中国国营农场建设中发挥重要作用，而且用于援助多个国家建设农场。严以绥是中国最早学习苏联土地整理技术的农业工程技术人员之一。苏联专家援建国营友谊农场期间，马斯洛夫等土地整理专家在哈尔滨、北京等地举办土地整理讲习班，培养干部数百名。参加培训后，严以绥被分到农垦部荒地勘测设计院，成为王震将军率部垦荒和开发边疆的得力尖兵。1963—1970年，严以绥受国家委派赴坦桑尼亚、索马里、加纳、乌干达等国家执行援外任务，规划建设农场，并担任中国援非专家组副组长。

引进俄苏农业技术的本土化进程和成效受政策、制度、文化等因素影响。清末，封建统治者轻视科技，只有个别地方政府在某一方面采取相关政策措施，引进俄国农业技术并推广应用。民国时期新疆省政府有计划、有规模地引进苏联农业技术，设立技术服务机构、实施奖励政策推广应用引进技术，但制度存在缺陷，计划和政策实施受政治因素影响而中断。新中国成立初期，全国学习苏联经验，引进苏联农业技术是中苏经济技术合作的一个组成部分。引进农牧品种、农机具和聘请苏联专家等事务，由国家职能部门统一组织安排。农业科研机构、农业院校、农业技术推广机构、国营农场、拖拉机站协同推动学习吸收和推广应用苏联农业技术。新中国成立初期，引进苏联农业技术本土化加快和成果集中涌现，制度优势发挥了重要作用。引进俄苏农业技术本土化成果集中涌现，实际是引进技术结构与本土农业技术、政策、制度等因素所形成的机制状态的转换结果。

清末和民国时期引进俄苏农业技术的推广应用及本土化，加快了区域农业机械化、商品化和近代化的发展。新中国成立初期引进苏联农业技术，对农业恢复发展和农业现代化发挥了重要作用。同时需要指出的是，三个时期引进俄苏农业技术及本土化，因政策、计划的缺乏和政治影响也带来了不少缺憾和消极影响。

（二）创新点

资料方面，本书收集、发掘和利用清末、民国时期、新中国成立初期大量的史志和档案资料，包括新疆、黑龙江、吉林、内蒙古等地的农业志、畜牧志、农业机械志、科学技术志，以及农业部档案处保存的中苏农业科技合作的全部原始档案。大量一手资料的梳理和解读，为研究的创新性和结论的可靠性奠定了坚实的基础。

观点方面，本书首次把清末、民国、新中国成立初期三个时期引进俄苏农业技术作为一个整体进行系统研究。通过对大量史志和档案的解读考证，本书认为：清末至新中国成立初期，俄苏农业技术相对先进，引进俄苏农业技术具有多方面的自然优势、人文优势，符合技术流动传播差势规律，具有一定的历史必然性。在这三个时期，引进俄苏农业技术途径与方式不断拓展，数量规模不断扩大；引进技术形态结构从单一实体形态技术，发展到实体形态、经验形态、知识形态三个层次技术，并逐步以知识形态技术为主。引进俄苏农业技术具有积累连续性强、数量规模不断扩大、形态结构不断完善及文化异质性不断减弱等特点，这些变化共同促成引进技术本土化成果的集中涌现。引自俄苏的农牧品种是其当时栽培、养殖的主要品种，丰富了中国农牧新品种培育的遗传物质来源，为在新中国成立后先后育成一批新品种奠定了基础。同样，引进俄苏农业机械技术，中国实现了国产化并创新生产适合自身需要的多系列机型。引进俄苏农业技术本土化，是中国区域农业近代化和农业现代化起步发展的重要基础，也是中国对外农业援助的重要技术来源。引进俄苏农业技术本土化是引进技术在本土技术系统和文化环境中受限改造的演化过程。其机制是输入产生输出的行为，引进技术结构与本土农业技术结构、体制、政策、制度、文化等因素关系决定了本土化机制状态。机制状态的转换促使引进俄苏农业技术本土化成果集中涌现。

方法方面，综合运用技术流、边界效应、协同学、突变论、复杂适应性系统理论、新文化史学理论及分析与综合、抽象与具体、定量与定性等研究方法，对清末至新中国成立初期引进俄苏农业技术及本土化各种相关统计数据、史实和相互关系进行分析考证，以形成规律性认识。

第一章

中国引进俄苏农业技术优势条件

中国从俄国（苏联）引进农业技术具有显著的地缘优势、文化优势、政治外交优势和农业技术交往基础。中国与俄国（苏联）陆路相邻，两国共同边界曾长达 7600 多公里。中俄两国幅员辽阔，经过长期的社会历史发展和自然演化，形成各具特点的丰富农业育种资源，俄国农业育种技术、农机具制造技术相对先进。由于两国之间陆路相通，边民之间语言相通、姻亲相连，边贸互市便捷，农业技术交流历史悠久。早在清末以前，俄国老羌菜、老羌谷、铃铛麦、金瓜等农作物品种已经在中国大面积种植。20 世纪初，中国茶树已经被成功引种在格鲁吉亚、高加索等地区，使这些地区成为世界重要茶叶产区。俄国十月革命胜利后，中苏关系不断发展。《中苏友好同盟条约》《中苏友好同盟互助条约》的签订，进一步深化了两国的友谊和互助合作。

第一节　中俄（苏）地缘关系优势

中国与俄国（苏联）互为最大邻国，也互为最重要、最基本的地缘体。

“地缘”一词最早出现在 20 世纪 20 年代欧洲的政治地理学中，因地理位置关系而具有联系，包括地理客体间、边境地区间等因地理位置相邻形成的政治、经济、科技、贸易、环境等关系。[①]国家地缘关系以社会生产力为基础，随经济全球化和科技的发展而发展。地缘关系是由地理位置和地缘经济、政治、文化、生态关系等因素构成的有机整体，其中地理位置关系是核心。地缘体是指相互毗邻的或具有相对空间关系的地域空间关系体。国家地缘体是指由特定国家的地缘地理位置、国土面积、水陆边界长度及经济实力等自然与人文要素的互动关联形成的关系体。中国与俄国（苏联）地缘体是自然机制和人文机制共同作用形成的。中国与俄国（苏联）山水相连，两国有共同边界，边境省区多为陆路相通，许多地方仅为一路之隔或一江、一河之隔。两国边民语言相通、姻亲相连，宗教信仰、生活习俗相同或相近，不少边民跨境而居，往来形式多样，交往广泛。两国毗邻接壤，在东北亚、中亚地缘体中都有共同邻国，经济、科技、文化交流历史悠久，友谊深厚。中国与俄国（苏联）幅员辽阔，自然气候条件多样，农业育种资源丰富。中国从俄国（苏联）边境地区引进农业技术便捷灵活。在引进农业优良品种方面，具有显著的同纬度引种优势和跨纬度育种优势。

一、边境优势

边境或边境地区在政治学和地理学上指邻近边界、国界的区域范围，具有政治、经济、文化等社会属性。边界作为特殊区位，是指国家之间或地区之间的分界线。国家之间的边界是一种地理界线，以划分不同的主权国家及其管辖区域范围，也是毗邻国家经济技术合作交流与文化交往的中介和通道，能够有效促进国际交往和要素流动。边界对经济技术合作交流的影响不仅具有中介作用，而且具有屏蔽作用。边界的屏蔽作用阻碍了跨国经济技术合作交流。因此，加强政治互信、外交往来，促进意识形态认同、文化融通、发展战略及政策对接，有助于提高边界的中介作用，减弱边界的屏蔽作用。

---

① 于国政、樊华：《地缘地理学学科构建探析》，《世界地理研究》2009 年第 3 期，第 146—153 页。

国家之间或区域之间在气候、土壤、矿藏、物种等方面的天然差异被称为第一天性。第二天性则是指人类活动改变第一天性后的差异。尽管人们一般不认同天生决定论，但地理学告诉我们，“像生命这种天性是不公平、不平衡的。而且，那些天生的不公平是不容易补救的”①。空间发展不平衡可以通过合作交流来补救，但自身发展水平决定其对本地自然资源和外部资源开发利用状况。科技发达国家的技术经济效益要明显高于落后毗邻国家。经济空间是两种方向相反的力量角逐的结果，有些力量促使人类聚集协作，而有些力量则使人类活动分散。由于作用力强度不同，经济技术发展产生差异。一个国家或地区的自然资源和科技资源总是有限的，必须发挥区域资源互补优势同其他国家或地区合作分工，只有通过国际经济技术合作交流才能资源共享，协同发展。区域分工的差异性是国际分工的客观基础。毗邻国家的经济技术资源和市场潜力是促成双方合作的重要因素。地缘经济技术合作首先要选择在邻近的国家或地区进行。

中国与俄国（苏联）边境地区具有阻隔不断的天然联系。俄国边境一部分土地原属于中国，这些土地上的留居者原为中国人。在俄国历史上，沙皇俄国于1547年诞生。在17世纪之前，俄国远离中国，中俄没有共同边界。17世纪，俄国加紧向亚洲扩张。1630年末，俄国武装力量已侵略到清政府管辖边境的领土边缘地区。1689年，中俄签订《尼布楚条约》，界定了中俄东部边界。1727—1728年，为划定中俄两国的中段边界，中俄两国签订《恰克图条约》和《布连斯奇条约》，规定中俄中段边界，以额尔古纳河西经恰克图与鄂尔怀图山之间的第一个界标石堆为起点，至沙毕纳伊岭为界，南部归中国，北部归俄国。1856年，俄国以庙街为中心设立滨海省。1858年，《瑷珲条约》签订，俄国割占中国黑龙江以北，外兴安岭以南的60万平方公里领土；1860年《中俄北京条约》又称《中俄续增条约》的签订，确认了《瑷珲条约》的合法性，并割占了乌苏里江以东（包括库页岛）约40万平方公里

① 〔法〕皮埃尔-菲利普·库姆斯、蒂里·迈耶、雅克-弗朗索瓦·蒂斯：《经济地理学：区域和国家一体化》，安虎森、颜银根、徐杨，等译，北京：中国人民大学出版社，2011年，第97页。

的中国领土。通过这两个条约的签订，俄国共割占中国一百多万平方公里的领土。位于黑龙江东岸与黑河市遥遥相对的布拉戈维申斯克市，在沙皇统治时期原为中国领土，中俄签订《瑷珲条约》后，划归俄国。因此，1858 年前居住在这里的华人，随着领土主权和边界的变更，自然变成区域性华侨。1860 年，沙俄侵占海参崴。因此，由于领土主权和边界的变更，留居在原来土地上的中国人，便成了中国在俄国的侨民。1897 年 1 月，海参崴全市 3.3 万人。到 1900 年，全市近 4 万人，其中大半是中国人。

华侨集居的小北屯位于黑河市对岸布拉戈维申斯克市的北部郊区，有 300 多户，“清一色”的中国人。小北屯华侨是种植蔬菜的农民，他们简称华农，多是种菜能手，而俄国人对种植蔬菜缺乏经验和技能。华农主要种植西红柿、马铃薯、黄瓜、包心大头菜、洋葱、胡萝卜等俄国人日常必需的蔬菜，韭菜、茄子、辣椒、白菜一类的蔬菜多半是供应城市里的华侨居民食用或华农自食。华人将自己种的蔬菜运到菜市场去销售，每天都有大量的新鲜蔬菜上市。因布拉戈维申斯克市地处寒冷地带，华农早春时节在玻璃暖窑中育秧，蔬菜下来得比较早，也有少数华农在玻璃窑中培育鲜花，供应城市居民。

中国与俄苏边境互市活跃。中俄《瑷珲条约》规定：“两国所属之人互相取和，乌苏里江、黑龙江、松花江居住所属之人令其一同交易，官员等在两岸彼此照看两国贸易之人。”[①]1860 年签订的《中俄北京条约》规定：所定交界各处，准许两国所属之人随便交易，并不纳税。各处边界官员护助商人进行贸易。于是，中方由瑷珲副都统派官员组织中国商户，集中一起渡江到俄国布拉戈维申斯克市。为便于中俄边民易货贸易，在市内划出一片区域设临时性的售卖货棚。一般边民当日往返于两岸之间做易货生意，每天上午 7 时左右，中国商人敲锣集合，一起乘船过江。下午 4 时，又敲锣集合，再一起返回。俄国人特别喜欢采购中国商人带来的茶叶、粮食、服装、布料等货物。

---

① 中国人民政治协商会议黑龙江省黑河市委员会文史资料研究工作委员会：《黑河文史资料第八辑·旅俄华侨史料选》（内部发行），1991 年，第 6 页。

中国引进俄苏农业技术便捷灵活。黑龙江沿岸（黑河上、下游）农民相互往来很随便。夏天坐小舢板船过江，冬天赶马爬犁从冰道过江。过江后大都集中在黑河对岸城市里赶集，民间贸易活跃。中国居民可用两麻袋土豆换回一麻袋食盐；四麻袋土豆可换回一桶“美孚牌”火油（俄国从美国进口的煤油，每瓶 20 千克，当地老百姓管这种油叫“美油”）。“开交通”及其以后多年，中俄民间贸易的中国烧酒，成为俄国人最喜欢的东西。当时黑河的大型酒厂有振边酒厂、德裕号烧锅，民间酿酒作坊到处都是，烧的酒多数供给俄国人饮用。中俄“断交通”后，到对岸必须持有证明，于是便出现了一批偷渡“跑私江”卖私酒的人。俄国的农具比较先进，黑龙江沿江村屯引进俄式农具很普遍。沿江的农民用自产的小麦、燕麦、土豆等农产品，换回布匹、火柴、皮张等日用品及“三马镣子”等马拉农具，并在相互往来中学会了这些当时比较先进的农具使用技术，这对发展中国黑龙江沿江一带的农业起了一定的作用。[①]随着俄式农具的传播及应用，俄语也相应地随之传入，如双轮快马车，称“米拉干子”；翻地犁，称“革足力”；开荒犁，称“三马镣子”，这些事物都是根据俄语发音直接称呼的。有些蔬菜也沿用俄语发音称呼，如土豆叫“革拉斗什”，西红柿叫“色米多罗”等。19 世纪末 20 世纪初，10 万华人进入俄国。其原因，一是根据中俄签订的不平等条约，黑龙江以北乌苏里江以东 100 多万平方公里土地并入俄国版图。俄政府急需大批劳动力开发西伯利亚和远东地区。二是山东、河北等地水灾、旱灾、蝗灾迭生，难民结伙渡江进入俄国阿穆尔省沿江一带做苦力谋生，但他们所挣“羌贴”十有八九被盘剥。苏维埃政权建立后，华侨生活待遇优于苏联人，一些单身华工可以与苏联女性通婚，结成家庭。在黑河的早期建设中，华侨从苏（俄）带回大量黄金和“羌贴”，建起规模较大的酒精厂、制粉厂、发电厂，在黑河经济发展中占有举足轻重的地位。

中国与俄苏农业科技资源具有很强的互补性。基于自然气候条件差异等

① 中国人民政治协商会议黑龙江省黑河市委员会文史资料研究工作委员会：《黑河文史资料第八辑·旅俄华侨史料选》（内部发行），1991 年，第 81 页。

因素，两国农业科技发展存在明显差距。由于中国长期处于封建统治下并受国内外战争影响，中国农业科技总体水平落后于俄国（苏联）。这种互补性和差异性对经济技术合作交流具有重要的促进作用，决定了技术引进和本土化的速度及成效。中国与俄国（苏联）边境地区农业技术流动，是一种微观尺度的次区域地缘经济关系。次区域地缘经济关系与地区尺度上的国家地缘经济关系及国际地缘经济关系有很大差别。次区域地缘经济关系是边缘地域关系，具有一定的边缘地域经济效应。但这种效应受区域政治、经济、法律、地域分工、产业竞争力等因素影响，如中国黑龙江、吉林等地与苏联远东地区的地缘经济关系是一种次区域地缘经济关系。中国与俄国（苏联）边境地区降雨、光照等自然生态条件相近，农作物品种生育期基本相同，种植结构相近，都以栽培大麦、小麦、大豆、马铃薯和牧草等作物为主。中国引进俄苏农业技术便捷灵活，一方面在于距离近、路途短，共同边界线长，商贸发达，人员来往交通便捷，引入农业技术途径和方式多样灵活，尤其是引进作物品种适应性强，风土驯化时间短；另一方面，两国边民之间彼此了解对方的农业生产状况和农业科学技术水平的实际情况，引进对方农业技术，往往不需要到对方进行大规模考察和分析筛选，就能够选定引进内容，避免盲目性。

中国边境地区引进俄苏农业技术先进实用。清末民初许多新式农机具都来自俄国。19 世纪中叶俄国已进入了资本主义发展阶段，但中国尚处于封建农业社会。当时居住在黑龙江沿岸的黑河地区农民，虽然也以家庭为单位从事生产活动，但他们已普遍使用从俄境传过来的农业机械和半机械化农具。自古以来，有很多人试图以机械力替代畜力和人力耕作土地。但直到进入 19 世纪的蒸汽时代之后，人类才使机器耕田成为可能。1851 年，英国人史密斯和法拉斯第一次使用以蒸汽为动力的机械耕田。这是一种动力部分相对固定的耕作机械，即把蒸汽机固定在田头，通过钢丝绳牵引田里犁铧耕地。这种耕作方式同 20 世纪上半叶的电犁类似。拖拉机是自走式的牵引或驱动作业机械进行各种移动式耕种作业的动力机械，也用于提供固定机械的作业动力。1889 年，世界上第一台汽油内燃机拖拉机由美国芝加哥的查达发动机公司试制成功，取名为“巴加”号拖拉机。1949年前中国农机发展十分缓慢，到新中国成立时，广大农村使用的还是一些旧式传统农具，机耕面积比例很小。至新中国成立前夕，在中国见过拖拉机的农民仍然很少。农业机械的落后，制约了农业发展。大量史料显示，中国黑龙江、内蒙古、新疆等省区的中俄边境地区的农业生产，先于中国内陆使用拖拉机和机械化、半机械化农具。如《黑龙江省志（第13卷）·农机志》中有载，早在清光绪三十年（1904），靠近中俄边境的瑷珲地区就已经使用了俄国生产的割草机、铡草机等新式马拉农具。光绪三十三年（1907），黑龙江东兴公司、瑞丰农务公司都用火犁垦荒。值得注意的是，凡采用近代农业机具进行大规模垦殖的企业多在东北。①可见，这些中国与俄国（苏联）边境地区的省区，在中国比较早地使用了拖拉机等先进的机械化和半机械化农业生产工具。

二、引种与育种优势

中俄（苏）两国陆路相邻，农业引种、育种条件得天独厚。中俄（苏）共同边界线曾长达7600多公里，主要是东西走向，两国同纬度国土面积大。根据引种规律和特点，表现型（phenotype）是环境（environment）和基因型（genotype）相互作用的结果。引种驯化效果取决于作物对环境的适应性。纬度相近的东西区间引种比经度相近的南北地区之间引种成功的可能性更大，因为纬度相近地区气候相似，接受日照长度、热量、温度、降雨量相似。中国与俄国（苏联）接壤省区自然条件相近，引入农业品种适应性强，容易被驯化。同时，两国边境省区语言文化相通，民俗、生活习惯相似，边民对引入品种有一定的认识和了解，容易应用推广，种植、养殖、管理等技术方法易于移植和学习应用。

中国新疆与苏联哈萨克斯坦、塔吉克斯坦、土库曼斯坦、乌兹别克斯坦、吉尔吉斯斯坦等加盟共和国所处纬度相近，都处在欧亚大陆板块中央，地理条

① 郭文韬、曹隆恭主编：《中国近代农业科技史》，北京：中国农业科技出版社，1989年，第355页。

件具有更多共性。因而引进农业技术适应性强，本土化障碍因素少。1953 年，B. И. 迪托夫教授（新疆八一农学院聘请的苏联专家）正是运用了同纬度引种理论，根据中国新疆与苏联哈萨克斯坦、乌兹别克斯坦、吉尔吉斯斯坦、塔吉克斯坦等产棉区气候、水文、土壤等自然条件相近的特点，以及这些苏联产棉区历年产量情况，判断新疆地区如果采用相同棉种和耕种管理方法，亩产量能够达到 200 千克以上。因此，把采用品种、耕种、施肥、管理等生产条件和要求，写入了 B. И. 迪托夫与王震司令员签订的植棉增产合同之中。在 B. И. 迪托夫教授的指导下，种植各个环节严格执行合同规定，当年新疆生产建设兵团在玛纳斯河流域种植的 4981 亩棉花喜获丰收，平均亩产籽棉 208.5 千克。1951 年，玛纳斯河流域未采用 B. И. 迪托夫的高产植棉技术，平均亩产籽棉仅 78.9 斤（1 斤=0.5 千克）。①

国家之间、区域之间只要存在物质、能量、信息等要素流，各种经济要素就会发生相互作用。跨国经济地域互动源于互补性，包括资源禀赋互补性、经济结构互补性、人力资源互补性、资本与技术互补性等。跨纬度育种优势包含两个方面：一是指纬度跨度大的区域生物资源丰富，能为农业育种提供丰富多样的遗传物质；二是指纬度跨度大的区域具有复杂多样的生态环境，如温热梯度分布、湿度梯度分布等，为农业育种提供各种多样的条件。现代农业育种采用多种育种方法，在要求一些经济性状有较大的改进时，选用自然生态地理远缘、生长条件差异大的品种进行杂交。要培育抗病品种，则选用地理远缘、跨纬度大、抗病性强的优良品种进行杂交，或使用回交法将抗病性强的野生种与丰产性高的优良品种进行杂交。

中苏两国幅员辽阔，地理纬度跨度大，各地气候、土壤等复杂多样，具有丰富多样的生态系统和环境类型。两国不仅有大量已驯化和培育的动植物品种，还有种类丰富的农作物和家养动物的野生亲缘种，它们是农业育种工作中的宝贵遗传物质资源。20 世纪五六十年代，中国引进苏联的农作物和畜牧优良品种，除当时在农牧业生产中比较快地发挥出提高产量、改良地方品

① 程照轩：《新疆棉花大面积丰产的主要经验》，《农业科学通讯》1956 年第 2 期，第 77 页。

种等作用外，在后来新品种培育过程中，也逐步产生了积极的成效。如在20世纪七八十年代进行的棉花育种，其主要遗传物质载体来自20世纪50年代从苏联引进的棉种。这些引种效果，一方面来自当时引进品种数量大、种类多；另一方面（也是最主要原因）就是当时的这些引入品种，是从苏联地理区位跨度大、范围广泛、具有代表性的不同地区征集而来的。

总之，中俄（苏）边境地区两国边民姻亲相连，交往密切广泛，引进农业技术便捷灵活。中国引进俄苏农作物、畜禽优良品种不仅具有资源优势，而且具有得天独厚的边境优势。中俄（苏）两国幅员辽阔，南北跨度大，生态环境复杂多样，具有多样的育种环境和便捷的引种条件。纬度跨度大，南北气候、土壤等条件差异大，形成丰富多样的农业种质资源，育种资源互补性强。相互交流农业品种资源是提高农牧业育种质量和农业产量的有效途径。在同一纬度，两国都有辽阔的国土和耕地，并且又是各自国家的重要农牧区，引入对方国家农业技术并本土化障碍因素相对较少。

第二节　中俄（苏）文化关系优势

文化（culture），“从广义的人种论的意义上说，是一个复杂的整体，它包括知识、信仰、艺术、道德、法律、风俗以及作为社会成员的人所具有的其它一切能力和习惯”①。“文化”一词的本义是“耕耘”“栽培”。它是一个社会成员内在和外在行为的规则，但那些原本是明显遗传下来的规则不算文化。广义的文化概念是指人类创造的物质财富和精神财富的总和。②我们赖以生存的整个外部环境，可以划分为天然的和人工的，即自然界的和文化的两部分。③

---

①〔英〕泰勒：《原始文化》，蔡江浓编译，杭州：浙江人民出版社，1988年，第1页。

② 宋子良、王平主编：《科学社会史》，北京：科学技术文献出版社，1991年，第128页。

③〔苏〕尼·切博克萨罗夫、伊·切博克萨罗娃：《民族·种族·文化》，赵俊智、金天明译，北京：东方出版社，1989年，第200页。

文化、技术与人类一起产生和发展，文化具有融通性。在人类历史上，自人类发明火和石器来进行生产活动时，便开始有了人工自然和人类文化。马克思指出：当人开始生产自己的生活资料，即迈出由他们的肉体组织所决定的这一步的时候，人本身就已经开始把自己和动物区别开来。[①]这样一来，便逐渐形成了人类社会特有的人性、人道、人情和政治、经济等各种社会关系。这些社会关系的总和构成文化基础，即马克思对人的本质的定义："人的本质不是单个人所固有的抽象物，在其现实性上，它是一切社会关系的总和。"[②]人类的本质决定文化的相通性。人类面对的是同一个自然界，各国各民族之间都有必要并能够进行文化沟通。

一、文化异质性影响引进技术本土化

技术是一种文化。"文化"一词本为"耕耘""栽培"之意。文化异质性直接影响引进技术的模式选择。文化的差异性与可融通性是普遍存在的。文化异质性影响国际科技合作与技术引进，也是国际冲突的诱因之一。塞缪尔·亨廷顿在《文明的冲突》一书中认为，文化异质性会诱发或加深冲突。冲突与碰撞是异质文化不适应的表现，但它们之间还存在可融通性，这是不同文化之间互通、互学、互鉴的重要基础。文化异质性较弱国家间合作，通常采取统一的紧密型模式；而文化异质性较强国家间合作，则主要采取多样式的松散型模式。同时，文化认同度高的国家合作规模大、层次多、范围广、影响深。

引进技术本土化成效受文化选择和制约，即引进技术要适应文化。而这种适应性取决于技术引入地文化与技术原归属文化之间的异质性（heterogeneity），异质性越弱，引进技术适应性越强。文化异质性与同源性相对立，同源文化具有向心力和内聚力，是国际科技合作与技术引进的内在动力和基础。[③]文化异质

① 〔德〕马克思、恩格斯：《马克思恩格斯文集》第 1 卷，中共中央马克思恩格斯列宁斯大林著作编译局编译，北京：人民出版社，2009 年，第 519 页。

② 〔德〕马克思、恩格斯：《马克思恩格斯文集》第 1 卷，中共中央马克思恩格斯列宁斯大林著作编译局编译，北京：人民出版社，2009 年，第 135 页。

③ 刘伟胜：《文化霸权概论》，石家庄：河北人民出版社，2002 年，第 59 页。

性往往诱导国际冲突，但异质性文化碰撞、冲突也有提高文化认同、可融通性和降低异质性的作用。引进技术本土化受文化异质性影响，同时也有增强可融通性、降低异质性的作用。引进技术本土化成效同引进技术的数量、规模和持续性、积累性有关。但就引进农业技术而言，文化异质性是引进技术应用推广和本土化的障碍因素，也是引进技术再创新形成特质的基础和条件。

二、中俄（苏）两国文化交流发展

中俄（苏）文化异质性弱、融通性强取决于两国的长期交往、了解与认同。传播和扩散是文化生命力。根据文化传播学原理，相需性是文化交流的内在动力。文化相需性引起相互交流，取长补短，减弱异质性，增强融通性。但文化异质性减弱不是一蹴而就的，需要长期交流积累，增进互信与认同。国际贸易交往是文化接触的重要形式之一。中俄（苏）两国贸易往来历史悠久。早在西汉时期，中国与后来成为俄国（苏联）一部分的中亚地区就建立"丝绸之路"贸易，距今已有两千余年的历史。[①]

中国文化深刻影响俄罗斯文化。在中国历史上，少数民族政权的契丹朝、元朝曾占主导地位长达几个世纪。当时契丹和中亚、西亚的伊斯兰国家保持着经济交往与文化接触。契丹通过商贸将中国文化传播到俄罗斯。至今俄罗斯的莫斯科等城市仍有地名称契丹城、契丹街。元朝征服中亚、西亚、东欧之后，驿道四通八达。中国医学、数学、制图、印刷术、火药器械等传播到俄国，对俄罗斯文化影响深远。俄国是学习、应用中国传统中医药科技最早的国家之一。17 世纪，俄国人开始学习应用中国的人痘接种技术。1688 年，俄国派医生来华专门学习种痘法及检痘法。1758 年 9 月，俄国《益乐著译》曾刊载《中国人的接种术》一文。俄国政府一直重视引进利用中国传统中医药技术，俄国科学院、俄国国立图书馆保存早期从中国搜集的大量中医典籍。[②]1725 年俄罗斯科学院成立后，就开始搜集蒙文、满文和藏文图书。19 世纪，中俄

① 卢明辉：《中俄边境贸易的起源与沿革》，北京：中国经济出版社，1991 年，第 1 页。

② 肖玉秋：《17—19 世纪俄国人对中医的研究》，《史学月刊》2014 年第 3 期，第 60—67 页。

图书交流及互译规模扩大。1844 年，清政府将北京雍和宫收藏的佛教经卷 800 多册赠送俄方。1845 年，俄方回赠中方 10 箱 357 种 800 余册俄文书籍。[①]18—19 世纪，东正教传教士编撰《满俄大辞典》《俄汉医学辞典》《俄罗斯翻译捷要全书》等书。1880 年，瓦西里耶夫院士的《中国文学史大纲》出版。1932 年，鲁迅先生发表《祝中俄文字之交》。1933 年 2 月，中国教育考察团访问莫斯科，中苏开始长期交换书籍、字画、艺术品等文化交流。1934 年，著名画家徐悲鸿应邀访苏，将中国近代绘画在列宁格勒、莫斯科等地展览，并留赠苏联国家博物院若干幅中国绘画。1935 年，《春蚕》《大路》《渔光曲》等中国电影作品在莫斯科国际电影展览会参展。1934—1935 年，梅兰芳等中国京剧使者先后赴苏演出。至 20 世纪 50 年代，中苏文化交流达到高峰。

文化传统对一个国家的政治、经济、文化以及风俗、历史事件的形成都有着深刻的影响，中国儒家文化与俄罗斯东正教文化的包容性特征是构成两国文化交融与认同的根本性因素。圣彼得堡皇家科学院于 1725 年成立，其研究人员在西伯利亚和远东地区广泛搜集满文、蒙文及藏文书籍。1818 年，俄国第一个旨在收集东方国家文物和语言书籍的亚洲博物馆建成。该馆成立伊始便收到圣彼得堡皇家科学院赠送的 279 部中国书籍，到了 1856 年其汉语藏书已经达到 1369 册。[②]与此同时，在俄国外交部亚洲司、莫斯科鲁缅采夫博物馆、圣彼得堡公共图书馆、圣彼得堡大学、喀山大学和伊尔库茨克学校等机构和学校都收藏一定数量的中国典籍。

1917 年以前，俄国东正教驻北京传教士团是中俄文化交流的主要团体，中俄之间哲学、宗教、语言学、文学、地理学、历史学、教育、图书及医学交流，均以传教士团为主要媒介。17 世纪初叶，中华文化与俄罗斯文化开始碰撞交流。1619 年，俄国政府特使伊凡·彼特林来到北京，建立了中俄官方外交关系。由此可见，俄国是欧洲最早与中国建交并开始文化交往的国家。

---

① 肖玉秋：《清道光年间中俄政府互赠图书考略》，《南开学报（哲学社会科学版）》2006 年第 4 期，第 82—89 页。

② 肖玉秋：《试论俄国东正教驻北京传教士团文化与外交活动》，《世界历史》2005 年第 6 期，第 66—75、144 页。

1707—1761 年，俄国东正教传教士 H. 罗索欣首次把《三字经解》《二十四孝》《千字文》《八旗通志》《资治通鉴纲目》等翻译成俄文。俄国传教团在华办学经历了近百年历史。1715—1917 年，俄国共向中国派遣了 18 届传教团。传教士不仅在中国传教，也学习和接受中国的语言和习俗。全俄东正教最高宗务会议曾给前往北京的修士祭约阿基姆·希什科夫斯基做出工作指示："一到中国就要努力学会他们的语言，以便在合适的时机就能用他们听得懂的语言向他们传授福音真理。"①传教士学习中国语言往往是孜孜不倦的。一位名叫弗拉基米尔·瓦西里耶维奇·戈尔斯基的传教士，甚至在吐血后仍通宵达旦地学习汉语和满语。"他完全是由于孜孜不倦地学习而死的。"②

三、中俄（苏）文化融通异质性弱

中俄（苏）文化融合具有历史必然性。中俄（苏）共同边境曾长达 7600 多公里，两国边疆地区语言文化相通，相互交流历史悠久。边疆地区经贸往来、科技文化交流对中俄两大民族文化融通起了十分重要的促进作用。中国儒家文化和俄国东正教文化均具有兼容并包的特征。儒家文化和东正教文化分别代表中国与俄国主流文化。1243 年，金帐汗国建立，罗斯各公国臣服，蒙古军招募不断被征服的民族男青年入伍，因而蒙古西征军中信仰"东正教的俄罗斯籍士兵"数量不断增多。③《恰克图条约》签订后，俄国传教士和留学生定期来京，对中俄文化交流做出重要贡献。"和而不同"的文化观念，早在西周时期就是儒家对待文化冲突的原则。儒家文化的开放性、包容性和同化性比较强。春秋战国时期，儒学本是齐鲁文化。秦汉以后，逐渐和道文化合流。近代，儒家文化又吸纳了西方文化。儒家文化的包容性是构成中华民族凝聚力

① 〔俄〕尼·伊·维谢洛夫斯基编：《俄国驻北京传道团史料》第一册，北京第二外国语学院俄语编译组译，北京：商务印书馆，1978 年，第 90 页。

② 〔俄〕尼·伊·维谢洛夫斯基编：《俄国驻北京传道团史料》第一册，北京第二外国语学院俄语编译组译，北京：商务印书馆，1978 年，第 87 页。

③ 王希隆：《清代中俄文化交流述论》，《兰州大学学报（社会科学版）》1997 年第 4 期，第 120—126 页。

的重要因素。同样，东正教给俄国人以“聚合力”思想。中俄优秀传统文化的交流带动了两国科技合作的发展。

文化作为一个复杂的有机整体，包括信仰、知识、道德、风俗、法律、艺术等人的一切习惯和能力。文化最终根源在于物质生产方式[①]，而物质生产方式决定于生产力，尤其是科学技术。中俄文化各有其传统和特点，儒家文化与东正教文化是不同质的文化形态。但这两种文化都生长于陆地，都长期伴随封建集权政体，都曾试图接受西方文化并历经坎坷。在历史的长河中，中俄两国都曾历经艰难曲折，有对抗，也有相互支持。同盟合作增进了两国人民的友谊和文化的可融通性。

文化具有相需性，其本质特点是传播、扩散和交流。文化“异质性”中的“不同质性”是文化交流与合作的根本动力来源。尽管这种“不同质性”是诱发民族矛盾和国家冲突的一个重要因素，但它是文化相需性和互补性的基础，直接影响国际科技交流合作与技术引进的模式、规模与进程。中国与俄国（苏联）进行科技交流合作成效在很大程度上取决于两国文化的弱异质性。而中俄（苏）文化的相需性、互补性、低排他性和地缘政治等因素促进了两国的文化交流和个性化发展，进一步弱化了异质性，增强了可融通性。

第三节　中俄（苏）政治与外交关系优势

中俄（苏）关系曾历经摩擦、冲突和战争。20 世纪以来，孙中山和列宁开创了中俄（苏）友好新篇章。互助合作抵御侵略，中苏两国先后签署了《中苏互不侵犯条约》《中苏友好同盟条约》《中苏友好同盟互助条约》和一系列法律协定，为两国的交流与合作奠定了法律基础。苏联军队支援中国抗日战

① 宋子良、王平主编：《科学社会史》，北京：科学技术文献出版社，1991 年，第 132 页。

争。新中国成立，苏联第一个与中国建交，两国展开大规模、全方位、多层次的经济技术合作。

一、中俄（苏）友谊和结盟

中俄（苏）友好关系是两国科技合作交流的基础。中俄（苏）陆路相连，相互交往不断发展。早在元代，中华文明就广泛地传入当时地域仅限于东欧的俄罗斯。进入清代，文化交流和经贸往来不断扩大，甚至战争都为两国人民接触提供了机会。雅克萨战争中的战俘被编入八旗，与旗人享受同等待遇，他们是最早定居北京的俄罗斯人，在中国娶妻生子，死后葬在中国。至 1917 年，雅克萨战俘及他们的后裔在中国有 6310 人。①第一次世界大战末，仅在哈尔滨的俄国人就有 40 万人。②19 世纪末，进入俄国的华工有 200 万人。

19 世纪末，大批华工被招募到俄国修建西伯利亚铁路。在俄国十月革命前夕，仅俄国欧洲部分留居华人就有 40 万人，其中 30 万人分布在铁路、林区、矿山和工厂。他们含辛茹苦地劳动，而且参加革命斗争。北洋政府档案显示，苏联红军曾有华人团、华人营，华工红军有 3 万人。《申报》曾载：华工红军有 5 万人，其中军官不下千人。③而且，有的华工战士担任列宁警卫。1919 年初，200 多名华工战士曾守卫在列宁身边。华工红军作战英勇，不少人为捍卫苏维埃献出了自己宝贵的生命，有些人战功赫赫获红旗勋章和列宁勋章。同样，苏联人民也为中国革命和解放提供了支持和援助，许多苏联战士的鲜血洒在了中华大地上，他们为两国革命事业做出了重大贡献。

孙中山与列宁的友好关系增进了中俄（苏）友谊。20 世纪初，列宁称孙中山是革命民主主义者，充满高尚精神与英雄气概。1917 年，孙中山致电列宁祝贺俄国十月革命胜利。这一贺信是记载中俄两国人民友谊的重要文献，

---

① Шубипа С, А Русская П Равославпая Мисся в Китаи（ⅩⅧ начало ХХвв.）. Ярославский осудаэ Рставеппый Униве Рситёт им. П. Г. Демидова. 1998, p.165.

② 王俊彦：《白俄中国大逃亡纪实》，北京：中国文史出版社，2002 年，第 2—3 页。

③ 陈之骅主编：《苏联史纲（1917—1937）》，北京：人民出版社，1991 年，第 24—30 页。

至今珍藏在列宁博物馆。列宁与孙中山的友好交往促进了两国人民的友谊，为两国军事、经济、科学技术等方面交流与合作奠定了基础。列宁教导俄国人民，要按照人类平等原则对待邻国。中国人民深受帝国主义侵略压迫，需要国际政治支持和经济援助。

1932 年 12 月，中苏恢复大使级外交关系。1937—1945 年，国民政府与苏联政府签署了《中苏通商条约》《中苏互不侵犯条约》《中苏友好同盟条约》，以法律形式固定了中苏政治、外交及经贸关系。[①]《中苏友好同盟条约》的签署，加快了中国结束抗日战争的进程。毛泽东指出：在中华民族面临危亡最深重的抗日战争期间“是需要人们帮助最迫切的时候”[②]，并特别强调，苏联第一个慷慨支援中国[③]。1945 年 8 月 8 日，苏联政府对日宣战。百万苏联红军分四路向中国境内的日军进攻。自 8 月 9 日零时起，苏军远东部队在中国军民的配合下，经过 20 天作战，击溃日军 22 个师团，击毙日军 8 万人，俘虏日军 61 万人。苏联的参战支援，加快了中国人民赢得抗日战争最后胜利的进程。中苏援助是相互的。在苏联抗击德国法西斯入侵期间，中国援助苏联的大批战略物资和农牧产品，对苏联击败德国法西斯赢得卫国战争胜利起到了重要作用。

二、中苏经济技术全面合作

新中国成立初期，国际、国内形势严峻，当时中国国内百废待兴，经济重建缺乏资金、技术和人才。美国等西方资本主义国家对华封锁禁运，企图把新生的人民政府扼杀在摇篮之中。新中国成立前夕，中国与美国保持较大贸易额。1946—1948 年，中国进出口总额中，对美进出口贸易额分别占 27%、51%。1951 年，中美贸易瘫痪。[④]新中国成立前，苏联第一个表示愿意为中

---

① 黄纪莲：《中苏关系史话》，北京：社会科学文献出版社，2000 年，第 93、177、125、144 页。

② 毛泽东：《斯大林是中国人民的朋友》（1939 年 12 月 20 日），载《毛泽东选集》第 2 卷，北京：人民出版社，1991 年，第 657 页。

③ 薛衔天、栾景河：《中俄关系的历史与现实——从三次结盟到〈睦邻友好合作条约〉》，《西伯利亚研究》2002 年第 3 期，第 31—36 页。

④ булик Б, Китаиский Народная Респупликав Период Становления(1949-1952г.), Проблемы Дальнего востока, 1994г, No5, л.115.

国提供援助。苏联及其他社会主义国家对中国进行政治、外交支持和经济、技术援助，对中国经济恢复和发展起了不可替代的重要作用。为了加深中苏友谊与经济技术合作，毛泽东主席率中国代表团，于 1949 年 12 月初赴苏联访问。1950 年 2 月 14 日，两国政府签署了《中苏友好同盟互助条约》《中苏关于中国长春铁路、旅顺口及大连的协定》《关于苏联政府给予中国政府长期经济贷款的协定》等文件。

《中苏友好同盟互助条约》的签署，使中苏合作发展到前所未有的水平。该条约规定：如果缔约国任何一方受到日本或日本盟国的侵略，另一方即尽其全力给予军事及各种其他援助。在《中苏友好同盟互助条约》的基础上，双方还签署了《中苏关于苏联贷款给中国的协定》《中苏关于中国长春铁路、旅顺口及大连的协定》《中苏民航公司协定》《关于在中国新疆创办中苏石油股份公司和中苏有色及稀有金属股份公司的协定》，以及派遣援华专家等协定。《中苏关于苏联贷款给中国的协定》规定：1950—1954 年，苏联给中国提供 3 亿美元贷款，作为偿付苏联交付给中国的机器设备、器材的费用，即用于支付苏联对华经济技术援助的费用。在签字仪式上，周恩来指出：这些协定、条约“将使中国人民感到自己不是孤立的”，有助于“经济的恢复和发展”。①毛泽东主席访苏期间，缔结具有重大意义的《中苏友好同盟互助条约》，使欧亚大陆上近 7 亿人民在军事、经济、科技、文化等方面结成同盟。在这些协定中，苏联对中国恢复和发展经济给予许多援助。1950 年 4 月 11 日，毛泽东曾评价说：“用条约把中苏两国友谊固定下来……帝国主义者如果打我们的时候，我们就请好了一个帮手。”②也就是说，与苏联结盟，解决的是中国的国家安全问题。《中苏友好同盟互助条约》基本目标应该是阻止日本及其盟国（美国）侵略中国，使我们能以此作为一种政治策略来对付全世界的帝国主义。③

---

①《当代中国》丛书编辑部：《当代中国外交》，北京：中国社会科学出版社，1988 年，第 27 页。

② 薄一波：《若干重大决策与事件的回顾》上卷，北京：中共中央党校出版社，1991 年，第 42 页。

③ 毛泽东致中央委员会的电报，1950 年 1 月 2 日，载毛泽东：《建国以来毛泽东文稿（一九四九年九月—一九五〇年十二月）》，北京：中央文献出版社，1987 年，第 213 页。

《中苏友好同盟互助条约》等一系列议定书、协议签署之后，中苏经济技术合作迅速发展。除成立中苏有色及稀有金属股份公司、中苏石油股份公司、中苏民用航空股份公司等合作企业外，1950 年 4 月 19 日，两国签署贸易协定，确定中苏贸易框架和原则。根据协定，苏联向中国出口石油和各种机器设备等工业产品；同时，中国向苏联出口农产品及锡、钨、锑等原材料，确定成立中苏造船公司、中苏建立橡胶园合作。据统计，在中国对外出口贸易中，1948 年，苏联居第九位；1949 年，苏联上升至第三位；1950 年，苏联跃居第一位。[①]在中国进口贸易中，1949 年，苏联仅占 4.8%，居第五位；1950 年 1—9 月，苏联提高至 20.4%，居第二位。1951 年 1—3 月，两国贸易额比 1950 年同期增长 77%。其中，从苏联进口额增加 117%，向苏联出口额增加 54%。[②]1952 年，中苏贸易进一步发展，贸易总额比 1950 年增加 1 倍。[③]至 1956 年，中苏贸易额比 1950 年增长近 6.5 倍。[④]

20 世纪 50 年代初，中苏加快科技合作计划的制订与实施，苏联援建成套项目陆续开工建设，大批苏联专家顾问和工程技术人员来华帮助制订计划、修复铁路、建设水利工程、勘探矿藏、设计工厂等。仅 1952 年，近 1000 名苏联专家来华工作。[⑤]在冷战背景下，以美国为首的西方资本主义国家对中国实行经济封锁，苏联及东欧国家提供的经济技术援助帮助中国战胜封锁，使中国经济得到了恢复和发展。1953 年 5 月 15 日，中苏签订关于苏联援助中国的协定和议定书，确定苏联帮助中国新建和改建大规模工程项目 141 个。在“一五”计划期间，这些苏联援建的成套项目，是中国工业建设

---

① 〔苏〕奥·鲍·鲍里索夫、鲍·特·科洛斯科夫合著：《苏中关系（1945—1980）》，肖东川、谭实译，北京：生活·读书·新知三联书店，1982 年，第 41 页。

② 〔苏〕奥·鲍·鲍里索夫、鲍·特·科洛斯科夫合著：《苏中关系（1945—1980）》，肖东川、谭实译，北京：生活·读书·新知三联书店，1982 年，第 41—42 页。

③ 〔苏〕奥·鲍·鲍里索夫、鲍·特·科洛斯科夫合著：《苏中关系（1945—1980）》，肖东川、谭实译，北京：生活·读书·新知三联书店，1982 年，第 47 页。

④ 裴坚章：《中华人民共和国外交史（1949—1956）》，北京：世界知识出版社，1994 年，第 41 页。

⑤ 〔苏〕奥·鲍·鲍里索夫、鲍·特·科洛斯科夫合著：《苏中关系（1945—1980）》，肖东川、谭实译，北京：生活·读书·新知三联书店，1982 年，第 47 页。

的中心，投资约占中国工业总投资的50%，包括一拖、吉林氮肥厂、太原化肥厂、兰州化肥厂、哈尔滨亚麻厂等涉农项目。[①]至1956年，156个苏联援建成套项目绝大部分投产，中国工业基础基本建立。[②]从此，中国结束了一架飞机、一辆坦克、一辆汽车、一台拖拉机都不能造的历史。

工业以农业为基础并反哺农业。工业基础的建立是现代农业发展的基本条件，农机、化肥及农产品加工企业的设立为农业提供机械装备和原料市场，直接推动农业发展。1952年9月30日，哈尔滨亚麻纺织厂建成投产；1959年11月1日，一拖建成验收，年产1.5万台54马力履带式拖拉机；1960年底，吉林氮肥厂、太原化肥厂、兰州化肥厂全部投产验收，中国化肥工业年产硝铵29万吨、合成氨16万吨，有力地推动了农业的发展。

第四节　中俄（苏）农业交往基础

中俄农业交往历史悠久。1689年《尼布楚条约》签订后，加快了中俄农产品贸易的发展。至18世纪，恰克图、墨尔根（又作木里吉）等两国边境地区已经成为马、牛、皮毛、燕麦、茶叶等农牧产品的集散地，中俄互市贸易活跃。农产品贸易刺激并带动农业品种的引进，如著名的俄罗斯茶商K. 波波夫引种中国茶树，主要为了发展茶叶贸易。清末以前，中俄农业技术交流主要以实体形态的技术和经验形态的技术为主，中国引进俄国的甘蓝、谷子、燕麦等农作物品种影响深远。

一、中俄农产品贸易发展

中俄两国农产品贸易历史悠久，并在整体上呈现不断发展的趋势。到16世纪，不仅中俄边境地区农产品贸易发达，中国内地也有规模较大的对俄农

① 薄一波：《若干重大决策与事件的回顾》上卷，北京：中共中央党校出版社，1991年，第297页。
② 邓小平：《邓小平文选》第3卷，北京：人民出版社，1993年，第295页。

产品贸易。山西北部重镇大同马市于嘉靖年间（1522—1566）正式设立。由朝廷派官吏用白银与邻国进行茶马互市。通过官私两条渠道，以茶叶、粮食、丝绸、布匹等向诸国换取玉和马。大同的茶马互市，使大量茶叶以及布、棉、金、银等商品，经北路，辗转输入俄国。这些中国商品流入俄国，曾轰动一时，在上层社会中被视为珍品。由于上述商品不断向俄国输入，因此对俄国上层社会人士的生活产生了一定的影响，俄国人的饮茶习惯就是从这时逐渐养成的。[①]明清时期，有专门商队在中国广泛采购茶叶、烟叶、米谷、酿造品、丝绸、土布、手工艺品、铜铁制品等运往中俄边境的恰克图市场，以换取俄国皮毛、呢绒、家禽和五金、玻璃等制品。这些商品运输是由“驼帮”“车帮”进行的，他们自备马匹、骆驼、牛车，一年四季奔波在广袤的塞外运输线上。

康熙二十八年（1689）《尼布楚条约》签订后，中国与俄国农产品贸易有了一定发展，尤其俄国官私商队经尼布楚赴京途中的贸易量大幅增加。1689年中俄两国签订的《尼布楚条约》规定：嗣后往来行旅，如有路票，听其交易。凡持有护照的两国商人可过界互市。因而俄国商队主要赴北京进行贸易，仅有小量互市贸易在库伦（今蒙古国首都乌兰巴托）、归化（今内蒙古呼和浩特市）、张家口、齐齐哈尔等地进行。当时在这些地方的中俄商品交易，大多数是通过晋商进行的。齐齐哈尔处于俄国商队去往北京的东线上。这里作为黑龙江地区的重镇，互市贸易曾经兴盛一时，因为大多经尼布楚进京的俄国商队选择以齐齐哈尔为中转地。在齐齐哈尔，可以进行马匹、骆驼及皮张交易，途经这里的商队把部分马匹和货物留下。[②]

在齐齐哈尔，尼布楚当地俄方官员直接派商队来互市贸易。尼布楚成为双方贸易的主要通道。俄国人来齐齐哈尔贸易情形有载：秋尽，俄罗斯来互市，人数少则60人，多则100人。所携马、牛、皮毛等货物，换取椒、姜、烟草、糖等物。1706—1723年，先后有176人从尼布楚到齐齐哈尔易货。其

① 山西省史志研究院：《山西通志（第28卷）·对外贸易志》，北京：中华书局，1999年，第37页。
② 中国第一历史档案馆编：《清代中俄关系档案史料选编》第一编，北京：中华书局，1981年，第225—227页。

中，1715 年 8 月，斯捷潘·谢诺托鲁索夫等 91 人经尼布楚前往墨尔根、嫩江、蒙古等地进行贸易。《陈泰等奏俄罗斯情形折》显示，1724 年 6 月 24 日，巴什里为等由俄罗斯尼布楚城到齐齐哈尔。一方面，递送地方官方文书："我等前来递送我察罕汗致圣主之奏书一封及我尼布楚城长官致将军等之文书一封。"另一方面，进行农产品贸易："我一行共十九人，除乘骑马匹外，又带来马一百一十匹、狼皮十九张、堪达汉皮八张、獭皮一百五十张、獭皮袘子二十五件、染色牛皮四张，以备我等返回时作盘费之用。"[①]1727 年 7 月 26 日，伊班扎布拉布等俄商 20 人，由伊尔库茨克城（当时称厄尔库城）到达齐齐哈尔，带来马 90 匹、牛 40 头、银鼠皮 1000 张、灰鼠皮 2 万张等。1727 年 7 月 31 日，依尔哈诺夫等 20 人，由伊尔库茨克城到达齐齐哈尔，带来马 100 匹、牛 50 头，各种皮张等（表 1-1）。[②]

表 1-1　1724—1728 年俄国商队带到齐齐哈尔的牧畜和皮张情况

时间	俄商头目及人数	马/匹	牛/头	牛皮/张	羊皮/张	野兽皮/张
1724 年 6 月 24 日	巴什里等 19 人	110		4		202
1726 年 7 月	温多里等 32 人	300		100		15 700
1727 年 7 月 21 日	雅贺、里万泰等 24 人	240	60	30	100	3 228
1727 年 7 月 26 日	伊班扎布拉布等 20 人	90	40	40	300	22 350
1727 年 7 月 26 日	阿列克谢等 6 人	26	8			1 500
1727 年 7 月 31 日	依尔哈诺夫等 20 人	100	50	200	200	5 820
合计	121 人	866	158	374	600	48 800

资料来源：《陈泰等奏俄罗斯情形折》，载中国第一历史档案馆编：《清代中俄关系档案史料选编》第一编，北京：中华书局，1981 年，第 417—488 页

在中俄恰克图贸易中，中国茶叶最受欢迎。恰克图位于南西伯利亚和塔塔尔边界，地处贝加尔湖支流，位于伊尔库茨克城以南约 160 公里。恰克图是清代俄中边境重镇，原属中国。恰克图俄语意为"有茶的地方"。清雍正六年（1728）六月二十五日，中俄签订《恰克图条约》，规定中俄两国皆不征收进口税，只征各自出口商品税，这一规定刺激商品贸易额不断加大。乾

① 中国第一历史档案馆编：《清代中俄关系档案史料选编》第一编，北京：中华书局，1981 年，第 417 页。
② 中国第一历史档案馆编：《清代中俄关系档案史料选编》第一编，北京：中华书局，1981 年，第 488 页。

隆四十二年（1777），俄国输入149万卢布，输出138万卢布，贸易额合计287万卢布。中国茶叶进入俄国市场，使俄国嗜茶者不断增加。1839年，在恰克图以700万卢布购买的茶叶，在下哥罗德市场卖18亿卢布。在恰克图每磅2卢布的茶叶，如果运至圣彼得堡卖掉可以赚利五成，有些转运至西欧则获利更丰。嘉庆二十四年（1819），中国仅输出到俄国茶叶一项即高达6.7万箱，约合500万磅。当时恰克图市场的茶叶售价是：上品茶每磅售2卢布，中品茶每磅售1卢布，下品茶每磅售47戈比。若输出之茶折中皆按中品茶计算，中国商人收入可达500万—600万卢布。[①]茶叶市场广阔、利润丰厚，对晋商有巨大吸引力。他们有一些人赴福建武夷山，湖南临汀、安化，湖北蒲圻、崇阳、通城等地购茶，用牛、马、骆驼运至山西，再经张家口或杀虎口奔波至恰克图进行交易。

在恰克图贸易采用年会方式进行，由12家商馆经营办理。其中，俄人商馆、华人商馆各6家。贸易完全是易货贸易，中俄双方定期在恰克图商定彼此供给商品的交换比例。譬如，中国茶叶与俄国马兑换比例、中国红茶与俄国牛皮兑换比例。恰克图一带边境的物物交换贸易，正如马克思所言："事实上是而且根据条约都是物物交换，银子在其中不过是价值尺度。"[②]贸易规则的制定，以及通过协商确定货价和因此形成稳定的互惠互利的交换关系，给恰克图贸易带来了一个时期的繁荣。19世纪初，除俄国处于战争的个别年份外，恰克图商品交易额始终保持直线增长的趋势。1800—1824年，恰克图商品交易额增长90%。俄国经恰克图从中国进口的茶叶，1802—1810年为7508万普特（1普特≈16.38千克），1811—1820年近1亿普特，1821—1830年达到1.4亿普特。[③]

俄国通过恰克图贸易进口的中国商品主要是茶叶。1825年，俄国经恰克

① 姚贤镐：《中国近代对外贸易史资料（1840—1895）》，北京：中华书局，1962年，第97页。

②〔德〕马克思、恩格斯：《马克思恩格斯全集》第13卷，中共中央马克思恩格斯列宁斯大林著作编译局编译，北京：人民出版社，1998年，第140页。

③〔苏〕米·约·斯拉德科夫斯基：《俄国各民族与中国贸易经济关系史（1917年以前）》，宿丰林译，徐昌翰审校，北京：社会科学文献出版社，2008年，第219—221页。

图进口茶叶为 480 万卢布，几乎占进口中国商品总值的 87.3%（当时为 550 万卢布）。茶叶进口量快速增长，尽管增加了在俄国的销售难度，但因为茶叶贸易利润大，俄国政府仍然努力保持高进口额。每一俄磅茶叶应征关税是：茶砖征 6 戈比、普通绿茶征 44 戈比、上等绿茶征 69 戈比、红茶征 55 戈比。俄国政府为了稳定国内茶叶的市场价格，推出许多政策。譬如，鼓励把中国茶叶转口西欧市场销售。1826 年，税收政策规定，向其他国家出口中国茶叶，实行退税，而对于在俄国销售的茶叶，则规定可在 5 个月内分期缴纳关税。俄商主要用棉织品、生丝、冰糖等从中国换取货物。[①]1824 年，恰克图贸易达到了它整个历史上的最大规模，之后则走向衰落，甚至停滞。

值得一提的是，大玉兹的哈萨克人于 1823 年加入俄国国籍，其领地并归俄国，中俄两国贸易得以进一步扩大。实际上自 18 世纪末叶开始，俄国的额尔齐斯河一带就已经成为与新疆塔城、阿克苏、固勒札等城市保持贸易往来的出发地。俄国政府希望巩固和扩大与中国的联系，把新疆各城市视为前往印度的通道和中转站，因为与印度建立联系是沙俄政府的一项重要外交政策。如果能时常把货物从塞米巴拉特要塞运到中国边境城市阿克苏，俄商就能够联系到更多的中国商人及周边国家商人，包括那些从中国内地来到阿克苏的中国商人和来自浩罕、克什米尔、喀什噶尔、布哈拉、塔什干等地的商人。这样一来，俄国借助这些商人特别是克什米尔商人，就能够极便利地将各种印度货物转运到俄国。同时，俄商试图在阿克苏更多地通过中亚商人进行贸易。这主要在于，按照中俄所签订的和约，俄国商人除在恰克图和祖鲁海图要塞外，不允许在其他地方进行贸易，这一点同样约束中国商人。

二、中俄农业技术交流

清末以前的中俄农业技术交流，主要是引进农作物品种、畜牧品种等实体形态的技术和种植、养殖等方面经验形态的技术。其中，俄国成功引种中

---

① 〔苏〕米·约·斯拉德科夫斯基：《俄国各民族与中国贸易经济关系史（1917 年以前）》，宿丰林译，徐昌翰审校，北京：社会科学文献出版社，2008 年，第 222 页。

国茶树，中国引进俄国甘蓝、谷子、燕麦等农作物品种对农业种植结构影响最深，体现了中国与俄国农业技术交流的悠久历史。

（一）俄国成功引种中国茶树

19 世纪，许多中国农作物在俄国已经形成了很深的文化影响。如茶、大米、小米、高粱的俄语名称就是直接来自汉语名称的译音。不仅如此，语言中有一部分用语译音也反映出两国的交往关系。如“中国”一词，俄语称Китаи，是来自“契丹”译音。俄国成功引种中国茶树是中俄农业交流的典型例证。自从饮茶习俗传到俄国，俄国人就一直寻找茶叶在俄国种植的本土化途径。据考证，俄国于 1814 年开始引进中国茶树，并在克里米亚种植。但由于克里米亚土壤（含石灰石多）不适宜茶树生长，不久茶苗全部枯死。1887 年，索洛夫采夫种植的茶园开始采茶，其样品在弗利斯农业展览会获金质大奖。著名的俄国茶商 K. 波波夫出资组织考察团，到中国、日本、印度等地收集技术信息、茶树苗和茶籽。考察团以药理学家瓦·吉霍米罗夫为团长，他们参加波波夫茶园的茶树种植工作，其中还有中国专家劳仲造（译音）和著名的俄罗斯科学院院士弗·威廉斯等。

中国茶树在格鲁吉亚、高加索等地成功引种，并培育出新品种。1893 年，应俄国茶商 K. 波波夫的邀请，刘峻周与 12 名茶工携带大量茶苗、茶籽，来到格鲁吉亚巴统试种茶树。1896 年，刘峻周及茶工种植茶树采茶焙制出第一批茶叶，表明格鲁吉亚自然条件适合茶树栽培。1898 年，K. 波波夫的茶厂机制茶叶已开始生产。同时，沙皇宫廷重视茶叶生产。1899 年，皇室地产管理局创办的茶厂开工，采用中国制茶工艺生产。1900 年，茶树种植园已达到 900 公顷。巴统茶园所产的“阿扎里茶”，在巴黎世界博览会上参展并获金质奖，获奖茶种被当地人称为“刘茶”。“刘茶”种植的成功和技术的传播带动了巴统地区的茶树种植和茶叶加工业的发展，许多格鲁吉亚人纷纷创办茶园。数年间，格鲁吉亚也成为苏联主要茶叶种植基地，茶树种植扩展到高加索地区。

20世纪初，俄国著名化学家德·伊·门捷列耶夫在《工业的学说》一文中曾说，俄国将来一定会成为既是茶叶的消费国，又是茶叶的生产国。[①]11年之后，高加索种植茶树的茶叶产量果真发展到世界第八位。由于刘峻周的贡献，1911年沙俄政府授予他“斯坦尼斯拉夫”三级勋章，1924年苏联政府授予他“劳动红旗勋章”。引进农业品种本土化是适应当地自然环境、生存和发展的过程。新品种是引进品种适应新环境和满足新的生产消费需要两个方面的因素共同作用而形成的。刘峻周不仅成功种植了从中国带来的茶树种苗和种子，而且培养出了适应当地气候、品质优良的新品种“刘茶”。刘峻周毫无保留地向当地人提供茶树种植和茶叶加工技术。中国茶树在俄国引种，适应了当地的自然条件，满足了当地的生产消费需要，并选育出新品种，大面积种植。由此证明，中国茶树在俄国已经实现了本土化。

（二）中国引进俄苏农业品种

老羌菜、老羌瓜、老羌谷等物种从俄国传入中国。“老羌”一词最早出现在明末清初，原本是对沙俄入侵者的通称。当时之所以把沙俄入侵者称为老羌，有几方面因素。一是入侵者暴恶。明末清初，沙俄的哥萨克匪徒入侵黑龙江流域和松花江流域，遇到当地居民抗击，粮绝后大发兽性，暴恶地吃人肉。因而在黑龙江地区当地的达斡尔等族人民看来，这些入侵者如同地狱的恶鬼、吃人的罗刹（即罗刹婆，是指传说中的食人血肉的恶鬼）。二是与沙俄入侵者所带的枪支有关。当时，在黑龙江流域居民打猎、御敌一般都使用传统的弓箭、大刀、长矛。所以当地人就把使用火枪的沙俄入侵者称为“老枪”。又因为“羌”与“枪”同音，这样就形成了“老羌”之称。在中俄边境地区，中国居民最早使用的枪，大多是缴获入侵者的。譬如据记载，康熙二十二年（1683）鄂伦春人杀五个罗刹并获其枪。三是历史上中国边境地区有些民族称其他民族称为“羌”。清初有人曾把逻察、老羌，误认为是“乌孙种也”。康熙年间齐齐哈尔流人方式济的《龙沙纪略》中有如下记载：“俄罗斯，古大食国。

---

① 李明滨：《中国与俄苏文化交流志》，上海：上海人民出版社，1998年，第46页。

历今一千七百一十余年，元太祖与其弟分收地。其弟灭俄罗斯，即以封之曰察尔汗白为察尔汗，即可汗之称，国仍旧名……别其种曰罗刹，误老枪，又误老羌。”①

“老羌”一词不仅在史实记述中使用，而且在诗歌中也有使用。在《黑龙江志稿·文艺志》的文征部分有载：“羌村欲厚家家宿，板屋烟多处处生……羌村人家皆可宿，羌人皆以板结屋。”②这说明，在中俄边境地区的中国人称俄罗斯为“老羌”，称俄屯为“羌村”。顺治年间，被流放在宁古塔的文人方拱乾在《贡夷曲》中写道：不知来自何方的“虬须碧眼”人，使用的“鹿箭鱼弓胜蹶张”。关于“枪”与“羌”二字的混用，方拱乾在诗中说：由于“种族只知尊火器”，即只知他们擅长用火器，所以“至今重译混枪羌”。③当时人们把入侵中国边境地区的俄国人称为“老枪”“老羌”“罗禅”“罗察”“罗刹”“逻车”等，后来沿称“老羌”。但官方称呼和文书中多称“鄂罗斯”、“俄罗斯”或“俄国”。譬如，在乾隆年间修撰的《四库全书》中，称“俄罗斯”或“俄国”。随着中俄经济贸易往来发展，大量从俄国引进植物都冠上“老羌”一词。清代徐宗亮等撰的《黑龙江述略》有载：“中俄在大黑河屯通商，多以俄帖交易，谓之羌帖，以银易帖，与中国帖价略同，冰合则贱，冰泮则昂，以行销畅滞之故，而中帖则不行。俄本羌种之遗，各城有老羌瓜、老羌菜、老羌斗诸名，皆自俄境来者，讹羌为枪。”④老羌瓜、老羌菜都是从俄国引入的瓜菜品种。

老羌菜，又称大头菜、甘蓝，属于十字花科一年生或两年生蔬菜作物，原产自欧洲、美洲等地，是今天普遍种植和食用的一种蔬菜。早在4000年前，古希腊人和古罗马人就种植甘蓝，其各个变种均起源自地中海至北海沿岸地

① （清）方式济撰：《龙沙纪略》，载姜维公、刘立强主编：《东北边疆》卷八，哈尔滨：黑龙江教育出版社，2014年，第112页。

② 万福麟监修，张伯英总纂，崔重庆等整理：《黑龙江志稿》下册，哈尔滨：黑龙江人民出版社，1992年，第2603页。

③ （清）方拱乾撰，李兴盛、张文玲、方承整理：《方拱乾诗集》，哈尔滨：黑龙江教育出版社，1992年，第257页。

④ （清）徐宗亮等撰，李兴盛、张杰点校：《黑龙江述略》，哈尔滨：黑龙江人民出版社，1985年，第95页。

区。由于甘蓝茎矮且粗壮、肉质多不分枝，一般种植不仅用作蔬菜，而且作为饲料使用。在中国，甘蓝主要分布于东北、华北、西北及华南等地。东北地区称甘蓝、包菜、大头菜，云南又称之为“莲花白”。早期引入中国东北边境地区的老羌菜，被视为贡奉物品。据《呼伦贝尔志略》载，老羌菜全境各县种植。“俄种。土人名大头菜，抽薹如蒿，高尺许，其巅叶叶相抱，取次而舒；已舒之叶，老不堪食。割球烹之，味甚美，昔以充贡。”[①]又据《呼兰府志》记载，这种蔬菜春种夏收，干叶苞聚，食者是疙瘩白菜，俄种也。[②]

在《龙沙纪略》中，康熙年间齐齐哈尔流人方式济指出：“老枪（羌）菜，即俄罗斯菘也。”他认为老羌菜由俄罗斯传入，并细致地记述了老羌菜的生长形态，采收、食用方法及特点。形容其外观是：“抽薹如莴苣，高二尺余。”叶的结构特点是：“叶出层层、删之其末、层叶相抱如球。”强调“取次而舒”，“已舒之叶”是“老不堪食”。老羌菜主要作为蔬菜食用。“割球烹之，略似安肃冬菘。”老羌菜适应性强，可以大田栽培，也适应盆栽。“郊圃种不满二百本”，到了“八月移盆”栽培，“官弁分畜之”。由于产量高且叶肉丰厚，也作为饲料利用。冬季蔬菜品种少，老羌菜在“冬月苞纸以贡”。[③]方式济的后人曾这样描述老羌菜的特点：“二百菘球乳叶香，马头封裹供秋霜。”由于老羌菜奇特，因而被称为“异种离奇避老羌”。1907年，韦室和奇乾一带普遍种植老羌菜。1910—1927年，老羌菜已经成为当地消费和运往外地的大宗蔬菜品种。[④]

老羌菜引入中国的时间，多认为是清康熙年间。从俄国引入中国黑龙江流域，后来逐渐传到内地。清康熙庚午年（1690）成书的《小方壶斋舆地丛钞》写道，老羌菜，即俄罗斯裕也。栽种之，抽薹如筒芭，叶出层层，高二尺余。割球烹之，似安肃冬裕。因而后来称老羌菜为包菜、洋白菜、卷心菜、

---

① （清）程廷恒修，张家皤纂：《呼伦贝尔志略》，呼伦贝尔：内蒙古文化出版社，2003年，第344页。

② 黄维翰：《呼兰府志》，民国四年刊行，1983年重印。

③ （清）方式济撰：《龙沙纪略》，载姜维公、刘立强主编：《东北边疆》卷八，哈尔滨：黑龙江教育出版社，2014年，第126页。

④ 呼伦贝尔盟史志编纂委员会：《呼伦贝尔盟志》中册，海拉尔：内蒙古文化出版社，1999年，第906页。

甘蓝。成书于 19 世纪初的《回疆通志》和《植物名实图考》分别称老羌菜为“莲花白菜”“葵花白菜”。《回疆通志》写道：“莲花白菜，圆形，大如南瓜，叶短而紧”“种出克什米尔回部，移来种之。”[1]可见，老羌菜（图 1-1 左）至迟在 19 世纪初传入中国。

图 1-1　老羌菜（左）和老羌瓜（右）

“老羌瓜”是从俄国引入中国的一种瓜（图 1-1 右）。清道光八年（1828），被发配到齐齐哈尔的流人英和在《龙沙物产十六咏》中，对老羌瓜的外观描述道：“大过僧家钵，艳于黄叶村。”老羌瓜长势枝蔓特点是“蔓引绵无尽，苔深卧有痕”。至于老羌瓜品种引自哪里，他说：谁人遗种在，邻界即坚昆（坚昆，俄语 Цзянькунь，中国古代北方少数民族名）。坚昆和境外的吉尔吉斯斯坦国的柯尔克孜族（境外称吉尔吉斯族，俄语 Киргизы）同根同源，是一个民族。至汉代时，该族在今西西伯利亚平原叶尼塞河上游，从事畜牧，兼营农业和狩猎。唐于铁勒结骨（黠戛斯）部地置羁縻都督府，名坚昆，在今俄罗斯境内叶尼塞河上游一带。“黠戛斯”元代称“吉尔吉斯”，清代称为“布鲁特”。老羌瓜“新华凝紫塞，秋色老青门”。到了秋天的重阳节，正值老羌瓜成熟采摘季。老羌瓜宜煮、宜蒸，作为主食，亦适宜作为面食、糕点馅料。以老羌瓜、面粉、砂糖及松子作为原料加工成糕点，称“金屑糕”。其香甜美味，色泽诱人，可谓“犹恐色香还未艳，瓦盆相侑傲霜花”。关于利用老羌瓜制作金屑糕的要领，英和写道：“制糕巧用老羌瓜”，佐以黄花，

① （清）和宁撰，孙文杰整理：《回疆通志》，北京：中华书局，2018 年，第 288 页。

“松实垒垒几叠加”。此外，由俄国引入中国的瓜类作物还有厚皮甜瓜（毛子瓜）和薄皮甜瓜，大致在19世纪末引入中国。①

老羌谷亦称红黏谷、尾穗苋、繁穗苋（*Amaranthus paniculatus L.*），原产于伊朗。中国早期栽培的老羌谷由俄国传入，主要集中在东北中俄边境地区。现在中国各地均有栽培，也有野生。在《龙沙纪略》“物产”中，方式济对这种作物叶茎特征描述写道：“老枪（羌）谷，茎叶如鸡冠，高丈许。”同时，他对成熟的籽粒大小、色泽和食用描述说：“实如栟榈子，深赤色，取粒作粥香美。”②老羌谷属于一年生草本植物，茎有棱角粗壮，高0.8—1.5米。老羌谷喜温暖湿润和阳光充足的环境，耐盐碱、耐干旱，对各种土壤环境有广泛适应性，最适宜在排水良好、肥沃的砂壤土中栽培。老羌谷花密聚团，穗常下垂，穗状花序多；成熟时多分枝，分枝苞片及小苞片颜色淡红或紫红。种子椭球形，颜色呈淡黄、淡红、淡棕黄至棕黑不等，具有明显光泽。金秋十月，老羌谷红色的随风飘扬的穗状花序，呈现一种别致形色和丰收景象。这种作物在房屋前后、公共场所空隙地和田头林缘都能种植。老羌谷（图1-2）药食同源，种子不仅营养丰富，也有一定止痛、解毒、消肿功能。

图1-2 老羌谷

铃铛麦即燕麦，是一种粮和饲料兼优作物。“燕麦饲马最为适宜。”③燕

① 黑龙江省地方志编纂委员会：《黑龙江省志（第7卷）·农业志》，哈尔滨：黑龙江人民出版社，1993年，第225—267页。

② （清）方式济撰：《龙沙纪略》，载姜维公、刘立强主编：《东北边疆》卷八，哈尔滨：黑龙江教育出版社，2014年，第126页。

③ 黄越川：《东三省畜产志》，上海：中华书局，1930年，第55页。

麦营养丰富，富含蛋白质、脂肪（不饱和脂肪酸）、糖类、维生素和多种微量元素，是营养价值较高的一种粮草兼优作物。燕麦籽粒作为粮食，吃后耐饥饿。常言道："40 里的燕麦，30 里的糕，20 里的窝头饿断腰。"这表明，当时人们对燕麦的高营养价值特点是普遍认可的。作为饲料，燕麦能增强牲畜拉力、耐力，提高牛、羊产奶和家禽产蛋的产量及质量。对于铃铛麦在默尔根（今嫩江）、黑龙江地区的使用和贮藏特点，西清在《黑龙江外记》中写道："铃铛麦，穬（穬）麦也。"在黑龙江，起初铃铛麦主要作为牲口的饲料，喂牲口。"墨尔根、黑龙江以秣马。"但铃铛麦储存条件要求高，"亦配谷、穄贮仓"。然易受潮生虫，"不经久，易霉烂"。①铃铛麦种植易、产量高、销售广。东省铁路督办宋小濂的《呼伦贝尔边务调查报告书》写道："第查俄人越垦之田，则以麦为大宗，铃铛麦居于最多数，缘铃铛麦收获最易且丰，专以饲养牧畜，销路甚广。"②

清康熙七年（1668），清廷下令对东北地区实行封禁。至清咸丰十年（1860），下令解除封禁。汉人大批移入开荒，饲养牛马数量骤增。宣统三年（1911），耕畜达 50 万头，其中有些家畜从俄国输入。齐齐哈尔市西北的因泌屯，每年举办一次为期 20 余天的家畜、铃铛麦等农牧产品交易会，即楚勒罕盟会。当年齐齐哈尔大面积种植铃铛麦，马牛肥壮，畜牧业兴旺。正所谓"北部以铃铛麦谷草秣之，马亦苗壮"③。

墨尔根也是引入畜牧品种的重要通道。康熙二十二年，为防御俄国哥萨克侵略黑龙江流域，在黑龙江建城永戍。墨尔根是黑龙江到吉林乌拉之间的一个驿站，索伦部总管驻此。康熙二十九年黑龙江将军自黑龙江城移驻墨尔根。守疆查界是墨尔根副都统的一项重要职责。每年 1—5 月，墨尔根副都

① （清）西清撰：《黑龙江外记》，载姜维公、刘立强主编：《东北边疆》卷十，哈尔滨：黑龙江教育出版社，2014 年，第 249 页。

② （清）宋小濂：《呼伦贝尔边务调查报告书》，载姜维公、刘立强主编：《东北边疆》卷二（上册），哈尔滨：黑龙江教育出版社，2014 年，第 326 页。

③ 黑龙江省地方志编纂委员会：《黑龙江省志（第 10 卷）·畜牧志》，哈尔滨：黑龙江人民出版社，1993 年，第 5 页。

统都会派出100多人会同齐齐哈尔（卜魁）、瑷珲副都统进行边界巡查，到额尔古纳河流域及其以西的俄国地界，考察东岸沙草情况，巡查有无牧痕。清代墨尔根不仅是战略要地，而且是中俄贸易的主要通道和农牧产品中转地，其文化教育、农牧业、工商业、交通运输均有较快发展。每年“秋尽，俄罗斯来互市”。他们着装“秃袖方领，冠高尺许”，帽子“顶方而约其下”。俄罗斯商队一般有50—100人。“一官统之，宿江之西。”俄罗斯商队都途经墨尔根在齐齐哈尔交易，大多是赶集会或专门的中俄产品交易会。俄罗斯商队带来的货物主要是“马牛、皮毛、玻璃、佩刀之类”，换回的货物主要是“缣布、烟草、姜椒、糖饧”等。[①]可见，当时的墨尔根是引入马匹、牛等畜牧品种的重要通道。

总之，清末至新中国成立初期，中国引进俄苏农业技术既有自然优势，也有人文优势。自然优势包括边境优势、同纬度引种优势、跨纬度育种优势，以及由于领土主权和边境变更形成边民之间的自然联系；而人文优势包括中俄文化异质性弱、融通性强，以及两国外交关系和农业交往不断发展等方面。自然优势是人文优势的基础，而人文优势的形成和发展能够更好地利用自然优势。技术同时具有自然物质性和社会精神性。清末至新中国成立初期，俄苏科技整体实力与农业技术发展水平比较先进，农业育种、家畜人工授精、兽医生物药品制造等技术世界领先。中国引进俄苏农业技术符合技术差势流动规律。中国引进俄苏农业技术及本土化，是自然因素和人文因素相互作用的结果，具有一定的历史必然性。

---

① （清）方式济撰：《龙沙纪略》，载姜维公、刘立强主编：《东北边疆》卷八，哈尔滨：黑龙江教育出版社，2014年，第120页。

第二章

清末引进俄国农业技术

鸦片战争以前，清政府轻视科学技术。在鸦片战争西方列强凭借坚船利炮侵略中国的历史背景下，科学技术虽不再被视为“奇技淫巧”，但它作为第一生产力所拥有的巨大作用，依旧未被真正认识和应用，特别是在农业领域，更缺乏科学、合理的制度和政策引导以支持引进国外先进科学技术，推动农业技术近代化和农业商品化发展。俄国从彼得大帝执政之后，建立了科学院并聘用外籍科学家担任院士，大力发展科学技术，推动了俄国资本主义发展。就农业科技水平而言，此时的俄国在农业作物与畜牧育种、农业机械制造与应用、农牧产品加工等许多方面处于世界领先水平。这些技术通过中俄贸易、民间往来，由侨民、边民来华和地方政府出面引进中国。尽管这些技术以实体形态技术及经验形态技术为主，且种类少、数量规模和推广应用范围有限，更未有畜牧育种和农机具创制成果出现，但清末引进俄国农业技术，与之前比较，在规模、作用和影响等方面都是有所发展的。

第一节 清末中俄农产品贸易发展

清末，中国与俄国农产品贸易是中国引进俄国实体形态农业技术的主要途径。这一时期，俄国政府以免税、退税、奖励等政策措施，鼓励和支持俄商进口中国茶叶、大黄、牧畜、粮豆等农产品，向中国出口丝织品、棉织品、皮革、面粉、牲畜等商品。俄商凡运一马驮俄货进入新疆，俄政府就给予 60 卢布奖金。由于俄国对中国农产品市场需求量大，以及俄国持续在中俄边境增加大批移民、中东铁路员工、日俄战争军人等而产生的生活需要的拉动，俄国进口中国农产品数量、贸易额稳步增长，且品种相对稳定，尤其是茶叶、小麦、大豆和牛、羊等。即使在日俄战争时期，中国的出口数量也几乎没有减少，有些农产品出口量反而增加。俄国向中国出口产品数量、贸易额波动较大，品种相对分散。但由于茶叶等农产品加工后返销，俄国出口到中国商品总额快速增加，1914 年出口总额是 1895 年出口总额的 5.7 倍。大量农产品加工返销是俄商在华投资办厂的诱因之一。由于中东铁路投入运营和日俄战争等因素影响，途经区域重点由恰克图转向外贝加尔和阿穆尔边境，出口到岸重点地区从新疆转向东北。俄国对中国农产品需求增长，在一定程度上拉动了中国部分区域农牧业的发展。引进畜牧品种对地方品种改良发挥了一定作用。至民国七年（1918），吉林、黑龙江、辽宁三省引进马存栏数为 12 748 匹，其中母马 6210 匹、公马 6538 匹；引进牛存栏数为 54 295 头，其中母牛 49 252 头、公牛 5043 头。[①]

一、东北与俄国农产品贸易发展

自 19 世纪初以来，中俄恰克图商品交易额总体呈增长趋势，仅第一个 25 年商品交易额就增长 90%。在俄国进口中国商品中，茶叶贸易额最大，出

① 黄越川：《东三省畜产志》，上海：中华书局，1930 年，第 8—9 页。

口量增长最快。1802—1830 年，经恰克图从中国进口茶叶量增长 1 倍。1825 年，经恰克图进口茶叶达 480 万卢布，占比接近进口中国商品总值的 90%。俄国政府采取退税、奖励等政策稳定国内茶叶市场价格。道光十年（1830），俄国从中国进口茶叶近 600 万磅。道光十七至十九年，俄国每年从中国进口茶叶数量平均为 807.2 万磅，价值约 800 万卢布。其中，1838 年进口 1.3 万块大小茶砖，还有茶叶 430.7 万磅运至恰克图交易。1843 年，运到恰克图交易的花茶、砖茶共 12 万箱，价值达 1240 万卢布。俄国交换的商品，除一定数量毛皮外，还逐渐增加了毛呢制品。因为所有亚洲西部游牧民族均大量饮用砖茶，时常把砖茶当作交易媒介，俄商掌控了茶叶贸易垄断权，获取了丰厚利润。在有些情况下，俄商为了拿到中国茶叶并以获得巨大利益，舍小求大，在输出中国商品上做赔本生意。俄商在恰克图以 2 卢布/磅的茶价采购，转运至圣彼得堡卖出价格为 3 卢布，利润为 50%。在恰克图，由于利润空间大，吸引了越来越多的俄商经营中国茶叶等农产品，形成莫斯科帮、喀山帮、伊尔库茨克帮、伏罗格达帮、托波尔斯克帮、阿尔扎马斯克帮等六大贸易商帮。

中俄大批商人介入恰克图贸易，促进了贸易额的迅速增长和经济的繁荣发展。恰克图原本是边疆小村，得益于中俄贸易而发展成为漠北地区重要的商品交易口岸。在恰克图互市地，中俄两国各建一城毗连，俄国人称之为恰克图，中国人称之为买卖城。恰克图自开辟为商埠至道光年间（1821—1850），中俄两国经恰克图进出口商品总额总体平稳，维持在 500 万卢布左右，最大变化幅度小于 100 万卢布（详见表 2-1）。从俄国经恰克图进口中国商品来看，茶叶进口额占进口总额的 87%以上。茶叶这种稳定的高比重进口量，促使俄商来华投资茶叶加工厂。恰克图不仅是中国茶叶交易中心，而且也是茶叶运往西伯利亚的中转站。《天津关册》（1866 年份下篇，页 95）载：俄国商人在福州、汉口等地经营茶厂生产“砖茶大部分销于西伯利亚，近年只有一小部分运达下诺甫哥罗（Nijni Novgorod）”；“从天津到恰克图的运费每普特约银一两，往恰克图到下诺甫哥罗约六卢布（二两半）”。[①]中国出口到俄国的

① 孙毓棠：《中国近代工业史资料》第一辑（1840—1895 年）上册，北京：中华书局，1962 年，第 44 页。

茶叶，大部分由晋商经营。据《汉口关册》（1869年份下篇，页21）载：“山西商人陆路运往恰克图的茶，估计有工夫茶48 000箱，还有红绿砖茶98 500筐，即62 760担。”①

表2-1 1825—1850年俄国经恰克图对中国进出口商品数量

单位：万卢布

进出口农牧产品	1825年	1847年	1848年	1849年	1850年
俄国从中国进口商品总额	550.1	680.0	535.0	516.5	691.6
其中：茶叶	479.5	662.8	517.0	459.8	652.7
制成品	61.7	7.5	5.5	11.2	8.6
冰糖	4.0	6.2	8.4	12.5	9.3
丝线棉纱等原料	2.6	1.5	1.4	3.7	1.2
俄国向中国出口商品总额	550.1	680.0	535.0	516.5	692.4
其中：毛织品、棉织品	175.6	416.7	333.0	351.5	451.5
毛皮	294.5	184.0	134.2	104.7	164.0
鞣制和未经鞣制的皮革	89.1	45.5	34.5	37.9	70.6
牧畜	5.2	1.5	1.2	1.4	1.5
面粉、谷物等粮食	7.8	4.5	5.1	2.9	4.8
其他	……	……	……	……	……

资料来源：根据〔苏〕米·约·斯拉德科夫斯基的《俄国各民族与中国贸易经济关系史（1917年以前）》（宿丰林译，徐昌翰审校，北京：社会科学文献出版社，2008年）第229—231页数据整理

在俄国经恰克图出口到中国的农牧产品中，各种软革和山羊革持续占有较为重要地位。至19世纪40年代初，俄国经恰克图出口到中国的农牧产品结构发生了重要变化。因为俄国中央地区和伏尔加河流域出产皮革商品，过去通常大部分向恰克图提供，然后出口到中国。19世纪40年代当地兴办皮革加工厂，皮革已经成为这些工厂的主要原料，这促使恰克图所交换的软革和山羊革只能从遥远的中亚和西伯利亚进货。因此，皮革运输成本大幅度增加。1824—1826年，皮革的年平均输出额为97万卢布；1839—1840年，皮革的年平均输出额锐减到68万卢布。19世纪30年代，俄国经恰克图出口到中国的活畜和各种农牧产品数量不断增加，所占比重和地位逐渐提升。这时期，

① 孙毓棠：《中国近代工业史资料》第一辑（1840—1895年）上册，北京：中华书局，1962年，第45页。

经俄国政府批准，外贝加尔湖地区的居民开始广泛使用各种自产牲畜、谷物及面粉，通过边贸换取中国产茶砖、茧绸、冰糖及瓷器等日用品。1848 年 9 月，俄美公司第一艘商船“缅希科夫公爵”号抵达上海。这艘商船是从阿拉斯加半岛的新阿尔汉格尔斯克起航，载运货物有海貂皮 4100 张、狐皮 1000 张、水獭皮 235 张、熊皮 250 张、猞猁皮 50 张及面粉 40 桶。①从此，俄国船只开始经常性地驶往上海。

19 世纪中叶，当官营的恰克图贸易几乎处于停滞状态时，中俄两国边民依靠语言相通、亲缘关系、住所相邻等自然形成联系进行非官营贸易的规模逐年扩大。中俄贸易研究专家 A. 科尔萨克证实，当时甚至连居住在距离恰克图很近的外贝加尔湖地区的边民，也不再以官营的恰克图贸易途径购买自己消费所需的中国茶叶、大黄、丝织品及棉织品等，而是通过管控薄弱的边境地点，靠走私途径用俄国产牲畜、毛皮及粮食换取这些中国货。

中俄恰克图贸易对繁荣中俄两国人民物质文化生活发挥了积极作用，增进了两国人民之间的交往和了解。对俄国来说，通过恰克图获得茶叶、大黄、丝织品及各种工艺品等日用杂货，其中茶叶、大黄被俄商视为最能获利的中国货，曾被列为俄国国家商队专营商品。《清朝野史大观》记载：“中国随地产茶，无足异也，而西北游牧诸部则恃以为命。”“大西洋距中国十万里，其番舶来，所需中国之物，亦唯茶是急，满船载归……俄罗斯则又以中国大黄为上药，病者非此不治。”②恰克图贸易对中俄两国的社会经济产生了积极的影响。俄方以各种毛皮、呢绒等物换取中国茶叶、面粉、豆油等商品，促进了俄国贝加尔地区皮革和呢织产业的发展，也加快了中国边境地区农牧业和农产品加工业的发展。特别是 19 世纪 60 年代以前，长达一个世纪的恰克图中俄贸易，促进了大漠草原城镇的发展和交通运输线路的开辟。边境地区的恰克图、塔尔巴哈台、伊犁、祖鲁海尔均是中俄互市的新商埠。而在边

---

①〔苏〕米·约·斯拉德科夫斯基：《俄国各民族与中国贸易经济关系史（1917 年以前）》，宿丰林译，徐昌翰审校，北京：社会科学文献出版社，2008 年，第 233 页。

②（清）小横香室主人撰：《清朝野史大观》，上海：中华书局，1915 年，第 37 页。

境贸易中发展起来的归化城、海拉尔、卜奎、库伦旗、乌鲁木齐、乌里雅苏台、科布多古城，既是商人活动据点及大漠南北的交通要道，也是边境贸易商品的集散地及供给线。这些草原城镇的兴起和边境贸易的扩大，不仅促进了北部广大地区农牧产品商品化，而且有助于农产品加工业的发展，提高了农牧民的生活条件。恰克图贸易的持续发展，扩大了中国茶叶、中草药和各种手工业制品的销售市场，刺激和拉动了茶叶、中草药的种植加工和其他相关手工业的发展。

1825—1850年，英国帝国主义的殖民扩张威胁着中国。清政府把全部注意力都投向了处于英国入侵威胁下的南部地区，顾不上考虑位于满洲固有领土界限之外的北方“无主土地”主权问题，沙皇政府趁机侵占阿穆尔地区。1850年2月3日，尼古拉一世批准“特别委员会”关于以根·伊·涅维尔斯科伊为首组织新考察队的决定。根·伊·涅维尔斯科伊受命在阿穆尔河口以北建立冬营，以试探清政府的反应和态度。1850年6月29日，阿穆尔河沿岸地区第一个俄国冬营——彼得冬营建成。实际上，在尼古拉一世批准组织新考察队之后的第二天，俄国政府向理藩院（清政府管理蒙古及回族和藏族等少数民族的最高权力机构）发出一封经沙皇批准的信件。信中称阿穆尔河口出现外国船只，该地区受到被占领的威胁，并试探说：“我们与中国之间的长期友好关系促使我们告知中国政府这一重要情况。我们不能容忍任何海上强国占有阿穆尔河口或者占领那个地区的任何一个地方，因为阿穆尔河源于我们两国境内。”强调“阿穆尔河口不属于任何其他国家”，“不允许任何外国船只进入阿穆尔河”，谨将这一切“友好地”告知清政府，提请考虑：“是否应当同我们达成旨在保证上述河口和对面岛屿不受任何外人侵犯的协议，而这显然是我们两国为保障此处疆界的共同安全所需要的。”①清政府对俄政府的信件未予答复，也未对俄国人开始开发阿穆尔河和阿穆尔河沿岸地带有任何态度。随后，俄国人便驶向阿穆尔河，在阿穆尔河左岸有计

①〔苏〕米·约·斯拉德科夫斯基：《俄国各民族与中国贸易经济关系史（1917年以前）》，宿丰林译，徐昌翰审校，北京：社会科学文献出版社，2008年，第226页。

划地建立哨所和居民点。

19 世纪末至 20 世纪初，中国民族危机日益加深。俄国帝国主义在华竭力镇压革命、争夺利益、掠夺资源，不甘心落后于英国、美国、德国、法国、日本等资本主义国家。实际上，这五国在一些方面反而落后于俄国。沙皇政府参与了向袁世凯提供反人民的“善后借款”，提供借款总计 2630 万卢布。沙皇政府还参加了帝国主义各国的共同行动，要求民国政府承认前 70 年中强加给中国人民的所有不平等条约。第一次世界大战前夕，沙俄加大对华投资。俄国资本主义的扩张，从 1902 年各国在华的投资指数就可以看出，俄国在华投资额占英国、美国、德国、法国、日本五国投资总和的 77.7%，占包括俄国在内六国总和的 43.7%，远高于任何一国在华的投资额（表 2-2）。①

表 2-2　1902 年各国在华企业投资比例

国别	俄国	英国	日本	美国	法国	德国	合计
投资额/百万美元	220.1	150.0	1.0	17.5	29.6	85.0	503.2
占总数的百分比/%	43.7	29.8	0.2	3.5	5.9	16.9	100

资料来源：据〔美〕雷麦《外人在华投资》（蒋学楷、赵康节译，北京：商务印书馆，1957 年）第 73 页数据整理

1895—1914 年，俄国对华投资超过了它向中国输出商品的价值，特别是在 1895—1904 年，整个满洲地区都处于沙皇俄国势力范围之中，俄国对华资本输出急剧增长，这些投资总额比同时期俄国对华商品输出的 5.5 倍还多（从 10 190 万卢布增长到 56 350 万卢布）。1895—1914 年，中俄贸易额从 4660 万卢布增加到 11 830 万卢布，增长了 1.5 倍多。日俄战争期间，为保障俄军在满洲的大量物资供给，中俄贸易额进一步增长。中日甲午战争后最初几年，俄中贸易额仍保持原来的水平。但随着横贯西伯利亚铁路干线接近中国边境，特别是中东铁路开始营运，俄中贸易额增长明显加快。1895—1914 年，俄国入超共计 8.90 亿卢布（年均 4440 万卢布）。这时期，俄国对华出口量剧增，商品结构发生了重大变化（表 2-3）。同时，中国进口额增长了 1.1

① 〔美〕雷麦：《外人在华投资》，蒋学楷、赵康节译，北京：商务印书馆，1957 年，第 73—74 页。

倍，俄国对华出口额增长了4.75倍。显然，俄国对华出口额增幅远超过中国进口额增幅。其中，棉织品占俄国对华出口总额的70%，软皮革占7%，金属和金属制品占5.5%，毛皮占2.7%。

表2-3 1895—1914年俄国对华出口农牧产品等商品结构情况

对华出口商品	1895年		1904年		1914年	
	出口数量	价值	出口数量	价值	出口数量	价值
棉织品	836万俄尺	348万卢布	1 298万俄尺	529万卢布	2 918万俄尺	1 209万卢布
毛织品	6万俄尺	6万卢布	52万俄尺	16万卢布	72万俄尺	71万卢布
软皮革	13 611普特	34万卢布	23 983普特	36万卢布	4 234普特	12万卢布
毛皮	2 155普特	16万卢布	2 737普特	5万卢布	7 201普特	7万卢布
牧畜角、蹄	1 805普特	11万卢布	402普特	10万卢布	1 518普特	29万卢布
烟叶	2 713普特	10万卢布	34 189普特	47万卢布	32 913普特	63万卢布
奶油	399普特	0.4万卢布	21 091普特	32万卢布	848普特	1万卢布
各类家畜	24 567头	9万卢布	3 091头	1.4万卢布	2 481头	6.8万卢布

资料来源：〔苏〕米·约·斯拉德科夫斯基：《俄国各民族与中国贸易经济关系史（1917年以前）》，宿丰林译，徐昌翰审校，北京：社会科学文献出版社，2008年，第368页

1895—1914年，俄国对华商品出口在地理区域流向上发生了非常重要的变化。一方面，出口到中国商品总额快速增加，1895年总额为505万卢布，1914年增长到2877万卢布，1914年出口总额约是1895年总额的5.7倍；另一方面，从出口到中国新疆为主，转向出口到中国东北为主。1895年，俄国对华出口总额中约73.7%（372.4万卢布）是向新疆输出的，仅有19.2%（96.7万卢布）投入恰克图贸易；而在1914年，俄国大部分货物是经过外贝加尔和阿穆尔边境地区，沿铁路和阿穆尔河、乌苏里江河道以及经由海参崴海路运输到中国。①在商品结构方面，1914年，烟和鱼出口量大幅度增加（表2-4）。俄国在满洲边境地区和新疆把茶叶大量返销出口到中国，1914年出口量是1895年出口量的408倍多（1895年出口量是159普特，1914年出口量是64 883普特）；同样，棉织品1914年出口量约是1895年出口量的3.5倍（1895年出口量是836万俄尺，1914年出口量是2918万俄尺）；但软皮革出口量

① 〔苏〕米·约·斯拉德科夫斯基：《俄国各民族与中国贸易经济关系史（1917年以前）》，宿丰林译，徐昌翰审校，北京：社会科学文献出版社，2008年，第370页。

减少（1895 年出口量是 13 611 普特，1914 年出口量是 4234 普特），这是因为一些俄商已经在华设立工厂进行加工生产。同时，出口途经区域重点由恰克图转向外贝加尔和阿穆尔边境。

由于中俄贸易货物通过铁路的方式运输更便捷，中国农产品出口通过海运到俄国，至 1914 年在东北仅占约三成。内地加工的农产品，如茶叶加工成砖茶后运往俄国，由于数量大、地域广阔、距离远，途径各不相同，但大致有三种：陆路、海路、陆路与海路结合。根据 1876 年《天津关册》记录："砖茶的制造几乎全部是为了俄国市场。直到最近几年以前，它是在汉口附近内地产茶地区在俄国商人监督下制造的……同时福州出口也每年在增多……我们的统计中的运往俄国的砖茶，主要是从汉口、福州先运到天津（1876 年为 148 632 担），然后从天津由陆路经恰克图运往西伯利亚；还有些则是从上海运往海参崴。但是除了船运以外，还有大量的砖茶与茶叶直接从汉口由陆路北运。"①

表 2-4　1895 年与 1914 年俄国途经不同地理区域对华商品出口额

项目	1895 年出口总额	1914 年出口总额	1895 年新疆边境出口额	1914 年新疆边境出口额	1895 年恰克图出口额	1914 年外贝加尔-阿穆尔边境出口额	1895 年其他地区出口额	1914 年海路出口额
出口额/万卢布	505	2 877	373	1 106	97	1 615	36	156
棉织品/万俄尺	836	2 917	722	1 556	77	1 184	37	177
毛织品/千俄尺	62	715	27	155	26	560	9	
软皮革/普特	13 611	4 134	2 192	2 209	2 737	1 925	1 401	
毛皮/普特	2 155	7 201	1 805	4 442	10 018	2 674	148	85
烟叶/普特	2 713	32 913	2 052	18 171		20 519	661	
鱼/千普特	1.61	335.25	1.36	1.37	0.18	150.43	0.08	183.4
茶叶/普特	159	64 883	33	10 242		54 638	126	3

资料来源：〔苏〕米·约·斯拉德科夫斯基：《俄国各民族与中国贸易经济关系史（1917 年以前）》，宿丰林译，徐昌翰审校，北京：社会科学文献出版社，2008 年，第 370 页

俄国对华商品出口途经地理区域的变化，是受鸦片战争后中俄《北京条约》《瑷珲条约》签订的影响。鸦片战争以后，清政府在东北失去了黑龙江以北、乌苏里江以东大片领土，俄国远东扩张威胁到东北边疆安全。清政府

① 孙毓棠：《中国近代工业史资料》第一辑（1840—1895 年）上册，北京：中华书局，1962 年，第 46 页。

为了保卫边疆，对东北土地政策由土地封禁，转变为弛禁放荒，吸引了大批关内农民迁移东北开荒种田。重要的是，沙俄政府大规模地向远东移民、增派驻军以守住侵占的大片土地。这样一来，中国东北中俄边境地区人口快速增加，农业开发加快，中俄边民交往空间距离缩短，农业生产资料和生活用品市场需求增加。因此，鸦片战争以后，俄国与中国东北贸易额发生改变，而且双方贸易交往的地理位置和商品结构、商品流向也发生了根本性变化。《瑷珲条约》签订之前，中俄边境地区人口稀疏，农产品贸易额小。1869 年，阿穆尔省仅有 2.3 万人；至 1897 年，阿穆尔省人口已达到 10.4 万，不到 30 年人口增长了 3.5 倍多。阿穆尔省人口的增长拉动了中国东北广大地区的农产品出口，尤其是促进了东北地区与俄国阿穆尔省边境地区农产品贸易的发展。中国东北对阿穆尔省出口的商品主要是粮食和牲畜，其中牲畜输出量增长最快。同时，中国东北地区移民招垦、农牧生产发展、农产品产量不断增加，也同样促进了中俄边境贸易发展。1891—1895 年，中国从满洲出口到俄国滨海省的牛、猪、羊及家禽数量已经初具规模（表 2-5）。

表 2-5　1891—1895 年中国从满洲出口到俄国滨海省的畜禽数量

畜禽类别	1891 年	1892 年	1893 年	1894 年	1895 年	合计
马/匹	69	58	66		1	194
牛/头	9 700	10 854	1 167	6 151	8 197	36 069
猪/头	1 185	2 551	3 037	1 602		8 375
羊/只	299	277	261	1 310	806	2 953
鸡鸭/千只	319.0	15.1	22.4		39.2	395.7
鸡蛋/千只	80.4	250.1	315.0	92.6	916.1	1 654.2

资料来源：〔俄〕波兹涅耶夫：《满洲记述》第 2 卷（彼得堡俄文版），1897 年附录 8，见杨慧：《中国东北与俄罗斯农业交流史研究——从 1689 年中俄〈尼布楚条约〉至今》，南京农业大学博士学位论文，2011 年，第 24 页

1894—1895 年，中国东北农牧产品输入到俄国布拉戈维申斯克等地，其中仅小麦、稻米、燕麦、面粉价值就达 58 万卢布。畜牧产品方面，1885—1891 年输出牲畜 5.6 万头，牲畜出口量呈直线增长的趋势。至 1898 年，牲畜输出量已达 2.3 万头。

由于修建西伯利亚大铁路北乌苏里段，修筑铁路工人及家属数量增加，对

阿穆尔的粮食和畜禽产品市场需求量也加大。中东铁路建成，以及松花江航运船队在哈尔滨和松花江沿岸各城市之间往返运输旅客和货物，带动了满洲经济发展，使沿线地区获得了同外贝加尔和西伯利亚联系的可靠的铁路交通线。中东铁路是俄国远东运输的大动脉。它的修建无疑对乌苏里边区、滨海地区和整个鄂霍次克海岸地区的发展产生了积极的影响。由于西伯利亚大铁路北乌苏里段的修建，大批俄商来到黑龙江采购松花江地区廉价的农牧产品。俄国政府支持和鼓励俄商在松花江沿岸地区采购中国农牧产品。他们还专门购置了轮船，从哈巴罗夫斯克至吉林市沿松花江运输航行，并规定每往返一次俄商能够获得补助金 1700 卢布。1893 年，中国东北出口到俄滨海省的牛 6934 头、马 2711 匹。1895—1897 年，在中国东北输出到俄滨海省各种农产品中，牛的销售额是最大的。1897 年，运往俄滨海省的牛销售额达 17.4 万卢布。1895 年，俄商纪凤台和波格丹诺夫购买“电报”号轮船驶入松花江，以高出哈巴罗夫斯克 1—2 成的价格销售从俄国运来的商品，之后又采购粮食、牲畜、羊毛、烟草等满载返航。1895—1897 年，俄国船只从中国东北松花江运回采购的牛、大麦、糜子米等农牧产品的数量，总体上呈上升趋势（表 2-6）。

表 2-6　1895—1897 年俄国船只购买运回的农牧产品数量

1895 年	1896 年	1897 年 4—6 月	1897 年 9—10 月
牛 163 头	小麦 100 050 斤	杂色牛 229 头	大牛 48 头
马 15 匹，骡 5 匹	大麦 20 000 斤	犍牛 87 头	犍牛 100 头
烟叶 6 412 斤	大米 22 000 斤	马 1 匹	糜子米 9 450 斤
小麦 44 299 斤	糜子米 3 000 斤	豆饼 14 597 块	小麦 10 300 斤
大麦 51 011 斤	羊毛 559 斤		大麦 288 000 斤
白面 6 365 斤	豆饼 2 600 块		白面 1 000 斤

资料来源：吉林省档案馆：《清代民国吉林档案史料选编·涉外经济贸易》下册，长春：吉林文史出版社，1996 年，第 9—12 页

同时，俄国在华投资额也快速增长。1895—1904 年，整个满洲地区都处于沙皇俄国的势力范围之中，俄国对华资本输出急剧增长，投资总额是同时期对华商品出口总额的 5.6 倍（投资总额是 5.6 亿卢布，出口商品总额是 1.0 亿卢布），进口中国农产品总额亦呈上升趋势。

1907年1月31日，俄国同日本签订协议划定各自在满洲的“势力范围”，试图将满洲划分成两个“脱离”中国的独立部分。中东铁路南段转交日本改铺窄轨，加速北满同南满的“脱离”。因而北满货物外运比较便宜的途径是采用火车运输直达海参崴。货物从哈尔滨运到海参崴铁路里程为740公里，比从大连采用海运近147公里。1906年9月22日，俄国政府决定设立中东铁路和乌苏里铁路统一管理局，以提高北满到海参崴铁路运输的速度，加强北满与俄国远东地区的联系。大豆、豆饼、豆油等是海参崴港与满洲之间运输中特别重要的货物。中东铁路商务处经海参崴港货运量统计表显示，1911年运输量比1909年增长58%。1908—1917年，俄国远东地区进口中国产猪、牛、羊等活畜数量，尽管受日俄战争影响有一定的波动，但总体上呈增长趋势。其中，进口活牛数量，1908年为1.2万头，1917年增长到8.7万头；进口活猪，1908年为0.4万头，1912年就增长到7.4万头。原因是“1906—1917年落户于远东的移民人数在增加”。其中，“落户于远东的移民比重在以下年份特别高：1907年（17.19%）、1910年（10.46%）、1914年（9.14%）和1915年（27.31%）”。①

畜产市场需求增长和加工业的发展，推动了畜牧养殖业品种引进。一方面，马、牛、羊等大家畜出栏数量超过清末最高水平。1917—1918年，吉林、奉天、黑龙江三省出栏马219万匹、牛124万头、羊107万头；另一方面，大量引进畜牧品种，对地方品种改良发挥一定积极作用。据民国十九年（1930）黄越川《东三省畜产志》记载：至民国七年，吉林、黑龙江、辽宁三省引进猪品种存栏数为1453头；引进马品种存栏数为12 748匹，其中母马6210匹、公马6538匹；引进牛品种存栏数为54 295头，其中母牛49 252头、5047头。②具体见表2-7。

表2-7 民国七年（1918）黑龙江、吉林、辽宁三省引进马、牛存栏数

类别	黑龙江	吉林	辽宁	合计
马/匹	3 331，其中：牝1 286；牡2 045	1 756，其中：牝807，牡949	7 661，其中：牝4 117，牡3 544	12 748，其中：牝6 210，牡6 538
牛/头		47 992，其中：牝47 336，牡656	4 303，其中：牝1 916，牡2 387	54 295，其中：牝49 252，牡5 043

资料来源：根据黄越川《东三省畜产志》（上海：中华书局，1930年，第8—9页）数据整理

① 王晓菊：《俄国东部移民开发问题研究》，北京：中国社会科学出版社，2003年，第144—145页。

② 黄越川：《东三省畜产志》，上海：中华书局，1930年，第8—12页。

俄国进口中国谷物等粮食数量，由于发生日俄战争，刚性需求和采取有效运输保障措施，呈现增长趋势。1906—1911 年增幅较大；1911—1917 年继续增长（详见表 2-8）。[①]

表 2-8　1911—1917 年吉林、黑龙江向俄国出口粮食数量　　单位：万普特

年份	1911	1912	1913	1914	1915	1916	1917	合计
谷物量	6 100	5 000	5 100	5 200	6 200	5 300	7 400	40 300

资料来源：〔美〕雷麦：《外人在华投资》，蒋学楷、赵康节译，北京：商务印书馆，1957 年，第 425 页

俄国远东地区由于气候寒冷、农业产量低和移民增加，粮食严重短缺，一般每年短缺粮食约 2000 万普特。第一次世界大战前，仅滨海、阿穆尔两省每年平均粮食短缺就达 1000 万普特。这一需求是中国东北粮食种植和产品出口发展的重要拉动力。早在 19 世纪中叶，俄国就开始增加从中国东北进口小麦和面粉等农产品。1898 年，阿穆尔省从满洲采购粮食达 2.4 万普特。1899 年，滨海省从满洲进口谷物价值 8.3 万卢布，进口面粉价值 2.4 万卢布。中东铁路修建之前，满洲每年近 50 万普特粮食通过水运发往滨海和阿穆尔两省。1900—1901 年，正值战争期间，耗用东北粮食约 800 万普特。日俄战争结束后连续多年，中国东北对俄出口粮食数量依然呈增长趋势。资料显示，中国东北出口俄远东地区的粮食数量，1906 年为 216.3 万普特，1911 年增加到 1560 万普特。中国满洲出口俄国滨海省和阿穆尔省谷物数量，1907 年为 450 万普特，1910 年增加到 1120 万普特。1911—1917 年，吉林、黑龙江向俄国出口粮食数量保持在年均 0.5 亿普特以上。另据统计，1915—1917 年，输出到俄国远东地区的活牲畜和牲畜胴体总量为 420 251 头（只），平均每年约为 140 084 头（只）。总之，从中东铁路修建至 1917 年俄国十月革命爆发，中国东北与俄国贸易规模不断扩大。[②]

① 〔美〕雷麦：《外人在华投资》，蒋学楷、赵康节译，北京：商务印书馆，1957 年，第 425 页。
② 张凤鸣：《中国东北与俄国（苏联）经济关系》，北京：中国社会科学出版社，2003 年，第 126—127 页。

二、新疆与俄国农产品贸易发展

新疆原来自然经济占主导地位。18 世纪以来，外资逐渐进入。19 世纪初，中国新疆与俄国没有共同边界。19 世纪 30 年代，俄国的侵略势力扩张到爱亚古斯河、楚克里河、勒布什河一带之后，中国新疆才与俄国有了共同边界。在此之前，来新疆谋生、经商的大多是中亚地区的安集延人。19 世纪中叶，新疆已经变成了俄国和英国的商品市场和原料攫取地。沙俄政府在伊犁、塔城、喀什、乌鲁木齐等地设置领事馆和贸易圈，以一系列不平等条约支持、鼓励俄商在新疆经商而不纳税款。咸丰元年（1851），《中俄伊犁塔尔巴哈台通商章程》签订后，新疆地区与俄国的商务活动正式开始。《中俄伊犁塔尔巴哈台通商章程》规定，俄国可在塔城及伊犁建立贸易圈及存货、放牧、盖房、居住等，而且可以免税通商。这就为俄国商人跨境流入中国提供了有利条件。咸丰十年十一月十四日，清政府屈服于俄国压力，被迫在《北京条约》即《中俄续增条约》上签字。从此对俄国开放喀什噶尔，准许俄商按《中俄伊犁塔尔巴哈台通商章程》进行贸易。1862 年 3 月 4 日，中俄《陆路通商章程》签订；光绪七年（1881），中俄《改订陆路通商条约》签订。同年二月二十四日，中俄双方在圣彼得堡签署《伊犁条约》。这一系列不平等条约规定，中俄两国边界贸易在百里内均不纳税。准许俄商在伊犁、塔尔巴哈台、乌鲁木齐、喀什噶尔，以及关外之天山南北两路上的各城进行贸易，并享有免税贸易和领事裁判权。这不仅促使俄商在新疆为所欲为，四处以低成本敛财聚富，而且有俄领事及其在各地委派的商头给予保护。对此，清政府曾几次向沙俄政府提出交涉，取消不纳税规定，但都没有结果。①

沙俄政府采取多种政策奖励本国货物出口，对运货进入新疆的商人免税，并给予奖励。俄商凡运一马驮俄货进入新疆，俄国政府给以 60 卢布奖金。沙俄领事发给俄商免税退商执照，并要求中国外交官在上面签字。当时新疆人把这种免税退商执照称为“通商票”。但中国商人自北京运货到新疆，

① 包尔汉：《新疆五十年：包尔汉回忆录》，北京：中国文史出版社，2013 年，第 8 页。

再由新疆运货到内地，要通过重重税卡，无力与俄商竞争。[①]俄国商人不仅自中亚，甚至自莫斯科等俄国腹地大量流入新疆来经商和谋生。20 世纪初，新疆的俄商数量，较 19 世纪末有显著增加。这些俄商遍及天山南北，几乎各县都有他们的足迹。光绪三十三年（1907），迪化的俄国人商店增加到 30 余家，俄商多至 800 余人；宁远（伊宁）俄商 1163 户，3325 人；塔城 291 户，3843 人；莎车 280 户，732 人。[②]

由于俄商在新疆经商不纳税款，加之沙俄政府政策的支持和鼓励，提高了俄商在新疆经商的竞争力，增加了贸易量和利润，并兴办羊毛、皮棉、羊肠等农牧产品加工厂。20 世纪初，俄商每年从乌鲁木齐运到俄国的羊毛价值 50 多万卢布，羊肠价值 5600 卢布。俄商经营的出口货以牲畜、羊毛、羊皮、羊肠、棉花、干货、兽皮等为主，进口以砖茶、红茶、糖、火柴、纸烟、石油、棉线、布匹及其他日用品为主。

新疆的农牧民因受封建剥削，且生产技术落后，农产品加工能力很低。农牧产品加工，起初依附于洋行、商铺经营。洋行、商铺根据客户需要以“前店后厂”的形式进行农牧产品加工和经营，即洋行、商铺收购的土产在外运前，利用新疆廉价劳动力在非常简易的作坊中分选、加工、整理和包装，以卖出较高的价格，获得更大利润。因而俄商所获的利润里也包括对工人的剥削。收购来的 5 月份剪的夏羊毛，要按毛色进行分类，在水槽中漂洗去除粪便、砂土等杂质，然后晒干打包。乌鲁木齐南梁有一个地方叫羊毛湖，此名称就是因当年洗羊毛而得。9 月份剪秋羊毛，因毛短主要用于制毡子，只按毛色分类，一般不需要进行漂洗加工。同样，皮棉要经过清花，羊肠要由专设作坊刮去肠油、腌制。

俄商开加工作坊，并经营牧场，通过剥削劳动力获取更多利润。俄商雇用临时工进行农产品加工和分类包装。临时工多数是维吾尔族人，少数是哈萨克族人和回族人。他们每天劳动 10—12 个小时，日工资折合人民币 2—6 角，仅能维持简单的生活。女临时工做清花、羊毛分类等工作，也往往受到上层人的

---

① 包尔汉：《新疆五十年：包尔汉回忆录》，北京：中国文史出版社，2013 年，第 11—14 页。

② 新疆维吾尔自治区地方志编纂委员会：《新疆通志（第 25 卷）·外事志》，乌鲁木齐：新疆人民出版社，1995 年，第 93 页。

人身污辱。俄商经营的农牧产品以出口牲畜占大宗，所以他们还经营牧场，牧放牲畜繁殖幼畜。有些俄国商人野蛮放牧，强占民地，伤害农民的禾苗。1915年，省长杨增新曾令交涉员向沙俄驻迪化总领事交涉，俄商不得强占民地牧放牲畜。当时曾有俄商故意纵放牲畜，伤害禾苗，一经百姓查问，动启反噬行为。有的俄商甚至割民之耳，殴人致毙。该俄商等贩卖牛羊马匹不下十余万之多，霸占山场粮地，长此牧放滋生，实属无法。[①]第一次世界大战后，新疆与俄国贸易萎缩，不少俄商以经营牧业为主，成了大牧主。这些俄国商人在1917年俄国革命后或在新疆同苏联恢复通商后，把资金和家眷转移到了新疆经营内贸，有些资金雄厚的俄商兼营内外贸易。由于俄商在沙俄时期所享受的“特惠”被取消，有些俄商申请加入了中国国籍。而且，有些俄商经营的商行在新疆商业界占据重要地位，个别俄侨登上政治舞台，生活奢侈，当时新疆的大官僚也难以望其项背。

清末俄商从俄国引进农业技术，大多是为了获取更大商业利益，因而这些技术与向俄国出口商品有关。就俄方而言，引入农业技术与农业良种到中国是为了能够从中国进口更多、更好的农牧产品，获得更多利润。新疆蚕桑生产历史悠久，在汉晋时期的尼雅遗址中，考古工作者发现了蚕茧实物。遗址区内，有大量枯死桑树。古文献中亦有新疆适宜栽培桑树、兴蚕业和抽丝、“充绵纩”等记述。譬如，《北史·西域传》载，高昌（今吐鲁番）“气候温暖，厥土良沃，谷麦一岁再熟，宜蚕，多五谷”；焉耆“养蚕不以为丝，唯充绵纩”；于阗“土宜五谷并桑麻”。[②]清光绪元年（1875），左宗棠认为“山南城郭之国……土沃泉甘，环庐树桑，有邠原之风，宜兴蚕事”。光绪三十年，新疆的蚕丝已成为出口大宗商品。[③]清道光至光绪年间，新疆蚕丝远销俄国。据罗绍文《左宗棠收复新疆以后的新疆蚕桑业》载：道光二十二年（1842）新疆对俄国丝织品输出额为4.2万卢布，道光三十年为1.4万

① 新疆维吾尔自治区地方志编纂委员会：《新疆通志（第25卷）·外事志》，乌鲁木齐：新疆人民出版社，1995年，第93页。

② 新疆维吾尔自治区地方志编纂委员会：《新疆通志（第30卷）·农业志》，乌鲁木齐：新疆人民出版社，1994年，第253页。

③ 新疆维吾尔自治区地方志编纂委员会：《新疆通志（第30卷）·农业志》，乌鲁木齐：新疆人民出版社，1994年，第253页。

卢布；咸丰三年（1853）为 0.4 万卢布；光绪二年（1876）新疆生丝输出额 5.48 万卢布，约折合生丝 5.48 吨（表 2-9）。①

表 2-9　光绪二年至三十年（1876—1904 年）新疆对俄国生丝和丝织品输出额

年份	商品	数量/普特	价值/千卢布	合计/千卢布	指数
光绪二年（1876）	生丝		54.8	54.8	100
光绪十七年（1891）	生丝 丝织品	225 199	19.1 67.5	86.6	158
光绪二十一年（1895）	生丝 丝织品	350 464	37.0 1028.0	1065.0	1943
光绪三十年（1904）	生丝 丝织品	1544 433	308.0 1013.0	1321.0	2410

资料来源：新疆维吾尔自治区地方志编纂委员会：《新疆通志（第 30 卷）·农业志》，乌鲁木齐：新疆人民出版社，1994 年，第 259 页

总体上，俄国从中国进口以原料为主，向中国出口以加工产品为主。大量进口中国粮食，向中国出口白酒；进口中国棉花，向中国出口棉织品。从中国进口茶叶，经加工后返销出口到中国。而且返销量快速增长，1914 年出口量是 1895 年出口量的 408 倍。由于大量茶叶返销，俄国出口到中国商品总额快速增加，1895 年总额为 505 万卢布，1914 年增长到 2877 万卢布，1914 年出口总额约是 1895 年总额的 5.7 倍。这种大量农产品返销和大量农产品的制成品出口中国，是俄商在华投资兴办砖茶厂、面粉厂、酒厂、榨油厂、皮毛加工厂等农产品加工企业的动因之一。因为在华设厂加工，能够降低原料、能源、运输、劳动力等方面的成本费用。

第二节　清末从俄国引进农业品种

清末中国从俄国引进农业品种，由中国东北、新疆、内蒙古等边境地区

① 新疆维吾尔自治区地方志编纂委员会：《新疆通志（第 30 卷）·农业志》，乌鲁木齐：新疆人民出版社，1994 年，第 258 页。

边民往来、侨民引入较多，主要用于自种、自养；由吉林、黑龙江地方政府引进用于试种和品种改良的相对较少。引进作物品种有燕麦、冬麦、玉米、甘蓝、油菜、甜菜、青豌豆、马铃薯、金瓜、甜瓜、棉花、油葵、猫尾草、红三叶牧草、紫苜蓿；果树品种比较少，有“阿波尔特”“夏力蒙”等苹果品种；畜牧品种较多，包括马、牛、猪、蜜蜂及家蚕等品种。这些引进品种在当时发挥了一定作用，同时作为育种的种质资源，对后来新品种的培养发挥了重要作用，尤其是畜牧育种周期长，清末引进品种对新中国成立初期家畜新品种培育奠定了基础。

一、引进俄国农作物品种

燕麦又称铃铛麦、玉麦、莜麦、苏鲁、香麦、雀麦、乌麦等，在中俄两国边境地区普遍栽培。近代中俄边境地区引进俄国燕麦品种，往往是中国商队带来作饲料的，而种植收获燕麦也往往卖给俄国商队作为饲料。同时，农民也用燕麦饲养牲畜。燕麦根系发达，抗寒喜凉、抗旱、耐碱，适应性较强，且生长期短，生长 100 多天即可成熟，在俄罗斯和中国北方地区都适于栽培。在各种农作物中燕麦是一种最好的饲料，尤其是饲养马匹。在物物交换、姻亲往来、异国婚姻嫁娶，甚至战争等过程，都可能引进和交流燕麦等农作物种子和栽培经验。如 19 世纪末沙俄侵略东北时，在俄领地种植燕麦、苜蓿、玉米等作物品种，种子传到中国。

由于燕麦是饲喂家畜的优质饲料，在边境地区，移民多在新开垦荒地种植燕麦，用作自家口粮和家畜饲料，余粮比较容易卖出去。清代初期，清廷视东北地区为“龙兴之地”。清康熙七年（1668），清廷下令对东北地区实行封禁，限制汉人入境长达 192 年之久，封禁政策阻碍了土地的开发和农业的发展。至清咸丰十年（1860），清廷宣布解除封禁，汉人大批移入东北，开垦荒地，添牛买马者一时骤增。一般铃铛麦的产量比谷子低，比大麦高。[①]清

① [塔尔巴哈台参赞大臣] 荣全十一月初三日（12 月 18 日）奏，载中国科学院地理科学与资源研究所、中国第一历史档案馆：《清代奏折汇编——农业·环境》，北京：商务印书馆，2005 年，第 533 页。

光绪三十年至宣统三年（1904—1911）的8年间，开垦荒地764万垧，耕畜达50万头。在此期间繁殖的家畜以牛为盛，耕马、绵羊多从呼伦贝尔和哲里木等地输入，猪禽多自繁。西部地区羊草甚茂，马食则肥，有家畜者十户有九。齐齐哈尔市西北的因泌屯，曾举办一年一度的“楚勒罕”（盟会）盛会，每期20余天进行农牧产品交易活动，显示出了畜牧业的兴旺发达。当时畜牧业兴旺，马牛肥壮，铃铛麦的大面积种植起到了重要作用。《黑龙江省志（第10卷）·畜牧志》有载：“北部以铃铛麦谷草秣之，马亦茁壮。”①

在中俄边境地区，从俄国引进农业品种，并不意味着这些品种在中国原本没有；同时在不同时期，从俄国引进农业品种尤其是农作物品种，具有重复性。这主要在于引进品种不一定能保留下来，品种退化和新品种培育都需要引进优良品种。如甘蓝至迟在19世纪初传入中国，但在清末吉林省农事试验场仍然从俄国引进试种。燕麦也是中国一个古老的农作物品种，在中国东北、华北、西北均有栽培。燕麦在《尔雅》中称“蘥”，在《外台秘要》中称“杜姥草”，在《穆天子传》中称“焚麦”，在《黄帝内经》中称“迦师”，在《农政全书》中则有更多关于燕麦的记载。但在不同时期，都有俄国燕麦品种被引入中国的记载。

卜魁（卜奎，齐齐哈尔）是中俄农产品贸易的枢纽和聚集地。在卜魁，铃铛麦不仅是主要易货产品，也是当地人主要口粮。关于铃铛麦的植株形态和利用情况，方式济在《龙沙纪略》中写道：铃铛麦“麸厚而粗，即燕麦”，穬麦。由于“其实下垂如铃”，故“又名铃铛麦”。铃铛麦名称与其性状有关。铃铛麦主要性状是小穗有1—2个小花，小穗轴不易断落，基盘近于无毛或仅有少量短毛，通常无芒，或在背部有1根很直的粗芒。至于铃铛麦的食用，卜魁人称：“移镇之初，此为常食。”铃铛麦做粥食用具有口感“香滑、多食作气”等特点。这种粮食与穄、稻相比，“购糜（糜）不盈石，价倍今之稻米”。对铃铛麦的引入和起初的利用，方式济写道：“十年内始种

① 黑龙江省地方志编纂委员会：《黑龙江省志（第10卷）·畜牧志》，哈尔滨：黑龙江人民出版社，1993年，第5页。

糜（穈）”，这种“铃铛麦从默（墨）尔根来”，起初“仅以饲牛马，间取作粥”。长期食用后发现，铃铛麦除了做粥口感颇香滑外，食用后还比其他食物易饱，“达呼哩贵之，以其易饱也”。①

19世纪末20世纪初，中俄边境省区从俄国引进实体形态的农业技术，大多是俄国人带到中国的，早期的农业试验研究机构引进十分有限。农作物和果树品种方面，清末在东北的中俄边境地区从俄国引进植物品种还有“毛子包（苞）米”和几十个苹果品种。《黑龙江省志（第7卷）·农业志》记载，光绪二十七年（1901），沙俄军队入侵黑龙江时，俄人带来的“毛子包（苞）米”，广泛地流传于民间种植。②向日葵，也称朝阳花、葵花、转日莲，原产于南美洲。1510年，驯化种由西班牙人从北美带到欧洲，最初为观赏用。“沙俄侵略中国东北修筑铁路时带入了食用向日葵，从此铁路沿线的农民开始种植。因此，呼伦贝尔盟东南、兴安盟东部”，是内蒙古“自治区种植向日葵最早的地区”。③

清光绪三十年，沙俄政府军官格拉叶斯（波兰人）疗养时，让其父留布林（波兰制糖股份公司董事长）寄来甜菜种子，在阿什河区域试种成功。1905年，阿城糖厂建立，甜菜种植面积扩大。1908年，阿城县种植甜菜320多亩，生产甜菜200余吨；1920年，种植面积是1908年的近4.8倍，达1530亩；至1940年，阿城县种植甜菜面积是1908年的156.3倍多，达5万多亩（表2-10）。④

表2-10　1908—1940年阿城县甜菜种植面积变化

年份	1908	1920	1925	1930	1935	1940
种植面积/万亩	0.032	0.153	1	2	3	5
相当于1908年的倍数		4.8	31.3	62.5	93.8	156.3

① （清）方式济撰：《龙沙纪略》，载姜维公、刘立强主编：《东北边疆》卷八，哈尔滨：黑龙江教育出版社，2014年，第124页。

② 黑龙江省地方志编纂委员会：《黑龙江省志（第7卷）·农业志》，哈尔滨：黑龙江人民出版社，1993年，第432页。

③ 《内蒙古自治区志·农业志》编委会：《内蒙古自治区志·农业志》，呼和浩特：内蒙古人民出版社，2000年，第332页。

④ 哈尔滨市地方志编纂委员会：《哈尔滨市志·农业水利》，哈尔滨：黑龙江人民出版社，1998年，第83页。

中国东北种植纤维用亚麻始于 1905 年。亚麻品种以产地命名，俄国种也叫 1 号种或裴鲁诺种。《内蒙古自治区志·农业志》载，内蒙古“亚麻种子主要是由苏联及荷兰供应”①。1907 年，新疆从哈萨克斯坦引进“阿波尔特”“夏力蒙”等西洋苹果品种，以后又从乌克兰、俄罗斯等地引进 20 个品种，经伊犁地区试栽，其果实外观与品质均优于本地苹果，抗寒性也较强，很快就成为伊犁地区主栽品种，并推广到新疆其他各地。②

20 世纪初，中国东北边疆省区农事试验场重视从俄苏引入粮油作物、棉花和果树、蔬菜、牧草等优良品种，进行试种和推广。吉林省农事试验场是中国东北成立比较早的农业技术研究推广机构。《吉林省志（第 16 卷）·农业志》载：“1909 年，俄国人沙班诺夫将紫太平苹果由海兰泡引入哈尔滨，之后由哈尔滨引入吉林省栽种。”③同年，吉林省农事试验场引进了俄国青豌豆、白菜豆等一些蔬菜新品种在吉林试种；这时期，吉林省农事试验场农安县分场也试种俄国甘蓝、金瓜等蔬菜新品种。④

20 世纪初，在从俄国引进农作物及果树品种中，种植面积较大、对生产和品种改良影响较深的有乌克兰 83 号、乌克兰 0246 号、奥德萨 16 号等冬麦品种；白马牙、金皇后、维尔 156 号、维尔 42 号等玉米品种；奥罗油菜、“先进工作者”油葵与什乃得尔、那勿罗斯基等棉花品种⑤；紫太平苹果、青豌豆、甘蓝、金瓜、“集体农庄女庄员”甜瓜等果蔬品种；以及猫尾草、红三叶牧草、紫苜蓿、饲用甜菜等饲料作物品种；等等。⑥东北是中国起步较

---

① 《内蒙古自治区志·农业志》编委会：《内蒙古自治区志·农业志》，呼和浩特：内蒙古人民出版社，2000 年，第 397 页。

② 新疆维吾尔自治区地方志编纂委员会：《新疆通志（第 72 卷上）·科学技术志》，乌鲁木齐：新疆人民出版社，2000 年，第 335 页。

③ 吉林省地方志编纂委员会：《吉林省志（第 16 卷）·农业志》，长春：吉林人民出版社，1993 年，第 188 页。

④ 吉林省地方志编纂委员会：《吉林省志（第 38 卷）·科学技术志》，长春：吉林人民出版社，1997 年，第 169—170、231、235 页。

⑤ 新疆维吾尔自治区地方志编纂委员会：《新疆通志（第 72 卷上）·科学技术志》，乌鲁木齐：新疆人民出版社，2000 年，第 30、213、218—219 页；新疆维吾尔自治区档案馆：《新疆与俄苏商业贸易档案史料》，乌鲁木齐：新疆人民出版社，1994 年，第 423 页。

⑥ 吉林省地方志编纂委员会：《吉林省志（第 38 卷）·科学技术志》，长春：吉林人民出版社，1997 年，第 169—170、231、235 页。

晚的马铃薯栽培区。关于东北引进种植马铃薯时间，有学者认为：大约 19 世纪末，东北地区才有马铃薯的栽植。而普遍的栽培在 20 世纪初，沙俄贵族流亡于东北时，把马铃薯带入东北。①

二、引进俄国畜牧品种

19 世纪末 20 世纪初，中东铁路沿线引入奶牛品种，这是当时引入畜牧品种中影响最大的一个，因为在这之前中国基本没有奶牛。1898—1903 年，中东铁路沿线的俄籍商人、员工和俄国十月革命前后逃来的资本家、地主，带来了黑白花奶牛 4000 多头，俄国白猪 1375 头，贝加尔马、奥尔洛夫马等 665 匹，以及蜜蜂等畜牧品种。这些引入品种起初主要饲养在中东铁路沿线，后来在齐齐哈尔、阿城、绥芬河、一面坡、安达等地也开始饲养，对当地畜牧品种改良发挥了重要作用。②

20 世纪初，在引进俄国畜牧品种中，马是数量多、影响深的畜种之一。因为马具有骑乘、拉运、耕地及比赛等多种用途，尤其是当时因为战争马政机关有繁育军马的需要，所以 1902 年清政府倡练新军，改组马政机关，改良马匹品种。清光绪三十二年（1906），清政府和东北军曾在辽宁省黑山县小东创办“奉天官牧场”，由欧洲购入种公马 6 匹。当时不仅引进马匹品种，也开始有刊物发文介绍俄国马匹品种。中国最早的农学刊物是光绪二十三年五月在上海创刊的《农学报》（旬刊），从创刊号到终刊号共出版 315 期，对传播近代国外农业科技起到了开创性作用。光绪二十九年，《农学报》（第 263 期）刊登《俄罗斯马之种类》（译新农报）一文，介绍了俄国马的主要优良品种。③

清朝末年，沙俄势力伸入东北，实际上东北北部已成为沙俄势力范围。

---

① 谷茂、马慧英、薛世明：《中国马铃薯栽培史考略》，《西北农业大学学报》1999 年第 1 期，第 80—84 页。

② 黑龙江省地方志编纂委员会：《黑龙江省志（第 10 卷）·畜牧志》，哈尔滨：黑龙江人民出版社，1993 年，第 5 页。

③ 李群：《我国近代畜牧科技的引进与畜种改良实践》，《中国农史》1996 年第 1 期，第 93—101 页。

由于沙俄推行移民政策、俄国十月革命和新政权建立等原因引起移民迁居，以及日俄战争的影响，一些优良种马被引入中国东北北部地区。为了服务于军事占领和掠夺资源的需要，东北北部地区进行了一些马匹改良工作。在哈尔滨和中东铁路沿线地区，在1896年沙俄帝国主义夺得东北铁路铺设权后，即由当时俄国筑路工人以及移民带来相当数量的良种马，其中有一部分公母马含有50%以上的英纯血马血统，还有一些速步马品种。1905年日俄战争结束后，俄军又将大量军马卖给当地俄国移民。这些优良马种与当地蒙古马杂交，形成优良杂种群。其中，有些杂种品质优良，杂交优势十分明显，尤其在骑乘方面表现出优良性能。因此，有些马匹曾作为赛马被卖到香港和上海，受到赛马爱好者的好评。

黑河镇于1864年设立。近代以来，黑河镇与原属中国的江东地区交往十分频繁，江东地区的杂种马曾大量输入黑河地区。实际早在清雍正十年至十二年（1732—1734），黑河地区以索伦人为主的少数民族就饲养一些索伦地方马和蒙古马，形成杂种马群。后来，在黑龙江南岸一带，有人用外来的少量奥尔洛夫马和其他杂种马进行杂交繁衍，这就形成了后来育成黑河马的基础。1900年，沙俄骑兵入侵。1905年，日俄战争沙俄失败，俄军撤退时将部分马匹卖到哈尔滨地区，产生一些品质较优良的杂种马，也为以后黑河马的育成打下基础。[①]进入20世纪，在畜牧优良品种引进和改良方面，中国官方开始有计划、有规模地引进俄国畜牧品种，如马匹品种引进，清政府和东北军在辽宁省黑山县创办“奉天官牧场”后曾引入俄国西伯利亚半血种公马10匹，用于改良地方马。1909年，马政机关为提高察哈尔都统两翼牧场马群质量，开始引入俄国种马、伊犁马，采用杂交的办法改良马匹。[②]1928年吉林省洮南陆军牧场引进苏联产奥尔洛夫公马40匹与蒙古母马1000余匹杂交繁育。[③]

---

① 中国农业博物馆：《中国近代农业科技史稿》，北京：中国农业科技出版社，1996年，第245页。
② 郭文韬、曹隆恭主编：《中国近代农业科技史》，北京：中国农业科技出版社，1989年，第17页。
③ 中国畜牧兽医学会：《中国近代畜牧兽医史料集》，北京：农业出版社，1992年，第124—129页。

同样，在内蒙古境内，中东筑铁沿线修路工人和俄侨来华带入了农牧良种。《内蒙古自治区志·外事志》载：清德宗光绪二十四年（1898），俄国人在修筑东省铁路期间带入少量奶牛，在滨河铁路沿线饲养。俄国十月革命后，俄侨民又带入大批奶牛到呼伦贝尔三河地区饲养，逐步形成了内蒙古地区最早的奶牛培育品种——三河牛。[①]

俄国畜牧品种适应中俄边境地区自然环境和饲养条件。但这时期引进俄国畜牧品种主要靠边民交往和俄国人来中国修铁路、逃难、定居而带到边境地区。同时，由于中俄地缘关系和政治、经济等因素影响，近代大批中国公民长期侨居俄国，后来大部分又回国定居事农，也引入了农业技术。中俄《尼布楚条约》和《伊犁条约》签订后，中俄贸易和人员往来规模扩大，俄国还在伊犁设移民委员会胁迫华人移居俄国，至1884年被迫迁入俄国的华人达10万多人。新疆巡抚饶应祺派人调查，1896年定居俄国的新疆人达4万多人。[②]1851年沙俄强迫清政府签订《中俄伊塔通商章程》，大批俄国商人开始涌入新疆，他们携带家属、帮工长期侨居当地，开设商店、作坊，购置田产。伊犁、塔城边境的乡村，布满了沙俄商人和俄国农民聚居的居民点。俄国十月革命和第二次世界大战后，又先后出现两次俄罗斯人迁居新疆的浪潮。他们一部分人在伊犁、塔城、乌鲁木齐及阿勒泰等地安家落户，从事农作物种植和畜牧饲养活动，传播了农业技术和经验。被沙俄蒙骗胁迫移居俄国（苏联）的华侨和赴俄苏长期做工的中国公民回国定居后，也带来了在俄苏学习和掌握的农业技术。

高加索蜜蜂又称黑蜂，是世界四大名蜂之一。1910—1912年，居住在伊犁地区的俄侨开始饲养黑色高加索蜜蜂并采用桶养法进行越冬管理。[③]19世纪

---

① 内蒙古自治区人民政府外事办公室：《内蒙古自治区志·外事志》，呼和浩特：远方出版社，1983年，第13页。

② 新疆维吾尔自治区地方志编纂委员会：《新疆通志（第26卷）·侨务志》，乌鲁木齐：新疆人民出版社，1994年，第15页。

③ 新疆维吾尔自治区地方志编纂委员会：《新疆通志（第72卷上）·科学技术志》，乌鲁木齐：新疆人民出版社，2000年，第351页。

末至 20 世纪初，东正教徒把俄国黑蜂引入新疆，形成新疆黑蜂，黑龙江饶河地区蜂农把俄国黑蜂引入黑龙江，形成东北黑蜂。①

除此之外，19 世纪末 20 世纪初，通过边民交往，俄国人来中国边境地区定居、做生意、修建铁路和从事铁路相关工作，引进俄国（苏联）的畜牧品种还有西门塔尔牛、后贝加尔牛、西伯利亚牛，贝加尔马、奥尔洛夫马、卡巴金马、阿尔登马、顿河马、布琼尼马、俄国白猪、苏联大白猪（苏白猪）、乌克兰大白猪等品种（表 2-11）。

表 2-11　1896—1912 年从俄国引进中国的主要畜牧品种

畜牧品种	最早引入时间	从俄国引入畜牧品种的主要分布地区
高加索蜜蜂	1896 年	引入黑龙江饶河地区，1900 年引入新疆伊犁地区
俄国白猪	1896 年	修建中东铁路的俄籍员工引入铁路沿线
西门塔尔牛	1898 年	黑龙江、内蒙古地区修建中东铁路的俄籍员工引入
黑白花奶牛	1898 年	黑河、哈尔滨和滨洲、滨绥铁路沿线
奥尔洛夫马	1910 年	黑龙江地区多次引入 1000 余匹；呼伦贝尔盟 1912 年引入
比丘克马	1912 年	中东铁路停车和俄国十月革命，大批俄侨迁入带进呼伦贝尔盟
贝加尔马	1912 年	中东铁路停车和俄国十月革命，大批俄侨迁入带进呼伦贝尔盟

资料来源：中国畜牧兽医学会：《中国近代畜牧兽医史料集》，北京：农业出版社，1992 年；新疆维吾尔自治区地方志编纂委员会：《新疆通志（第 72 卷上）·科学技术志》，乌鲁木齐：新疆人民出版社，2000 年；黑龙江省地方志编纂委员会：《黑龙江省志（第 10 卷）·畜牧志》，哈尔滨：黑龙江人民出版社，1983 年；内蒙古自治区畜牧厅修志编史委员会：《内蒙古自治区志·畜牧志》，呼和浩特：内蒙古人民出版社，1999 年

第三节　清末从俄国引进农机具

在近代中国，黑龙江、吉林及内蒙古等中俄边境地区农村引进使用拖拉机和半机械化、机械化农业生产工具早于内地农村。早在 20 世纪初，中俄边境地区的一些种田大户已经比较普遍地使用割草机、搂草机、铡草机、脱

① 陈盛禄主编：《中国蜜蜂学》，北京：中国农业出版社，2001 年，第 5、27 页。

谷机等半机械化农具，有些农户还请火犁公司代耕土地。这些拖拉机和各种农机具引进中国的途径，有些是农户或火犁公司从俄国购买的，有些是俄国侨民带来的。早期火犁公司大多是官民合股经营，或官方购买农机具由私人经营，用来支持和帮助农民开荒种地。

一、从俄国引进半机械化农具

19世纪中叶前后，中国东北大部分地区尚处在封建社会。同中国相比，当时的俄国社会生产力、科技和资本主义发展程度相对较高。那时，生活在黑龙江流域尤其是沿江村落的农民，虽然也是以小农户为单位进行农业生产的，但已较普遍地采用畜力或人力牵引的半机械化农具。而且，已经出现了能为农户代耕土地的火犁公司。火犁牵引的犁具一种是戈竹犁，即铁制一桦、两扶手犁，适于熟地翻、耕、耙；另一种是“三马镣子”，即铁制二大铁轮、一大铧犁，主要用于深翻和开垦荒地。重要的半机械化收获工具是马拉摇臂式收割机。这种收割机性能比较好，在民国时期和新中国成立初期，都是引进苏联农业机械的重要机种之一。脱谷工具主要是马拉或锅驼机拉动的脱谷机，黑龙江地区农民习惯称之为“打场马神”。“马神”是俄语中机器“Машина”的读音，中俄边境地区俄国半机械化农场使用的清粮机器，被黑龙江地区农民称为“转筛子”。除拖拉机外，这些先进的农业生产工具在19世纪末就传入了“江东六十四屯”地区，是那里“大粮户”的主要农业生产工具。这些农机具由江东“大粮户”购自俄国海兰泡。后来，这些从俄国境内引进的农机具在黑龙江地区进一步扩大应用范围。①

进入20世纪，随着中东铁路通车运营和清政府对黑龙江流域加大开放力度，客观上促进了俄国新式半机械化农机具向中国的传播。据《黑龙江省志（第13卷）·农机志》记载：清光绪三十年（1904），黑龙江地区在中俄边境地区开始引进使用半机械化的新式马拉农具。主要有欧式割草机和铡草机，用来收割牧草。1911年边境居民开始有了农田用的新式马拉农具，用

① 祁学俊：《中俄文化的交流与影响》，《民间文化》2001年第2期，第46—49页。

它进行垦荒耕种。[①]中国靠近中俄边境一些地方，如瑷珲县当时就使用了沙俄生产的新式畜力农具，包括欧式割草机、搂草机、铡草机等被边境农户用于牧草的收割、加工和贮藏。[②]

二、从俄国引进拖拉机及机引农具

自古以来，人们进行了许多试验和尝试，试图用机械力替代人力和畜力进行田间耕作。但直到 19 世纪，在欧洲开始使用蒸汽机之后，机械动力用于农业生产才成为可能。1851 年，史密斯和法拉斯在英国首次利用蒸汽机耕作农田。因而有人曾把这一事件的发生视为农业机械化的开端。当时史密斯和法拉斯把蒸汽机与机引犁铧分开使用，即把蒸汽机固定在田头，犁铧翻耕运动靠钢丝绳牵引。所以，这种操作过程是一套犁铧由两台蒸汽机牵引往复进行的。30 多年过后（1889 年），在美国芝加哥，世界上第一台能够行驶的以汽油为燃料的内燃机动力拖拉机由查达发动机公司试制成功。这种名为“巴加”号的农用拖拉机，由于以内燃机为动力，易于操作，轻便灵活，而且燃料效率高。因此，“巴加”号的问世，对于拖拉机广泛用于农业生产推动农业机械化发展具有里程碑式的意义。由于内燃机制造技术的发展和成本的下降，加之使用上的优越，蒸汽机拖拉机逐渐被淘汰。20 世纪初，德国、英国、瑞典、匈牙利等国几乎同时制造出实用的以柴油内燃机为动力的农用拖拉机。第一次世界大战期间，由于战争等因素影响，俄国劳动力严重不足，粮食、肉类等各种农产品价格飞涨，极大地刺激了拖拉机和机引农具在农业生产中的推广应用。

由于地缘优势，近代内蒙古、吉林、黑龙江、新疆等中俄边境地区使用拖拉机和机械化农业生产工具比较早。1900 年前后，清政府提倡振兴实业，

---

① 黑龙江省地方志编纂委员会：《黑龙江省志（第 13 卷）·农机志》，哈尔滨：黑龙江人民出版社，1996 年，第 14 页。

② 黑龙江省地方志编纂委员会：《黑龙江省志（第 13 卷）·农机志》，哈尔滨：黑龙江人民出版社，1996 年，第 3 页。

以优惠政策鼓励官商投资或利用华侨资金兴办垦殖公司，在全国范围内曾出现兴办垦殖公司的热潮。至1912年，全国各类农业垦殖公司达170多个，申报资金600万元以上，引进了一些国外新机具和新方法。但总体上，清末中国农村使用拖拉机耕地的情况是非常少的。

内蒙古、吉林、黑龙江等中俄边境地区采用拖拉机耕地在中国是最早的。在1910年之前，关于中国引进拖拉机的记载，都集中在东北中俄边境地区。《内蒙古自治区科学技术志》记载：清光绪二十八年（1902），“俄国移民在呼盟开始用火犁开荒种地”[①]。拖拉机及其牵引犁铧有些是从俄国境内购买的，也有些是俄国侨民带到中国的。《呼伦贝尔盟农业业志》载：“在呼盟土地上，使用机械动力及其牵引的农机具和畜力牵引的半机械化农机具最早的，是1903—1920年迁入额尔古纳右旗三河地区和岭西铁路沿线地区的俄国侨民（后称苏侨）。他们不仅从俄国带来了马拉的播种机、铁犁、摇臂式收割机，而且还有少量的火犁、火磨、水磨。”[②]《吉林省志（第16卷）·农业志·农业机械化》记载：“拖拉机在吉林省使用，最早见于史料的，始于清光绪二十九年（1903），在洮南境内的‘火犁’（系蒸汽拖拉机）开垦荒地。”[③]《黑龙江省志（第13卷）·农机志》有载：“清光绪三十四年（1908），在黑龙江巡抚程德全支持下引进火犁（拖拉机）两台，聘请洋匠（指俄国驾驶员）驾驶，在齐齐哈尔以北讷河一带使用。”[④]购进这两台拖拉机，共花2.2万两白银，“由瑞丰公司经营，在讷河的讷漠尔河南段自行收价代垦。这是黑龙江地区最早输入的农用拖拉机”[⑤]。同

① 内蒙古自治区科学技术志编纂委员会：《内蒙古自治区科学技术志》，呼和浩特：内蒙古人民出版社，1997年，第137页。
② 呼伦贝尔盟农业局：《呼伦贝尔盟农业志》，呼伦贝尔：内蒙古文化出版社，1994年，第148页。
③ 吉林省地方志编纂委员会：《吉林省志（第16卷）·农业志·农业机械化》，长春：吉林人民出版社，1993年，第11页。
④ 黑龙江省地方志编纂委员会：《黑龙江省志（第13卷）·农机志》，哈尔滨：黑龙江人民出版社，1996年，第3页。
⑤ 黑龙江省地方志编纂委员会：《黑龙江省志（第13卷）·农机志》，哈尔滨：黑龙江人民出版社，1996年，第16页。

样，《中国近代农业科技史稿》显示，1907 年广东新会的华侨陈国圻在黑龙江创办兴东公司，“引进外国火犁，进行开垦”，“这是东北地区应用蒸汽拖拉机的最早记载”[①]。因此，黑龙江、吉林、内蒙古中俄边境地区是中国最早采用拖拉机耕作的地方。

东北是中国通过官方引进拖拉机及驾驶技术并实际应用最早的地方。在 1910 年以前，中国引进和使用拖拉机数量少，且集中于东北。在《中国近代农业科技史》一书中，中国农业科学院农业史研究室（今南京农业大学中华农业文明研究院）郭文韬先生写道：“据不完全统计，光绪二十五年至宣统元年（1899—1909 年）间全国 14 个省共创立农垦企业 51 处。”在这些企业中，有一部分已经“采用近代农业机械进行开垦试验”。譬如，光绪三十三年（1907）黑龙江兴东公司、瑞丰农务公司都购入火犁开垦荒地。郭先生指出：“值得注意的是凡采用近代农业机具进行大规模垦殖的企业多在东北地区。”[②]在有关农业机械引进的史料和研究成果中，没有引进拖拉机的记载。譬如，在《中国近代农业科技史》一书中的“近代农业机具引进情况统计表”中，从 1880 年以前至 1910 年，没有引进拖拉机的记载。这也表明，中俄边境地区引进的拖拉机等农业机械是直接从俄方边境购入的。

东北早期引进的拖拉机供官商合办火犁公司使用，收价代垦招民播种。清朝末年，东北地区使用的拖拉机、锅驼机、电动机、风力机等机械，由于国内不能制造只有靠引进，投资大，因而数量少，仅限于少量荒地开发、水利排灌和农产品加工，以及科研教学使用。[③]另外，当时对农业机械引进也有不同态度。譬如，麦孟华于 1895 年在《时务报》上撰文，提出对西方农业机械的实际应用要加以对比分析。他说：“西国农工，竞于新法。”汽机以播刈、电气以速长、玻罩以御寒、鱼料以培肥、石膏以化土，等等。“一

---

① 中国农业博物馆：《中国近代农业科技史稿》，北京：中国农业科技出版社，1996 年，第 88 页。

② 郭文韬、曹隆恭主编：《中国近代农业科技史》，北京：中国农业科技出版社，1989 年，第 355 页。

③ 吉林省地方志编纂委员会：《吉林省志（第 16 卷）·农业志·农业机械化》，长春：吉林人民出版社，1993 年，第 70 页。

切机器，日新月异。”若仍然“徒守旧法，必不足以尽地利矣”。他还特别指出：中国农业经营之规模罕及百亩，“一用新机，必至亏损”。因为中国传统农业以农户独立经营为主，大多资本微薄。这同西国“化学之器，动费数万，打稻之机，佳者逾千，工作之夫，少数于百”的情况进行比较，相差甚大。[①]因而，引进西方拖拉机和耕种、播种、排灌及收获等农业机器，应结合中国农业生产的传统和现实条件。当时农民存在一定迷信和保守思想，对使用机耕缺乏科学认识，更不积极。为鼓励移民垦荒，政府与商人合股引进拖拉机，创办火犁公司，代耕招种。《东三省政略·实业·黑龙江省》记载：纪火犁公司及附官商合办火犁公司片称，清光绪三十三年（1907）六月，设瑞丰公司，在黑龙江省城设总公司，在讷漠河段设立分所，在讷漠河南段领官荒二十一井，自行收价代垦，购办外国火犁，招民耕垦播种，“当年订购火犁两具”，计用价银 22 250 两，“先由官家发给价银，而后再将官本分年拨还”。[②]同时期，黑龙江布特哈总管福全斋与本城各绅商集资合股银 10 万两，创设瑞丰火犁公司，专代各佃户开垦荒地，备有火犁两具，割麦机器一具，先在墨尔根布特哈一带，代人开垦。

同样，中俄边境省区引进和应用机引的平作犁、播种机、中耕机、收割机、脱粒机、火磨等农业机械，也比中国内陆省区早。“随着火犁的引进，黑龙江地区于清光绪三十四年（1908）开始使用机械化农具，主要是用牵引铧式犁开垦荒地。”[③]1911 年，由英国人、苏格兰人、美国人和中国人在绥滨县三间房处共同创办了“满洲开发公司”（即今绥滨农场原址），开始投资两万卢布。到 1915 年，又集资购置两台蒸汽拖拉机及配套农具，主要是机器开荒、人工种植。后来由于农场受水灾，加上农产品外运困难，该公司于 1925 年倒闭。1915 年，上海资本家李祖丹在黑龙江省呼玛县办起了农业公司。先后购进 80 马力、50 马力、35 马力拖拉机及脱谷机等各种机械农具

① 中国农业博物馆：《中国近代农业科技史稿》，北京：中国农业科技出版社，1996 年，第 91 页。

② 中国农业博物馆：《中国近代农业科技史稿》，北京：中国农业科技出版社，1996 年，第 88 页。

③ 黑龙江省地方志编纂委员会：《黑龙江省志（第 13 卷）·农机志》，哈尔滨：黑龙江人民出版社，1996 年，第 35 页。

共 90 台（件）。1923 年以后，农业机械发展较快，私营农业机械的团体和个人不断增加，少数个人办的农场规模在扩大，耕种的面积也在不断加大。在富锦、绥滨的三角地带，佳木斯、汤原、依兰的松花江流域，首南、甘河、嫩江、黑河平原一带农村出现了一些“火犁公司”，使用机械垦荒、翻地、播种和脱粒。这些垦殖公司拥有的拖拉机等农机具数量增加很快。譬如，1925 年，在绥滨县内的东北农具垦殖公司就有 11 台拖拉机。

中东铁路督办公署的档案资料显示：中东铁路（即东支铁路系统）在哈尔滨、爱河（牡丹江铁岭河）、安达等地设立了专门的农业试验场 3 处。引进农业机械有 11 台拖拉机、2 台农用汽车，配套引进 13 台犁、16 台钉齿耙、16 台圆盘耙、2 台镇压器、21 台条播机、4 台收割机、18 台脱谷机；另外，还配有 11 台清选机、4 台割草机、11 台搂草机、5 台饲料粉碎机、7 台发动机（农用动力）。这些机械除自用外，还租给农民使用。①这些机械化农具主要由瑞丰农务公司和秋林洋行购进。20 世纪初，东北引进和使用拖拉机及配套农具虽然对当地大多数农民而言影响十分有限，但这种主动引进使用新的农业生产工具开垦荒地创办农场的活动，在当时客观上促进了中国农业资本主义发展。

东北地区引进和运用拖拉机较早，原因是多方面的。从技术差势角度来看，在中俄边界地区，俄境使用拖拉机等先进农业机械比中国早，农业机械技术先进，自然向中国流动转移。同时，沙皇俄国为实现侵占中国土地的目的，使用先进农业机械加强垦荒移民。20 世纪初，沙皇俄国、日本极力攫取中国东北土地，从而引发日俄战争。沙俄借“镇压义和团”之机出兵东北。《黑龙江省志（第 13 卷）·农业志》有记载，光绪二十七年（1901），沙俄军队入侵黑龙江时，俄国人带来的“三马镣子”和“格足犁”都流传到民间使用。1921 年前后，有的苏俄妇女与中国男人结婚时，把清粮机、播种机等

---

① 黑龙江省地方志编纂委员会：《黑龙江省志（第 13 卷）·农机志》，哈尔滨：黑龙江人民出版社，1996 年，第 35 页。

农具当作陪嫁物带到黑龙江沿岸农家。[①]日俄战争中，日本拦截沙俄船只，其中载有大批农业机械。显然，这是准备开垦中国东北土地使用的。从清政府的政策来看，清光绪二十九年（1903）中东铁路通车运营后，清政府对黑龙江流域加大开放力度，并加强移民。东北地区尤其是中俄边境地区，地广人稀、地势平坦，适宜采用机械化农具垦殖耕作，加之防御日俄侵略需要，必然要加强垦荒移民和戍边农产品供应。

在呼伦贝尔盟土地上，最早使用机械动力及其牵引的农机具和畜力牵引的半机械化农机具的，是1903—1920年迁入额尔古纳右旗三河地区和岭西铁路沿线地区的俄国侨民（后称苏侨）。他们不仅从俄国带来了马拉的播种机、铁犁、摇臂式收割机，而且还有少量的火犁、火磨和水磨。据史料记载，民国十三年（1924）在三河地区始建的沃伦措夫农场，到1939年拥有火油拖拉机3台、机引犁4台、播种机2台、收割机4台、脱谷机3台、打草机2台、搂草机1台。[②]

呼伦贝尔地区最早引入和使用俄国打草机、搂草机。呼伦贝尔地区在俄国打草机引入之前，就曾使用简陋手工工具进行打贮草生产。1732年，清政府从布特哈等地派遣戍边兵丁及家眷3000多人驻防呼伦贝尔，即呼伦贝尔盟岭西牧区。在派遣兵丁的同时，按官衔及人口分配给用于生活的牛、马、羊等牲畜。从布特哈派遣驻防呼伦贝尔的达斡尔兵丁730人，牲畜近3万头（只）。达斡尔人未从事过游牧的草原畜牧业，为使其牲畜安全度过呼伦贝尔漫长的冬春季严寒，他们不得不动用粗劣的刀具，割贮青草，以备冬春使用。与此同时，海拉尔等地的部分居民及商贩为饲养其牲畜，也少量地打贮牧草。但这些地方打贮草生产量少，应用范围小，仅限于今鄂温克旗及海拉尔等地区。[③]

俄国马拉打草机等半机械化打草机械的应用促进了呼伦贝尔打贮草业

---

① 黑龙江省地方志编纂委员会：《黑龙江省志（第7卷）·农业志》，哈尔滨：黑龙江人民出版社，1993年，第432页。

② 呼伦贝尔盟农业局：《呼伦贝尔盟农业志》，呼伦贝尔：内蒙古文化出版社，1994年，第148页。

③ 呼伦贝尔盟畜牧业志编纂委员会：《呼伦贝尔盟畜牧业志》，呼伦贝尔：内蒙古文化出版社，1992年，第147页。

的发展。20 世纪初，随着滨洲铁路的修筑和通车运营，大批俄侨迁入铁路沿线。俄侨进入岭西额尔古纳河东岸（主要是三河地区）和铁路沿线一带经营农业。俄侨带来了打贮草工具、良种牲畜和新的饲养管理方式。1904 年，日俄战争时期，俄国军队为了饲养战马，将大量的欧式畜力割草机、搂草机从俄国运进呼伦贝尔地区，这是呼伦贝尔地区使用畜牧业机械的开始。《呼伦贝尔》记载："盖蒙人习惯，率多不割青草，故从无事前预留草料以济冬用者。但近数年来以蒙地积雪过深，冰霜满野，先后饿死牛千头，羊数十万只。蒙人始渐破除宗教上之禁令，划分若干有草地段，交与俄人包割。"①布利亚特蒙古人及通古斯鄂温克旗和陈巴尔虎旗境内，同海拉尔、扎罗木得等铁路沿线以及三河地区俄侨聚集区毗邻，来往频繁，受俄侨饲养管理方式影响较早。由于他们因苦于牲畜遭灾大批损失，遂采取换工和易物等形式，利用俄侨的技术、劳力和打草机械设备包割牧草，这是呼伦贝尔盟牧区游牧民使用贮草和开展打贮草生产之始。1917 年，俄国十月革命后，一部分富裕的俄国农牧民进入呼伦贝尔地区定居，带入了一定数量的割草机和搂草机。有些俄国农牧民曾携带手摇铡草机等其他农牧机具来呼伦贝尔边境地区谋生。据《北满洲机械型农业》记载，1931 年三河地区俄罗斯族农牧民使用的农牧业机械中，有割草机 299 台（包括畜力割、搂草机）。这时的割草机、搂草机都是从东欧和苏联引进的，绝大部分是苏联生产的产品。②至 1937 年，呼伦贝尔割牧草的地区主要是三河地区及铁路沿线，年产饲草达 5048 万千克，其中 1680 万千克在当地消费，3368 万千克作为商品出售，主要运到海拉尔等城镇，并有相当部分作为军用。

20 世纪初，中国中俄边境地区引进使用拖拉机和机引农业生产工具早于内地。这些农业机械及其使用技术引进中国主要是中国地方政府、边民从俄国购买和俄国侨民带进中国的。清末火犁公司主要是官民合股经营。这种低

---

① 转引自呼伦贝尔盟畜牧业志编纂委员会：《呼伦贝尔盟畜牧业志》，呼伦贝尔：内蒙古文化出版社，1992 年，第 235 页。

② 转引自呼伦贝尔盟畜牧业志编纂委员会：《呼伦贝尔盟畜牧业志》，呼伦贝尔：内蒙古文化出版社，1992 年，第 247 页。

价收取代耕费的经营模式具有商业化性质，收取代耕费用以偿还农机具购置贷款；同时，火犁公司具有一定的政府行为特点，例如火犁公司采取优惠政策收取代耕费，代表当地政府支持和帮助边民开荒种地。清末从俄国引进农业机械和经营模式，对民国时期和新中国成立初期引进苏联农业机械和技术，奠定了一定的认识基础，积累了一定的使用技术和经验。

第四节　清末从俄国引进农产品加工技术

签订《马关条约》之前，外国人在华经营丝、茶、粮食等农产品加工企业是一大宗。1860 年《北京条约》签订之后，俄商在杭州、汉口、九江和福州等地兴办了许多加工茶叶以向俄国出口的企业。其中，俄商采用蒸汽动力压制机兴办的几十家砖茶加工厂产量大，给中国本土茶叶加工企业经营带来了竞争压力。但在采用机器生产方面，也形成了一定的积极影响。中东铁路建设对中国东北地区引进俄国农业技术、加快农业商品化具有一定的拉动作用。铁路建设不久，铁路沿线就兴建奶制品加工厂、洗毛厂、制革厂、制肠厂等俄资畜产加工企业。随后，面粉厂、榨油厂和各类酒厂等俄资企业也迅速发展。至 1910 年，东北俄资面粉厂达 15 家。受俄商企业技术设备、市场竞争等因素影响，中国本土企业也得到发展。1917 年，东北北部的本土资本面粉企业就达 28 家，其中购买俄资面粉企业 8 家，采用火磨加工面粉已经成为这个区域的重要产业。在哈尔滨及中东铁路沿线的俄资酒厂，1903 年仅 3 家；1907 年增加到 36 家，其中 35 家生产伏特加酒及酒精；1907—1914 年，哈尔滨及中东铁路沿线俄商兴办的面粉加工厂和酒厂多达 110 多家。

一、俄商在华兴建蒸汽动力砖茶厂

19 世纪 60 年代，俄商 C. B. 利特维诺夫在汉口建造砖茶厂，这是蒸汽动力机械在中国用于茶叶加工的开端。C. B. 利特维诺夫在华建造砖茶厂的动因有两点。一是扩大产量。采用中国传统工艺和设备生产，产量低，不能满足扩大销量要求。茶叶作为中国出口俄国主要农产品，在俄国市场空间很大。1865年，汉口海关统计册显示："砖茶出口额已增至2416担，原因由于去年西西伯利亚与俄国市场上需要增多、价格提高，尤其是红砖茶。"①二是提高质量。采用中国传统工艺和设备生产的产品质地不坚实、色泽淡，路途破碎多，感官质量不能满足消费者需要。采用蒸汽动力的砖茶压制机不仅能提高产量，而且生产的产品质地坚实、色泽重，长途运输不易破碎，硬度可以调整，达到消费者对于硬度的要求。旧法制造的砖茶压得不够坚固，路上辗转运送，往往到了目的地以后便破碎了，因而影响了价格；买的人喜欢坚固完整的砖茶。1877年《汉口关册》下编写道："使用蒸汽机来代替手压机，一定会减轻生产的成本，而且产品的质量定会好些。"②俄商在华建厂之前，主要依靠监督生产过程办法控制茶叶质量。采用蒸汽压制机之后，由于难以满足俄国市场需求，仍然需要中国本土茶厂代工生产。当时"砖茶的制造几乎全部是为了俄国市场。直到最近几年以前，它是在汉口附近内地产茶地区在俄国商人监督下制造的"③。当然，这种方法控制需要较多的人力，即便是包装和储运过程，也需要安排大量专门的监督人员（图2-1）。

图2-1　俄国人在汉口羊楼峒兴商茶庄（1856年创办）监督工人工作

① 孙毓棠：《中国近代工业史资料》第一辑（1840—1895年）上册，北京：中华书局，1962年，第43页。
② 孙毓棠：《中国近代工业史资料》第一辑（1840—1895年）上册，北京：中华书局，1962年，第47页。
③ 孙毓棠：《中国近代工业史资料》第一辑（1840—1895年）上册，北京：中华书局，1962年，第46页。

1861 年，俄商在汉口设立茶砖厂。C. B. 利特维诺夫股份公司在华设立茶厂比较早，该公司曾于 1863 年在汉口连续创建多个手工茶叶作坊。起初，俄商完全是按照中国传统工艺和设备设计建设的。但不久他们发现，原来的设备产量和效率低，因而砖茶生产加工只好采用蒸汽压制机，以替代中国传统的“木质平压机”。1873 年，C. B. 利特维诺夫在汉口市区建立了第一家利用蒸汽机动力制茶企业——顺丰茶叶加工厂。1866 年，莫洛特科夫等在汉口设立生产规模和产品类型与顺丰茶叶加工厂基本相同的制茶企业——兴泰茶叶加工厂。俄商创办的茶叶加工厂采用茶叶末和相同等级茶叶压制加工制成的砖茶，每块重约 4 斤（每斤等于 500 克）。除绿砖茶外，俄商还生产红茶、白毫红茶等产品。1869 年，《汉口关册》记录显示：三家在汉口营业的“俄国商行载运了 73 758 担砖茶出口，这些砖茶是由他们在内地所设茶栈中，在他们自己的监督下制造的”①。

在福州，俄商于 1872 年开始创办茶叶加工厂生产砖茶。至 1876 年，这类茶叶加工厂在福州共有 9 家。在江西的九江，第一家俄商制茶厂是托克马可夫和舍韦廖夫股份公司创办的兴泰茶叶加工厂，于 1875 年投入生产。1882 年，C. B. 利特维诺夫股份公司在汉口的顺丰茶叶加工厂也在江西建立了分厂。据统计，当时仅汉口、九江两地俄商开办的茶厂就“多达十余家”，使用的蒸汽压力机、水压机有“数十余台”。②俄商在华经营的茶叶加工厂规模都比较大，在武汉、九江、福州雇用的操作工人及技术人员达数千人。③为生产符合标准的产品，监督生产是俄商一项重要工作内容。他们同时监督几个厂的产品生产过程。譬如，“约有 14 个俄国商人，照管他们在距此百余里内的产茶区所开设的几个砖茶制造厂”④。由于他们采用先进的制茶设备并严格管控生产过程，所以俄商开办的茶厂不仅产品畅销，而且也赢得了茶农信任，获得了很多好处。俄商“制造的砖茶，不仅远比中国茶商所制的品质优良，而且他

① 孙毓棠：《中国近代工业史资料》第一辑（1840—1895 年）上册，北京：中华书局，1962 年，第 44 页。
② 中国农业博物馆：《中国近代农业科技史稿》，北京：中国农业科技出版社，1996 年，第 186 页。
③ 政协哈尔滨市委员会文史资料编辑部编：《哈尔滨文史资料·经济史料专辑》，哈尔滨：哈尔滨出版社，1991 年，第 28 页。
④ 孙毓棠：《中国近代工业史资料》第一辑（1840—1895 年）上册，北京：中华书局，1962 年，第 44 页。

们所焙制包装的茶叶，在汉口市场上销售也很好，并直接运往伦敦。乡间的茶农宁愿把茶叶卖给俄国商人而不愿卖给广东商人”①。因此，采用新式机器生产的俄商成为中国本土企业在产品市场和原料市场不可忽视的竞争对手。

这些俄商投资更新设备，目的是加强对中国资源的掠夺和对劳动力的剥削，从而获得更多剩余价值。至 1893 年 8 月，在汉口有 4 家俄商兴办的砖茶加工厂。这 4 家俄商砖茶加工厂都是当地最重要的企业，拥有先进砖茶压制机 13 台、茶饼压制机 7 台，有数千名工人以此为生。②其中，顺丰茶叶加工厂（顺丰公司旗下企业之一）是汉口诸多茶叶加工厂中“最大的、闻名本埠的砖茶厂，每年产砖茶 150 000 筐，每筐 1.5 担，工厂使用最新的机器，雇工八九百人，日夜开工”③，见图 2-2。

图 2-2　1861 年俄商在汉口兴办的顺丰茶叶加工厂

俄商将先进的设备、工艺和管理方法引进中国，对中国本土制茶技术进步具有一定的积极影响。一方面，俄商工厂生产设备、操作技术等信息，本土企业可以利用；另一方面，在市场竞争压力下，本土企业也必然更新技术设备。其中，更重要的是造就一大批技术工人，他们是技术扩散传播的主要载体。俄商采用新技术设备，不仅影响中国本土企业，竞争造成本土茶商利

① 孙毓棠：《中国近代工业史资料》第一辑（1840—1895 年）上册，北京：中华书局，1962 年，第 44—45 页。
② 汪敬虞：《中国近代工业史资料》第二辑（1895—1914 年）上册，北京：科学出版社，1957 年，第 282 页。
③ 汪敬虞：《中国近代工业史资料》第二辑（1895—1914 年）上册，北京：科学出版社，1957 年，第 283 页。

润走低，刺激他们更新技术设备。同时也引起政府官员的重视，不少官员提出采用新机器进行生产的主张。时任户部官员的陈炽，在光绪二十一年（1895）十一月二十九日的“条陈茶政”中提出四条“补救”方法，其中首要一条就是“参用机器”，以“克服人工炒焙不均匀的缺点”。1898 年，张之洞提出，要整顿茶务，挽回茶利，关键是要抓住“栽培必明化学，焙制又须机器”。[①]同中国传统“木质平压机”相比，蒸汽或水力压制机技术先进、效率高、产品质量好是确定无疑的。但由于中国砖茶手工工场大都是临时性的，不利于投资更换蒸汽动力压制机等新式设备，因而就连距离汉口很近的羊楼峒的很多砖茶厂，一直到 20 世纪 40 年代，还墨守成规，依然使用传统“木质平压机”生产。这表明，俄商引进中国蒸汽压制技术对中国传统茶叶生产技术近代化的影响和推动作用还比较有限。

二、俄商在华兴建粮食和畜产加工厂

中东铁路建设对中国东北地区引进俄国农业技术、加快农业商品化起到了一定的拉动作用。中东铁路修建之前，各种作坊加工面条、酱油、粗布等只是自产自用和“供地方用，绝无运输出境者”[②]。中东铁路建设不久，中东铁路管理局就注资兴建了小型奶制品加工厂，制作奶油、奶酪等产品。俄国在中国东北开设畜产品加工企业，如洗毛厂、制革厂、制肠厂等。1896—1912 年，俄商在中国东北先后建起了一批洗毛厂、灌肠工厂、奶制品厂等畜产加工企业。1909 年，俄商在海拉尔兴办了 3 家洗毛厂，分别是 1901 年建成的阿克丘林公司洗毛厂、1906 年建成的莫斯科斯图肯公司洗毛厂和 1907 年建成的乌苏里-蒙古公司洗毛厂。在当时，这些企业生产技术是很先进的，莫斯科斯图肯公司洗毛厂年加工羊毛达 4 万多普特。1897 年，由于中东铁路开建，加之入侵中国东北的俄国军队进驻哈尔滨，形成对食品等生活必需品的需求市场，大批俄国人来到哈尔滨，在秦家岗一带开商店，办工厂。为适

① 中国农业博物馆：《中国近代农业科技史稿》，北京：中国农业科技出版社，1996 年，第 185 页。
② 东省铁路经济调查局编：《北满与东省铁路》，哈尔滨：东省铁路经济调查局，1927 年，第 163 页。

应俄国人的消费特点，特洛穆义西耶尼科夫从海参崴招来 10 多名技师，加工制作欧式肉制品。购置灌肠机器，建成 200 多平方米加工车间，生产灌肠，产品供不应求，年获利达 10 万卢布。[①]至 1907 年，俄商在哈尔滨等地兴建灌肠加工工厂 2 家，制革厂 3 家。1912 年，俄商创办了农夫农业公司，加工奶制品，饲养奶牛、羊及禽类。畜产品市场需求增长和加工业的发展，推动了畜牧养殖业品种的引进。畜种改良机构引进优良畜牧，改良地方品种。

中东铁路修建后，俄国人大批涌入铁路沿线和哈尔滨等地。1902 年，东北已经有 3 万多俄国人[②]，机器制粉业是他们重点投资的产业。中东铁路修筑期间，俄国人于光绪二十七年（1901）在哈尔滨投资兴建的满洲第一面粉公司，是外商在东北开办的第一家面粉企业。接着，俄商又创办了中东铁路制粉工厂。在哈尔滨，第二家制粉厂于 1902 年转卖，改名为松花江第一制粉公司。1902 年，俄商科瓦利斯基在哈尔滨又兴建了第三家面粉厂。1903 年，又有 4 家俄商兴办的面粉厂在哈尔滨、长春、一面坡（哈尔滨东中东铁路的一个重要车站）、宽城子等地建成投产。其中，位于买卖街（今果戈里大街）93 号的东方制粉厂（图 2-3），是由俄商巴杜申斯基和德里金于 1903 年创办的。后来，转售给中国人，改名为双合盛火磨。至 1907 年，东北北部拥有 14 家俄商兴办的面粉加工厂[③]：在哈尔滨有 8 家，分别是松花江面粉厂、扎朱林斯基面粉厂、科瓦列夫斯基面粉公司、俄国制粉公司、鲍罗金制粉厂、满洲第一面粉公司、布拉戈维申斯克面粉厂、德里金面粉厂；在双城堡有 2 家，即双城堡公司面粉厂和南方公司面粉厂；在海林车站有 2 家，即海林公司面粉厂和于德面粉厂；在阿什河车站有 1 家，即伊姆什涅茨基面粉厂；在一面坡车站有 1 家，即一面坡公司面粉厂（表 2-12）。这 14 家面粉厂总投资 618 万卢布，单个工厂投资额都在 15 万卢布以上（仅有伊姆什涅茨基面粉厂例外，投资 6 万卢布）。投资最大的是南方公司面粉厂，投资额为 350

① 政协哈尔滨市委员会文史资料编辑部编：《哈尔滨文史资料·经济史料专辑》，哈尔滨：哈尔滨出版社，1991 年，第 59 页。
②〔美〕雷麦：《外人在华投资》，蒋学楷、赵康节译，北京：商务印书馆，1957 年，第 425 页。
③〔美〕雷麦：《外人在华投资》，蒋学楷、赵康节译，北京：商务印书馆，1957 年，第 426 页。

万卢布。

图 2-3　1903 年俄商巴杜申斯基和德里金创办的东方制粉厂旧址

表 2-12　1900—1911 年俄国、侨民在哈尔滨经营面粉、糖、酒和林产品企业情况表

企业名称（主营产品）	国别	开办时间	企业名称（主营产品）	国别	开办时间
乌鲁布列夫斯基啤酒厂	俄国	1900	伊萨耶夫制粉厂	俄国	1904
柴可夫斯基酒厂	俄国	1900	里夫面粉厂	俄国	1905
满洲第一面粉公司	俄国	1901	甜菜制糖厂	俄国	1906
盖尔迈耶杰留尔曼啤酒厂	俄国、法国	1901	松花江面粉厂	俄国	1907
沃伦佐夫林业商会	俄国	1902	佐祖林斯基制粉厂	俄国	1907
谢拉吉斯林业公司	俄国	1903	德恰阔夫制粉厂	俄国	1908
格瓦利斯基面粉厂	俄国	1903	伊尔库茨克面粉厂	俄国	1909
鲍罗金制粉厂	俄国	1903	图鲁卡斯库面粉厂	俄国	1909
东方制粉厂	俄国	1903	俄国制粉公司	俄国	1911
曼多维奇酒厂	俄国	1903	马尔克斯面粉厂	俄国、日本	1911

资料来源：哈尔滨市地方志编纂委员会：《哈尔滨市志・外事・对外贸易》，哈尔滨：黑龙江人民出版社，1998 年，第 84—85 页

1907 年之后，东北俄资面粉厂数量持续增加。至 1911 年，仅在哈尔滨的俄资面粉厂就达 13 家（表 2-12 中，个别面粉厂名称与上文不一致，疑与转卖、名称变更有关，下同）。①此外，东北俄资面粉厂还有 7 家，分布在中东铁路沿线，如富拉尔基车站的吉林公司面粉厂等。在俄资农产品加工业

① 哈尔滨地方志编纂委员会：《哈尔滨市志・外事・对外贸易》，哈尔滨：黑龙江人民出版社，1998 年，第 87 页。

中，面粉业产值最大。1910 年，仅东北北部的俄资面粉业产值达 650 万卢布。[①]俄商在华兴办面粉加工企业，客观上对民族面粉业既有冲击作用，也有一定的促进作用。同时，也在一定程度上拉动了种植业发展，促进了农业近代化。

面对俄商在华投资经营面粉工厂，本土资本经营的手工磨坊尽管技术薄弱，但也在竞争中得到了发展。1900 年，东北三省仅长春、奉天、铁岭就有 445 家。第一次世界大战期间，俄国应对战争，中国本土资本面粉企业因市场竞争压力减弱而快速发展，一方面并购俄商工厂，吸收消化俄方技术，借鉴其管理经验；另一方面注资更新技术设备，扩大再生产。1917 年，东北北部的本土资本面粉企业达 28 家（包括购买俄商的 8 家），机器加工面粉已经是这个区域的重要产业。由于俄远东地区面粉市场需求量大，中国东北地区面粉加工技术进步，大幅度提高了产量，使面粉出口量快速增加。中国东北对俄国远东地区出口面粉量，1913 年为 1.7 万吨（同年小麦出口为 0.5 万吨），1917 年增加到 4.2 万吨（同年小麦出口为 2.8 万吨）。[②]

茶叶、面粉、白酒是中国输入俄国哈巴罗夫斯克、尼古拉耶夫斯克等地的重要货物。1893 年从中国输入阿穆尔河流域的商品仅茶叶和面粉就达 10 万多卢布。[③]俄国政府曾经明令禁止从中国进口白酒。中国白酒价廉物美，度数高又便宜。在布拉戈维申斯克、阿穆尔等地每桶白酒仅售 3.5—6 卢布。1890 年前后，每年由黑河、瑷珲等地走私到俄国边境地区的中国白酒约 60 000 普特。仅在结雅河、博姆金矿和农村居民点，每年消费量达 35 000 普特。叶卡捷琳诺-尼科利斯科耶哥萨点村镇、伊戈纳西诺哥萨克、米哈伊洛-谢苗诺夫斯基哥萨克、拉捷哥萨克等地虽没有矿山，每年消费量也在 1000 普特以上。因而走私白酒到俄国阿穆尔等边境地区一度成为一种热门生意，在黑龙江北岸，中国人经营的酒店、商铺林立。

① 张凤鸣：《中国东北与俄国（苏联）经济关系》，北京：中国社会科学出版社，2003 年，第 67—68 页。
② 薛明：《二十世纪初东北北部的对外贸易及特点》，《学习与探索》1993 年第 3 期，第 137—142 页。
③〔苏〕米·约·斯拉德科夫斯基：《俄国各民族与中国贸易经济关系史（1917 年以前）》，宿丰林译，徐昌翰审校，北京：社会科学文献出版社，2008 年，第 285 页。

在市场需求的拉动和利润的驱使下，加之中国劳动力和粮食价廉，很多俄商选择在中国境内设立酒厂。俄商在华投资开办酒厂数量和规模不亚于面粉加工厂。1900 年，俄商库茨涅夫和什尔尼科夫在宁古塔开办了第一家酒厂。至 1903 年，恰伊科夫斯基等俄国商人在哈尔滨香坊、马家沟和富拉尔基投资兴办了 3 家酒厂。1907 年，哈尔滨及中东铁路沿线有 36 家酒厂，其中 26 家生产伏特加，9 家生产酒精，1 家生产酒精和啤酒。在哈尔滨，生产酒精的 1 家，厂主是卢金；生产酒精及啤酒的 1 家，厂主是安吉帕夫。在海拉尔有 3 家酒精厂，分别是 K. 波波夫、斯皮诺夫、季霍米洛夫经营的酒厂。在穆棱有 4 家酒精厂，分别是莫尔多霍维奇、斯米尔诺夫、别科扎洛夫、克里莫夫经营的酒厂。

另外，1907 年哈尔滨及绥芬河、一面坡等中东铁路沿线有俄商经营的啤酒厂 10 家，主要包括鲁济切克啤酒厂、弗鲁布雷夫斯基啤酒厂、一面坡公司、哈尔滨公司、埃姆利啤酒厂、日尔加诺夫啤酒厂、马切克啤酒厂等。1912—1914 年俄商又新开了 32 家伏特加酒厂（含酒精厂）、15 家啤酒厂和 4 家葡萄酒厂。1907—1914 年哈尔滨及中东铁路沿线俄商兴办的面粉加工厂和酒厂达 110 家，包括面粉厂 16 家、伏特加酒厂 58 家、啤酒厂 5 家以及其他酒厂。这期间，第一家和第二家甜菜制糖厂分别在阿什河站、呼和浩特成立。俄商兴办农产加工厂而产生的技术外溢、市场竞争和消费需求拉动等作用，在一定程度上刺激了民族工业的发展。譬如，1912—1913 年东三省烧锅，由 290 家增加到 434 家，年总产量达 4.5 万吨。

农产品加工业与种植业、养殖业互动发展。面粉、豆油、畜产品加工业发展与农作物、茶叶种植业，牛、羊牧畜养殖业发展相互促进。譬如，从俄国引进甜菜品种种植与甜菜制糖业发展，就是一种互动关系。在黑龙江，1896—1905 年，俄国人修中东铁路时，在阿城县、哈尔滨香坊设农事试验场，曾进行糖用甜菜试种和扩种。1906 年，商人格拉吐斯（俄籍）于阿城县创建甜菜制糖厂之后，由于甜菜收获就能够卖给制糖厂变现，甜菜种植迅速在阿城、双城、拉林等地扩种。实际上，像制糖厂等农产品加工企业的建立与经营，为农产品商品化提供了条件，因而促进了种植业和养殖业的发展。甜菜制糖厂的建立、经营与甜菜种植互动发展。1908 年，王沛霖、李席珍创建了富华制糖股份有限公司。随着中国私营甜菜制糖业的兴起，进一步带动了甜菜种植业发展。

总体上，在引进技术应用成效方面，清末中国引进俄国农业技术与中俄农产品贸易互动发展，并因此在一定程度上推动了中国区域农牧业生产发展。中国边境地区引进农业品种和农机具，除通过贸易途径外，还有两条重要途径：一是中国边民引入和地方政府出面引进；二是受中东铁路建设营运和俄国十月革命影响，俄侨来华引入农牧品种和农机具。在中俄贸易中，俄国向中国出口的产品主要是棉织品、丝织品等轻纺产品，以及畜牧良种。中国向俄国出口的产品主要是茶叶、大豆、豆油、小麦、面粉、牛、猪、羊等农产品及初级加工产品。由于当时俄国农产品市场需求量大，中国工业落后和农产品原料、能源资源、劳动力资源价格低廉，加上俄国政府以政策手段鼓励和支持俄商对华贸易和在华投资，因而引起俄国农产品加工业技术向中国转移。这既冲击了中国本土企业，使价格走低，市场萎缩甚至倒闭；同时，竞争压力和技术外溢，也在一定程度上刺激和带动了本土企业的发展。但是，这种刺激和带动作用还是很有限的。在引进技术结构方面，就技术形态而言，主要是实体形态技术及经验形态技术。就技术要素数量和种类而言，农业品种、农机具和农产品加工技术要素品种数量相对不多，如农机具中的动力机械、耕耙机具、场上机具品种非常有限，甚至只有一种，更缺乏相应制造维修技术。就技术相关性而言，在区域性、历时性上有一定连续性和积累性，譬如新疆引进俄国桑蚕品种，东北引进马、牛、猪、蜜蜂等畜牧品种。在区域间、共时性上关联性弱，内地砖茶加工技术、新疆毛皮加工技术和东北面粉加工技术、榨油技术都几乎没有直接联系。就技术政策而言，支持从俄国引进和应用农业技术的史料记载很少，仅有东北个别地方政府出面从俄国引进农机具开办火犁公司、帮助农民垦荒种田，以及引进畜牧、蔬菜、果树品种试种、改良地方品种等内容。技术要素结构使技术系统成为一个有特定功能的整体。技术结构就是技术系统中各要素之间的相互联系和组织方式（相互作用方式）的总和。缺乏有效的技术政策，是技术要素系统化和关联性低的主要原因之一。引进技术结构方面存在问题，直接制约技术应用推广成效、再创新和本土化水平。清末引进俄国农业技术，尽管存在结构上的不足，当时推广应用范围十分有限，没有出现创新成果，但就历史影响而言，对民国时期、新中国成立初期引进俄苏农业技术具有一定的积极作用。

第三章

民国时期引进俄苏农业技术

民国时期引进俄苏作物品种、畜牧品种、农机具数量规模，比清末有大幅度增加。新疆省政府聘请苏联专家制订农业发展计划，培训技术人员，指导地方品种改良和新品种培育，推广应用家畜人工授精、兽医生物药品防疫等西兽医技术；聘请苏联灭蝗团，在中国首次采用航空技术实施大面积灭蝗；设立农业所、农机租赁所、种畜场、配种改良站、畜牧兽医站等农业技术推广机构；派遣青年学生赴苏联留学，学习农业科学技术。另外，这时期不少俄商农产品加工厂转卖给中国人经营，同时又有一些俄商扩大农产品加工企业投资，加快引进俄苏农产品加工业技术本土化。

第一节　民国时期引进俄苏农业种植技术

民国时期，中国引进俄苏农作物主要是棉花、大麦、小麦、铃铛麦、莜麦及老羌菜、马铃薯、甜菜、亚麻等品种，其中棉花、甜菜、亚麻、大麦、小麦、铛铛麦等作物种植面积大。苏侨是呼伦贝尔盟岭西地区农田的早期开发耕种者。苏侨大量拥入后，盟外汉族农民也接踵而至，耕地面积增加较快。俄苏侨民凭借火犁、马拉或机引播种机、打草机、割麦机、捆麦机、打麦机等农机具及种植技术大面积开发农田。俄苏侨民引入打草、圈养等技术，在一定程度上改变了呼伦贝尔盟地区的生产生活方式，使单一的游牧生产生活方式发展成为较先进的半农半牧的生产生活方式。

一、引进俄苏农作物品种

20世纪上半叶，俄苏农业整体上落后于英国、美国等西方先进工业化国家。这一落后局面在很大程度上是受无霜期短、平均降雨量少等自然因素影响。俄苏农业科学技术在很多方面比较先进，有些方面是英美等国家所不及的，在农作物品种资源搜集、保存和研究等方面居世界领先水平。同时，俄苏的农用机械制造、土壤改良、作物病虫害和家畜疾病防治等都有较高的技术发展水平。农作物品种的搜集、保存、研究工作，起初是由著名生物学家H. H. 瓦维洛夫主持进行的。H. H. 瓦维洛夫被誉为苏联遗传学之父，他创建了全苏育种遗传研究所和作物栽培研究所。这两个研究所在作物品质资源收集、保存和鉴定方面的工作包括五个方面：第一，从世界各地广泛搜集农作物品种资源；第二，研究从世界各地搜集来的品种资源，为新品种选育提供原始材料；第三，对农作物进行分类和进化研究；第四，研究农作物育种科学技术的基础理论；第五，根据农作物育种工作的实际需要，对作物的主要性状进行综合性遗传鉴定，寻找优良性状控制的遗传物质或基因组合。全苏育种遗传研究所和作物栽培研究所，作为俄苏农作物品种资源搜集、选育的最高科研机构，每年从国外广泛搜集和引入作物品种有8000个左右。20世纪50年代，俄苏农作物品种资源搜集选育中心已经保存作物品种36万多份。因而，俄苏是那时世界上保存作物品种最多的国家。①

---

① 廖纲煊、和宝彩：《苏联当代科技纵览》，北京：中国科学技术出版社，1990年，第163页。

中国在民国时期大批引进俄苏作物、蔬菜和果蔬品种，影响较深的有维尔 156 号、白马牙、维尔 42 号、金皇后等玉米品种；乌克兰 0246 号、乌克兰 83 号、奥德萨 16 号等冬麦品种；什乃得尔、那勿罗斯基等棉花品种；奥罗油菜、“先进工作者”油葵等品种；甘蓝、土豆、青豌豆、金瓜、“集体农庄女庄员”甜瓜及紫太平苹果等瓜果蔬品种；紫苜蓿、猫尾草、红三叶牧草、饲用甜菜等饲料作物品种等。1909 年，俄国人沙班诺夫将紫太平苹果由海兰泡引到哈尔滨，后由哈尔滨引到吉林省种植。[①]民国二十二年（1933）、二十五年，新疆先后从苏联引进乌克兰 0246 号冬麦和黑穗冬麦。[②]新疆有资料记载的玉米引种始于民国三十年，即从苏联引进的苏联白马牙玉米。[③]20 世纪上半叶，吉林省引进俄国土豆品种。[④]其中，很多作物品种引进数量多、种植面积大，如白马牙、金皇后、维尔 156 号、维尔 42 号等玉米品种；乌克兰 0246 号、乌克兰 83 号、奥德萨 16 号等冬麦品种；什乃得尔、那勿罗斯基、舍列迭列 8517-36 号棉花品种；奥罗油菜，“先进工作者”油葵，以及甜菜、亚麻品种。除引进粮食作物品种外，新疆还引进饲料作物品种。民国二十三至二十四年，新疆曾从苏联引种猫尾草、红三叶、紫花苜蓿、苏鲁（燕麦）等牧草品种，在乌鲁木齐南山种羊场，伊犁、塔城农牧场及布尔津阿魏滩等地试种。[⑤]引进种植面积大和持续引进的品种有棉花、甜菜、燕麦等。

（一）从俄苏引进棉花品种

棉花是新疆主要的经济作物，也是重要的出口农产品。早在 20 世纪初，新疆吐鲁番一带就开始种植从俄国安集延引进的棉花品种。至 20 世纪 30 年

① 吉林省地方志编纂委员会：《吉林省志（第 16 卷）·农业志·种植》，长春：吉林人民出版社，1993 年，第 288 页。

② 新疆维吾尔自治区地方志编纂委员会：《新疆通志（第 72 卷上）·科学技术志》，乌鲁木齐：新疆人民出版社，2000 年，第 147 页。

③ 新疆维吾尔自治区地方志编纂委员会：《新疆通志（第 30 卷）·农业志》，乌鲁木齐：新疆人民出版社，1994 年，第 161 页。

④ 吉林省地方志编纂委员会：《吉林省志（第 16 卷）农业志·种植》，长春：吉林人民出版社，1993 年，第 253 页。

⑤ 新疆维吾尔自治区地方志编纂委员会：《新疆通志（第 34 卷）·畜牧志》，乌鲁木齐：新疆人民出版社，1996 年，第 281 页。

代，新疆省已经大批从苏联中亚地区引进什乃得尔、那勿罗斯基等棉花品种，仅从苏联加盟共和国乌兹别克斯坦所辖的费尔干纳就引进棉花品种169个。这些棉种在吐鲁番试种后，推广到南疆各地栽培。民国二十九至三十一年（1940—1942），新疆省政府引进苏联舍列迭列8517-36号棉种100吨，分发到迪化、阿克苏、喀什三地区推广，该品种特点被棉农掌握后取得了良好的应用成效。苏联棉花品种有良好的适应性。20世纪50年代，新疆继续开展棉花大规模引种工作，从苏联引进100余个品种试种并成功推广；而从内地引进300余个品种因不适合新疆自然条件或生育期长均未推广。①

（二）从俄苏引进甜菜品种

1896年，俄国人修建中东铁路时，在哈尔滨香坊设立农事试验场试种糖用甜菜。1905年，扩种到阿城县。1906年，俄籍波兰人格拉吐斯于黑龙江省阿城县筹建第一座甜菜制糖厂，在阿城、双城、拉林等地种植甜菜。甜菜制糖厂建设生产，同时带动了甜菜种植业和加工业发展。1908年，王沛霖、李席珍创办富华制糖股份有限公司，兴建了中国第一座私营甜菜糖厂，即呼兰制糖厂。1911年改为官办，在呼兰、巴彦两县和哈尔滨郊区种植甜菜。东北沦陷时期，北满制糖株式会社又在绥化试种甜菜。到1943年，全省种植甜菜25.1万亩。②甜菜在新疆的栽培历史不到100年。据1957年中国科学院新疆综合考察队调查，19世纪末由俄罗斯农民带进甜菜种子在新源县开始种植，随后逐渐扩散到焉耆和南疆一带。20世纪30年代，新疆省农业部门也从苏联引进糖用甜菜和饲用甜菜品种进行栽培。1949年，全疆甜菜播种面积只有200亩，亩产132.5千克，栽培范围仅在伊宁、乌苏两县。③黑龙江省种植甜菜初期，“从俄国引进种子。东北沦陷时期，哈尔滨王岗农事试

① 新疆维吾尔自治区地方志编纂委员会：《新疆通志（第30卷）·农业志》，乌鲁木齐：新疆人民出版社，1994年，第193页。

② 黑龙江省地方志编纂委员会：《黑龙江省志（第7卷）·农业志》，哈尔滨：黑龙江人民出版社，1993年，第232页。

③ 新疆维吾尔自治区地方志编纂委员会：《新疆通志（第72卷上）·科学技术志》，乌鲁木齐：新疆人民出版社，2000年，第223—224页。

验场育成了丰光、丰荣和由公主岭引进顺天根等品种”[①]。

（三）从俄苏引进燕麦品种

燕麦，又称铃铛麦、秋麦、穬麦。在清代，宁古塔地区种植的谷物中有铃铛麦；西部齐齐哈尔、黑龙江城、墨尔根等地产燕麦。《柳边纪略》载，“谷凡十种”中有“穬麦”。《盛京通志》记载：“穬麦有二种，一类小麦而大，一类大麦而大，黑龙江多种之，呼铃铛麦，面亦充贡。”[②]民国时期，很多县大面积种植燕麦。《嫩江县志》记载，1913 年种植燕麦 33 750 亩，占粮豆作物的 12.7%，总产量 3400 石，种植面积排在小麦、谷子之后，居第三位。据《黑龙江通志采辑资料》，1915 年拜泉县采集通志事项清册记载：“铃铛麦，又称秋麦，其种来自俄国……每垧可收十余石之多，碾米磨面，所得甚少。惟运至俄站，俄人购买喂马，肥胖而光洁，获利较大麦为优厚。”[③]东北沦陷时期，日本帝国主义者加紧对农产品掠夺，燕麦生产主要出口日本，供给日本国内牲畜和日本侵略军军马做饲料，燕麦种植面积呈现扩大趋势。统计资料记载，燕麦种植面积由 1934 年的 37.26 万亩扩大到 1945 年的 248.54 万亩，总产量由 3.85 万吨增加到 12.4 万吨。其中，1943 年种植面积最大、产量最高，种植面积达 349 万亩，总产量为 18.13 万吨。同燕麦一样，大麦也是中国东北边境地区向俄苏销售数量较大的一种饲料。大麦是黑龙江省栽培较早的农作物之一，特别是清代后期开禁放垦以后，大麦成为黑龙江省北部和中部地区仅次于小麦、大豆的重要栽培作物。《黑龙江通志采辑资料》记载，民国初期，大麦可制酒曲、可为麦米，近时乡人多以之饲畜，每年俄人收买甚多。以种植麦类为主的黑河府，1911 年大麦种植面积占各种作

---

① 黑龙江省地方志编纂委员会：《黑龙江省志（第 7 卷）·农业志》，哈尔滨：黑龙江人民出版社，1993 年，第 234 页。

② 转引自黑龙江省地方志编纂委员会：《黑龙江省志（第 7 卷）·农业志》，哈尔滨：黑龙江人民出版社，1993 年，第 204 页。

③ 黑龙江省地方志编纂委员会：《黑龙江省志（第 7 卷）·农业志》，哈尔滨：黑龙江人民出版社，1993 年，第 204 页。

物播种总面积的81%。①

二、引进俄苏作物种植技术与农田开发

民国时期，俄苏侨民移居呼伦贝尔盟地区垦荒耕种、打草饲养牧畜，带去了农牧业机械和技术，其中打草机械和方法的应用影响最为深刻，改变了当地牧民单一游牧的生活方式。自清末中东铁路修筑以来，俄苏侨民进入呼伦贝尔盟岭西额尔古纳河东岸（主要是三河地区）和铁路沿线一带垦荒耕种，大致分三个时期：清光绪二十六年至民国六年（1900—1917），从俄国后贝加尔州迁入额尔古纳河东岸进行农业生产活动。《中东铁路历史概况》（中东铁路局出版，俄文版）载："1907年中东铁路西线呼盟境内各地俄侨人口总计有15 790人。"②民国七至二十四年，由于俄国十月革命的影响，一些俄苏侨民迁入呼伦贝尔盟额尔古纳旗境内和中东铁路沿线市镇，这时期俄苏侨民迁入量最多，占总迁入量的70%以上。民国二十五年以后，又有一部分苏侨迁入。至日本投降，呼伦贝尔盟境内俄苏侨民达5万人。③这三个时期的37年间（1900—1936），政府曾采取戍边屯垦等措施促进呼伦贝尔盟农业生产发展。当时戍边屯垦主要在额尔古纳河东岸（今额尔古纳右旗境内），其次在陈巴尔虎旗境内。1923年4月，黑龙江省督军兼省长吴俊升决定在呼伦贝尔中苏边境增兵屯田久戍。每卡增添卡兵三四十名，准其携带眷口，每兵给荒地一方。由官家出款盖房打井，并供其牛犁、籽种，使其自食其力，散而为农，聚而为兵。1929年中苏边境发生军事冲突后，边卡屯垦基本废弃。

俄苏侨民是民国时期呼伦贝尔盟农业开发和经营的主要群体。俄侨进入呼伦贝尔盟已经有300多年的历史，1903年中东铁路修建后俄侨不断增多。

---

① 黑龙江省地方志编纂委员会：《黑龙江省志（第7卷）·农业志》，哈尔滨：黑龙江人民出版社，1993年，第203页。

② 转引自呼伦贝尔盟外事办公室：《呼伦贝尔盟外事志》，呼伦贝尔：呼伦贝尔盟外事办公室编印，1994年，第81页。

③ 呼伦贝尔盟农业局：《呼伦贝尔盟农业志》，呼伦贝尔：内蒙古文化出版社，1994年，第76页。

1910年，呼伦贝尔盟人口5.6万人，其中俄侨1.7万人，占总人口的30.36%。俄国人越境在呼伦贝尔盟垦地数量，在1907年就已经达到10 000余垧。民国七至二十一年，“大批苏联侨民越境流奔我国（此前已有少数俄人越过额尔古纳河来我境内租地垦种），除聚居于三河（根河、得尔布干河、哈乌鲁河）地区外，还散居海拉尔、满洲里、牙克石、免渡河一带。他们大部分从事农牧业生产，成了岭西地区继边垦之后的主要垦耕者”①。至民国三十六年（1947），俄苏侨民仍然是呼伦贝尔盟农业生产经营的主要力量。譬如，这时期额尔古纳左旗（今室韦一带）有耕地4163垧，其中苏侨种植3954垧，占总数的95%。1949年，额尔古纳旗耕地1.4万垧，仍主要由苏侨经营。

东北沦陷时期，呼伦贝尔盟地区的苏侨仍然依靠自己先进实用的技术和管理经验从事农业生产活动。当时“日本开拓团”在呼伦贝尔盟强占中国农民耕地，逼迫他们迁离故土。仅在民国三十至三十二年期间，就逼迫2517户中国农民迁离故土，逃荒他乡。这些被“日本开拓团”强占的耕地（据当时伪满安东省任职人员统计，有10万—12万亩），日本人自己经营，雇用苏侨和中国农民耕种。②呼伦贝尔盟岭东地区的放荒招垦早于岭西。光绪三十年（1904）就成立了黑龙江垦务总局，开始大量放荒招垦。1906—1908年，甘井子段（包括西布特哈境内的大面积闲荒）放出33万余垧毛荒，其中包括西布特哈毛荒1.8万垧。③清末民初，西布特哈地区从事农业种植的主体仍为达斡尔人和鄂温克人。光绪末年西布特哈地区的放荒招垦，主要是给达斡尔人和鄂温克人划分公荒和生计荒地。因这两个民族的人均已被编入布特哈八旗，按旗人待遇，一直领取官俸，后取消官俸改为划给屯留集体放牧公荒和自行放牧的生计荒（按职务、身份有别）。

民国时期呼伦贝尔盟农田的开发，岭东、岭西各有其特色。岭东大部分为汉族（也有部分朝鲜族）移民垦殖，岭西则大部分为流入的俄苏侨民开垦。

---

① 呼伦贝尔盟农业局：《呼伦贝尔盟农业志》，呼伦贝尔：内蒙古文化出版社，1994年，第67页。
② 呼伦贝尔盟农业局：《呼伦贝尔盟农业志》，呼伦贝尔：内蒙古文化出版社，1994年，第53页。
③ 呼伦贝尔盟农业局：《呼伦贝尔盟农业志》，呼伦贝尔：内蒙古文化出版社，1994年，第49页。

因此，土地的分布为“两边一线”，即东南边的现莫力达瓦达斡尔族自治旗（简称莫旗）、阿荣旗、扎兰屯市和西北边的现额尔古纳旗，以及滨洲铁路沿线，岭东农田开发以莫旗为最早。1915 年建立布西设治局（以现莫旗为中心）放荒招垦。1916 年济沁河流域稽垦局（现蘑菇气一带）、扎兰屯稽垦局相继设立，稽垦局的主要任务是承总管之命，办理垦务，以招徕佃户督催垦辟，暨清理荒地谬葛，设法振兴街基等事。当时在莫旗一带垦种的“荒户”，多系辽宁、吉林、山东、河北等省的汉族人，大多在 1915—1917 年迁入。行政当局为推进垦殖，除设有稽垦局外，还在各区设催垦员，屯设农董，并采取一些“劝农”措施。另外，还对私人名下的生荒限期垦殖，对不务农而“游走”者也有管束规定。

苏侨是呼伦贝尔盟岭西地区农田的早期开发耕种者。民国六至二十一年（1917—1932），苏侨大量涌入额尔古纳河东岸和滨洲铁路沿线。在此之前，曾有少量俄国人到额尔古纳河和海拉尔河流域租种土地。《呼伦贝尔概要》记载，俄人侨居者租垦土地，契约 12 年，并允许在租种田亩内进行建筑。每俄亩租金，额尔古纳河一带每年 2 卢布，海拉尔河一带每年 2.5 卢布，车站附近每年 3 卢布。

苏侨大量涌入后，盟外汉族农民也接踵而至，耕地面积增加较快，租金也改按收成后情况酌定。1929 年后，沿边卡伦的垦殖废弃，移入的汉族人大部分从事采金和商业，务农者不多。由此至日伪统治时期，岭西从事农业者仍然为苏侨，汉族农民除受雇于苏侨农户者外，多在铁路沿线从事蔬菜种植和副业。1929 年前在额尔古纳右旗的苏侨有 8000 多人。1929 年，因中苏边界军事冲突苏侨有所减少，后又有增加，到 1949 年仍有 9491 人，当时占额尔古纳右旗总人口的 80%以上。他们大部分从事农牧业。直至 1955 年 90%的苏侨回国，额尔古纳旗的农业才开始主要由中国农民经营。[①]呼伦贝尔地区发展农业存在自然和人文上的不利因素，苏侨凭借农牧实用技术开辟了大

① 呼伦贝尔盟农业局：《呼伦贝尔盟农业志》，呼伦贝尔：内蒙古文化出版社，1994 年，第 51 页。

片农田，他们把呼伦贝尔盟视为乐土。《呼伦贝尔志略》载："呼伦贝尔盟襟山带河，广漠荒寒，气候冷暖不时，土壤厚薄亦异……俄人往者越垦，亦皆视以为乐土。可知旷野非尽不毛草莱，大可开辟也。"①因为该地区许多土地不宜耕种，而且与蒙旗牧地有矛盾，开垦甚少。起初垦种的零星小块土地多为种植蔬菜的园田，几乎没有种粮大田。因此，清政府为鼓励垦殖，于光绪三十四年（1908）在岭西的铁路沿线一带放荒招垦。特别规定："自满洲里至兴安岭共十四站，计程七百余里，除满州里业经局招垦外，拟将各车站附近地方一律择腴出放……拟不收押租，仅收经费四百文，桥梁费一百文。"②当时耕地分官有耕地和私有耕地。沿边卡伦垦种之地称官有耕地，俄苏侨民等耕种之地称私有耕地。

民国九年（1920），呼伦、胪滨两县尚基本无农业，奇乾县官有耕地 6400 亩，室韦县（三河一带）私有耕地仅 3500 亩。民国十年成书的《呼伦贝尔志略》记载：胪滨县华人自垦，海拉尔河南岸约 300 垧，满洲里及各卡约 200 垧，合计为 7500 多亩地。直到 1931 年，胪滨县公署向黑龙江省的报告中称：至于田地亩数，因县境地属蒙荒，未经开垦，并无田亩可计。③但在室韦县、奇乾县却有大批俄人越界开垦农地。室韦华人自垦约 700 垧，俄人越垦约 150 垧，种植大麦、小麦、荞麦、老羌菜及马铃薯等。奇乾华人自垦约 41 垧，俄人越垦约 463 垧，种植大麦、小麦、铃铛麦、油麦、老羌菜及马铃薯等。④室韦县土壤和气候条件比奇乾县好一些，因而奇乾县华人自垦少，俄人越垦较多。由于地广人稀，岭西地区人们的土地占有观念不强，拥有耕地的多少，只凭人畜力量的强弱。整个岭西地区，从 20 世纪初到 20 世纪 30 年代初，耕地年际变化很大，土地制度也未定型，但俄苏侨民耕种的土地面积和种植结构相对稳定。

① （清）程廷恒修，张家璠纂：《呼伦贝尔志略》，呼伦贝尔：内蒙古文化出版社，2003 年，第 317 页。
② 李文治编：《中国近代农业史资料》第一辑（1840—1911），北京：生活·读书·新知三联书店，1957 年，第 798 页。
③ 呼伦贝尔盟农业局：《呼伦贝尔盟农业志》，呼伦贝尔：内蒙古文化出版社，1994 年，第 68 页。
④ （清）程廷恒修，张家璠纂：《呼伦贝尔志略》，呼伦贝尔：内蒙古文化出版社，2003 年，第 317 页。

苏侨使用土地的税赋高于当地华人。呼伦贝尔盟的整个岭西大部分地区无土地买卖现象，但政府按年度收取土地税赋。当时政府收取租税的办法是：海拉尔和扎赉诺尔一带的菜园子每公顷收大洋 5 元；额尔古纳河流域（室韦、奇乾）中国人种地每公顷收大洋 2 元，苏侨收 5 元；三河一带中国人每公顷收 12—15 元，苏侨收 18—22 元。①但对原居住在后贝加尔的俄人越境到额尔古纳河东岸种植者，除收地租外，还收取国境通过许可证费用。一经交纳租金，可自由选择地块。因此，大部分耕地无地照可言。但在铁路沿线的园田地，已有买卖现象，一般一垧地 70—80 元，带房基或住房的每垧 500—1000 元。

俄国农民往往趁中国边防管理松弛之时，流入边界中方一侧进行垦荒种田。《呼伦贝尔盟外事志》载：宣统三年（1911）因呼伦贝尔盟旗“独立”，“边卡既毁，俄人越界垦割又复自由，由俄屯四打拉曲立海（指旧粗鲁海图，我黑头山对岸），鄂洛气（额尔古纳左旗室韦镇对岸）一带俄民移往我界三百余户，大举耕垦”②。根据《呼伦贝尔盟农业志》的数据，民国二十五年（1936）呼伦贝尔盟境内苏侨近 5 万人。这些苏侨尤其是居住在城镇以外的苏侨主要从事农牧业生产。到呼伦贝尔盟之初，俄侨民主要是垦荒种植。后来，俄侨日渐注重家畜饲养。他们种植生产农产品的目的在于自食和提供畜牧饲料。据 1907 年卸任的呼伦贝尔副都统苏那木策林所写的《呼伦贝尔调查八旗风俗各事务咨部报告书》称：1907 年俄人已越境垦地 1 万余垧。以后，几经战事，俄侨种植业时兴时衰。日伪统治时期，是苏侨种植业又一兴盛时期。到 1947 年，额尔古纳左旗有耕地 4163 垧，其中苏侨种植 3954 垧，占 95%。1949 年，额尔古纳旗 1.4 万垧耕地中，主要经营者依然是苏侨。③

---

① 呼伦贝尔盟农业局：《呼伦贝尔盟农业志》，呼伦贝尔：内蒙古文化出版社，1994 年，第 68 页。

② 呼伦贝尔盟外事办公室：《呼伦贝尔盟外事志》，呼伦贝尔：呼伦贝尔盟外事办公室编印，1994 年，第 80 页。

③ 呼伦贝尔盟农业局：《呼伦贝尔盟农业志》，呼伦贝尔：内蒙古文化出版社，1994 年，第 76 页。

俄苏侨民在呼伦贝尔盟经营农业拥有先进的农机具和管理方法。各种经济时代的区别不在于生产什么，而在于怎样生产，用什么劳动资料生产。[①]苏侨经营的土地无私有权，所以没有封建地主，其贫富取决于经营实力的大小，主要体现于拥有垦地的多少。而拥有垦地的多少则直接决定于拥有农业机械的情况。俄苏侨民尤其是富裕户，“使用的工具较先进，有火犁、马拉或机引播种机、打草机、割麦机、捆麦机、打麦机等，又实行轮歇地耕作法，每人平均拥有的耕地较多”[②]。1937 年，三河地区农户为 102 户，拥有新垦地 261.4 垧，旧垦地 727.4 垧，户均 9.69 垧。其中贫户平均 3—4 垧，富户平均 50—60 垧。

俄苏侨民引入的农业技术，在一定程度上改变了呼伦贝尔盟地区的生产方式和生活方式，推动了农业商品化与资本主义生产关系发展。生产工具是区别社会经济发展水平的指示器。生产从手工劳动向机械化转变是农业近现代化的重要标志。俄苏侨民村落比较普遍使用俄式农业机械，这是影响和推动呼伦贝尔盟农业发展的重要途径。民国十二年（1923），三河地区俄苏侨民村落约 40—50 个，仅在现额尔古纳市（当年的室韦、奇乾两县）“境内定居俄侨 9833 人”[③]。这些俄苏侨民引入打草和圈养技术，改变了这个地方单一的游牧生产生活方式，将其发展成为半农半牧的先进地区，产品远销上海、天津等大城市。例如，刈草机的应用引起牧草利用方式改变和商品化发展。在每个俄苏侨民村落，一般都有 10 余台刈草机。俄苏侨民利用刈草机等机械把收割晒干的牧草打包，以便储存和销售，同时也将这些机械出租给蒙古族使用。本来，蒙古族世代习惯游牧生活。俄苏侨民的生产生活方式，特别是出售牧草，慢慢地改变了蒙古族单一的游牧生活方式。起初，蒙古族仅仅是雇俄国人打草或买草补饲瘦弱牲畜，后来他们自己也逐渐尝

---

① 〔德〕马克思、恩格斯：《马克思恩格斯全集》第 44 卷，中共中央马克思恩格斯列宁斯大林著作编译局编译，北京：人民出版社，2001 年，第 210 页。

② 呼伦贝尔盟农业局：《呼伦贝尔盟农业志》，呼伦贝尔：内蒙古文化出版社，1994 年，第 76 页。

③ 呼伦贝尔盟史志编纂委员会：《呼伦贝尔盟志》上册，呼伦贝尔：内蒙古文化出版社，1999 年，第 452 页。

试着打草、储存草，以至学会建圈饲养牛羊等牲畜，并开始种植作物等农业活动，适应了农业劳动和定居生活。同样，生活在呼伦贝尔盟的俄苏侨民也受到蒙古族影响，如从俄境迁到陈巴尔虎旗的鄂温克族人，习惯打草圈养牲畜，但也学会了游牧。中华人民共和国成立后，地方政府重视推广鄂温克族人游牧与定居相结合的半农、半牧生产生活方式。直到20世纪末，在海拉尔、鄂温克旗、陈巴尔虎旗等地区，仍采用苏式刈草机等牧草机械，从事半农半牧的生产活动。①

俄苏侨民开发经营农业，在农业生产技术、种植结构、经营方式等方面对中国人影响很大。当时的作物品种主要有小麦、燕麦、马铃薯、甜菜等。1927年，额尔古纳河流域农作物播种比例为：小麦40%、燕麦35%、大麦及其他农作物25%。呼伦贝尔盟种植马铃薯，最早在额尔古纳河流域，由俄国人传入。史料记载马铃薯种植最早的年份为1864年。20世纪初中东铁路通车之后，种植地区延伸到铁路沿线的牙克石、海拉尔、扎赉诺尔、满洲里等市镇，其中以海拉尔种植面积最大。日文资料伪满“兴安北省农业概况”载，1927年前后岭西地区农业种植面积中马铃薯所占比重情况是：满洲里50%、扎赉诺尔10%、海拉尔25%。三河地区则在居民居住地附近小面积种植，供自家消费。铁路沿线亩产量一般为640—810千克。在1930年黑龙江省的农业统计中，呼伦贝尔盟只有室韦县和呼伦县有马铃薯种植，岭东地区尚未种植。1935年，全盟已普遍种植马铃薯。到1937年，巴彦旗、莫旗、阿荣旗、布特哈旗都有种植，总面积达798垧，其中莫旗栽种面积为397.15垧，产量为62.6万吨，亩产（大亩）为1050千克。②中东铁路通车后，开始有俄国人、汉族人经营种植业的活动。俄国人集中居住区粮食种植结构以小麦、燕麦、大麦、荞麦等麦类作物为主（表3-1）。早期的甜菜种植都用于饲料生产。20世纪20年代中期滨洲铁路沿线就有甜菜种植。苏侨经营农业利润约10%。

① 内蒙古自治区科学技术志编纂委员会：《内蒙古自治区科学技术志》，呼和浩特：内蒙古人民出版社，1997年，第241页。

② 呼伦贝尔盟农业局：《呼伦贝尔盟农业志》，呼伦贝尔：内蒙古文化出版社，1994年，第183页。

1933 年，苏侨齐高台夫的固定资产合计为 9324 元。该户年费用支出包括赋税 483 元、雇工费 1186 元、种子费 969 元、生活费 1875 元、家畜饲养费 1670 元、被服费 398 元、修缮费 721 元、其余费用 1050 元，共 8352 元。年收入包括畜产收入 1242 元、农耕收入 7254 元、杂收入 1135 元，共 9631 元。收支相抵后，年纯收入 1279 元。

表 3-1　1927 年前后铁路沿线地区、三河地区、额尔古纳河地区麦类作物单产情况　　单位：千克

作物	地区名	一般每亩产量	每亩平均
小麦	牙克石	85—106.5	85
小麦	海拉尔	53—74.5	64
小麦	额尔古纳河地区（好地）	106.5—213	138.5
小麦	额尔古纳河地区（普通地）	85—106.5	96
小麦	额尔古纳河地区（劣地）	53—74.5	64
小麦	三河地区	106.5—160	128
燕麦	额尔古纳河地区	与小麦相同	与小麦相同
燕麦	三河地区	与小麦相同	与小麦相同
大麦	三河地区	160	181
荞麦	额尔古纳河地区	160	128

资料来源：呼伦贝尔盟农业局：《呼伦贝尔盟农业志》，呼伦贝尔：内蒙古文化出版社，1994 年，第 177 页

苏侨经营农业带有剥削性质。苏侨生产效率高，生活水平也高于中国农民。富者拥有较多的生产资料，形成经营地主和富农，雇用一无所有的苏侨和中国人为他们劳动。被雇用的人被称为“金劳”。苏侨采取的剥削方式包括：①雇长工，只供吃饭，不给工钱。②雇短工，给工钱低微，有的每日给 24 斤小麦或 20 斤土豆；有的在实物工资内掺假。③雇工时本来讲明要帮雇工种半垧或一垧地（即靠拥有机具或畜力剥削人），而往往说了不算。④雇佣未成年人干成年人的活。⑤雇女工做饭洗衣，只供饭，不给工钱。⑥放高利贷。[①]

苏侨内部存在剥削与被剥削关系，引起贫富分化和内斗。1948 年冬，受解放区土地改革运动和苏联农业合作制度的影响，三河地区部分苏侨自发组

① 呼伦贝尔盟农业局：《呼伦贝尔盟农业志》，呼伦贝尔：内蒙古文化出版社，1994 年，第 77 页。

织起来，成立具有农民会性质和农业生产合作社性质的“劳动组合”，最初参加者就有 1031 户、1777 人。苏侨还自发进行“土地改革运动”，历时三个月。21 个屯子，斗争地主、富农 69 户，其中被没收财产者 53 户，查封财产者共 16 户。还有的被罚款，被没收房产、生产资料和生活资料等财产。1949 年 3、4 月间，解放区政府出面阐明在苏侨中执行“不分不斗”的政策，妥善处理了已产生的问题，使他们恢复了正常生产生活。1954 年第一批苏侨回国后，在呼伦贝尔盟境内尚有苏侨 3000 余户，1.3 万余人。1955 年组织第二批回国，之后所留不过千余人。至此，呼伦贝尔盟岭西地区大田农业主要依靠苏侨经营的历史即告结束。1938 年呼伦贝尔盟苏侨分布和人数统计如表 3-2 所示。①

表 3-2　民国二十七年（1938）呼伦贝尔盟苏侨分布和人数统计表

单位：人

地名	人数	地名	人数	地名	人数
海拉尔市	3787	额尔古纳旗	9183	鄂伦春旗	256
满洲里	1999	布特哈旗	685	新巴尔虎左旗	183
喜桂图旗	7607	莫力达瓦旗	161	陈巴尔虎旗	3547
新巴尔虎右旗	27	索伦旗	433		

资料来源：呼伦贝尔盟外事办公室：《呼伦贝尔盟外事志》，呼伦贝尔：呼伦贝尔盟外事办公室编印，1994 年，第 86 页

第二节　民国时期引进俄苏畜牧品种

民国时期引进俄苏畜牧品种的种类和数量比清末有所增加，主要是山羊、绵羊、家蚕等品种。在引进数量、规模方面，清末官营牧场一次引进只有几头（匹），民国时期引进一次有几十、几百甚至千余头（匹）。新疆省设立畜牧兽医技术推广机构、种畜场和配种改良站，聘请苏联畜牧兽医方面专家，培训

① 呼伦贝尔盟农业局：《呼伦贝尔盟农业志》，呼伦贝尔：内蒙古文化出版社，1994 年，第 77 页。

科技人员，实施牲畜防疫和人工授精技术。新疆还聘请苏联专家制订培育计划和进行技术指导，有计划地进行新品种培育，取得了一些阶段性成果。利用引进畜牧良种与地方品种杂交形成优良杂种群，可以为培育新品种奠定基础。其中，苏联专家И. В. 特罗依茨基曾指导新疆细毛羊的培育，包括如何采用引进品种和人工授精等技术。至1949年，巩乃斯种羊场四代杂种自交群已有羊9000余只，形成新疆细毛羊育成的基础畜群。同时，新疆还派遣青年学生到苏联留学，学习农牧业生产技术和管理知识。

一、从俄苏引进马匹品种

（一）东北地区从俄苏引进马匹品种

由于马在军事、运输等方面作用特殊，各种家畜之中独有马的管理设有马政。袁世凯任直隶总督时，为训练北洋新军，购买俄国马匹创立北洋马政局，在呼伦贝尔放牧。[①]由于马匹的特殊价值，从俄苏引进马匹数量规模比较大。

奥尔洛夫马是引入中国数量较多的马匹品种。仅黑龙江地区在1910年开始先后多次引入的奥尔洛夫马就约有 1000 匹。[②]奥尔洛夫马属于偏重型马，体质结实、背长、腰短、四肢干燥，步样轻快，被毛多呈青白色，少见杂毛。公马平均体高160厘米，平均体重500千克；母马平均体高150厘米，平均体重450千克上下。奥尔洛夫马轻驾性能强，跑1600米只需要2分23秒左右。这个品种形成历史悠久，遗传力强，改良本地马效果明显，杂一代体高可达145厘米左右，外貌特征明显。光绪三十三年（1907），“奉天官牧场”引入俄国西伯利亚半血种的公马10匹，用以改良牧场内的地方马。1928年11月，东三省保安总司令张学良下令在兴安区屯垦区内兴建东三省陆军军牧场（后改称为东北陆军军牧场），该场引进苏联产奥尔洛夫半血种马40匹与蒙古母马

---

① 黄越川：《东三省畜产志》，上海：中华书局，1930年，第4页。

② 黑龙江省地方志编纂委员会：《黑龙江省志（第10卷）·畜牧志》，哈尔滨：黑龙江人民出版社，1993年，第151页。

1000余匹进行杂交改良繁育。[①]这是民国时期为了改良繁育地方马品种，从苏联引进奥尔洛夫种马规模最大的一次。1918—1920年，因受俄国十月革命的影响，一部分白俄偷越国境并携带优良品种马到达中国东北北部地区，这些马种主要是奥尔洛夫马，对改良前迁入的马匹品种和当地的马匹品种都起到了重要作用。

奥尔洛夫马原产于俄国，是世界著名的轻挽马品种。[②]奥尔洛夫马的培育始于18世纪的叶卡捷琳娜女皇二世时期。叶卡捷琳娜女皇非常热衷于骑马和养马，渴望拥有更加优良的马匹品种。像乘车晕车一样，也有人天生骑马晕马。天生骑马晕马的大臣，很难骑马出行。俄罗斯作为一个爱马的民族，选育马匹品种历史悠久。俄国十月革命前俄罗斯马的培育是在地主贵族阶层的马场中进行的。奥尔洛夫马是由阿·格·奥尔洛夫（Алексей Григоръевич Орлов）伯爵在他的赫仁诺夫种马场培育成功的，培育目标倾向于马术竞赛，同时也适用于驾车和农业役用。奥尔洛夫于1737年9月出生于莫斯科，是俄国军事家和国务活动家，上将。奥尔洛夫伯爵特别喜欢马匹，是一位著名的育种家。1775年，奥尔洛夫退役后创办养马场。1778年，奥尔洛夫马培育计划开始实施，培育过程采用的公马是白色的阿拉伯马，母马先后采用盎格鲁-阿拉伯马、丹麦马、荷兰马和英国混血马。[③]在俄罗斯马匹研究及培育历史上，奥尔洛夫马是最为成熟和优良的品种（图3-1）。经过长期精心培育成功育成的新品种奥尔洛夫马，体型结构匀称健美、出蹄有力轻快，适应性强，是少有的品种优良的大走马。后来，俄罗斯人就以奥尔洛夫伯爵的名字来命名这一新育成的快步优良品种，以纪念奥尔洛夫对马匹优良品种培育的杰出贡献。在圣彼得堡郊外的皇村（夏宫），俄罗斯人还特意塑造了一尊造型非常优雅高贵的马的雕像，马脖子和马头根据奥尔洛夫马雕塑，马背上长出强健有力的双翅。

---

① 中国畜牧兽医学会：《中国近代畜牧兽医史料集》，北京：农业出版社，1992年，第124—129页。

② 新疆维吾尔自治区地方志编纂委员会：《新疆通志（第34卷）·畜牧志》，乌鲁木齐：新疆人民出版社，1996年，第90页。

③〔苏〕C. H. 拉斯托契金：《养马学》，陈洁莲、倪达男译，北京：高等教育出版社，1960年，第89页。

图 3-1 阿·格·奥尔洛夫培育的奥尔洛夫马

额尔古纳旗地区人口稀少，水草丰茂，具有适合养马的天然条件。俄国十月革命前，已有一些居住在额尔古纳河对岸的后贝加尔地区的哥萨克人来此定居，带进来奥尔洛夫马等一些俄国马种，与蒙古马交配，产生杂种马。马匹是重要的交通工具和商品。中东铁路开始修建后，一些俄国修路工人、铁路职工和俄国移民亦携带优良马匹在靠近海拉尔一带地区定居喂养。俄国十月革命后，居住在后贝加尔一带的哥萨克人进入额尔古纳旗一带定居。这些哥萨克人带来了相当数量的俄国马种，其中大部分是后贝加尔种、特鲁达种、阿拉伯种及比秋克种等。[①]1919—1920 年，苏俄一些富农又大批进入中国东北边境地区，一部分居住在海拉尔铁路沿线。他们带来的马匹除了后贝加尔优良马种之外，还有奥尔洛夫马、英纯血马及各种混血杂种马。《呼伦贝尔盟畜牧业志》载：1912—1932 年，由于中东铁路通车和俄国十月革命，大批俄侨迁入呼伦贝尔盟，特别是布里亚特蒙古族和鄂温克族（通古斯）的移居，带进呼伦贝尔盟部分优良马种和改良马，主要是后贝加尔马以及含奥尔洛夫马、比秋克血统的改良马。[②]

这批马经中东铁路当局收拢，办起“中东铁路牧马场”。该牧马场有纯血奥尔洛夫种牡马、1/8 奥尔洛夫种牡马、3/4 奥尔洛夫种牡马、盎格鲁-阿拉伯种牡马、奥尔洛夫种牝马、3/4 奥尔洛夫种牝马、1/2 奥尔洛夫种牝马等品种，拟

① 吉林省地方志编纂委员会：《吉林省志（第 38 卷）·科学技术志·科技》，长春：吉林人民出版社，1997 年，第 277 页。

② 呼伦贝尔盟畜牧业志编纂委员会：《呼伦贝尔盟畜牧业志》，呼伦贝尔：内蒙古文化出版社，1992 年，第 127 页。

改良奥尔洛夫牡马以供应农村使用，后因经费过少，无大成就。此时伸入东北的日本势力，受日本政府的指令，由满铁所属公主岭农事试验场在其殖民势力范围内，以“改良蒙古马，作为轻挽马为主”的方针进行马种改良。所用之牡马有阿拉伯马、吉特尔马、哈克尼马及优良蒙古马。自民国十五年（1926）起，将所有种牡马于每年 4—7 月分送各地与当地民马进行本交配种。1926—1933 年，送出种牡马 155 匹，交配牝马 4228 匹。调查了 1437 匹牝马，有 556 匹受胎，受胎率为 38.69%。其中，哈克尼种牡马与牝马交配后，受胎率最高，为 44.68%。交配牝马产驹的比率：民国十五年（1926）为 11.9%，民国十六年为 16.8%，民国十七年为 11.3%，民国二十年为 25%左右。①

在以哈尔滨为中心的滨洲、滨绥铁路沿线地区，马匹需求量大，加之农牧业相对比较发达，马的饲养和繁育数量不断增加。除饲养大量的本地马外，苏联马相继流入并不断与本地马杂交，生产一些质量较好的改良后代，对黑龙江地区马匹改良提高有一定的影响。1928 年，据中东铁路局土地科统计，从俄国引入中国东北北部马匹共 665 匹，其中 80%为快步马（表 3-3）。

表 3-3　从俄国引入中国东北北部马匹情况表（1928 年统计）

类型	品种	数量/匹	百分比/%
乘用马	英纯血种	16	2.4
	英纯血杂种	36	5.5
	盎格鲁-阿拉伯	3	0.5
	盎格鲁-阿拉伯杂种	4	0.6
	血统不明乘用马	9	1.4
	小计	68	10.4
快步马	奥尔洛夫快步马	93	14.2
	奥尔洛夫快步马杂种	37	5.6
	奥尔洛夫与美国快步马杂种	231	35.3
	血统不明快步马	171	26.1
	小计	532	81.2
挽用马	血统不明挽用马	55	8.4
	合计	655	100.0

资料来源：中国农业博物馆：《中国近代农业科技史稿》，北京：中国农业科技出版社，1996 年，第 245 页

① 吉林省地方志编纂委员会：《吉林省志（第 38 卷）·科学技术志·科技》，长春：吉林人民出版社，1997 年，第 277 页。

黑河地区的马匹改良。当今的黑河市位于黑龙江省西北部，小兴安岭北麓，东南和伊春市、绥化市毗邻，西部与内蒙古呼伦贝尔盟隔嫩江相望，西南同齐齐哈尔市毗邻，东北与俄阿穆尔州隔黑龙江相望，北部与大兴安岭地区相连。黑河的行政建制始于康熙二十三年（1684）。为了抵御沙俄侵略者，清政府在旧瑷珲城设黑龙江衙门，设1名将军、2名副都统。康熙二十四年（1685），黑龙江将军衙门搬迁至新瑷珲。康熙二十九年，瑷珲副都统留守原城，黑龙江将军衙门迁驻墨尔根。黑河地区马匹饲养历史悠久。早在清雍正十至十二年（1732—1734），索伦人等就在这里饲养蒙古马和索伦地方马，形成一些杂种马群。20世纪初，鄂伦春马最多时曾近万匹。这种马不仅是鄂伦春人生产、生活须臾不可离开的工具，而且对保卫祖国北方边疆也起到了重要作用。进入近代以来，黑河地区与原属中国的江东地区交往十分频繁，江东地区的杂种马曾大量输入黑河地区。1900年，沙俄骑兵入侵。战后，骑兵把部分马匹卖给当地人。1905年，日俄战争沙俄失败，俄军撤退时将部分马匹卖到哈尔滨地区。在黑龙江南岸，有些农户引入的奥尔洛夫马和这些杂种马杂交，形成一些品质良好的杂种马群，为成功培育黑河马和鄂伦春马奠定了基础。①

东北陆军军牧场收购俄国人的奥尔洛夫马，用于改造地方品种。民国十七年（1928），东三省保安总司令张学良认为，兴办军牧、繁殖军马、改良马种为当务之急，并于11月间，把军牧场设在兴安区屯垦区内，派前炮兵第一旅旅长金镜清为该场总办，委托屯垦督办邹作华督促开办。初设办公处于沈阳屯垦署内，民国十八年四月迁到辽源（今双辽市）。牧场开始引进奥尔洛夫半血种牡马和牝马，进行杂交繁育军马。②又于民国十八年九月，因屯垦署移至洮南，军牧场亦随迁到洮南，并在洮南西关外建筑办公处及马厩70余间，把牧马场建在扎旗、公主岭、水泉一带。饲养马匹增

① 中国农业博物馆：《中国近代农业科技史稿》，北京：中国农业科技出版社，1996年，第245页。

② 吉林省地方志编纂委员会：《吉林省志（第38卷）·科学技术志·科技》，长春：吉林人民出版社，1997年，第277页。

到1800匹，计产新驹280余匹。民国十八年冬，军牧场收购海拉尔俄人沃伦差夫兄弟牧场的奥尔洛夫半血种马公、母共17匹。民国十九年（1930），军牧场用这批种马进行杂交改良，繁育军马。1931年日本侵略军占领东北，后军牧场被日军侵夺，地方品种改良告终。①

在中国东北，俄国移民不仅引入俄国优良马匹，而且利用他们在马匹饲养和培育品种方面的经验，以及东北优良的自然条件，经过几十年的饲养选育，使引进的品种优良马匹数量增加，杂种马群扩大、品质提高。这些为后来的海拉尔马（即三河马）品种的成功育成奠定了基础。另外，一些从事农牧业的贫困哥萨克人也曾购买当地廉价的蒙古马，进行饲养和杂交改良，对三河马地区蒙古马品种改良起到了一定的积极作用。以齐齐哈尔市为中心的嫩江平原地区，原来主要养本地马。当时“卜奎”是马匹交易集散中心。辛亥革命后，为加强黑龙江地区边疆防务，朱庆澜巡按使在齐齐哈尔城东九道沟子东沿“古鲁气岗子”，建成第一牧场，饲养马匹。其后镇安将军行署在“古鲁气岗子”还建有畜牧场一处，繁养本地马。黑龙江督军吴俊升在其卜奎私邸，饲养有奥尔洛夫马数十匹，除供其骑乘用外，还进行纯种繁殖，形成混有奥尔洛夫马血统的大批杂种马。到民国二十年黑龙江全省有马匹88.7万匹。②

（二）新疆地区从俄苏引进马匹品种

民国九年至二十二年，大批苏侨迁入新疆，曾带入奥尔洛夫纯种及其杂种马。民国十九年后，伊犁地区一些大牧主也曾从苏联购入奥尔洛夫马改良马群。民国二十五年，新疆省农矿厅从苏联引入奥尔洛夫纯种马5匹，奥尔洛夫美利坚混血种马42匹，分发各区农牧场畜牧分局及交配所，进行马种改良。民国二十九年，伊犁区、迪化区、焉耆区3个种马场均养有奥尔洛夫马。民国三十一年昭苏种马场成立，农矿厅拨给3匹奥尔洛夫马。奥尔

---

① 吉林省地方志编纂委员会：《吉林省志（第16卷）·农业志·畜牧》，长春：吉林人民出版社，1994年，第203页。

② 黑龙江省地方志编纂委员会：《黑龙江省志（第10卷）·畜牧志》，哈尔滨：黑龙江人民出版社，1993年，第66页。

洛夫马种引入新疆的时间较长，使用面广，主要用于杂交改良哈萨克马和伊犁马、焉耆马，以提高其体尺和生产性能，在伊犁马、焉耆马的育种中都起过重要作用。①

除奥尔洛夫马之外，民国时期引入新疆的俄苏马匹品种还有顿河马、布琼尼马。顿河马原产于顿河及伏尔加河中下游地区，是优秀的骑乘马种。20 世纪初，随着俄苏侨民迁入新疆伊犁等地，带进了一定数量的纯种及杂种顿河马，当地牧民利用“奥尔洛夫”“布琼尼”“顿河”等马种改良哈萨克马。民国时期大批从俄苏引进优良马匹品种是利用俄苏技术发展农牧业的重要内容。同时，民国时期苏新贸易不断发展，引进农牧优良品种也是为了苏新贸易发展服务的。“盛世才统治后期，新疆对苏贸易虽已大幅度缩减，但其间仍有两笔数额较大的易货贸易。第一笔是军马贸易”，即“新疆供给苏联军用乘骑马 5 万匹”。1941 年 11 月，苏联外交部部长维辛斯基至迪化，向新疆提出购买军马建议，因数量较大，新疆方面未即应允。后经双方多次协商，于 1942 年 5 月 12 日在省城迪化签订购马合同。新疆方面合同签字人为臧谷峰、王宝乾、马郊；苏联方面合同签字人为苏联驻新疆商务特派员阿·波·维塞洛夫。“双方议定，军马价格按照苏联边卡所验收之马，每匹平均定价为新疆纸币 125 元。”1942 年 6 月下旬，“按期完成购马任务，交付苏方验收。当年对苏实际出口军马 5.02 万匹。”“苏方应偿付之马价，由财政厅与苏新贸易公司结算”。②

民国二十五年（1936），新疆省农矿厅、伊犁建设局从苏联引入顿河马（图 3-2）供各地改良马匹。民国二十九年之后又从苏联引进顿河种公马 2 匹分给昭苏种马场。③民国三十年，伊犁种马场成立，种马以“奥尔洛夫”、

① 新疆维吾尔自治区地方志编纂委员会：《新疆通志（第 34 卷）·畜牧志》，乌鲁木齐：新疆人民出版社，1996 年，第 90 页。

② 厉声：《新疆对苏（俄）贸易史（1600—1990）》，乌鲁木齐：新疆人民出版社，1993 年，第 512—514 页。

③ 新疆维吾尔自治区地方志编纂委员会：《新疆通志（第 72 卷上）·科学技术志》，乌鲁木齐：新疆人民出版社，2000 年，第 90 页。

“美利坚”混血种和“英顿”为主，开启了伊犁马的育种工作。至新疆和平解放前夕，已初步形成一个有相当数量、质量较好的伊犁马雏形。①

图 3-2　从苏联引进的顿河马

布琼尼马（图 3-3）原产于苏联布琼尼马场。民国二十五年（1936），新疆省农矿厅从苏联引进公马 3 匹，分配给伊犁种马场和迪化农牧场。该品种引入新疆以后，主要在伊犁地区和昭苏种马场用以杂交改良哈萨克马，成效显著。它在伊犁马的前期育种中影响较大，是伊犁马的父本之一。②

图 3-3　从苏联引进的布琼尼马

① 新疆维吾尔自治区地方志编纂委员会：《新疆通志（第 72 卷上）·科学技术志》，乌鲁木齐：新疆人民出版社，2000 年，第 275 页。

② 新疆维吾尔自治区地方志编纂委员会：《新疆通志（第 34 卷）·畜牧志》，乌鲁木齐：新疆人民出版社，1996 年，第 90—91 页。

民国期间，马的配种改良已经有规模地采用人工授精的繁育技术。新疆省农矿厅于民国二十五年（1936）从苏联引进3匹布琼尼公马，饲养在伊犁种马场等，用于配种母马，改良地方品种和培育新品种。[①]“民国二十六年（1937），迪化种畜场（原种马场）在苏联专家指导下试验马人工授精法。到民国二十八年（1939），三年共试验配种母马425匹。”但进入20世纪40年代，盛世才投靠蒋介石，反苏反共，驱赶了在新疆工作的苏联顾问、专家。马的人工授精技术推广工作中断，繁育和改良又恢复到原来的方法。“40—50年代，马的配种改良主要采用牵引交配法。”[②]

二、引进俄苏牛品种

近代，最早将国外奶牛品种引入中国的是外国侨民。据载，1870年就有外国侨民把爱尔夏奶牛带到上海。在内蒙古三河一带，1898年沙俄修筑中东铁路期间，修路员工带来少量奶牛，分布在滨洲铁路沿线。1905年前后，又有部分俄国人带牛群到三河一带，夏秋打草，冬季在此越冬。1917年10月之后，一部分白俄偷越国境定居于三河一带，带来了部分奶牛，主要是后贝加尔土种牛和改良牛，以及一些西门塔尔牛（图3-4）和康姆格高尔牛（霍尔莫格尔牛）。据1923年东北铁路农林局调查，当时引进的俄苏改良牛、西伯利亚牛、后贝加尔牛、西门塔尔牛等占多数，另外还有少量的塔吉尔牛、荷兰牛、雅罗斯拉夫牛、基罗里夫牛、瑞士褐牛等，共同参与了对当地蒙古牛的杂交改良。[③]

---

① 新疆维吾尔自治区地方志编纂委员会：《新疆通志（第72卷上）·科学技术志》，乌鲁木齐：新疆人民出版社，2000年，第91页。

② 新疆维吾尔自治区地方志编纂委员会：《新疆通志（第72卷上）·科学技术志》，乌鲁木齐：新疆人民出版社，2000年，第278页。

③ 呼伦贝尔盟畜牧业志编纂委员会：《呼伦贝尔盟畜牧业志》，呼伦贝尔：内蒙古文化出版社，1992年，第120页。

图 3-4　20 世纪初从俄国引进影响比较大的西门塔尔牛

中国东北地区一些少数民族古代就食用牛奶。沙俄夺得东北路权后，在东北地区进行了牛种改良。光绪二十四至二十九年（1898—1903）沙俄在东北修筑中东铁路的俄籍员工、商人以及俄国十月革命前后逃亡来的地主、富农和资本家，先后改良奶牛 4000 多头，主要品种有西伯利亚牛、西门塔尔牛。这批奶牛分布在以哈尔滨市为中心的滨洲铁路沿线，对黑龙江地区奶牛等家畜改良发展和生产生活方式变迁产生了一定影响。①俄国人饲养奶牛所产的牛奶，主要用于自食。当时已经出现了消毒牛奶厂。俄国人自用有余，则把剩余部分出售给消毒牛奶厂，加工成消毒牛奶出售。俄国十月革命后，1917—1923 年逃亡到中国东北的白俄又带来了一批奶牛，包括西门塔尔、西伯利亚、雅罗斯拉夫、霍尔曼格尔、后贝加尔等品种。

这些引入奶牛品种与蒙古牛等地方品种杂交繁育，使黑龙江地区饲养奶牛数量迅速发展起来。“1923 年发展到 7136 头，比 1920 年以前的 4000 头增加 78.4%。”②起初奶牛多为俄国人饲养，多数分布于中东铁路沿线和黑河地区各地，以后逐步扩展到齐齐哈尔、安达、肇东、阿城、一面坡、绥芬河一些大小城镇。到 1940 年全境奶牛共有 8254 头，是 1923 年的 1.16 倍。在当时，除了大部分为西门塔尔、西伯利亚和后贝加尔等俄国改良牛外，还有少量的荷兰黑白花、塔吉尔、雅鲁斯拉夫、瑞士褐牛等杂种牛。东北沦陷时期，

---

① 黑龙江省地方志编纂委员会：《黑龙江省志（第 10 卷）·畜牧志》，哈尔滨：黑龙江人民出版社，1993 年，第 5 页。

② 黑龙江省地方志编纂委员会：《黑龙江省志（第 10 卷）·畜牧志》，哈尔滨：黑龙江人民出版社，1993 年，第 24 页。

“日本开拓团”组建“酪农株式会社”，从俄苏侨民手中接办乳品厂，并引进荷兰黑白花奶牛进行品种的杂交改良。1940 年伪满当局实行粮谷统购政策，饲料供应不足，牛奶价格低，养奶牛无利，奶牛逐步减少。到 1945 年全境奶牛存栏数为 7000 头，比 1940 年减少 1254 头，下降了 15.2%。①

黑龙江地区解放后，党和政府十分重视奶牛业的发展。1947—1949 年，东北行政委员会农林部和黑龙江省相继在安达县萨尔图建立种畜场，进行以奶牛为主的繁殖育种工作。同时哈尔滨、齐齐哈尔、萨尔图、安达、肇东、一面坡等市镇个体养奶牛的约有百家。②东北解放后，在滨洲铁路沿线主要的城镇组建了奶牛生产合作社，加强了奶牛的繁育、饲养管理和疫病防治工作，从而保证和促进了奶牛业发展。③1953 年全省奶牛存栏数已达 1.6 万头，比 1945 年增加 1.3 倍。

黑龙江地区一些少数民族古代就有挤牛奶食用的习惯。1898 年以后，在以哈尔滨市为中心的滨洲铁路沿线，俄人将饲养的奶牛所产的牛奶，自食有余部分，向奶制品加工厂出售。1920—1936 年，哈尔滨供应工厂加工的鲜牛奶量为 368.1 万瓶（450 毫升/瓶）。1935 年产牛奶为 1500 万瓶，鲜牛奶的销售量占 65%，其余部分加工成炼乳、奶粉等乳制品。

民国时期，新疆从俄苏引入瑞士褐牛。瑞士褐牛原产于瑞士，为乳、肉、役兼用牛品种。20 世纪初，俄苏侨民迁入新疆伊犁、塔城等地时带进不少瑞士褐牛及其杂种牛。民国二十五至二十九年（1936—1940），新疆省农矿厅由苏联引进瑞士褐牛 44 头（图 3-5），分配在农牧场和交尾站，用于繁殖和改良民间黄牛，培养新疆褐牛④，即以本地黄牛为母本，瑞士褐牛、阿拉托乌牛以及少量科斯特罗姆牛为父本，采用级进杂交、分级组群、区别培育等

① 黑龙江省地方志编纂委员会：《黑龙江省志（第 10 卷）·畜牧志》，哈尔滨：黑龙江人民出版社，1993 年，第 24 页。

② 黑龙江省地方志编纂委员会：《黑龙江省志（第 10 卷）·畜牧志》，哈尔滨：黑龙江人民出版社，1993 年，第 24 页。

③ 中国农业博物馆：《中国近代农业科技史稿》，北京：中国农业科技出版社，1996 年，第 251 页。

④ 新疆维吾尔自治区地方志编纂委员会：《新疆通志（第 34 卷）·畜牧志》，乌鲁木齐：新疆人民出版社，1996 年，第 91 页。

育种技术经长期选育而成。新疆和平解放后，新疆从德意志民主共和国、奥地利引进瑞士褐牛 3 批，计 120 头，分配给伊犁、塔城、乌鲁木齐国营牧场及农垦团场饲养和杂交改良当地黄牛，效果良好，特别是从德意志民主共和国引进的瑞士褐牛的后代产乳量有显著提高。瑞士褐牛的引进，对新疆地方黄牛改良和新疆褐牛的育成发挥过重要作用。①

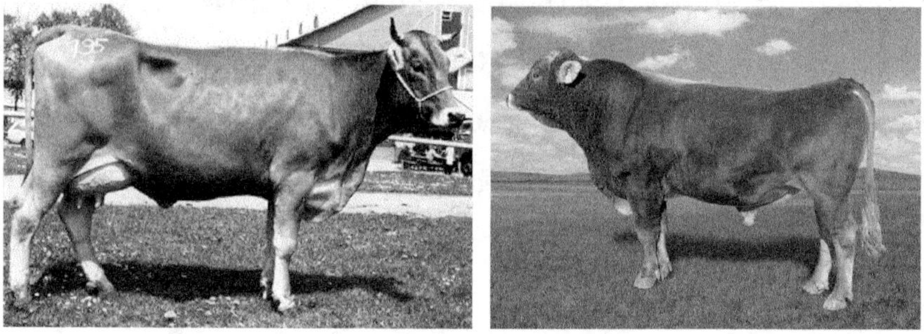

图 3-5　从苏联引进的瑞士褐牛

民国初期，黑龙江地区开始建立畜牧管理机构和畜牧场，兴办学校培养人才，推动了畜牧业的发展。民国二年（1913）黑龙江省民政公署设实业司统管牧业。民国三年兴办五个种畜场。民国五年和民国十二年黑龙江省甲种农业学校设畜产学课程，农科职业学校设畜产班，进行畜牧兽医技术教育。民国十四年哈尔滨特别市市政局颁布《防范牛疫规则》，民国十六年又颁布《防止家畜传染规则》，初步开展家畜疫病防治工作，推动了畜牧业的发展。民国十九年黑龙江省政府设农矿厅，掌管牧业。到 1931 年，马存栏达 88.7 万匹、黄牛 43.0 万头、羊 17.5 万只、猪 126.2 万头。②

三、引进苏联绵羊及羔皮羊品种

新疆地区的羊种引进及改造始于 20 世纪 30 年代。民国二十三年

① 新疆维吾尔自治区地方志编纂委员会：《新疆通志（第 72 卷上）·科学技术志》，乌鲁木齐：新疆人民出版社，2000 年，第 274 页。

② 黑龙江省地方志编纂委员会：《黑龙江省志（第 10 卷）·畜牧志》，哈尔滨：黑龙江人民出版社，1993 年，第 5 页。

（1934），新疆曾由苏联引进卡夫卡孜兰布里耶羊、泊列考斯羊（Precose）、卡拉库尔羊等品种的公羊443只，分布在伊犁、塔城、巴里坤、乌鲁木齐和喀什等地杂交改良当地哈萨克羊和蒙古羊。[①]其中，卡夫卡孜兰布里耶羊又称高加索细毛羊，是苏联著名的细毛羊品种，原名卡夫卡孜兰布里耶羊，育成于苏联斯塔夫洛波尔边区的“布尔什维克”种羊场，是培育“兰哈羊”的主要父系之一。民国二十四年，新疆省政府农矿厅陆续在迪化、伊犁、阿山（今阿勒泰）、塔城、哈密等地设农牧场，场内设牧畜兽医院、种畜场，聘请苏联专家培训畜牧技术人员，传授人工授精改良技术，开展绵羊育种和畜禽品种改良。[②]

有计划地引进苏联细毛羊品种，在苏联专家指导下采用人工授精技术，改良地方绵羊品种，是民国时期引进苏联农业技术成效较好的一项工作。民国二十三年，新疆省政府聘请苏联专家毛契诺夫，主持绵羊品种改良和培育新品种工作，开始时在乌鲁木齐南山官营迪化种畜场进行。当时，从苏联引进卡夫卡孜兰布里耶公羊和泊列考斯公羊137只。这两个品种公羊作为父本，与当地哈萨克母羊及少量蒙古母羊采用人工授精方式杂交。[③]1935年，产生一代杂种，因蒙古母羊后代花羔太多，遂将蒙古母羊全部淘汰，保留哈萨克羊的母羊及新一代杂种母羊供继续杂交。民国二十八年，绵羊育种地点从乌鲁木齐南山官营迪化种畜场迁至伊犁种羊场（即巩乃斯种羊场，于1935年成立）。1939年，从南山种畜厂挑选杂交父系母羊1675只（两系），包括高加索杂交一代、二代母羊及三代母羔150只，泊列考斯杂交一代、二代母羊百余只，以及伊犁种羊场原有的900余只杂种母羊等。其中，400余只为泊列考斯杂交一代、二代母羊，500余只为高加索杂交一代、二代母羊。

---

① 新疆维吾尔自治区地方志编纂委员会：《新疆通志（第34卷）·畜牧志》，乌鲁木齐：新疆人民出版社，1996年，第94页。

② 新疆维吾尔自治区地方志编纂委员会：《新疆通志（第72卷上）·科学技术志》，乌鲁木齐：新疆人民出版社，2000年，第269页。

③ 新疆维吾尔自治区地方志编纂委员会：《新疆通志（第34卷）·畜牧志》，乌鲁木齐：新疆人民出版社，1996年，第497页。

1939 年，又从苏联引进 90 只泊列考斯公羊、42 只高加索公羊。1940 年，分两系进行级进杂交，即利用 1939 年转到新疆巩乃斯种羊场组成母羊基础群，共 2600 只，继续与普瑞考斯、高加索两支父系级进杂交，进行横交固定扩群。自 1942 年起，苏联畜牧兽医专家 И. В. 特罗依茨基主持伊犁种羊场育种技术工作。育种工作进入横交固定阶段，在高加索父本与哈萨克母本杂交后代公羊中选择出最好的 9 号公羊，与同代 250 只优良母羊进行横交固定。1944—1945 年，大部分育种母羊进入横交。级进杂交持续到 1947 年，最高为级进六代。其间，1944 年因伊犁地区“三月革命”爆发，严重影响了育种工作，过去的记录全部丧失。从此育种工作缺乏系统性，陷入混乱。

成功培育“哈兰羊”。伊犁种羊场自 1941 年后，采用人工授精技术横交固定扩群，横交后代公羊和级进高代公羊开始在民间推广，以改良蒙古羊、哈萨克羊。其中，改良用的公羊以四代杂交种为标准，当时称之为“哈兰羊”，又称“新疆式种羊”，至 1949 年累计推广“哈兰羊”3894 只，与土种羊杂交，以改良土种母羊。[①]“哈兰羊”培育成功在很大程度上取决于人工授精技术的利用。“民国二十九年（1940），新疆由苏联引进绵羊人工授精新技术，试验配种母羊；民国三十一年（1942），在第三区建设局附设的种羊场试验成功，产下第一批人工授精羔羊。”[②]在横交固定扩群中，人工授精技术作为一种新的重要措施，充分发挥种公羊繁殖潜能，在一定时间内快速增加受孕母羊数量，加快了绵羊品种改良进程，并为进一步提高绵羊品质提供了技术保障。

在育种过程中，产生大量高代杂交绵羊和横交绵羊，1949 年巩乃斯种羊场四代杂种自交群已有羊 9000 余只。以此作为基础群，1950—1953 年期间，苏联专家 И. В. 特罗依茨基再次来华指导，大力推广绵羊人工授精技术，培育并鉴定了新疆细毛羊。苏联专家建议对巩乃斯种羊场进行整顿，加强饲养管理、选种、选配，淘汰品质差的个体，从而使羊群趋于整

---

① 中国农业博物馆：《中国近代农业科技史稿》，北京：中国农业科技出版社，1996 年，第 256 页。

② 新疆维吾尔自治区地方志编纂委员会：《新疆通志（第 72 卷上）·科学技术志》，乌鲁木齐：新疆人民出版社，2000 年，第 277 页。

齐，品质迅速提高。1953 年，农业部组织专家组对巩乃斯种羊场羊群进行鉴定，认为当时羊群已经符合品种所要求的基本条件，1954 年正式将其命名为“新疆细毛羊”。①

新疆伊犁种羊场的绵羊育种工作，是近代绵羊育种史上较有成效的育种活动，虽然当时未能育成一种标准品种，但育种工作具有计划性和科学性。杂交育种从头开始进行直到完成横交固定，这是近代绵羊育种史上少有的。②这一育种过程，作为一种国际农业合作与技术引进，不仅连续多次引进若干个优良品种，还聘苏联专家指导，采用当时先进的人工授精方法有计划地进行新品种培育，在中国畜牧业发展史上也是具有开创性的。在技术服务机构建设方面，新疆省政府农矿厅在迪化、伊犁、阿山、塔城、哈密等地设农牧场、牧畜兽医院、种畜场等，在推广新品种的同时，大力推广家畜人工授精技术，创新了畜牧育种的体制机制。从苏联引进的高加索细毛羊（图 3-6），不仅育成新品种，而且经本土化后广泛分布在东北地区，以及内蒙古、河北、山西、安徽、山东、四川、云南、西藏、甘肃、青海、陕西等省（区），加速绵羊品种改良进程，提高绵羊品质。③

图 3-6　从苏联引进的高加索细毛羊

① 新疆维吾尔自治区地方志编纂委员会：《新疆通志（第 34 卷）·畜牧志》，乌鲁木齐：新疆人民出版社，1996 年，第 136—137 页。

② 中国农业博物馆：《中国近代农业科技史稿》，北京：中国农业科技出版社，1996 年，第 256 页。

③ 新疆维吾尔自治区地方志编纂委员会：《新疆通志（第 72 卷上）·科学技术志》，乌鲁木齐：新疆人民出版社，2000 年，第 277 页。

自奉天农事试验场引入美利奴羊后，东北地区绵羊改良在外部势力的参与下，有了比较大的发展。1917 年俄国商人从后贝加尔湖地区引进美利奴羊，在呼伦湖以西设场，与当地绵羊杂交。1924 年英国食品公司在海拉尔建羊场，用澳大利亚罗姆尼沼泽型公羊与蒙古羊杂交，一代杂交产毛量平均达 3.4 千克。后来，日本人在经营南满铁路时，以公主岭农事试验场为中心，自 1913 年起，用法国美利奴羊、英国南丘羊和雪落波县羊做试验，结果发现用美利奴羊改良效果最佳。至 1924 年，"满洲株式会社"又在热河林西、公主岭及通辽县设立种羊场，大量输入美利奴羊。近代引入公主岭农事试验场之羊种，除上述几种外，还有从苏联引进的皮用卡拉库尔羊等品种。①

从苏联引进卡拉库尔羊。民国二十六年（1937），新疆省建设厅曾由苏联引入卡拉库尔羊（图 3-7）分发到各区农牧场畜牧局及交配所与民间粗毛羊交配。1951—1960 年，新疆先后分 3 批由苏联引入卡拉库尔羊公羊 56 只、母羊 271 只，主要饲养于库车种羊场和生产建设兵团的部分羊场，用于杂交改良库车羊和本地粗毛羊，培育新疆羔皮羊。卡拉库尔羊是育成新疆羔皮羊的唯一父本，并对改良库车羊发挥了重要作用。②

图 3-7　从苏联引进的卡拉库尔羊

新疆引进苏联畜牧品种改良地方品种发展畜牧业，在很大程度上是畜产品贸易推动的。当时苏新畜产贸易额很大。盛世才统治后期，新疆对苏经营

① 中国农业博物馆：《中国近代农业科技史稿》，北京：中国农业科技出版社，1996 年，第 256 页。

② 新疆维吾尔自治区地方志编纂委员会：《新疆通志（第 34 卷）·畜牧志》，乌鲁木齐：新疆人民出版社，1996 年，第 95 页。

的另一项较大的贸易是新疆出口羊只抵还苏方遗留资产。1945 年 5 月以后，苏联陆续撤回了派驻新疆的专家、顾问及其他人员，停止苏联与新疆的各项经济合作项目。经双方协议，国民政府出面收买了部分苏联遗留在新疆的固定资产。其中如独山子油矿之油井、房产及相关设备作价 170 万美元，由中华民国重庆中央银行以美金电汇纽约的一家银行，存入苏联国家银行户下；苏军红八团回国后遗留在哈密的营房设施作价 1000 万元（即 200 万新币）由中方收购。另有部分苏联遗留的资产则由新疆方面以土畜产品及过境活畜出口偿还，其中最大的一笔苏方作价遗留资产是迪化头屯河飞机修配厂之厂房设备。[①]

头屯河飞机修配厂对外称为农具制造厂，是苏联方面自 1938 年下半年开始援助建设的。1944 年 3 月，新疆省政府与苏联方面就遗留在头屯河的飞机修配厂的厂房、部分设备等固定资产的作价进行谈判。经多次交涉，双方议定作价 420 万美元。苏方所欠新疆方面购马货款及其他拖欠货物款项共折合美金 125 万元，在农具制造厂作价中扣除。其余约 300 万美元，由新疆向苏联出口羊 40 万只作抵。双方草签《交接羊只办法》，中国新疆省政府为售者，称甲方；苏联政府为购买者，简称乙方。双方签订交接羊只办法：“甲方售给乙方羊只概数为 40 万只，每只重量按活重公斤计算之。”合同对羊只种类规定：羯羊占 70%、母羊（无孕）占 20%、山羊占 10%。[②]

四、引进俄苏猪品种

苏联大白猪亦称苏白猪。苏白猪原本就含有中国猪血统，引入中国适应性强。苏白猪是引进英国大白猪经长期风土驯化形成的国家品种，而英国大白猪是英国用本地长耳猪与中国猪、暹罗猪、罗马猪等品种杂交选育，于 1885 年最终完成。其间，即 1851 年培育成大约克夏猪，并于 1868 年大约克夏猪

① 厉声：《新疆对苏（俄）贸易史（1600—1990）》，乌鲁木齐：新疆人民出版社，1993 年，第 516—517 页。
② 厉声：《新疆对苏（俄）贸易史（1600—1990）》，乌鲁木齐：新疆人民出版社，1993 年，第 517—518 页。

被改称大白猪。中国猪对英国大白猪的育成起了决定性作用。①

19世纪70年代末80年代初，俄罗斯从英国引入英国大白猪。1887—1888年，再次从英国引入了ДЖОЗФ99品系公猪的后代。苏联西伯利亚地区气候条件与其欧洲部分不同。西伯利亚地处北纬50°—60°，低温持续时间为203—229天，冬季最低气温达零下45—50℃，7月份短期高温达38—40℃，温暖时期日照时间长，空气湿度高，季节冷热变化剧烈。西伯利亚铁路建成后，1903年西伯利亚地区开始引入了苏白猪。在西伯利亚特定条件下，通过选育形成适应西伯利亚气候条件的苏联大白猪品种。尤其铁路沿线地区饲养苏白猪数量不断增加，已经成为当地养猪业优良猪种（图3-8）。②苏白猪在苏联气候和饲养条件下，经过长期选育和风土驯养，生物学和遗传特性已发生根本变化。

图3-8　从苏联引进的苏白猪

苏白猪由于性状优良和生产水平高，于1925年被列入国家品种系列。苏白猪体质坚实、适应性强、生长快，产仔多。当时苏联育种场的苏白猪各项主要生产指标，在世界猪种中均居于较高水平。苏白猪是苏联养猪业的优良猪种，占苏联种猪总数的86.5%，在苏联畜牧生产中发挥重要作用。③苏白猪原有两种类型，即肉用型和肉脂型，最初由于对肥肉需求量大，扩

① 沈阳农学院畜牧兽医系、辽宁省畜牧兽医科学研究所：《苏联大白猪的风土驯化效果观察》，《甘肃畜牧兽医简讯》1972年第3期，第76—81页。

② 胡殿金：《苏联西伯利亚大白猪——赴苏联考察报告》，《黑龙江畜牧兽医》1990年第7期，第7—8页。

③ 沈阳农学院畜牧兽医系、辽宁省畜牧兽医科学研究所：《苏联大白猪的风土驯化效果观察》，《甘肃畜牧兽医简讯》1972年第3期，第76—81页。

大肉脂型猪的饲养，选择了苏白猪。后来瘦肉需求量增加，又改变了苏白猪的选育方向，增加大白猪肌肉的生长力，选择中躯长、后躯发达的瘦肉型苏白猪，经过50年选育工作，苏白猪生长速度、饲料利用率和瘦肉率已显著提高。

苏白猪还没有被列入国家品种系列，就已经被引入中国。“自道光二十年（1840）起，俄国侨民将一些俄国猪只带进东北，与当地猪种杂交。”清宣统二年至民国二十二年（1910—1933），大批苏侨迁入伊犁、塔城等地时带进一些苏白猪，新疆靠近苏联边境地区的居民从苏联购进一部分苏白猪。[①]1941年，伊犁、迪化种畜场引进乌克兰大白猪母猪90头、公猪10头，进行纯繁和杂交改良；1951年，引进苏白猪与本地黑猪进行杂交，形成杂种类群。[②]苏白猪结构紧凑、四肢粗大、体质粗壮、体躯较大、肉脂兼用，全身被毛细密白呈色。苏白猪含有中国猪血液，在中国饲养适应性强。[③]新中国成立后，引进苏白猪规模扩大。1950年从苏联输入中国第一批50头苏白猪，分配到察哈尔庙滩种猪场40头、铁岭种猪场10头（2头公猪、8头母猪）。[④]“随后确定东方红农场和铁岭种猪场为苏白猪繁育基地，进行大量繁殖。”[⑤]从民国到新中国成立初期，不断引进苏白猪，对新疆伊犁白猪、哈尔滨白猪、上海白猪等优良品种的培育发挥了重要作用。

五、引进俄苏蜜蜂品种及桑蚕品种

中国养蜂历史悠久。远古时期，吉林省长白山地区自然气候条件适宜，

---

① 新疆维吾尔自治区地方志编纂委员会：《新疆通志（第34卷）·畜牧志》，乌鲁木齐：新疆人民出版社，1996年，第97页。

② 新疆维吾尔自治区地方志编纂委员会：《新疆通志（第72卷上）·科学技术志》，乌鲁木齐：新疆人民出版社，2000年，第275页。

③ 贵州省畜禽品种志和品种图谱编委会：《苏联大白猪》，《贵州畜牧兽医科技》1984年第2期，第55—58页。

④ 沈阳农学院畜牧兽医系、辽宁省畜牧兽医科学研究所：《苏联大白猪的风土驯化效果观察》，《甘肃畜牧兽医简讯》1972年第3期，第76—81页。

⑤《中国家畜家禽品种志》委员会、《中国猪品种志》编写组：《中国猪品种志》，上海：上海科学技术出版社，1986年，第226页。

植被繁盛，原始森林蜜蜂源丰富，大量野生中蜂繁衍在岩洞内、树窟，有些山上一道沟内有数十、上百群，故被称为蜂蜜山、蜂蜜岭、蜂蜜沟、蜂蜜顶子、蜂蜜碰于、蜂蜜营于等，并沿用至今。当时的人们在狩猎采捕活动中发现蜜蜂，并开始采捕蜂蜜。清朝政权建立后，视东北地区为“龙兴重地”实行封禁政策，客观上保护了森林资源，也保护了已进入昌盛时期的长白山中蜂。1627 年皇太极下旨在乌拉城设置安官，专司采收蜂蜜等贡品。[①]中国境内饲养的蜜蜂只有中华蜜蜂、意大利蜜蜂、东北黑蜂（图 3-9）和新疆黑蜂，其中东北黑蜂和新疆黑蜂都是引进俄苏高加索黑蜂和远东黑蜂培育而成的。[②]

图 3-9　引进俄国黑蜂繁育成的东北黑蜂

俄国黑蜂被引入中国形成了东北黑蜂和新疆黑蜂。东北黑蜂原产于阿尔卑斯山以西和以北的欧洲地区，属黑色蜂种。东北黑蜂是引进远东蜜蜂形成的，而其血统主要是卡蜂和黑蜂。《东三省畜产志》载：“北满所饲养蜜蜂之种类分为高加索种及俄国种二者。”[③]高加索种为俄国高加索原产蜜蜂，俄国种为远东蜜蜂。远东蜜蜂在乌克兰广泛分布，喙长、性情温和，同中部俄罗斯黑蜂相比，颜色更鲜明。1956 年，苏联学者 П. С. 舍尔宾纳在《养蜂学》中认为，远东蜜蜂原是被运到沿海边区去的乌克兰蜂。[④]远东黑蜂在苏

① 吉林省地方志编纂委员会：《吉林省志（第 16 卷）·农业志·畜牧》，长春：吉林人民出版社，1994 年，第 96 页。

②《内蒙古自治区志·农业志》编委会：《内蒙古自治区志·农业志》，呼和浩特：内蒙古人民出版社，2000 年，第 397 页。

③ 黄越川：《东三省畜产志》，上海：中华书局，1930 年，第 76 页。

④〔苏〕舍尔宾纳：《养蜂学》（增订本），俞俊鳌译，北京：农业出版社，1959 年，第 191 页。

联养蜂业中具有一定位置。1993年，刘先蜀先生在《中国农业百科全书·养蜂卷》中认为：乌克兰蜂是欧洲黑蜂的一个生态型。远东黑蜂是俄罗斯蜂和乌克兰蜂长期杂交形成的品种，并混有意大利蜂、高加索蜂的血统。乌克兰蜂接近于卡尼鄂拉蜂。因此，东北黑蜂血统主要源自卡蜂和黑蜂。从俄国引入东北饶河的黑蜂经过一个多世纪的饲养和繁育，形成了东北黑蜂地方品系。1997年，国务院批准成立国家级饶河县东北黑蜂自然保护核心区。①

东北黑蜂从俄国被引入中国东北已经160多年。黑龙江地区境内，特别是东部和北部山区，蜜源植物繁多。其中尤以椴树花粉为佳，野生蜜蜂到处都可见。山林地区附近居民，很早以前就有采集野生蜂蜜食用或出卖事例。据1939年牡丹江铁道局附业课殖产系编印的《滨洲沿线养蜂事情》记载：直至1820年方有人移野生蜂巢于家中，由人工驯养。19世纪中叶，中俄签订《瑷珲条约》之后，沙俄势力进一步扩张，大批移民入境，把远东蜜蜂带入黑龙江省。清末民初，随着长白山区的开发，饲养蜂者数量增多，遍及山区、半山区二三十个县，曾出现过饲养上百桶的养蜂大户，山区饲养量达数万桶。1916年汪清县生产鲜蜜达2650千克。但是，当时养蜂方法落后，多以木桶招引蜜蜂入巢，任其自然繁殖、采蜜，秋季毁巢取蜜，产蜜量较低。②

民国六年（1917），俄国十月革命后，俄国移民将黑蜂带入敦化等地，在中长铁路南线工作的铁路职工将大批西方蜜蜂引入吉林省北部地区。“1920年山东日照县邹照云从苏联运入黑蜂40群至黑龙江。”③同样，民国九年前后，珲春县春化乡草帽顶子农户卢永俊等人，通过民间物资交换的途径，从苏联境内用背夹子背回5—10群黑蜂（西方蜜蜂），第二年又运回数群，同时还换回一台巢础机。从此黑蜂在珲春扎根，后来在珲春黑蜂饲养繁育越来越多，并逐步扩展到吉林东部，形成本地蜂种，因此又称珲春黑蜂。由于

① 陈盛禄主编：《中国蜜蜂学》，北京：中国农业出版社，2001年，第5、27页。

② 吉林省地方志编纂委员会：《吉林省志（第16卷）·农业志·畜牧》，长春：吉林人民出版社，1994年，第96页。

③ 中国畜牧兽医学会：《中国近代畜牧兽医史料集》，北京：农业出版社，1992年，第436页。

黑蜂适应性较强，抗寒，越冬安全，因而它在吉林珲春、黑龙江饶河等地是主要饲养品种和育种资源。[①]民国十年（1921）前后，意大利蜜蜂从关内及朝鲜进入吉林省，日本侵占东北后又带进一批意大利蜂，使吉林省境内的蜜蜂繁育增加了西方品种资源。这些引入品种分布在松花江上游及延边地区，而以桦甸的横道河干、吉林的额赫穆等地最为著名。1927 年，榆树县养蜂2000 箱。当时铁路沿线地区林业人员、农民养蜂较多，其中林区养蜂者最多。铁路沿线的养蜂者采用俄式箱或标准箱，蜂种大多为高加索蜂和俄罗斯蜂，采蜜和抗寒都很强。自西方蜜蜂引进省内以后，一些蜂农开始学习西方养蜂方法，由桶养改为箱养，由固定巢脾改为活框巢脾，产蜜量提高 40%以上。桦甸、水吉等地也开始采用活框新法饲养中蜂。[②]

民国二十年，吉林商人邓芷岑先生经民国政府实业部（农字 898 号文）批准，投资现大洋 1 万元，在吉林市江南组建大生养蜂工场，发展专业养蜂，总场设在省城江南，并在北山、龙潭山、小白山等地设分场，每场饲养 30 群蜂。大生养蜂工场设蜂群管理所、蜂具所。总场设立养蜂讲习所，培训养蜂技术人员。养蜂讲习所曾编印过《养蜂利益浅说》等资料，推广养蜂技术。民国二十九年，丁小农先生建立了金川养蜂场，推行科学养蜂，培养了一批技术人员，使金川蜂场成为全国养蜂界有影响的蜂场之一。1935 年，洪喜涌先生在蛟河县小姑家建养蜂场，1948 年发展为蛟河县养蜂场，设 4 个分场，共养蜂 300 余群。新中国成立后，养蜂生产从以传统方法饲养中蜂为主逐步过渡为以新法饲养西蜂为主。1954 年，马德风先生在蛟河林区为辽西省农业厅办起一个示范养蜂场，饲养了百余群蜜蜂。吉林省农业学校建立了教学养蜂场，养蜂 50 多群，不仅应用人工百王（即蜂王）技术，而且试验推广蜂王浆生产技术。

---

① 吉林省地方志编纂委员会：《吉林省志（第 16 卷）·农业志·畜牧》，长春：吉林人民出版社，1994 年，第 201 页。

② 吉林省地方志编纂委员会：《吉林省志（第 16 卷）·农业志·畜牧》，长春：吉林人民出版社，1994 年，第 97 页。

黑龙江东部的饶河、虎林一带也是引进俄国和饲养东北黑蜂的重要地区。这一地带的饲养黑蜂起源于 19 世纪末 20 世纪初，是饶河等地居民从乌苏里江东的俄国境内引入中国的远东蜂（中俄罗斯蜂和卡尼鄂拉蜂的过渡类型）。1852 年，沙俄入侵东北，一些俄人带进一批蜜蜂，逐渐传与边境农民饲养，养蜂业始有发展。《珠河县志》卷 12 记载，东铁筑成，1896 年哈尔滨附近俄民开始饲养黑色蜂种，即黑蜂。[①]

1898 年后，随着中东铁路的铺设，俄籍员工和移入的俄人又带进一批蜂蜜，养蜂渐增。1949 年之前，内蒙古自治区养蜂业的发展是移民由原住地引入的，呼伦贝尔盟岭北的养蜂是 20 世纪 20—30 年代苏侨迁入三河地区时带入的，品种为东北黑蜂。[②]在“北满所饲养者，俄国种为特多”[③]。据 1917—1924 年调查，滨绥铁路沿线养蜂 15 箱以上者有 1000 余户，并在同业间组成了养蜂组合组织。另据调查，1926 年滨绥铁路沿线养蜂量已发展到 1.78 万多箱，年产蜂蜜 17.84 万千克。1927 年后，黑龙江地区的养蜂业逐渐扩展到铁路沿线附近，有些农民和林业工人也开始养蜂，一般每户饲养 3—10 箱。养蜂区域由滨绥线向黑河、大兴安岭等地扩展。1937 年哈尔滨及南部沿线养蜂 500 箱，滨绥线养蜂 23 800 箱，黑河养蜂 400 箱，大兴安岭养蜂 700 箱，总养蜂量为 2.54 万箱，年产蜂蜜为 25.4 万千克。蜂蜜除在本地销售外，黄越川《东三省畜产志》载：“往销河北地方，日本及朝鲜等处亦有出口。”[④]1937 年以后，林区及草原地区的养蜂业被日本侵略军破坏，只有少数居民和铁路员工少量饲养。到 1945 年，全黑龙江地区养蜂量仅剩 1 万箱，比 1937 年下降了 60.6%。东北解放后，一些居住在铁路沿线和山区的居民恢复发展养蜂生产。到 1952 年已有 32 个县，2 万多农户养蜂，总养蜂量为 3 万箱，是 1945 年总养蜂量的 3 倍。年产蜂蜜 1 万担，产蜂蜡 7.5 吨，产蜂王浆 0.75 吨。

---

① 陈盛禄主编：《中国蜜蜂学》，北京：中国农业出版社，2001 年，第 5、27 页。

②《内蒙古自治区志·农业志》编委会：《内蒙古自治区志·农业志》，呼和浩特：内蒙古人民出版社，2000 年，第 397 页。

③ 黄越川：《东三省畜产志》，上海：美成印刷所，中华民国十九年一月初版，第 75 页。

④ 黄越川：《东三省畜产志》，上海：美成印刷所，中华民国十九年一月初版，第 76 页。

民国时期，中东铁路员工、逃难俄国人和中国边民把黑蜂从俄国引入中国。饶河地区自然条件适宜饲养黑蜂，是东北黑蜂饲养和繁育比较集中的区域。饶河地区属于寒温带大陆性季风气候，这里春季回暖迟，夏季时间短，多雨温热；秋季降温快，冬季严寒漫长。年平均气温 1.6℃，各地差异一般在 1—2℃，最低气温-43℃，最高气温 36.6℃。饶河县位于黑龙江省东北边陲，乌苏里江中下游西岸，与俄罗斯隔江相望，边境线长达 128 公里。南部与完达山脉相环抱，北部与三江平原相依托，交通闭塞。饶河县有一位男子名叫邹兆云，15 岁就到乌苏里江东岸当雇工，为一家俄国养蜂大户饲养黑蜂长达 40 年之久，掌握了黑蜂的习性和饲养技术。1918 年，邹兆云回到故乡饶河县，受养蜂人王德臣资助，从江东引进远东蜜蜂。第一批用马驮回蜜蜂 15 桶，前后 3 批共引进 40 多桶。邹兆云自行设计制作方脾 18 框箱，在苇子沟坡定地饲养。蜂群经过几年繁殖扩大，形成了饶河东北黑蜂品种之源。民国三十六年（1947），全饶河县有 70 多户饲养黑蜂，蜂群近 2000 箱，蜂蜜年产量达 40 多吨。1955 年，全饶河县养蜂已达 2700 多箱，蜂蜜年产量 100 多吨。

在新疆，黑蜂又称新疆黑蜂（图 3-10）、伊犁黑蜂，集中分布于新疆塔城、伊犁、阿勒泰等地区。1900 年东正教徒把高加索蜜蜂（黑蜂）带到伊犁和阿尔泰地区饲养[①]；“1910—1912 年俄人从帝俄带进黑蜂在伊犁河谷的巩留、新源、伊宁和阿勒泰等地饲养，1925 年 C. 堪德诺尔特带入黑蜂 10 余群在伊犁定地饲养”[②]。《中国近代畜牧兽医史料集》记载：1896 年《中俄密约》后，俄人从边境进入黑龙江和修筑中东铁路，带入中国黑龙江一些地区的西方蜜蜂（Apis mellfera L.），是高加索蜂，“1910 至 1912 年新疆俄罗斯族人从沙俄带进黑色高加索蜂在伊犁河谷地区饲养”[③]。从俄国引入新疆的

① 刘先蜀编著：《蜜蜂育种技术》，北京：金盾出版社，2002 年，第 65 页。

② 新疆维吾尔自治区地方志编纂委员会：《新疆通志（第 30 卷）·农业志》，乌鲁木齐：新疆人民出版社，1994 年，第 278 页。

③ 中国畜牧兽医学会：《中国近代畜牧兽医史料集》，北京：农业出版社，1992 年，第 436 页。

黑蜂经过一个多世纪的饲养和繁育，形成了新疆黑蜂地方品系。1980 年，国务院批准成立新疆黑蜂自然保护核心区。①

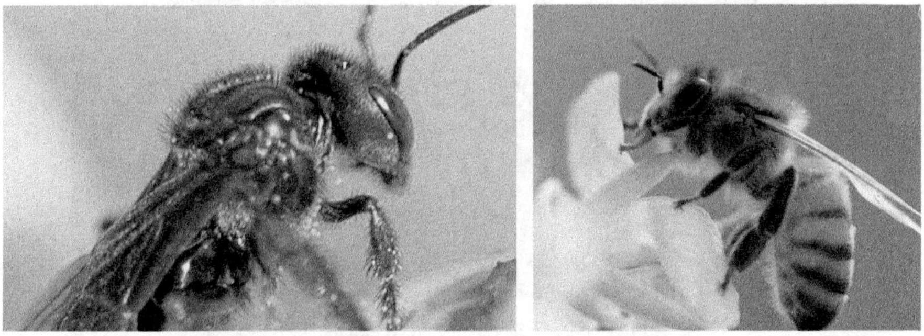

图 3-10　引进俄国高加索蜂繁育成的新疆黑蜂

俄国箱式养蜂方法随着黑蜂一起被引入中国，改变了中国传统的木桶养蜂方法，对中国的养蜂技术有很深的影响。新疆伊犁地区素有“塞外江南”之美称，养蜂历史悠久，蜂农养蜂方法为长期使用桶养，多以木桶招引分蜂团入巢，任其自然繁殖、采蜜，秋季毁巢取蜜。少者养 10—20 桶蜂，多者则养上百桶。但是，新疆伊犁地区蜂群安全越冬的问题长期没有得到解决。1910—1912 年，伊犁地区部分县的俄侨开始饲养黑色高加索蜂，越冬较安全，后来该地蜂农掌握了蜂群安全越冬的方法，并大量饲养黑色高加索蜂。②民国十六年（1927）后，中东铁路沿线俄国人带来俄式箱养方法。吉林蜂农很便捷地从俄人那里学习到了西方养蜂方法，并开始由桶养改为标准箱或俄式箱的箱养，由固定巢脾改为活框巢脾，产蜜量提高 40%以上。1931 年，吉林商人邓芷苓经民国政府批准，在吉林组建大生养蜂工场，举办养蜂讲习所，编印《养蜂利益浅说》等资料，培训养蜂技术人员，推广箱养方法。同时，设分场利用科学方法发展专业养蜂。③目前，箱养法在全国几乎全部取代了

① 陈盛禄主编：《中国蜜蜂学》，北京：中国农业出版社，2001 年，第 5、27 页。

② 新疆维吾尔自治区地方志编纂委员会：《新疆通志（第 72 卷上）·科学技术志》，乌鲁木齐：新疆人民出版社，2000 年，第 351 页。

③ 吉林省地方志编纂委员会：《吉林省志（第 38 卷）·科学技术志·科技》，长春：吉林人民出版社，1997 年，第 299 页。

桶养法（图 3-11）。

图 3-11　中国传统的桶养法的蜂桶（左）；
俄国传入中国箱养法使用的蜂箱（右）

新疆蚕桑生产历史悠久。在汉晋时期的尼雅遗址中，考古工作者发现有蚕茧实物。遗址区内，有大量枯死桑树。文献中关于桑树栽培，最早见于《后汉书·西域传》载，“伊吾（今哈密）地宜五谷、桑麻”，距今已有 1700 余年。而后《北史·西域传》载，高昌（今吐鲁番）“气候温暖，厥土良沃，谷麦一岁再熟，宜蚕，多五谷”；焉耆“养蚕不以为丝，唯充绵纩”；于阗“土宜五谷并桑麻”。[①]清光绪元年（1875）左宗棠认为“山南城郭之国……土沃泉甘，环庐村桑，有邠原之风，宜兴蚕事”。光绪三十年，新疆的蚕丝已成为出口大宗商品。至 20 世纪 80 年代中期，蚕桑一直是南疆农村的主要副业。植桑方面，清光绪初年，左宗棠督办新疆军务伊始，就从浙江湖州和陕西汉中、勉县等地购进桑苗，发给农民栽植。光绪四年统计全省桑树 80.6 万株。宣统三年（1911），老蚕区和阗有 200 万株。民国三年（1914）全省桑树 319.2 万株，民国三十一年发展到 464 万株（面积 11 万余亩），1949 年保留 400 余万株。[②]尽管新疆蚕桑生产历史悠久，但在民国时期较多地引进苏联蚕种。原因是在蚕茧质量方面，清末茧质较差，有“茧薄如蝉翼”之

① 转引自新疆维吾尔自治区地方志编纂委员会：《新疆通志（第 30 卷）·农业志》，乌鲁木齐：新疆人民出版社，1994 年，第 253 页。

② 新疆维吾尔自治区地方志编纂委员会：《新疆通志（第 30 卷）·农业志》，乌鲁木齐：新疆人民出版社，1994 年，第 253 页。

说。进入民国时期，蚕种大部分是土种茧。[①]因此，需要引进蚕种提高产量。民国二十二年（1933）前，引进新疆饲养蚕种为苏联品种报达、阿斯科里、吉伯雷德等，丝色嫩黄。民国二十四年从内地引进蚕种。1949—1953 年引进苏联种，主要是阿斯科里与报达杂交。[②]民国二十八年，苏联种 12.5 斤鲜茧晒 4 斤干茧，抽丝 1 斤，干茧出丝率 25%，鲜茧出丝率 8%。[③]

引入农业品种的应用推广促进生产发展。民国时期新疆蚕业发达，在一定程度上得益于引进和更新品种。在民国二十二年之前，新疆各区县主要饲养从俄苏引进的阿斯科里、报达、吉伯雷德等优良品种。[④]民国二十四年，盛世才政府聘请斯瓦尼兹等苏联专家帮助制订新疆三期三年发展计划。其中规定：在一期计划（1937—1939 年）期间，吐鲁番和库尔勒建立桑苗圃，吐鲁番设立“模范养蚕室”，进一步扩大引进苏联蚕种规模，半价或免费供应给蚕农。在当时，蚕业发展成效突出，且“从外国引入蚕种之事多见于新疆”[⑤]。20 世纪 40 年代初，引进苏联的巴格达德、吉伯雷德、阿斯科里、奥罗等蚕种，占全新疆使用蚕种总量 80%以上。由于新疆从苏联进口蚕种量大，蚕种需求对进口依赖性强，内地进疆桑蚕专家赵鸿基等创建蚕种场，培育良种，试图降低对进口苏联蚕种的依赖程度。[⑥]

新疆引进优质蚕种应用推广，促进了蚕业生产和商品化发展。民国十五至三十一年，新疆对苏联出口生丝量，总体上呈现增长趋势（出口情况详见

---

① 新疆维吾尔自治区地方志编纂委员会：《新疆通志（第 30 卷）·农业志》，乌鲁木齐：新疆人民出版社，1994 年，第 256 页。

② 新疆维吾尔自治区地方志编纂委员会：《新疆通志（第 30 卷）·农业志》，乌鲁木齐：新疆人民出版社，1994 年，第 266 页。

③ 新疆维吾尔自治区地方志编纂委员会：《新疆通志（第 30 卷）·农业志》，乌鲁木齐：新疆人民出版社，1994 年，第 256 页。

④ 新疆维吾尔自治区地方志编纂委员会：《新疆通志（第 72 卷上）·科学技术志》，乌鲁木齐：新疆人民出版社，2000 年，第 351 页。

⑤ 新疆维吾尔自治区档案馆：《新疆与俄苏商业贸易档案史料》，乌鲁木齐：新疆人民出版社，1994 年，第 423 页。

⑥ 赵鸿基系江苏省高邮市人，1929 年于南京中央大学农学院蚕桑系毕业并留学日本东京帝国大学农学部，1942 年进疆任蚕桑顾问，致力于新疆蚕桑、丝绸事业多年。引自罗绍文：《赵鸿基和新疆的蚕丝业》，《新疆地方志》1993 年第 2 期，第 41—44 页。

表 3-4）。实际上，民国时期较多地引进苏联蚕种，也与大量对苏联出口生丝关系密切。因为新疆土种茧出丝率低，为满足苏联市场需要，引进苏联种茧。由于苏联蚕种适应性和生产性能表现好，20 世纪 50—60 年代，新疆又从苏联引入乌克兰 1 号、乌克兰 3 号、胜利、格各吉亚、中亚细亚 5 号等蚕种。①

表 3-4 民国十五至三十一年（1926—1942）新疆对苏联出口生丝量

单位：吨

年份	对苏联出口生丝量	年份	对苏联出口生丝量	年份	对苏联出口生丝量
1926	28.0	1932	52.0	1938	—
1927	81.0	1933	—	1939	86.0
1928	67.0	1934	—	1940	97.0
1929	150.0	1935	75.0	1941	92.0
1930	70.0	1936	58.0	1942	82.0
1931	—	1937	61.2		

资料来源：新疆维吾尔自治区地方志编纂委员会：《新疆通志（第 30 卷）·农业志》，乌鲁木齐：新疆人民出版社，1994 年，第 259 页

第三节　民国时期引进苏联西兽医药技术

中国中兽医历史悠久，但在一些方面尤其是疫病防治上需要引进和发展西兽医技术。民国十九年（1930），在阿尔泰山发掘出石器时代的 8 具马木乃伊中，发现公马去势疤痕。吐鲁番出土唐墓发现《牛医方》，证明 1000 多年前中兽医技术已传入古西域。清乾隆中叶以后，一些中兽医随兵屯、民垦、移民进入新疆。中国中兽医技术世代相传，畜病防治是畜牧业生产发展的重要保障条件之一。但是，农牧区民间兽医多为驭手出身，文化低，没有受过专门的医学教育，医术受中医学和邻国医学的影响，通过眼看模仿、口传等学得医术，日久成医，在缺医少药的农牧区很能解决问题。在旧中国兽医传染病很难实现

① 新疆维吾尔自治区地方志编纂委员会：《新疆通志（第 30 卷）·农业志》，乌鲁木齐：新疆人民出版社，1994 年，第 267 页。

有效控制。譬如，鼻疽病在新疆流行，曾经一度严重危害畜牧业发展。清宣统二年（1910），特克斯县哈拉达乡发生鼻疽病。民国二十一年（1932）各地兽医站检疫马 4791 匹，检出阳性马 1760 匹，阳性率 36.74%。民国二十六年，特克斯县、绥定县、巩留县检疫马 262 匹，阳性 110 匹，阳性率 41.98%。民国三十一年，国民党驻洛浦县骑兵团检疫马 1500 匹，检出阳性马 720 匹，阳性率 48%。①

20 世纪初，俄国西兽医技术被引入中国的中俄边境地区。正是这个时期，清政府颁布诏谕兴办兽医教育。晚清至民国初期，治疗家畜疾病采用中兽医。甲午战争后，清政府感到兴办新式学校为急务。1901 年，光绪帝颁发“兴学育才”的诏谕。1902 年，清政府颁布《钦定学堂章程》，规定京师大学堂设立大学院，而大学的农业专门科分四目，其中之一就是兽医。1904 年，北洋马医学堂成立，起初聘请 4 名日本人任教。这是以实验为基础的西兽医技术教育之开端。②俄国西兽医技术最早传到中国是在中东铁路沿线。在铁路修建期间，沙俄为运输建路物资和供应俄籍筑路人员的乳品，带来了大批马匹和奶牛，同时派来兽医人员。1903 年，设立“中东铁路局”，局内正式设兽医处，内设 8 个兽医段，主要工作是检疫畜禽及动物制品，如各种皮毛、油脂、肠等。③

一、引进苏联西兽医与家畜人工授精技术

民国期间，新疆省政府有计划地从苏联引进西兽医技术。1933—1944 年，盛世才在新疆设立畜牧兽医技术推广机构，聘请内地和苏联的畜牧兽医专家，培训科技人员，实施牲畜保健，改良畜禽品种、设立种畜场和配种改良站。④

① 新疆维吾尔自治区地方志编纂委员会：《新疆通志（第 34 卷）·畜牧志》，乌鲁木齐：新疆人民出版社，1996 年，第 281 页。

② 中国农业博物馆：《中国近代农业科技史稿》，北京：中国农业科技出版社，1996 年，第 285 页。

③ 中国农业博物馆：《中国近代农业科技史稿》，北京：中国农业科技出版社，1996 年，第 249 页。

④ 新疆维吾尔自治区地方志编纂委员会：《新疆通志（第 72 卷上）·科学技术志》，乌鲁木齐：新疆人民出版社，2000 年，第 271 页。

具体来说，民国二十三年，“新疆省政府聘请苏联专家，培训西兽医（从此即有中西兽医之分）”[①]。民国二十七年（1938），新疆省建设厅设农业局，下设畜牧科、兽医科，成为新疆省级畜牧兽医行政管理机构。民国三十三年，新疆省建设厅机构调整，三个局改为四个科，其中第三科是畜牧兽医科，专门协调管理畜牧兽医发展事宜，引进和推广畜牧兽医技术。[②]1949 年 12 月 17 日，新疆省人民政府成立，在原建设厅畜牧兽医科基础上组建畜牧厅。新疆省畜牧兽医科在引进苏联畜牧兽医技术，尤其在引进推广家畜人工授精技术和兽医生物药品制造技术方面形成较大影响。

民国时期，引进苏联畜牧良种的同时引进了家畜人工授精技术。新疆畜禽繁殖依赖本交、自群繁育，导致繁殖成活率低、品质退化，生产发展缓慢。[③]人工授精技术发端于 18 世纪。1780 年，意大利生理学家 S. 佰恩吉尼首次进行犬的人工授精试验，获得成功。进入 20 世纪，人工授精技术进入实际应用和推广阶段，发展成为家畜育种的有效手段。俄国生理学家 H. 伊万诺夫是俄国家畜人工授精技术发展的奠基人。1890—1909 年，H. 伊万诺夫开创的马匹人工授精技术在俄国的欧洲部分推广应用，实施配种的马匹达 0.68 万匹。1913 年，马的人工授精产驹率达 42.3%。[④]1919 年，H. 伊万诺夫在莫斯科建立了中央实验育种站，培训人员，大力推广人工授精技术。俄国的家畜人工授精技术实施是由基层兽医站进行的。在村庄兽医站进行着马、牛和羊人工授精工作。因为俄国推广家畜人工授精的目的是利用优良的种畜以改善当地家畜品种。[⑤]到 1936 年，苏联已采用人工授精方法繁育了 600 多万只绵羊等家畜，在家畜改良和培育新品种方面取得了显著效果。家畜人工授精技

① 新疆维吾尔自治区地方志编纂委员会：《新疆通志（第 72 卷上）·科学技术志》，乌鲁木齐：新疆人民出版社，2000 年，第 287 页。

② 新疆维吾尔自治区地方志编纂委员会：《新疆通志（第 34 卷）·畜牧志》，乌鲁木齐：新疆人民出版社，1996 年，第 599 页。

③ 新疆维吾尔自治区地方志编纂委员会：《新疆通志（第 72 卷上）·科学技术志》，乌鲁木齐：新疆人民出版社，2000 年，第 277 页。

④ 中国农业博物馆：《中国近代农业科技史稿》，北京：中国农业科技出版社，1996 年，第 262 页。

⑤ 中央人民政府农业部畜牧兽医司：《畜牧兽医选辑（六）·兽医生物药品制造》，上海：中华书局，1953 年，第 15 页。

术的发明和应用信息很快被中国学界和商界获得。1919年，《中华农学会丛刊》第1期发表了鲁农的《马匹人工授精术》，该文系统地介绍了国外马的人工授精技术发展情况和各项要领。[①]民国二十六、二十九年（1937、1940），先后由苏联引进马和绵羊人工授精技术，在官办马场、羊场及民间开始试验应用新的繁育方法。[②]

民国时期，新疆从苏联引进家畜优良品种和人工授精技术，在改良地方畜牧品种方面，成效最为显著的是培育出“兰哈羊”杂种细毛羊。1911—1932年，新疆马的品种有哈萨克马（吉尔古斯马）、蒙古马和巴旦坤马杂交改良马；牛的品种有黄牛、牦牛、褐牛；羊的品种主要是哈萨克羊和蒙古羊。1933—1944年，盛世才在新疆设立畜牧兽医管理和技术推广机构，聘请苏联畜牧兽医专家，培训畜牧兽医技术人员，实施牲畜保健，建种畜场和配种改良站。[③]从苏联引进畜牧优良品种，聘请苏联专家推广应用人工授精技术，改良地方品种。引进“英顿”马、“奥尔济夫”马、“顿河”马，改良当地哈萨克马和蒙古马；引进瑞士褐牛、蒙古种牛，改良地方黄牛；引进卡夫卡孜兰布里耶羊和泊列考斯羊，与哈萨克及蒙古母羊杂交改良当地羊种，培育出“兰哈羊”杂种细毛羊用以改良当地羊；引进卡拉库尔羊，用于改良库车羊发展羔皮羊。[④]民国二十二年，新疆伊犁种羊场开始利用人工授精技术进行绵羊改良工作。引进卡夫卡孜兰布里耶羊和泊列考斯羊，采用人工授精法进行定向杂交繁育。民国二十九年，新疆采用人工授精新技术配种母羊；民国三十一年，在第三区建设局附设种羊场试验成功，产下第一批人工授精羔羊，成功培育了“兰哈羊”杂种细毛羊种群。[⑤]之后，利用培育出的“兰哈羊”杂种细毛羊改良当地羊。

---

① 鲁农：《马匹人工授精术》，《中华农学会丛刊》1919年第1期。

② 新疆维吾尔自治区地方志编纂委员会：《新疆通志（第72卷上）·科学技术志》，乌鲁木齐：新疆人民出版社，2000年，第277页。

③ 新疆维吾尔自治区地方志编纂委员会：《新疆通志（第72卷上）·科学技术志》，乌鲁木齐：新疆人民出版社，2000年，第271页。

④ 新疆维吾尔自治区地方志编纂委员会：《新疆通志（第72卷上）·科学技术志》，乌鲁木齐：新疆人民出版社，2000年，第271页。

⑤ 新疆维吾尔自治区地方志编纂委员会：《新疆通志（第72卷上）·科学技术志》，乌鲁木齐：新疆人民出版社，2000年，第277页。

利用引进品种和人工授精技术，并聘请国外专家指导，有计划地进行地方品种改良和新品种培育，在中国家畜育种史上还是少有的。1933 年，新疆伊犁种羊场进行绵羊改良工作，聘请苏联专家制订计划，大规模地开展人工授精技术的试验和推广。对此，中国畜牧学家和家畜人工授精技术的开拓者和传播者郑丕留先生认为："这是人工授精技术在国内家畜繁殖领域的首次应用。"[①]有资料记载，巩乃斯种羊场自 1941 年起，每年都有计划地利用引进绵羊品种和人工授精技术，改良地方品种，定向培育新品种。[②]

民国时期，新疆省人工授精技术之所以能较有成效地引进和推广应用，其中机制保障因素不仅设置专门机构，而且有相关制度安排。新疆家畜人工授精技术的应用起始于民国二十六年（1937）。《新疆通志（第 72 卷上）·科学技术志》载："民国二十六年（1937），迪化种畜场（原种马场），在苏联专家指导下试验马人工授精法。到民国二十八年（1939），三年共试验配种母马 425 匹。"[③]在人工授精技术应用之初，即 1937 年 1 月，新疆农矿厅颁布《种马场工作简章》，其中具体明确了实施人工授精技术的方法和要求。《种马场工作简章》计划规定，第一年采用人工授精法完成交配 115 匹，第二年完成交配 150 匹，第三年完成交配 160 匹。

民国二十八年，新疆省政府在迪化、伊宁、焉耆、绥来、承化、绥定、吐鲁番、塔城、额敏、吉木乃、乌苏、哈巴河设立种畜交配所 12 个。此外，各区牧场、全省各县畜牧局都将人工授精技术应用推广作为家畜品种改良的一项重要措施和中心工作。1938 年，新疆全省畜牧兽医机构共配马 2300 匹，牛 1200 余头。其中，采用人工授精技术配种的占 30%。[④]1940 年，训练人工授精技术员 11 人。同年 5 月，新疆省建设厅颁布《种羊场规程》，其中第二十八条规定："种羊场之交配按照计划用人工授精方式进行……巩乃斯种

① 郑丕留：《家畜人工授精的过去及现在》，《工作通讯》1950 年第 10 期，第 7—9 页。
② 中国畜牧兽医学会：《中国近代畜牧兽医史料集》，北京：农业出版社，1992 年，第 160 页。
③ 新疆维吾尔自治区地方志编纂委员会：《新疆通志（第 72 卷上）·科学技术志》，乌鲁木齐：新疆人民出版社，2000 年，第 278 页。
④ 中国畜牧兽医学会：《中国近代畜牧兽医史料集》，北京：农业出版社，1992 年，第 159 页。

羊场建立了人工授精站，1941 年全部母羊用人工授精配种，也给当地农牧民群众的母羊配种。”1941 年 5 月，新疆建设厅呈报省政府的报告中述及：查伊犁区种羊之繁殖已开始采用人工授精法，成绩卓著。1942 年，新疆共配羊 2.6 万只、牛 1.3 万头、马 1.7 万匹，“其中 30%用人工授精法交配”。[①]在对羊的人工授精过程中，对大多数种公羊都连续采精 1 个月以上，“每只公羊可配种多只母羊，最高数达 1500 余只”[②]。

二、引进苏联兽医生物药品生产和应用技术

作为西兽医技术武装起来的畜禽疾病治疗体系建立的重要标志，兽医生物药品制造技术试验和推广应用，在俄国开展富有成效的工作相对较早。钱科夫斯基（А. С. Ценковсий，1822—1887 年）和密赤尼阔夫（Мечпиков，1945—1916 年）是俄国兽医生物药品制造技术的主要创始人。钱科夫斯基曾在细菌对植物和畜牧的关系上进行了系统研究。“钱科夫斯基创设的第一所俄国兽医学校，首先根据自己的细菌学知识，防治俄国畜牧的传染病（炭疽病），当他在哈里阔夫斯基（Харъковский）兽医大学工作时，在 1883 年第一个提供了炭疽芽孢菌的制造方法（这是俄国有生物制品的开端）。”[③]密赤尼阔夫对炎症及吞噬细胞作用的研究，尤其在临床上及对抗有害细菌的组织方面的免疫现象的发现，为兽医生物制品开发生产奠定了重要的理论基础。

俄国不仅兽医生物药品制造科技走在世界前列，而且政策制度建设也比较早。俄国十月革命之前，实施扑灭兽疫的方法是杀死病畜，并建立封锁线和兽医警察组织。在兽医传染病的防治诊断及治疗的实际工作中，规定应用 13 种生物制品。而且，只允许在疫情很严重时才能使用。俄国十月革命之后，苏俄（联）政府把家畜传染病防治作为国家的一项重要事业，并在控制及预

---

① 中国畜牧兽医学会：《中国近代畜牧兽医史料集》，北京：农业出版社，1992 年，第 159—160 页。

② 刘行骥：《新疆省畜牧兽医事业概述》，《畜牧兽医月刊》1944 年第 4 期，第 15—80 页。

③ 中央人民政府农业部畜牧兽医司：《畜牧兽医选辑（六）•兽医生物药品制造》，上海：中华书局，1953 年，第 10—11 页。

防牧畜传染病方面颁布了一系列法令，保证了各加盟共和国防治牧畜传染病的物资供应。“1919 年 1 月 28 日，列宁批准了关于动员兽医医生及兽医助手防治牧畜传染病的法令（鼻疽、炭疽、牛痘等等）。1919 年 8 月 20 日，列宁批准了关于研究所、试验所制造疫苗血清需要材料供应的法令。”①

在机构建设方面，建立了从中央到村庄基础的、多层次的管理和服务机构，即共和国兽医局、省兽医局、区兽医室、村庄畜牧兽医站。省兽医局管辖与区兽医室并行设立的机构有兽医实验所、兽医诊断所、兽医卫生所、兽医院、药械库；区兽医室管辖与村庄畜牧兽医站并行设立的机构有诊断所、兽医院；村庄畜牧兽医站的职能主要是人工授精、预防传染病、诊疗非传染病和特别病症区兽医室领导各乡畜牧兽医站的工作。②畜牧兽医站设立在大村庄内，实行集体农庄及农民个人所有的牧畜保护。即便在小村庄畜牧兽医站也设有小型兽医院、药房。家畜人工授精是俄国各级畜牧兽医机构的一项重要职责。这些机构推广家畜人工授精技术，发挥优良种畜繁殖替力，提高地方家畜品种改良效果。村庄兽医站作为基层畜牧兽医机构，推广实施马、牛、羊等各种家畜的人工授精技术。③

民国时期，新疆引进苏联西兽医技术和药品，为生产兽医生物药品奠定了技术和推广应用基础，因而成为中国实际应用西兽医技术比较早的地区。民国二十二至三十三年（1933—1944），新疆省设立畜牧兽医技术推广机构及种畜场和配种改良站，聘请苏联畜牧兽医专家，培训科技人员，实施牲畜人工授精，推广苏联畜牧品种，改良畜禽品种。同时，应用从苏联引进的西兽医药实施牲畜防疫和保健，促进畜牧生产发展。④20 世纪 30 年代初天山南

---

① 中央人民政府农业部畜牧兽医司：《畜牧兽医选辑（六）·兽医生物药品制造》，上海：中华书局，1953 年，第 13—14 页。

② 中央人民政府农业部畜牧兽医司：《畜牧兽医选辑（六）·兽医生物药品制造》，上海：中华书局，1953 年，第 15 页。

③ 中央人民政府农业部畜牧兽医司：《畜牧兽医选辑（六）·兽医生物药品制造》，上海：中华书局，1953 年，第 14 页。

④ 新疆维吾尔自治区地方志编纂委员会：《新疆通志（第 72 卷上）·科学技术志》，乌鲁木齐：新疆人民出版社，2000 年，第 271 页。

北大多数地方田园荒芜、水利设施废弃、人民死伤逃亡无计。民国二十三至二十四年（1934—1935），为了恢复发展农业，新疆省政府动用省币3亿两以上的巨额农贷资金。款项贷给农民的形式除贷款外，还可以贷马匹、贷耕牛、贷种子。农贷资金是苏联贷款的转化，转给农民的农业种子大部分从苏联中亚地区引入新疆，贷给农民的农机具也是从苏联购进的。[①]

《新疆通志·农业志》载，民国二十三至二十五年，新疆政府选派312人到苏联塔什干、撒马尔罕、安集延、阿拉木图等地留学，部分在农业院校学习农林、水利、兽医、桑蚕和管理等专业知识，其中知名的有司马意·雅生诺夫、于大新、纳斯尔丁等。[②]《新疆通志（第72卷上）·科学技术志》记载：1934—1936年，新疆每年向苏联乌兹别克斯坦加盟共和国塔什干中亚大学派留学生，分三批派出，共268人。1935年，选派27名留学生到苏联撒马尔罕农业大学学习；同年10月，另选送12人到苏联撒马尔罕、安集延和阿拉木图等农业专科学校，学习畜牧、农林、水利等。前后7批，共派出307人。[③]同样，新疆农业大学官网介绍：1934—1936年，新疆省政府选派到苏联塔什干中亚国立大学留学的有300多人，并向苏联贷款500万卢布用以支付学习费用。[④]

农科留苏学生学成回国后，对新疆经济社会与农牧业发展做出了重要贡献。于大新是1940年从苏联撒马尔罕畜牧兽医学校毕业的，学习畜牧和兽医两个专业。1941年，他参加中苏两国兽医科技人员组成的口蹄疫防治队，并担任中方负责人。于大新在西兽医方面取得不少科研成果，并成功研制两种口蹄疫疫苗，对控制新疆农牧区口蹄疫传播流行发挥了重要作用。新中国成立初期，于大新提出建议并组织实施引进苏联种畜改良地方品种，使新疆绵羊

① 庄鸿铸、吴福环、厉声，等：《近现代新疆与中亚经济关系史》，乌鲁木齐：新疆大学出版社，2000年，第115页。

② 新疆维吾尔自治区地方志编纂委员会：《新疆通志（第30卷）·农业志》，乌鲁木齐：新疆人民出版社，1994年，第550页。

③ 新疆维吾尔自治区地方志编纂委员会：《新疆通志（第72卷上）·科学技术志》，乌鲁木齐：新疆人民出版社，2000年，第864页。

④ 新疆农业大学：《创建时期（1952—1955年）——筹建经过，校园概况，历史回顾》，http://www.xjau.edu.cn/，2013年3月12日。

改良和新品种培育在全国居领先地位。1954 年，于大新草拟并得到政府批准实行的新疆畜牧品种改良区划，对新疆细毛羊、伊犁马、新疆褐牛、新疆羔皮羊等新品种培育工作，在培育方案、技术路线及措施等方面给予技术指导。特别是在新疆细毛羊育种工作中，于大新长期对育种技术工作给予重要指导，1966—1972 年，于大新组织创办中国首个百万只细毛羊饲养示范样板。他曾任新疆省建设厅技师、顾问，迪化兽医院院长。新疆八一学院多名教授是民国期间留苏的农科学生，如孙家禄（曾任新疆八一学院苏联专家办公室翻译室主任）、新疆八一学院第二任院长司马义·亚生诺夫、乌买尔江和纳赛尔丁等。①

新疆省政府和各区县聘请苏联专家任教，举办各种农牧讲习所、农牧训练班，培训农牧业专业技术人员。《新疆通志（第 30 卷）·农业志》记载："民国二十四年新疆建设厅设农牧讲习所聘苏联专家讲课，上课时配有翻译。培训学员派到省级农牧机构和县区农牧场工作，学员安风祥、伊不拉青、韩宝来等都是近代新疆推广农牧技术的先行者。民国二十七至二十九年建设厅饬令各区农牧场设训练班，培训技术员 400 余人。"②至民国三十六年（1947），培训农业、畜牧、兽医等专业的学员达 634 人（表 3-5）。

表 3-5 民国时期农业干部短期培训概况 单位：人

年份	主办单位	培训人数	培训内容
民国二十四年	迪化农牧讲习所	27	农业、畜牧、兽医等
民国二十六年	迪化农牧讲习所	28	农业、畜牧、兽医等
民国二十七年	迪化农牧讲习所	30	农业、畜牧、兽医等
民国三十三年	和田区建设局	174	蚕桑技术
民国三十四年	不详	155	水利、蚕桑、兽医、测候等
民国三十六年	和田区蚕桑训练班	220	水利、蚕桑、兽医、测候等
合计		634	

资料来源：新疆维吾尔自治区地方志编纂委员会：《新疆通志（第 30 卷）·农业志》，乌鲁木齐：新疆人民出版社，1994 年，第 470 页

① 新疆维吾尔自治区地方志编纂委员会：《新疆通志（第 72 卷上）·科学技术志》，乌鲁木齐：新疆人民出版社，2000 年，第 254 页。

② 新疆维吾尔自治区地方志编纂委员会：《新疆通志（第 30 卷）·农业志》，乌鲁木齐：新疆人民出版社，1994 年，第 568 页。

庄鸿铸、吴福环、厉声等研究认为："在畜牧业方面，新疆省政府聘用了一批苏联专家，他们大多数来自苏联中亚地区，热诚地帮助新疆开展改良畜牧品种、进行科学饲养、科学繁殖牧畜，以及防治牧畜病害的工作。苏联专家还在畜牧讲习所、培训班任教，以及招收实习生、带助手，通过这些方式，培训了一批新疆各民族的兽医和畜牧技术人员。"从民国二十五年，即1936年起，"在南北新疆各地陆续设立了一些兽医院、巡回兽医所"。[①]新疆省的3个三年发展计划是由斯瓦尼兹等苏联专家帮助盛世才政府制订的，其中畜牧发展计划重点是改良品种和培养畜牧兽医人员。新疆省聘请苏联畜牧兽医专家，指导新疆畜牧兽医工作，并培训畜牧兽医专业人员。据统计，民国二十九年全新疆有3名畜牧兽医专家，1941年增加了8人，1942年又增加了8人，共达19人。为发展畜牧业，新疆省政府又拨出一定款项用于从苏联进口西兽医药品，分发各区用于家畜疫病防治。仅1940年就从苏联引进价值7万多元的兽用药品。同时，还曾派人去苏联参加农业展览会，使参观者提高了学识，增长了经验，还从苏联带回不少发展农牧业的宝贵资料。[②]

民国三十六年新疆建成迪化血清厂，生产兽医防疫用生物药品相对较早。在中国，最早建成的生物制品厂主要是为进出口商品检验服务的。1930年，中国兽医生物药品制造的第一个工厂在青岛商品检验所建立，其生产的产品为狂犬病、牛痘、猪肺炎、猪瘟、鸡瘟等传染病的血清，主要用于进出口商品检验。1932年，上海进出口商品检验局建成了上海血清厂。[③]青岛和上海两地血清及疫苗制造成功后，各地畜牧兽医机构也纷纷建立生物制品制造厂，生产血清等产品。民国三十三年三月七日，新疆省政府委员会第41次例会决议建立迪化血清厂，省建设厅副厅长顾诺言兼筹备处主任，厂址在迪化市南郊燕儿窝。1947年该血清厂建成投产。顾谦吉兼任厂长，涂治兼任

① 庄鸿铸、吴福环、厉声，等：《近现代新疆与中亚经济关系史》，乌鲁木齐：新疆大学出版社，2000年，第115页。

② 庄鸿铸、吴福环、厉声，等：《近现代新疆与中亚经济关系史》，乌鲁木齐：新疆大学出版社，2000年，第130—131页。

③ 中国农业博物馆：《中国近代农业科技史稿》，北京：中国农业科技出版社，1996年，第289页。

副厂长。全厂有职工 40 余名。血清厂生产人用、兽用生物制品，人用生物制品有伤寒、霍乱菌苗、狂犬、牛痘疫苗；兽用生物制品有牛炭疽芽孢苗、炭疽血清、猪瘟疫苗等。1946—1949 年，生产各种生物药品共 29 万毫升。[①]虽然该血清厂的厂房简陋，设备不全，无正式生产规程和产品检验标准，又无标准种毒、菌种，产品质量不稳定，成品价格较高，但为新中国成立初期兽医生物药品制造技术发展提供了经验借鉴。

1950 年，省畜牧厅成立后接管血清厂，并着手整顿恢复生产。通过加强技术力量，增添生产设备，严格执行生产、检验规程，使产品质量及生产效率都有所提高。1951 年，西北军政委员会和西北畜牧部将撤销后的西安兽医生物药品制造厂的部分技术人员和设备调往新疆。1952 年，农业部统一全国生物药品厂厂名，新疆血清厂改称“新疆省兽医生物药品制造厂”。1953 年任命章道彬为厂长，安尼瓦尔·莫克尤夫为副厂长。随着技术力量的加强、仪器设备的增加和生产、检验规程的执行，生产操作规则和生产管理制度逐步建立，生产日趋正轨，产品质量和生产效率提高。[②]

第四节 民国时期引进俄苏农业机械技术

民国时期，新疆、内蒙古和东北三省引进俄苏农业机械品种、数量增加较快，推广应用范围扩大。新疆省官方引进俄苏农业机械最多，达 70 多种、10.5 台（架），并设立农机租赁所（后改称农业所）、农场为农户提供农机服务。20 世纪 20 年代，东北农业机械发展较快，私营农业机械的团体和个人

---

① 新疆维吾尔自治区地方志编纂委员会：《新疆通志（第 34 卷）·畜牧志》，乌鲁木齐：新疆人民出版社，1996 年，第 478—479 页。

② 新疆维吾尔自治区地方志编纂委员会：《新疆通志（第 34 卷）·畜牧志》，乌鲁木齐：新疆人民出版社，1996 年，第 479 页。

数量不断增加，有些农村出现“火犁公司”，使用机械垦荒、翻地、播种和脱粒。少数个人办的农场规模也在扩大，如 1925 年在绥滨县内的东北农具垦殖公司，就有 11 台拖拉机。同时，民间和官方重视引进植保器械、场上机械、加工机械，聘请苏联灭蝗团帮助灭蝗。当时，农业机械作为一种新的生产力，其推广应用促进农牧业发展，同时改变人们生产生活方式。譬如，蒙古族学会使用俄苏打草机械和技术，学会建圈饲养牧畜，学会种植作物等农业活动，适应了农业劳动和定居生活。民国时期，尽管引进苏联农业机械品种、数量大幅度增加、应用范围扩大，新疆省政府也采取积极政策推动，但由于制度缺陷、政局不稳、没有制造业和维修服务体系支撑，推广应用效果仍然有限。

俄国十月革命后，白俄富农及官兵携带大量新式耙、犁，播种机，收割机等农业机械进入中俄边境地区。这时期内蒙古呼伦贝尔地区鼓励垦荒，中俄（苏）两国边民引进俄苏农业机械明显增多。农户和农具垦殖公司从俄苏购买农业机械，有的农具垦殖公司拥有拖拉机达 10 多台，有的种田大户也已经购买拖拉机和配套农机。20 世纪 30 年代，黑龙江省有 36 个市、县有农业用拖拉机，共 368 台。

一、新疆从俄苏引进农机具

新疆省是民国时期引进俄苏农业机械品种多、数量大、影响深的省份。民国三年（1914），俄国设在新疆的华俄道胜银行开始输入新式铁犁。民国五年，新疆始有“俄国种地机器”。俄国十月革命后，白俄富农及官兵携带大量新式犁、耙，播种机，收割机等在塔城、伊犁、阿山边境一带开荒种地。当地富商、地主趁机购买了一批俄国农机具。民国二十年，塔城地区有各种新式农具 1400 余架，伊犁地区农民也多有使用。盛世才主政新疆时期推行“亲俄政策”和农业机械化运动，大批量引进苏联拖拉机、机引作业机械和半机械化农具，曾一次引进数千架分发到各区县推广应用，或低价租赁给农户使用，并聘请苏联专家技术指导，培训技术人员。1934 年，新疆省政府引进苏联的弗波型、赫特兹型、ЛТД-20 型等型号拖拉机 20 余台。至民国三十一年（1942）末，有近 70 种、10.5 万余架机具，推广至全新疆。后因新苏贸易中断零件短缺，引进农机具大多毁损废置。到 1949 年末，农业生产依然是“土犁耕地手撒种，口袋运肥牛踹场”①。

民国二十四至二十五年，新疆省政府订购苏联的农具数量达 2500 余架。同时，“政府增加贷款鼓励农民自购”②。这期间，新疆引进了大型的动力机械、机引作业机械机。民国二十三年，阿山区从苏联购进列宁格勒红色普提洛夫工厂制造的弗波型铁轮拖拉机 2 台。后又购进赫特兹型拖拉机。民国时期，迪化区从苏联引进拖拉机 6 台，增城区引进 4—5 台，伊犁区引进 5—7 台，阿山区引进 2 台，全新疆拖拉机总数约 20 台。至 1949 年末，尚存 4 台（折合 6.4 标准台）。③ 20 世纪 30 年代新疆开始购进苏联产机引三铧犁、播种机。民国二十三年，阿山区购进苏制机引三铧犁 2 架，在城郊农场试用。此后，迪化区、伊犁区、塔城区各农牧场也先后购进机引三铧犁。同年，阿山区从苏联购入机引谷物条播机 1 架。④

民国二十六至二十八年，新疆从苏联购进的农机具品种、数量不断增加。至民国二十八年末，新疆共引进苏联农机具达 48 个品种，约 4 万架。至民国三十一年末，农业、牧业、运输、农产品加工等行业有各种新式机具近 70 个品种，10.5 万架左右。其中，农业用机具数量占 85%以上。如伊犁地区 12 个县、局，民国三十一年统计有 30 种机具，19 914 架。其中，农业用 27 种，19 452 架，占 97.7%。又如民国二十九至三十一年喀什、和田等 13 个县出售机具 21 种，1604 架。其中，农业用 17 种，1549 架，占 96.6%。⑤

---

① 新疆维吾尔自治区地方志编纂委员会：《新疆通志（第 72 卷上）·科学技术志》，乌鲁木齐：新疆人民出版社，2000 年，第 354 页。

② 新疆维吾尔自治区地方志编纂委员会：《新疆通志（第 30 卷）·农业志》，乌鲁木齐：新疆人民出版社，1994 年，第 443 页。

③ 新疆维吾尔自治区地方志编纂委员会：《新疆通志（第 30 卷）·农业志》，乌鲁木齐：新疆人民出版社，1994 年，第 448 页。

④ 新疆维吾尔自治区地方志编纂委员会：《新疆通志（第 30 卷）·农业志》，乌鲁木齐：新疆人民出版社，1994 年，第 450—451 页。

⑤ 新疆维吾尔自治区地方志编纂委员会：《新疆通志（第 30 卷）·农业志》，乌鲁木齐：新疆人民出版社，1994 年，第 443 页。

当时盛世才重视农业发展，在各种进口产品征税中，农机及其零配件税率最低。民国二十九年（1940）五月二十九日，新疆省政府规定了《征收进口关税税则》及《关税征收办法》，自该年6月1日起执行。《征收进口关税税则》共10条，其中第1条规定："各种农机及其零部件征收入口关税9%、特捐6%、消费税5%，共20%。"同时，四轮车、爬犁、棉种等农资，"征收关税14%、特捐6%、消费税5%，共25%"。其他进口产品征税较高，一般在30%—45%。譬如，棉织品、文具、铁制品、洋火、医药、大汽车等，"征收关税19%、特捐6%、消费税5%，共30%"；自行车内外胎、皮革、电影机、留声机、眼镜、运动品等，"征收关税29%、特捐6%、消费税5%，共40%"；轻便汽车、矿水等，"征收关税34%、特捐6%、消费税5%，共45%"；啤酒、酒精等各种酒类，"征收关税39%、特捐6%、消费税5%，共50%"。①

农机作为一种新的农业生产力要素，随着农业生产发展而产生的市场需求量不断增长。同时，农机进口税低，购买可以获得信贷支持。因此，农机数量迅速增加。民国三十一年末统计，新疆引进新式农具38种：单铧犁7种，双铧犁1种，钉齿耙、圆片耙、弹簧耙共5种，小麦、棉花播种机共5种，中耕机、培土犁共4种，喷药器2种，割麦机2种，小麦、玉米脱粒机共5种，选种机3种，风车2种，药剂拌种器、磨刀机各1种。民国三十二年后，新苏贸易中断。民国三十四年，伊犁、塔城、阿山三区革命爆发，三区领导恢复对苏联贸易，继续购进新式农具。1949年末，全疆尚存新式农具1.6万余架。新中国成立初期，继续从苏联购进新式农具，但品种少，数量多，时间短。1950年，新疆军区从苏联购进新式农具15种，1.3万余架，主要有28号开荒双轮单铧犁5998架，23号犁和25导犁1518架，钉齿耙4911架，以及少量10行播种机和摇臂式收割机。1950—1952年，地方系统从苏

---

① 庄鸿铸、吴福环、厉声，等：《近现代新疆与中亚经济关系史》，乌鲁木齐：新疆大学出版社，2000年，第149页。

联共购进新式农具6000余架，主要是犁类。[①]

新疆推动农业机械化措施成效。民国二十三年（1934），新疆省农矿厅聘请苏联专家任教，开办农牧讲习所。之后，在迪化、伊犁、塔城、阿山、焉耆、哈密、阿克苏、喀什、和田等9个行政区设立农牧场，在一些县设立农机租赁所或农业所等机构，负责机具的接收、保管、租赁、相关技术指导、机手培训等工作。推广地区主要为新疆的伊犁、塔城、阿山、迪化等地。推广机具以犁为主，其次为播种机、选种机。推广方式主要是出租，也鼓励私人购买。出租机具租金低廉。例如，单铧犁日租金0.5角（新疆新币，下同），播种机1角，收割机1—2角，实为象征性收费。有的还义务服务，免收租金。民国二十六至二十八年，新推广区仍采用出租方式，老区多为农民自购。机具品种、数量增多，推广地区扩大。民国二十六年三月，政府向全疆农牧民发出利用农牧设施的公告，要求各农机租赁所，把各种农业机械以低廉的价格租给农民。当年，迪化农牧场开列犁、耙、播种机、喷粉器、喷雾器、选种机、脱粒机、风车等农机具47种，873架供农民租用。同年，伊犁贸易公司向民众出售奋力犁2376架，收割机85架、风车65架。阿克苏、喀什、和田等地农牧场或农业所的农机，也有因组织不健全或技术指导不力，未能得到推广利用。[②]

新式农具的使用，改革了耕作技术，为推行深耕、条播、密植、中耕除草、病虫害防治、种子精选等一系列先进技术创造了条件。同时，提高了工效，实现了增产增收。民国二十六年，吐鲁番用播种机条播的棉田，每公顷收获棉花13—34公担。而手工播种平均每公顷仅收获7—8公担。民国三十一年，伊犁区秋收时组织用收割机收获小麦，缩短秋收时间20天左右，减

---

① 新疆维吾尔自治区地方志编纂委员会：《新疆通志（第30卷）·农业志》，乌鲁木齐：新疆人民出版社，1994年，第443—444页。

② 新疆维吾尔自治区地方志编纂委员会：《新疆通志（第30卷）·农业志》，乌鲁木齐：新疆人民出版社，1994年，第445页。

少了麦穗落粒损失。[①]农民认识到农业机械的先进性和实用性之后积极购买和使用。民国二十六年（1937）之前，在新疆仅有种田大户使用机械化的农机具。至 1937 年，在北疆绥定县（今霍城县一部分）、巩留县、霍城县、伊宁县、察布查尔锡伯自治县、特克斯县等地，农民私人家庭也已比较普遍地采用新式农机具耕种。有些稍富裕的家庭购买了大型畜力收禾机、播种机、打粮机等半机械化农机具。伊宁县农民巴依加洛甫（维吾尔族）、察布查尔锡伯自治县农民佟荣昌、尼勒克县农民佟庆福等富裕户还购置了拖拉机、三铧犁等大型农机。[②]

民国二十九至三十一年，省政府曾提出“农业机械化”的口号，要求农牧场和农机租赁所宣传和发动农民个人购买农机，并将公有农机按官价卖给农民，还经常向农民指导延长使用寿命的方法，使推广的地区迅速扩大，机具数量猛增。[③]例如，塔城区民国二十八年农机数量为 6661 架，民国三十一年末达 2 万多架。伊犁区民国三十年末为 16 209 架，民国三十一年末达 19 914 架。这时期，就连南疆最偏远的若羌、乌恰、蒲犁（今塔什库尔干自治县）、洛浦等县的农民耕种也采用了引进苏联的新式农具。[④]1949—1952 年，伊犁、塔城、阿勒泰三区有少数地主、富农利用新式农机具自耕自种，但也租给农民使用，此外还有少数商人专营农机具租赁。[⑤]

农机具租赁所是农机服务经营机构主要形式之一。民国二十三年开始，盛世才政府先后在全疆 9 个行政区农牧场内和部分重点县设农机具租赁所。

---

① 新疆维吾尔自治区地方志编纂委员会：《新疆通志（第 30 卷）·农业志》，乌鲁木齐：新疆人民出版社，1994 年，第 447 页。

② 新疆维吾尔自治区地方志编纂委员会：《新疆通志（第 30 卷）·农业志》，乌鲁木齐：新疆人民出版社，1994 年，第 465 页。

③ 王小平：《盛世才时期新疆的农业机械化运动研究》，《石河子大学学报（哲学社会科学版）》2007 年第 2 期，第 23—25 页。

④ 新疆维吾尔自治区地方志编纂委员会：《新疆通志（第 30 卷）·农业志》，乌鲁木齐：新疆人民出版社，1994 年，第 445 页。

⑤ 新疆维吾尔自治区地方志编纂委员会：《新疆通志（第 30 卷）·农业志》，乌鲁木齐：新疆人民出版社，1994 年，第 465 页。

民国二十九年（1940），全疆有 25 个农机具租赁所，有各种形式畜力农机 4000 余架。农机具租赁所的任务是将政府购进的农机具出租给当地农牧民使用，修理损坏的机具，对农民进行技术指导，举办短期技术培训。同时还为农牧民代购新式农机具。当时农机具租赁价格低廉，农牧民租用者甚多。据统计，仅民国二十八年，迪化、伊犁、焉耆、塔城 4 个区就租出农机具 1751 架。租赁费由农机具租赁所全部按季上交省建设厅统一管理。民国三十四年，伊犁三区革命临时政府也曾设立农机具租借站，向农民出租或借贷购置农机具。民国三十五至三十七年迪化农机具保管所《租赁办法》规定，农机租赁分春夏秋三季进行，每季以两个月为限，并须由乡镇保甲长介绍。用机前须缴 1/3 租金，其余待期满交还农机具时全部缴清，超期用机，按日加收租金（表 3-6）。[①]

表 3-6　迪化农机具保管所出租农机具租金单价　　单位：元/日

农机具名称	1946 年单价	1948 年单价	农机具名称	1946 年单价	1948 年单价
拖拉机	4000	1000	移动式风车	250	30
OK 单铧犁	100	30	十行播种机	100	70
KCY 单铧犁	80	30	分种机	150	50
2H-6 双铧犁	80	40	喷雾器	30	15
马拉 4 铧犁	100	50	播棉机	10	20
自拔割麦机	1500	150	捆草机	300	200
人拔割麦机	1000	120	弹簧耙	50	50
3 号之字耙	50	50	14 号中耕器	30	20
割草机	1000	100	5 号风车	300	40
马扒	150	50	34 号打粮机	500	500

资料来源：新疆维吾尔自治区地方志编纂委员会：《新疆通志（第 30 卷）·农业志》，乌鲁木齐：新疆人民出版社，1994 年，第 462 页

另外，新疆还借助农场的机械化，带动农户采用机械化农机具。自民国二十三年开始，新疆省政府农矿厅先后在伊犁、迪化、阿山、塔城、哈密、焉耆、喀什、阿克苏、和田等 9 个行政区设立农牧场。在吐鲁番设立吐鄯托

① 新疆维吾尔自治区地方志编纂委员会：《新疆通志（第 30 卷）·农业志》，乌鲁木齐：新疆人民出版社，1994 年，第 463 页。

农场。农牧场在经济发达的县、设治局分设农机租赁所、畜牧分局、兽医所等机构。[①]民国时期，新疆半机械化农牧机械，开始由省属各专区农牧场接收和购置，由农牧场或县农牧机租赁所向民众出租并作技术指导。民国二十九年（1940）后，由政府统一购进机具向民众出售，民众自管自用，专区、县农牧科作技术指导。[②]农牧场使用农机和经营农机租赁所，直接推动农业机械化，同时影响和带动农户采用农业机械。

新疆一些地区农业机械化成效显著。民国二十三年夏秋，阿山区承化县（今阿勒泰市）政府从苏联进口列宁格勒拖拉机制造厂生产的 ЛТД-20 型 20 马力拖拉机、机引的整地机械三铧犁、播种机，以及半机械化的马拉收割机、脱粒机等农机具，装备位于城郊阿维滩的军队农场。当年，采用拖拉机和三铧犁作业耕地 0.4 万亩。民国二十五至二十九年，伊犁、迪化、阿山、塔城农牧场及私人用拖拉机进行垦荒、整地、耙地、播种。民国三十年，迪化区的晋庸农场采用新引进的拖拉机、三铧犁等农机具垦荒耕地 0.4 万亩，并播种了冬小麦 200 多亩。这时期，新疆阿山农场、水溪沟反帝军农场、乌苏独山子农场、阜康农场也采用引进的拖拉机、三铧犁、播种机等农业机械整地和播种。民国三十六年春，新疆军垦处用拖拉机 2 台，机引三铧犁 2 架和部分半机械化农具，在迪化西北部青格达湖开荒 4000 余亩，播种 1000 多亩；民国三十七年，面积扩大至近万亩。同年，塔城、阿山、伊犁三区革命政府在塔城建设 1500 亩的农业机械化实习（实验）地，采用拖拉机、三铧犁、条播机等农业机械耕作和播种。[③]

民国时期，新疆从苏联大批引进和应用割草机、搂草机、铡草机和孵雏

① 新疆维吾尔自治区地方志编纂委员会：《新疆通志（第 30 卷）·农业志》，乌鲁木齐：新疆人民出版社，1994 年，第 469 页。

② 新疆维吾尔自治区地方志编纂委员会：《新疆通志（第 34 卷）·畜牧志》，乌鲁木齐：新疆人民出版社，1996 年，第 221 页。

③ 新疆维吾尔自治区地方志编纂委员会：《新疆通志（第 30 卷）·农业志》，乌鲁木齐：新疆人民出版社，1994 年，第 454 页。

机械、植保喷雾器等畜牧机械，均“居全国之首”。[①]打草技术设备的引进和应用推动了新疆畜牧生产的发展。新疆有2327万亩天然草场。民国二十五年（1936）之前，新疆草原牧民没有打冬草习惯，牧畜依靠放牧越冬。苏联专家帮助新疆省制订和实施三期三年发展计划，从苏联购买新式畜牧机械，从塔城、伊犁、迪化向全疆推广。该计划规定，到1942年6月全疆实现农机化作业耕地面积达60%，为下一步农业机械化发展奠定了基础。同时，计划要求大力推行打草、贮草和圈棚饲养。民国二十八年，新疆省从苏联进口了马拉割草机323台、铡草机250台、搂草机260台及大批扇镰、粉碎机。[②]割草机、铡草机、搂草机等畜牧机械应用带动了打草、贮存草和圈养畜牧的广泛流行。新中国成立后，新疆又分几批从苏联进口半机械化打草机具和ПК-3型、ЛМК-0.1型、ПКУ-1.2型等动力粉碎机。1955年，新疆省政府在伊犁、塔城、奇台等5个地区建设机械打草站，全面推广机械打草和家畜圈养，为畜牧业机械化创造了条件。

二、东北地区从俄苏引进农机具

1907年，黑龙江省兴东垦殖公司购买蒸汽机动力开荒耕作的火犁等全套机械和用来磨面的机器，经营种植业和畜牧业。瑞士星务公司也在讷漠河南岸领官荒34万亩，并从苏联购买火犁垦荒，招民种植。[③]清光绪三十四年（1908），黑龙江巡抚程德全奏请清政府批准，以2.2万两白银从俄国购买拖拉机2台，聘请俄匠驾驶，牵引铧式犁开垦荒地。这是黑龙江地区使用机械农具的开端。[④]1911年，英国人诺尔斯、美国人贝林等外国人与中国人合作，投资两万卢布，购置两台蒸汽拖拉机及配套农具，在绥滨县三

① 新疆维吾尔自治区地方志编纂委员会：《新疆通志（第34卷）·畜牧志》，乌鲁木齐：新疆人民出版社，1996年，第199页。

② 厉声：《新疆对苏（俄）贸易史（1600—1990）》，乌鲁木齐：新疆人民出版社，1993年，第353—355页。

③《当代中国》丛书编辑部：《当代中国的农业机械化》，北京：中国社会科学出版社，1991年，第8页。

④ 黑龙江省地方志编纂委员会：《黑龙江省志（第13卷）·农机志》，哈尔滨：黑龙江人民出版社，1996年，第35页。

间房处创办了“满洲开发公司”（即今绥滨农场原址）。1915 年，上海资本家李祖丹在黑龙江省呼玛县办起了农业公司，先后购进拖拉机 2 台（80 马力和 50 马力）和各种机械农具 68 台。1920 年之后，又先后购进 35 马力拖拉机 2 台，脱谷机 1 台。至 1930 年，该公司拥有各种农业机械达 90 台（架）。20 世纪 20 年代，东北农业机械发展较快，私营农业机械的团体和个人不断增加，促进农机分布范围不断扩大。在绥滨、富锦的三角地带，汤原、佳木斯、依兰的松花江流域，甘南、讷河、嫩江、黑河平原一带农村出现了一些火犁公司，使用机械垦荒、翻地、播种和脱粒。少数个人办的农场规模也在扩大，如 1925 年在绥滨县内的东北农具垦殖公司，就有 11 台拖拉机。①

据中东铁路督办公署档案记载：东支铁路系统（即中东铁路）在哈尔滨、安达、爱河（牡丹江铁岭河）开办了 3 处农业试验场。引进拖拉机 11 台、犁 13 台、圆盘耙 16 台、钉齿耙 16 台、镇压器 2 台、播种机（条播机）21 台、玉米播种机 21 台、脱谷机 18 台、收割机 4 台、割草机 4 台、搂草机 11 台、清选机 11 台、饲料粉碎机 5 台、农用汽车 2 辆、发动机（农用动力）7 台。这些机械除自用外，还租给农民使用。1931 年后的东北沦陷时期，在人少地多和有荒原的地方，个人办的农场、火犁公司增多，拖拉机也在大量增多。黑龙江省有 36 个市、县有农业用拖拉机 368 台。其中，讷河 52 台，嫩江 46 台，哈尔滨 42 台，克山、富锦各 22 台，绥棱、通北、宁安各 15 台，铁力、富裕各 12 台，齐齐哈尔、通河各 10 台，依兰 9 台，庆安、呼玛、安达各 7 台，北安、木兰、甘南、虎林、牡丹江各 6 台，肇东 5 台，五常、鹤岗各 4 台，尚志 3 台，延寿、宾县、绥化、海伦、桦川、汤原、绥芬河各 2 台，呼兰、双城、勃利、宝清各 1 台。②这 368 台农业用拖拉机，其中 93 台属于个人经营的农场、火犁公司，其余分布在伪满拓开拓团、拓特别农场、拓训

---

① 黑龙江省地方志编纂委员会：《黑龙江省志（第 13 卷）·农机志》，哈尔滨：黑龙江人民出版社，1996 年，第 16 页。

② 核算多次，可能是《黑龙江省志（第 13 卷）·农机志》少统计 1 台。

练所，以及日伪经营的农业试验场、满铁农场、兴农合作社（表 3-7）。[①]

表 3-7　民国时期东北部分个体农场的拖拉机和作业机械情况

农场名称	所在地	主要经营项目	拖拉机	配套的机引农具
金水济	庆安	承包荒地	1 台	机引犁 1 台、圆盘耙 1 台
恒德庆	富锦	承包脱谷	1 台	脱谷机 1 台
义泰号	富锦	耕地 3 万亩。其中，小麦 1.5 万亩、大豆 1.5 万亩	2 台	机引犁 2 台、圆盘耙 2 台 条播机 2 台、脱谷机 1 台
大有余	讷河	耕地 1.2 万亩。其中，大豆 3600 亩、小麦 4800 亩、谷子 3600 亩	3 台	机引犁 3 台、圆盘耙 3 台 条播机 2 台、脱谷机 1 台
大兴全	讷河	耕地 1.5 万亩。其中，大豆 6000 亩、小麦 4500 亩、谷子 4500 亩	3 台	机引犁 3 台、圆盘耙 3 台

资料来源：黑龙江省地方志编纂委员会：《黑龙江省志（第 13 卷）·农机志》，哈尔滨：黑龙江人民出版社，1996 年，第 17 页

1945 年抗日战争胜利后，国民政府搜集了日伪时期遗留的万国、卡他辟拉、兰斯等型号拖拉机和万国公司、孔士洋行的 3И4 锥垦荒犁、圆盘耙、播种机及脱谷机等旧机器，创办国营农场。至 1948 年，有国营农场 5 处，拖拉机 71 台。1948 年以后，农场发展较快，旧机械逐渐被淘汰，从苏联进口的万能、纳齐和斯大林-80（C-80）型等新拖拉机不断增多。到 1951 年末，黑龙江省共有拖拉机 503 台，其中国营农场 476 台，劳改农场 22 台，其他农场 5 台。[②]同时，黑龙江省是较早使用和生产大型复式脱粒机的省份之一。1945 年前，通过秋林洋行、瑞丰农务公司、万国农具公司引进大型脱粒机。[③]总体来说，民国时期黑龙江地区是中国较早采用机械化农机垦荒整地、播种、收割进行作业的地区，而这些农业机械（尤其是东北沦陷之前和日本投降之后）主要是从苏联购进的。

旧中国机械化和半机械化农机具生产能力都十分微弱，进口农业机械因

① 黑龙江省地方志编纂委员会：《黑龙江省志（第 13 卷）·农机志》，哈尔滨：黑龙江人民出版社，1996 年，第 16—17 页。

② 黑龙江省地方志编纂委员会：《黑龙江省志（第 13 卷）·农机志》，哈尔滨：黑龙江人民出版社，1996 年，第 18 页。

③ 黑龙江省地方志编纂委员会：《黑龙江省志（第 13 卷）·农机志》，哈尔滨：黑龙江人民出版社，1996 年，第 54 页。

缺少维修条件而严重影响应用成效。至新中国成立前夕，中国农业生产仍普遍采用木匠、铁匠靠手工制作而成的旧式小型农具。[①]民国时期，新疆、黑龙江及内蒙古等省区尤其与俄苏交界的边境地区则有些不同，农业生产比较早地采用了机械化和半机械化的新式农机。其中一个重要原因是早在清末这些地区已经出现了拖拉机耕种。清光绪二十八年（1902），内蒙古呼伦贝尔盟开始有了拖拉机垦荒播种。清光绪三十四年，黑龙江省官方从俄国购买拖拉机，委托公司经营为农户耕地。[②]清光绪三十年黑龙江省的中俄边境地区已经有比较多的农户采用半机械化的农具耕种。[③]畜力收割机、三马镣子、脱谷机等半机械化农具不仅种田大户使用，而且一般农户也使用。因实用和贷款支持，普通农户有意愿、有能力租赁或购买。据瑷珲县档案载：民国二十年（1931），瑷珲境内有从苏联购买的拖拉机 4 台，机犁 0.15 万台，播种机、清粮机各 200 台，收割机（摇臂式）300 台，脱谷机 30 台。[④]这些农业机械主要购自位于黑龙江左岸海兰泡即布拉戈维申斯克的秋林公司及设在黑河的俄满洋行（分号）。民国二十三至三十二年，新疆从苏联大批引进农业机械，分别在乌鲁木齐、伊犁、阿勒泰、塔城等地区应用推广。至民国三十一年底，共从苏联购进农业机械达 70 多个规格品种，数量达 10.5 万台（架），各种机型配套基本齐全。其中，耕地、整地机械有拖拉机、松土犁、圆盘犁、弹簧耙、弹簧培垄器等共 11 种；播种、中耕、收割机械有播种机、播棉机、种玉米机、割草机、人拔割麦机、机引割麦机、机械束草机（火犁动力）、磨刀器等；场上机械及加工机械有打玉米机、十八号打粮机等 5 种脱粒机，以及扬场风车、粉碎器、清棉机、种子分选机等。[⑤]

① 刘仙洲编著：《中国古代农业机械发明史》，北京：科学出版社，1963 年，第 98 页。

② 宋超：《建国初期中苏农业科学技术合作研究》，北京：中国三峡出版社，2009 年，第 93 页。

③ 黑龙江省地方志编纂委员会：《黑龙江省志（第 13 卷）·农机志》，哈尔滨：黑龙江人民出版社，1996 年，第 14 页。

④ 祁学俊：《中俄文化的交流与影响》，《民间文化》2001 年第 2 期，第 46—49 页。

⑤ 新疆维吾尔自治区地方志编纂委员会：《新疆通志（第 72 卷上）·科学技术志》，乌鲁木齐：新疆人民出版社，2000 年，第 213、354 页；陈纪滢：《新疆鸟瞰》，重庆：建中出版社，1943 年，第 81 页。

第五节　民国时期引进俄苏农产品加工技术

民国时期，引进俄苏农产品加工技术，仍然以制粉、榨油、酿酒、洗毛、皮革加工、木材加工和奶制品加工生产为主。这时期是引进技术快速本土化阶段。其特点是：一方面，不少农产品加工厂是俄商转卖给中国人，或者中国人采用俄国技术创办；另一方面，俄国农产品技术向中国东北转移和资金引入，加快了东北农产品加工业发展，其中因饲养奶牛数量增多刺激乳品加工业发展迅速。

一、俄商农产品加工企业结构情况

俄国十月革命，在一定程度上削弱了俄国与中国东北的经济关系。但是，一部分却由白俄移民及逃亡来华带入的资本所补偿。俄国十月革命数年后，有些老而著名的俄国工厂和商行倒闭，盘转给中国人及外国人。其中，有些老厂、老字号商行由白俄移民所组织经营的新行号来顶替。因为受中国法权治理，在东北的俄国人感到自己的地位有些不稳定，便把许多俄商企业转让给了中国人或其他外国人。同时，也形成了不少合办的企业，如中俄合办、俄法合办、俄日合办等类型。这时期，哈尔滨和铁路沿线地区设立了许多采用俄国及西方技术的农产品加工企业，“如制造面粉、豆油、豆瓣等工业。”①

俄国农产品技术向中国东北转移和资金引入加快，促进了中国东北农产品加工业发展。这一时期，俄国新增投资约5000万卢布，出现了一些投资额比较大的项目。民国三年（1914），哈尔滨秋林洋行开设了一家烟

① 〔美〕雷麦：《外人在华投资》，蒋学楷、赵康节译，北京：商务印书馆，1957年，第418页。

草加工厂。翌年，又在中东铁路的阿城创办了一家制糖厂。民国五年（1916），在哈尔滨建造一家中俄合办面粉厂。民国六至八年，西伯利亚一带革命和内战正值高潮，许多俄国移民和逃亡者涌入中国东北。有不少西伯利亚合作社也迁移到了东北。民国九年，涌入东北的俄国移民最多。"他们把能带来的东西都带来了，有时就在东北经营工商事业。"后来，他们创办的工商企业有许多出售与华人。民国七至八年，"中东铁路在哈尔滨及其附近出售土地极多。哈尔滨的'道外'就是在此时形成的"。①迁到中国东北的西伯利亚合作社与西伯利亚断绝了联系，在北满改组。后来，也有一些合作社盘转与外人，有些便作为在华投资。民国九至十年，在哈尔滨及铁路区域设立的工厂大部分是农产品加工企业，"有硝皮业、皮靴业、牛油乳酪制造业、罐头食品业"等。民国十一至十七年，俄商 A. 鲍罗廷（Александр. Бородин）与高田雨君建立了一家俄日合办的酿酒厂，资本折合日币 200 万元。民国十二年，秋林洋行采用新的技术设备扩大和改造了原有的烟草加工厂。民国十四年，"又有三家完全俄资的酿酒厂及一家三夹板厂成立"。②民国十六至十七年，制粉厂数量亦有所增加。至民国十九年，俄商在哈尔滨兴办工业项目的总投资约 0.5 亿卢布，其中农产品加工业投资最多。民国十五年，俄商在哈尔滨创办工业项目总投资 4525 万卢布，其中农产品加工业投资 3880 万卢布，约占总投资的 86%（表 3-8）。

表 3-8　1926 年俄商在哈尔滨的工业投资情况表　　单位：千卢布

项目名称	项目投资	转售与中国人者	转售与日本人者
面粉厂	14 000	11 000	8.5
酿酒厂	5 000	1 250	32.8
啤酒厂	1 200	200	
俄国麦酒厂	1 300		

①〔美〕雷麦：《外人在华投资》，蒋学楷、赵康节译，北京：商务印书馆，1957 年，第 418—419 页。
②〔美〕雷麦：《外人在华投资》，蒋学楷、赵康节译，北京：商务印书馆，1957 年，第 418—419 页。

续表

项目名称	项目投资	转售与中国人者	转售与日本人者
榨油厂	2 000	1 000	
腊肠厂	1 000		
面包厂	600		
牛油乳酪厂	500		
羊皮加工厂	200		
皮鞋厂	200		
罐头、糖果、饼干食品厂	750		
制糖厂	2 000		
三夹板厂	1 000		
锯木厂	500		
火柴厂	250		
林场	6 000		
洋烛厂、肥皂厂	400		
烟草厂	1 000		
硝皮厂（皮革鞣制）	500		500
灯泡、五金、玻璃等工厂及其他未列名工厂	6 850	100	500
合计	45 250	13 550	1 000*

资料来源：〔美〕雷麦：《外人在华投资》，蒋学楷、赵康节译，北京：商务印书馆，1957 年，第 451 页

注：*原书如此，会计数字应为 1041.3

民国二至二十年（1913—1931）的 18 年间，尽管俄国的经济势力已经被削弱，但俄商在华投资和农产品加工技术引入却是一个高峰期，尤其是 1917 年以后，大批俄国官吏、资本家、贵族、地主等逃到哈尔滨，他们将随身带来的现金及珠宝等投资工商企业。在哈尔滨，“1913 年，俄国侨民开办的工业企业已达 100 余家，其他各国侨民办的工业企业有 30 余家”。至“1931 年，哈尔滨共有俄国资本工业企业 200 余家”。[①]其中，农产品加工企业数量占工业企业总数的 1/4 以上。1932 年，俄侨在哈尔滨加工及经营农产品企业 50 余家（表 3-9）。民国二十一至二十六年，俄国人在哈尔滨兴办工商企业投资仍处于增长趋势。1947 年，在哈尔滨的苏侨工业企业资本总额为 66.6 亿元。1949

① 哈尔滨市地方志编纂委员会：《哈尔滨市志·外事·对外贸易》，哈尔滨：黑龙江人民出版社，1998 年，第 83 页。

年2月，外侨在哈尔滨的工业企业323家，其中苏侨经营或者有股份的企业共23家，资本总额为43.8亿。①

表3-9 俄苏侨民在哈尔滨经营农产品企业情况表（1932年统计）

企业名称（主营产品）	国别	开办时间	企业名称（主营产品）	国别	开办时间
乌鲁布列夫斯基啤酒厂	俄国	1900	马尔科夫酒厂	俄国	1920
柴可夫斯基酒厂	俄国	1900	鲍罗金高田酿酒出	苏联	1922
满洲第一面粉公司	俄国	1901	索思金油坊	苏联	1922
盖尔迈耶杰留尔曼啤酒厂	俄国、法国	1901	维克多利亚点心铺（加工）	苏联	1923
沃伦佐夫林业商会	俄国	1902	阿扎道夫斯基点心铺（加工）	苏联	1923
契斯恰阔夫茶庄	俄国	1903	埃尔姆利酒精厂	苏联	1923
谢拉吉斯林业公司	俄国	1903	斯坦卜手工制烟厂	苏联	1930
格瓦利斯基面粉厂	俄国	1903	哈尔滨啤酒厂	苏联	1930
鲍罗金制粉厂	俄国	1903	马来啤酒厂	苏联	1930
东方制粉厂	俄国	1903	远东林业公司	俄国	1921
曼多维奇酒厂	俄国	1903	基尼丁酒厂（生产白酒）	俄国	不详
伊萨耶夫制粉厂	俄国	1904	沙拉里酒厂（生产白酒）	俄国	不详
里夫面粉厂	俄国	1905	谢米诺夫酒厂（生产白酒）	俄国	不详
松花江面粉厂	俄国	1907	亚台修酒厂（生产白酒）	俄国	不详
佐祖林斯基制粉厂	俄国	1907	西里考夫酒厂（生产白酒）	俄国	不详
德恰阔夫制粉厂	俄国	1908	上高酒厂（生产白酒）	俄国	不详
伊尔库茨克面粉厂	俄国	1909	克里毛酒厂	俄国	不详
图鲁卡斯库面粉厂	俄国	1909	毛罗索夫酒厂	俄国	不详
俄国制粉公司	俄国	1911	来旺特工厂（生产烟草）	俄国	不详
马尔克斯面粉厂	俄国、日本	1911	秋林烟厂	俄国	不详
布扎诺夫面粉厂	俄国	1916	秋林烟厂	俄国	不详
中东路洗毛厂（加工畜产）	俄国	不详	瓦尔谢夫斯基厂（整理羊毛）	俄国	不详
孛龙商会（羊皮毛出口）	俄国	不详	格鲁谢耶夫公司（加工木材）	俄国	不详
比台曼厂（羊毛整理）	俄国	不详	加常提商会（加工肥皂）	俄国	不详
乌尔班商会（啤酒厂）	俄国	1910	司路翁商会（加工肥皂）	俄国	不详
边德兄弟商会（皮毛业）	俄国	1916	莆巴芝商会（加工肥皂）	俄国	不详
明格莱公司（肥皂）	苏联	1930	乌里乌洛夫工厂（加工肥皂）	俄国	不详

资料来源：哈尔滨市地方志编纂委员会：《哈尔滨市志·外事·对外贸易》，哈尔滨：黑龙江人民出版社，1998年，第84—87页

① 哈尔滨市地方志编纂委员会：《哈尔滨市志·外事·对外贸易》，哈尔滨：黑龙江人民出版社，1998年，第94—95页。

中国与俄苏地缘关系密切，受两国政治、外交和经济等因素的影响，近代有大批中国公民侨居俄苏，后来他们中有大部分回国定居从事农牧业生产，从俄国带来了农牧业生产技术。中俄《尼布楚条约》《伊犁条约》等条约的签订，使两国贸易和人员往来数量规模扩大。俄国曾在新疆伊犁设移民委员会，胁迫中国边民迁到俄国。1884 年，被迫移居俄国的边民达 10 万多人。新疆巡抚饶应祺曾派人调查统计，1896 年迁居俄国的新疆人达 4 万多人。[①]19 世纪末在俄华工达 200 多万人，仅在海参崴的华人就达 15.8 万之多。这些华侨有些工作生活在工矿、铁路、林区，有些从事工商业经营农副产品或开办面粉厂、啤酒厂等企业，但多数从事农业。

1910 年出版的《阿穆尔的黄种人》一书有载，1897 年滨海与阿穆尔两省华侨从事农业的占 42.4%。[②]其中，许多华侨与当地俄罗斯女子结婚，安家生产生活。后来由于政局变化，特别是俄国十月革命后有些华侨携妻子儿女和牧畜、农具等回到祖国。民国九年（1920），山西省政府主席阎锡山接见商人代表时，原迁居俄国的汾阳人说，有一万多山西籍商人已经从苏俄回到祖国。在俄苏期间，华侨大部分从事自己擅长和熟悉的行业。张廷阁就是典型代表。张廷阁曾在海参崴经商 20 多年，1915 年来到哈尔滨投资和经营工商业，先后收购和创办了多家农产品加工厂。民国二十一至二十二年，苏联政府强行将远东华侨分批遣往新疆，他们大部分在塔城或伊犁落户。杨增新、金树仁、盛世才统治新疆期间，苏联归国华侨和俄罗斯族人在新疆传播工农业生产经验和技术，是社会生活中的重要群体。[③]

民国时期，引进俄苏成套农产品加工技术产生了较为深刻的影响，尤其是俄商投资兴建生产厂引进成套制粉、制油、加工牛奶等技术，产品产量大，

① 新疆维吾尔自治区地方志编纂委员会：《新疆通志（第 26 卷）·侨务志》，乌鲁木齐：新疆人民出版社，1994 年，第 15 页。

② 转引自李志学：《试析 1860 年—1914 年间的赴俄华侨》，《暨南学报（哲学社会科学版）》2006 年第 1 期，第 117—121 页。

③ 新疆维吾尔自治区地方志编纂委员会：《新疆通志（第 26 卷）·侨务志》，乌鲁木齐：新疆人民出版社，1994 年，第 42—58 页。

销售市场广。哈尔滨民族资本企业发展较快，粮油加工厂最多时达 128 家，其中面粉厂 42 家、制油厂 54 家、挂面厂 11 家、米厂 21 家。1912 年，机器制油厂只有 2 家，而到了 1915 年，机器制油厂就达 15 家，并主要为华人企业，其中不少工厂是华人从俄商手里购买的。[①]民国十二年（1923），哈尔滨面粉厂减少，剩下 23 家。但由于剩下的工厂规模大，技术设备先进，年产量仍保持在 30 万吨以上。

二、俄商面粉厂转卖与本土面粉企业发展

俄商兴办面粉厂，引进技术和火磨等设备。俄商把面粉厂转卖给当地人和本土面粉企业发展，就是引进面粉加工技术本土化过程。民族资本家张廷阁是“双合盛火磨”的创始人和经营者。他通晓俄语，崇尚实业救国。1896 年，21 岁的张廷阁为了谋生自山东烟台乘船来到海参崴。起初，他在一家菜庄做学徒，不久便熟悉了业务，学会说地道的俄语，后来任“双合盛”业务副经理，利用光绪三十年（1904）日俄战争和光绪三十二年、光绪三十三年帝俄增税等机会，承揽一些大生意，使“双合盛”获利颇丰，发展迅速，经营范围扩大到莫斯科、新加坡、中国香港和日本的横滨、大阪等地。1912 年，张廷阁劝说大股东郝升堂及其他股东，转卖了他们在海参崴的商铺，回国投资发展民族工业。民国二至三年，先后设立黑河分号，收购和改造“双合盛”北京五星啤酒厂。民国四至八年，张廷阁以 25 万卢布在哈尔滨收购了俄商创办的地烈金火磨（包括“红雄鸡”著名商标，见图 3-12）及双城堡火磨，创办了双合盛制油厂。地烈金火磨（又称东方制粉厂）原址位于买卖街，即今果戈里大街 93 号，是俄籍犹太人地里金和巴杜申斯基于 1903 年创办的，资本金 50 万元。火磨的院子很大，主体建筑是六层楼房，红砖砌筑，铁瓦屋顶，旁边有一座高耸的锅炉大烟囱。民国四年，张廷阁买下地烈金火磨（图 3-13），并改称“双合盛火磨”。次年 1 月，正式开工生产，日产量为 3.3

① Сурин В. И, Промышленость Северной Маньчжурии и Харбина. Харбин. Типогорафия Китайской Восточной железной дороги 1928г. p.31.

万—4.9万千克。1929年4月，建设新厂房，引进新的制粉设备，制粉机由2台增加到50台，大大提高了产量，日产量达110吨。

图3-12　张廷阁购买俄商的地烈金火磨及其“红雄鸡”牌面粉商标（左）；张廷阁经营的双合盛火磨及五星啤酒广告（右）

至民国八年（1919），张廷阁已经把双合盛海外资金全部抽调回国。民国时期的第二个10年，是俄商企业纷纷转卖的时期，也是东北民族工业发展比较快的一个时期。这时期，东省铁路经济调查局的资料《北满与东省铁路》有载：“北满制粉业虽系俄人首创，而现在三分之二则均属之华人，俄人几无业者矣。”[①]民国五年，俄商创办的布扎尔夫休班斯面粉厂，次年就转卖给了华人，改称万福广面粉厂。营口“亚义顺”商号原是俄商创办的伊尔库茨克制粉厂，中国人购买后改名为业义顺火磨。双合盛公司以25万卢布购买俄人的面粉厂。至民国九年，哈尔滨共有30家面粉厂，其中25家是中国民族资本家经营或中俄合资经营。[②]民国九年，张廷阁又在松花江边投资100万现大洋，创办了一家大型皮革制造厂。民国十

① 东省铁路经济调查局编：《北满与东省铁路》，哈尔滨：东省铁路经济调查局，1927年，第181页。

② 中国科学院经济研究所、中央工商行政管理局资本主义经济改造研究室：《旧中国机制面粉工业统计资料》，北京：中华书局，1966年，第217—219页。

四年（1925），张廷阁注册登记了双合盛股份无限公司，并担任该公司总经理。民国十六年，张廷阁经营企业总资产折合银币达 182 万元，成了当时哈尔滨的首富。

图 3-13　张廷阁和他在哈尔滨收购俄商的地烈金火磨

民国时期，制粉业一度居于东北制造业之首。至民国十二年，在北满实业界所投资本亦以制粉业占大多数。较其他各业，制粉业属于具有稳固经济收益和先进技术设备的产业。至民国八年之前，制粉业产值占制造业产值的 50%以上。“此项成绩全赖以欧式工厂之营业”，然而“旧式制粉业所谓磨坊者，毫不足道”。①在欧式工厂没有出现之前，中国旧式磨坊很少，即依靠土式制粉技术生产的面粉量很少，几乎没有商品化。而且，俄商引入先进欧式火磨，又冲击和限制旧式磨坊的地位。“先是欧人未来之前，小麦及面粉华人用之者甚少。虽有旧式磨坊，而产量无几。嗣设欧式火磨以后，旧磨坊之数目，受其打击，益形减少。”②俄商在“北满之火磨自其外形表观之，纯属高大建筑”。尤其蒸汽锅炉烟筒，是用红色的好砖砌起的非常高的建筑。北满之火磨“设备来源及技术之方法则各厂大有不同。除俄国机器外，有英机、有德机”。③

① 东省铁路经济调查局编：《北满与东省铁路》，哈尔滨：东省铁路经济调查局，1927 年，第 177 页。
② 东省铁路经济调查局编：《北满与东省铁路》，哈尔滨：东省铁路经济调查局，1927 年，第 177 页。
③ 东省铁路经济调查局编：《北满与东省铁路》，哈尔滨：东省铁路经济调查局，1927 年，第 181 页。

民国时期民族资本家开始重视产品质量和宣传。双合盛火磨生产的“红雄鸡”牌面粉色泽洁白，面筋好，是远近闻名的名牌产品，远销海内外。民国十二年（1923），“东省铁路纪念展览会对于出品展览之七火磨，因面粉质量优良而膺奖者，为松花江火磨股份公司及双合盛火磨皆获优等，各奖金牌；东兴火磨并现已歇业之乌拉岭西伯利亚公司各得银牌”①。张廷阁重视双合盛产品质量和品牌打造，讲究企业信誉和产品商业宣传。双合盛火磨公司的面粉不仅获得优等金牌，而且在支援抗日等活动中具有重要影响。民国期间，哈尔滨及东北地区面粉产量在全国有举足轻重的地位，对全国制粉工业发展起到引领作用。民国十年，全国制粉厂 137 家，资本总额 3257 万元，日产量 31.3 万包。哈尔滨及东北其他地区制粉厂 91 家，占全国制粉厂总数的 66.4%；资本总额 1087 万元，占全国制粉厂资本总额的 33.4%；日产量 8.9 万包，占全国制粉厂总产量的 28.4%。②张廷阁是著名的爱国实业家。民国二十年，张廷阁把双合盛的大批面粉捐献给抗日部队。1945 年，日本投降后，张廷阁曾出任哈尔滨市代理市长，维持社会秩序。1946 年，双合盛出资为人民解放军制作军服。新中国成立后，双合盛为抗美援朝捐献了 1 架飞机，并率先改制为公私合营。1954 年 1 月 24 日，双合盛制粉厂发生了特大火灾，烧毁了六层制粉车间和所有设备，双合盛火磨破产关闭。1954 年 2 月，张廷阁病逝于哈尔滨。

三、俄商创办乳品加工厂与本土乳品加工业发展

20 世纪初，中国开始出现乳品加工厂。起初，这些经加工消毒的瓶装奶是西人设坊加工供自己食用的。民国九年，俄商在哈尔滨和中东铁路沿线兴建了一些乳品加工工厂，制造生产消毒奶、酸奶、奶酪等乳制品。从此，这些地区市场开始出现奶制品。民国九至十三年，俄商梅里尼契夫、沃伦佐夫、

① 东省铁路经济调查局编：《北满与东省铁路》，哈尔滨：东省铁路经济调查局，1927 年，第 186 页。

② 上海市粮食局、上海市工商行政管理局：《中国近代面粉工业史》，北京：中华书局，1987 年，第 43 页。

科斯特罗姆、雷贝奇等投资先后在哈尔滨创办了 4 家瓶消毒奶加工厂，年产为 12 万—20 万瓶。牛奶加工企业发展使牛奶消费群体扩大，带动了奶牛业发展。民国二十四年（1935），哈尔滨市区及周边地区饲养奶牛已达 3000 多头，乳品厂增加到了 25 家，年需原料奶 2500 吨。其中，加工消毒奶消耗 65%，产成品 1500 万瓶；加工奶油等乳制品消耗 35%。当时满洲里到哈尔滨铁路沿线乳品厂 34 家，年收鲜奶 1.5 万吨，主要用于加工酸奶、奶油等产品（表 3-10）。哈尔滨市区约 40 万人，饮用区域内所产鲜奶的 65%被用来生产消毒牛奶，供市民消费。①

表 3-10　1935 年满洲里至哈尔滨铁路沿线与哈尔滨市区乳制产品结构及年产量

产地	稀奶油/吨	奶油/吨	酸稀奶油/吨	酸酪/吨	脱脂奶酪/吨	牛奶酒/万瓶	酸奶/万杯
中东铁路沿线	6.0	140.3	8.5	212.4	5.9		
哈尔滨市区	140.1	30.1	32.8		175.8	5.1	14.4
合计	146.1	170.4	41.3	212.4	181.7	5.1	14.4

资料来源：中国畜牧兽医学会：《中国近代畜牧兽医史料集》，北京：农业出版社，1992 年，第 114 页

至 1949 年，中国本土农产品加工厂已经有了初步发展，但有些苏侨企业仍正常经营。1948 年 12 月统计，在哈尔滨共有 67 家苏侨企业，其中牧场 2 家，皮毛加工厂 31 家，制粉、灌肠、制油、制酱和奶制品厂共 14 家，酒业 20 家。②1949 年统计，哈尔滨市各种农产品加工厂达 500 多家，总产值接近工业总产值的 45%。1956 年，经过社会主义改造增加投资，这些农产品加工厂增加设备扩建成为国营企业，当年总产值迅速增长，是 1949 年总产值的 2 倍以上。

民国时期，俄国资本主义扩张向中国转移资本和技术，促使农产加工业产品产量和品种的增加，引起农业近代化与商品化发展，在一定程度上改变了区域居民消费结构。从俄苏引进农产品加工技术有两种形式，即引进单项技术或成套技术设备。在引进单项技术设备方面，就牛奶分离器而言，民国

① 中国畜牧兽医学会：《中国近代畜牧兽医史料集》，北京：农业出版社，1992 年，第 114 页。
② 张凤鸣：《中国东北与俄国（苏联）经济关系史》，北京：中国社会科学出版社，2003 年，第 189 页。

二十三年（1934），新疆从苏联购进牛奶分离器及半机械化酥油机，数量居全国之首。①民国二十四年，新疆又购进苏联产各种手摇牛奶分离器试用。民国二十六年，迪化农牧场有5种规格牛奶分离器6台。是年，伊犁贸易公司出售苏联产牛奶分离器56台。民国三十一年，全疆约250台牛奶分离器，分布于南北疆牧区。②

总之，民国时期引进俄苏农业技术结构特点有三个方面：一是技术要素数量规模加大。就每一种技术而言，农业品种、农机具、农产品加工企业数量增加。如引进俄苏农业机械，至民国三十一年底，新疆共从苏联购进农业机械达70多个规格品种，数量达10.5万台（架），各种机型配套基本齐全。二是技术要素层次基本形成。引进农业技术有农机具、农业良种等实体形态技术，也聘请苏联专家传授、派遣留学生去苏联学习经验形态技术和知识形态技术。同时，在苏联政府帮助下，首次成功采用飞机灭蝗。据《新疆通志（第34卷）·畜牧志》载："民国三十年（1941），新疆始用飞机治蝗。是年7月，应省政府邀请，苏联派飞机20余架协助治蝗。其中伊犁地区有飞机12架，撒药面积18.4千公顷。"③因而初步了解了飞机治蝗的基本特点，为新中国成立初期开创农用航空事业奠定了基础。三是技术政策、规定和技术推广服务组织开始建立，制定并实施新式农机具应用推广计划，采用家畜保健、防疫、人工授精等鼓励政策。尽管民国时期引进技术结构具有上述特点，但由于推广应用区域性强、制度缺陷、政局不稳，技术本土化成效还十分有限，引进农业机械因无制造能力难以实现国产化，引进家畜品种改良地方品种形成优良杂种群也未育成新品种。

---

① 新疆维吾尔自治区地方志编纂委员会：《新疆通志（第34卷）·畜牧志》，乌鲁木齐：新疆人民出版社，1996年，第199页。

② 新疆维吾尔自治区地方志编纂委员会：《新疆通志（第34卷）·畜牧志》，乌鲁木齐：新疆人民出版社，1996年，第214页。

③ 新疆维吾尔自治区地方志编纂委员会：《新疆通志（第34卷）·畜牧志》，乌鲁木齐：新疆人民出版社，1996年，第206页。

第四章

新中国成立初期引进苏联农业技术

新中国成立初期引进苏联农牧业良种、农机具和涉农成套项目，在推动农业恢复发展和农业实现机械化、商品化、集体化等方面发挥了重要作用。引进的农业品种不仅是当时种植、养殖的主要品种，同时还作为育种资源培育出许多新品种。引进农机具得到了有效的推广应用，并仿制、试制适合中国实际需要的新产品。哈尔滨亚麻纺织厂、一拖、国营友谊农场成套项目的建成，推动了中国农业现代化的发展。新中国成立初期引进苏联农业技术，不仅引进大批实体形态技术，而且通过派遣留苏学生、聘请苏联专家、科研合作等形式，有规模地引进经验形态技术和知识形态技术。这些不同形态技术的协同作用是引进农业技术消化吸收和本土化取得良好成效的重要原因。

第一节　引进苏联作物品种和种植技术

新中国成立初期继续从苏联引进棉花、冬小麦、玉米、甜菜、亚麻、油葵等农作物品种，其中大部分在民国时期已经引进应用，个别已经选育出新品种。这些引进品种是当时新疆、黑龙江、吉林等省区的主栽品种，并为其他省区提供良种；同时，作为种质资源，培育成大批优良品种。在提高作物产量方面，通过贯彻农业“八字宪法”，并结合农业机械化推行深耕密植高产栽培技术，棉花、小麦等作物产量大幅度提高。在植物保护方面，聘请苏联灭蝗团实施航空灭蝗，并建立本国农业航空队伍。

一、引进苏联农作物品种

苏联农业受无霜期短、平均降雨量少等自然因素影响，农业产量、粮食安全等方面落后于英美等西方国家，但苏联农业科技尤其在农作物品种资源搜集、保存和研究等方面世界领先。著名生物学家 H. H.瓦维洛夫创建了全苏育种遗传研究所和作物栽培研究所，进行作物品质资源收集、保存和鉴定工作。20 世纪 50 年代，苏联农作物品种资源搜集选育中心已经保存作物品种 36 万多份，成为世界上保存作物品种最多的国家。[①]新中国成立初期，中国从苏联大批引入棉花、冬小麦、玉米、大豆、甜菜等农作物品种。作为中苏农业科学技术合作的一项重要内容，这成了中国恢复和发展农业生产的主要条件，对缓解农业种子短缺和新品种培育发挥了积极作用。

新中国成立初期，中国通过外交外贸、中苏文化交流、中苏科学技术合作委员会、中苏两国相应机构直接联系、中苏“122 项”协定合作科研等途径，引进了苏联粮食作物、经济作物、饲料作物等 10 000 多个品种，尤其是通过中苏农业科学技术合作委员会，苏联在提供试验研究用的种子、苗木、菌种等实物的同时也提供利用这些农业种子进行育种试验的技术资料和研究取得阶段性成果的相关信息，为中国农业育种工作提供了基础条件和必要的参考。在引进苏联作物品种中，有一些不仅是直接可以种植的优良品种，应用推广后实现增产增收的效果，而且可以作为育种的种质资源，还可以培育出一些优良新品种。例如，一些大豆品种在东北地区种植表现为虫食率低、早熟；有

① 廖纲煊、和宝彩：《苏联当代科技纵览》，北京：中国科学技术出版社，1990 年，第 163 页。

些甜菜品种耐低温、高产、含糖量高。这些品种既是长期栽培品种，又是培养新品种的重要基因来源。①当然，也有一些引进品种，由于品种本身不适合在中国种植，或者由于中苏关系破裂，缺乏相关技术资料，没能发挥作用。根据有关资料、数据的考证和统计，1949—1961 年从苏联引进的 611-Б、2И3、108Ф 棉花，乌克兰 83 号、奥德萨 16 号、新乌克兰 83 号冬麦，以及一些油菜、向日葵、甜菜等几十个作物品种，种植面积大，影响深远（表 4-1）。

表 4-1　1949—1961 年引进苏联农作物品种中适应性强、影响深远的品种

玉米品种	冬小麦品种	棉花品种	甜菜和油料作物、饲料作物品种
苏联白马牙 Вир1650 Вир42 Вир156 金皇后	乌克兰 84 号 乌克兰 83 号 乌克兰 0246 号 新乌克兰 83 号 留切申斯 62 号 奥德萨 16 号 奥德萨 3 红星 爱里特洛培姆	2И3 长绒棉 ОД-1 611-Б С460 斯 3173 С3179 1298；斯 1306 С4744；С1470 108Ф КК-1543 史来德-306 18819 5230Ф；150Ф 152Ф；153Ф 5904И	甜菜品种 拉蒙 632 拉蒙 1573 拉蒙 06 B020 油料作物品种 油葵："先进工作者" 油菜：奥罗 饲料作物品种 紫苜蓿 饲用甜菜 红三叶牧草 猫尾草

资料来源：农业部档案资料和黑龙江、吉林、辽宁、新疆、内蒙古等省、自治区的农业志、科学技术志

中国传统农业选留种子方法是到收获时决定哪块地好就留哪块，单收单藏。这样，品种越来越退化。这种方法选留的种子不一定是品种好，也有可能是土壤肥水差异带来的结果。1953 年起，黑龙江农垦系统和有些农村确定了种子田，在耕作、施肥、管理上精细耕作，取得了明显的效果。国营友谊农场是 1954 年苏联援助建立的比较先进的大型机械化农场。1955 年国营友谊农场创建时，苏联专家从阿穆尔州试验站引进具有早熟耐湿特性的大豆种，1956 年繁殖了 10 吨，1957 年全省推广，命名为"黑龙江 41"（图 4-1）。②同时，

① 农业部对外联络局：《农业部关于 1963—1956 年出国、来华活动和国际合作总结》，1959 年 2 月 20 日至 1959 年 9 月 3 日，中华人民共和国农业部档案处档案，案卷-1959-永久-1，第 83—85 页。

② 黑龙江省地方志编纂委员会：《黑龙江省志（第 14 卷）·国营农场志》，哈尔滨：黑龙江人民出版社，1992 年，第 167 页。

农场相继建立了专业生产一级良种的良种队，生产队建立各种作物的良种繁殖田，初步形成队、田的繁育体系。

图 4-1　1955 年国营友谊农场总农艺师、苏联专家 И.В.克鲁基科在检查从苏联引进的豆种质量和播种后的发芽情况

（一）引进苏联冬小麦品种

在引进苏联的冬小麦品种中，乌克兰 0246 号品种的丰产性和抗锈性均高于地方品种。而新乌克兰 83 号品种的丰产性和抗锈性又优于乌克兰 0246 号。奥德萨 3 号和奥德萨 16 号两个品种抗寒、抗条锈病，适于南疆栽培，并作为育种材料培育了多个新品种。《新疆通志（第 72 卷上）·科学技术志》记载，乌克兰 0246 号冬麦品种在丰产性、抗锈性等方面均高于地方品种，适于南疆栽培并用于育种。[①]乌克兰 0246 号冬麦品种是苏联米罗诺夫育种站利用当地的巴纳特卡品种选育而成。巴纳特卡品种是乌克兰南部草原亚生态类型。民国二十八年（1939），新疆引入乌克兰 0246 号冬麦并在乌鲁木齐、伊犁、塔城等地区零星种植，表现出丰产性、抗锈性等优点。新中国成立后，中国从苏联大批引进乌克兰 0246 号冬麦，在库尔勒专区的轮台，阿克苏专区的库车、阿克苏、新和，喀什专区的莎车、岳普湖、疏勒、疏附等县推广种植。

至 1957 年，乌克兰 0246 号冬麦已占南疆冬小麦栽培面积的 13%，其中阿克苏县种植面积较大，已达 24.8%。乌克兰 0246 号冬麦在南疆长期种植，

① 新疆维吾尔自治区地方志编纂委员会：《新疆通志（第 72 卷上）·科学技术志》，乌鲁木齐：新疆人民出版社，2000 年，第 147 页。

表现早熟，比本地品种安集延冬麦、阿克古斯格、红壳冬麦等品种早熟 5 天左右。[①]乌克兰 0246 号冬麦通过大面积推广栽培，迅速成为北疆和南疆的主栽品种。从苏联引进的其他冬小麦品种，有些也表现出早熟、丰产、抗锈等特点。譬如，1951 年，从苏联引进的新乌克兰冬 83 号冬小麦品种，在石河子等地试验种植和繁育扩大种植，表现出高产、抗倒伏、耐肥等特性，比乌克兰 0246 号冬麦早熟 2—4 天。

新疆生产建设兵团通过种植表明，新乌克兰冬 83 号冬小麦品种更适宜在新垦地种植。在单产方面，1955—1960 年，农八师摸索湾垦区连续 3 年在几万亩土地上的播种都获得了每亩产量达 300 斤以上的丰收。同样，农七师在车牌子和野地等处，亦获得高产。至 1960 年，在北疆各垦区新乌克兰冬 83 号播种面积已经超过 200 万亩，占冬小麦播种总面积的 60%以上。譬如，1958 年，农八师播种冬小麦面积为 15 万亩，其中新乌克兰 83 号品种仅占 37%；而时至 1960 年，农八师冬小麦播种面积已经扩大到了 61 万亩，其中乌克兰 83 号品种占 80%，这两年乌克兰 0246 号品种只占 20%。时至 1961 年，新乌克兰 83 号品种播种面积增至 71%，而乌克兰 0246 号品种播种面积下降到 19%。[②]

《新疆生产建设兵团农业志》指出，在新疆引进各种作物品种应用时间长、推广面积大、效果显著的 135 个品种当中，具有代表性的有冬麦、春麦、棉花、玉米和水稻等 5 种，其中冬麦、玉米、棉花 3 种由苏联引进。这 3 种具有代表性的、从苏联引进作物品种的作用和意义在《新疆生产建设兵团农业志》中均有详细记载。1950 年，新疆军区生产办公室从苏联引进乌克兰冬 83 号，经试验对比单产比原种植的地方品种红冬麦等品种产量提高 28%—36%。1966 年，乌克兰冬 83 号在新疆生产建设兵团的种植面积达 4.91 万公顷，占冬麦播种总面积的 44.9%。“文化大革命”期间，该品种仍为主栽品种，直到

① 马光明：《对南疆地区推广乌克兰 0246 冬小麦品种的意见》，《新疆农业科学通报》1958 年第 3 期，第 118 页。

② 徐焕曦、张继生：《冬小麦新乌克兰 83 号在兵团农场的引种和推广》，《新疆农业科学》1964 年第 8 期，第 317 页。

20世纪80年代才逐步被新冬2号等品种替代。①

（二）引进苏联玉米品种

1951年，新疆军区生产办公室从苏联引入白马牙品种，经试验比当地农家品种黄玉米增产20%—36%以上。1957年，新疆生产建设兵团生产部从苏联引进双交维尔“156”、双交维尔“42”及亲本自交系共65千克，由生产部派专职技术人员易湖经亲自带双交维尔“156”各亲本，到农一师胜利二场进行自交隔离套袋繁殖和单交制种；双交维尔“42”各亲本交农二师二十三团焉耆试验站繁殖自交系和配制单交种。同时，布点车排子试验站亦进行维尔“42”的试种。经三地六点的试种，均表现早熟、高产、抗病、适应性强等特点，比白马牙、金皇后等品种增产幅度大，一般在36%—48%。这些引进品种从1959年开始推广，很快成为南北疆垦区的玉米主栽品种（南疆垦区维尔“156”，北疆垦区是维尔“42”）。②

在新疆生产建设兵团，种植从苏联引进的金皇后、维尔156号、维尔42号玉米品种，一直是南疆和北疆垦区的主栽品种。这些品种被持续种植了20多年，直到20世纪70年代末才慢慢被新引进的“SC-704”替代。1979年，由中国种子公司从南斯拉夫引进“SC-704”交兵团试种。1981—1985年，SC-704大面积试验示范共设点11个，示范面积305公顷，单产14 145千克/公顷。其中，农五师八十一团种植13.3公顷，单产26 130千克/公顷，比维尔156号增产67.5%，是兵团历史上玉米单产最高的品种。③

（三）引进苏联棉花品种

早在20世纪初，新疆吐鲁番一带引入俄国安集延棉种。20世纪30年代，

① 新疆生产建设兵团史志编纂委员会、新疆生产建设兵团农业志编纂委员会：《新疆生产建设兵团农业志》，五家渠：新疆生产建设兵团出版社，2009年，第322页。

② 新疆生产建设兵团史志编纂委员会、新疆生产建设兵团农业志编纂委员会：《新疆生产建设兵团农业志》，五家渠：新疆生产建设兵团出版社，2009年，第322页。

③ 新疆生产建设兵团史志编纂委员会、新疆生产建设兵团农业志编纂委员会：《新疆生产建设兵团农业志》，五家渠：新疆生产建设兵团出版社，2009年，第322—323页。

从苏联中亚地区引进美棉那勿罗斯基、什乃得尔，稍后又从费尔干纳引进169等品种，在吐鲁番试种，并推广到南疆。民国二十九至三十一年（1940—1942），盛世才主政时期引进苏棉舍列迭列8517-36号棉秆100吨，在迪化、阿克苏、喀什三地区推广、繁殖。[①]

1950年以后，新疆开始大规模引种工作。据统计，先后从苏联引进棉种100余个，从内地引进品种300余个。试种成功并在生产上推广的，只有苏联品种。内地品种因不适应新疆的自然气候条件或生育期过长，均未推广。

1955年，新疆开始棉花育种工作。农一师沙井子试验站从胜利一场种植苏联品种 2и3 长绒棉田中选出优异单株，经数年比较选择，于1959—1963年区试后，定名为胜利1号新品种。以后，相继育成了新海棉、军棉1号、新陆201、农垦5号、军海1号、大铃棉、新海2号、路新202、新海5号等30余个品种和品系。[②]

C3173、611-Б 两个棉花品种具有早熟、丰产等特点。1955年，新疆玛纳斯河流域棉区获得了大面积丰产。玛纳斯河棉区是新疆生产建设兵团新开垦的棉区。该棉区位于玛纳斯河流域，范围包括乌苏、玛纳斯、沙湾等地区。北疆地区棉花生长发育期的主要气候特点是春季气温提升快，但当气温提高至棉花的有效生育所需温度时，又会出现降温，维持低温一段时间，给棉花出苗造成不利影响。同时，秋季降温速度快，限制了棉铃发育速度。该地区于1950年开始试种棉花，平均亩产量只有51.2斤（籽棉，下同）。1951年和1952年两年，继续扩大试种面积，每亩平均产量分别为78.9斤和120.4斤。

1953年起，在苏联专家 B. И. 迪托夫的指导和八一农学院的协助下，新疆开始全面采用苏联 C3173、611-Б 两个早熟、丰产、植株紧凑的良种，使

① 新疆维吾尔自治区地方志编纂委员会：《新疆通志（第30卷）·农业志》，乌鲁木齐：新疆人民出版社，1994年，第193页。

② 新疆维吾尔自治区地方志编纂委员会：《新疆通志（第30卷）·农业志》，乌鲁木齐：新疆人民出版社，1994年，第194页。

当年 3 万亩棉田平均亩产量达到 355.6 斤，其中 2 万亩平均产量达 402 斤。① 新疆引进的 611-Б、КК-1543 等苏联棉种在北疆推广效果较好。针对该地区的自然条件，611-Б、КК-1543 比较适应，各种性质表现良好。②

农业部高度重视 В. И. 迪托夫的棉花高产栽培技术，曾组织召开会议，在全国范围推广 C3173、611-Б 等棉种及 В. И. 迪托夫教授的植棉技术。③斯-1470 系苏联中央育种站斯卡那什用杂交斯-45 育种熟种 18819 杂交选育而成。其主要特点是早熟、铃大、绒长、植株紧凑。1955 年，经苏联专家 В. И. 迪托夫介绍，引入在石河子、车牌子及吐鲁番等地种植。611-Б 棉种系苏联新区棉作科学研究所在 1945 年育成的，为 12827 和 1238 的杂交种。1956 年新疆五星农业社播种苏联长绒棉品种 2и3，平均亩产量达到 264 斤④，引种后表现很好。1956 年该品种被引入晋中地区种植。1956—1958 年参加全国棉花品种区域试验。由于产量比原种植品种金子棉高 20.87%，且纤维长度等质量指标优越，播种面积不断扩大，到 1958 年全区播种 19.85 万亩，占总播种面积的 23.3%。⑤

20 世纪 50 年代，新疆生产建设兵团主要采用从苏联进口的棉种。《新疆生产建设兵团农业志》记载，兵团“从国外引种，最先主要是从苏联的中亚地区”⑥。1950—2000 年，新疆生产建设兵团从国外引进 26 种作物的 2876 个品种。在各类引进作物的主要品种中，经各垦区进行品种比较试验、生产示范，从中选优、淘汰，最后确认在生产上应用的重要作物品种 451 个，其中冬麦品种 70 个（国内引种 61 个、国外引种 9 个）、春麦品种 57 个（国

① 程照轩：《新疆棉花大面积丰产的主要经验》，《农业科学通讯》1956 年第 2 期，第 77 页。

② 陈健源：《北疆棉种 КК-1543、611-Б 的变异及其利用》，《新疆农业科学》1964 年第 10 期，第 392—394 页。

③ 涂治：《新疆省玛纳斯河流域棉花增产经验》，《中国农报》1954 年第 3 期，第 26—28 页。

④ 新疆维吾尔自治区农业厅：《新疆吐鲁番五星农业社 1956 年棉花丰产总结》，《农业科学通讯》1957 年第 2 期，第 82 页。

⑤ 王道均：《611-Б 棉种在晋中棉区的展望》，《新疆农业科学》1960 年第 1 期，第 8—9 页。

⑥ 新疆生产建设兵团史志编纂委员会、新疆生产建设兵团农业志编纂委员会：《新疆生产建设兵团农业志》，五家渠：新疆生产建设兵团出版社，2009 年，第 321 页。

内引种 45 个、国外引种 12 个）、水稻品种 62 个（国内引种 53 个、国外引种 9 个）、玉米品种 50 个（国内引种 45 个、国外引种 5 个）、大麦品种 29 个（国内引种 14 个、国外引种 15 个）、豆类品种 55 个（国内引种 50 个、国外引种 5 个）、甜菜品种 40 个（国内引种 29 个，国外引种 11 个）、油菜品种 26 个（国内引种 12 个、国外引种 14 个）、陆地棉品种 51 个（国内引种 40 个、国外引种 11 个）、长绒棉品种 11 个（国内引种 1 个、国外引种 10 个）。①在兵团各类引进国外品种中，引进苏联棉花品种多，影响深。

兵团种植棉花始于 1951 年春。这年，中国人民解放军一兵团二军五师赴阿克苏垦区等地开荒植棉 1793 公顷，平均单产 172.5 千克/公顷，总产 30.9 吨。同年，二十二兵团第九军二十五师、二十六师奉命开赴沙湾宣县境内的炮台、小拐等地开荒生产，首次在北纬 45°10'，东经 85°03'成功试种了棉田。是年，兵团总计植棉 2460 公顷，总产 378.5 吨，平均单产 157.5 千克/公顷。1951 年，部队从苏联引进了斯-3173 等棉花良种，在南疆、北疆垦区种植，时植棉面积迅速扩大，全兵团种植棉花 4500 公顷，总产 573.7 吨，平均单产 127.5 千克/公顷。1953 年，部队二军五师阿克苏垦区沙井子农业试验站从中央农业部引进长绒棉来德福阿金，开始种植 0.2 亩，当年试种成功。②

从苏联引进棉花品种分两大类：陆地棉和长绒棉。陆地棉又称美棉、高原棉，原产于美洲，清同治四年（1865）始引入中国。陆地棉在区域试验中，发现“斯字棉 4 号”“德字棉 531 号”等品种表现良好性状。③在河北省，清光绪三十年（1904）商部从美国引进的陆地棉斯字 4B 在正定县试种成功后迅速推广。1936 年、1939 年、1947 年又先后引进美棉斯字 4 号、斯字 4B、斯字 2B。《霸州县志》载：斯字棉适宜河北风土条件，“种者颇多，收获较

① 新疆生产建设兵团史志编纂委员会、新疆生产建设兵团农业志编纂委员会：《新疆生产建设兵团农业志》，五家渠：新疆生产建设兵团出版社，2009 年，第 321 页。

② 新疆生产建设兵团史志编纂委员会、新疆生产建设兵团农业志编纂委员会：《新疆生产建设兵团农业志》，五家渠：新疆生产建设兵团出版社，2009 年，第 235 页。

③ 中国农业博物馆：《中国近代农业科技史稿》，北京：中国农业科技出版社，1996 年，第 36—37 页。

厚”[①]。长绒棉又称海岛棉，为一种栽培棉种，锦葵科棉属，纤维较长。长绒棉生长期长，需要光照热量大，在相同光照热量条件下，长绒棉与陆地棉相比，生长期长 10—15 天。长绒棉原产于南美洲，后来引入北美洲东南沿海地区种植，主要生产国有埃及、苏联、苏丹、美国、摩洛哥等。

1952 年，新疆军区生产办公室从苏联引进斯字棉品种斯 3173/1306 在南北疆部队农场试种。到 1956 年，该品种推广面积约 3000 公顷，平均单产 36.5 千克，最高单产 56.5 千克/亩。1955 年，新疆军区生产办公室从苏联引进 611-Б、108 夫（108В）、КК-1543 等 3 个品种 300 多吨种子，分配给南疆垦区的以 108В 为主，КК-1543 为辅；分配给北疆的以 КК-1543 为主，611-Б 为辅，同时进行试验、示范、推广。至 1959 年，108В 已在南疆推广 1.3 万公顷，611-Б 已在北疆推广 2.2 万公顷，КК-1543 被推广面积数呈现上升趋势。以 КК-1543 为代表的第一代主栽品种群体投入大田生产，利用年限长达 28 年，是兵团棉花生产中利用年代最久的国外引进棉种。[②]

新中国成立后，中国从苏联引进长绒棉 5230 夫、斯 6022/5904 依、8763 依等品种在新疆、山东、河北等省区播种获得成功。1952 年，中央农业部分给新疆军区生产办公室长绒棉来特福阿金种子 0.5 千克，交原步兵五师（现农一师）沙井子农业试验站试种。1953 年，新疆军区生产部队阿克苏垦区沙井子农业试验站从中央农业部引进长绒棉品种来得报阿金试种。1954 年，吐鲁番棉作试验站相继试种来得报阿金、埃及棉等品种，证明吐鲁番和南疆地区适宜种植早熟长绒棉。1955 年，新疆农业厅从苏联引进长绒棉 2и3 种子 6750 千克，由农一师沙井子胜利一场（现一团）等单位在吐鲁番、阿克苏沙井子胜利一场、喀什专区前进农场和少数农业社进行大面积试种。

随后又引进斯 6022/5904 依、8763 依等品种，1956—1959 年继续引进苏

---

① 河北省地方志编纂委员会：《河北省志（第 16 卷）·农业志》，北京：中国农业出版社，1995 年，第 561 页。

② 新疆生产建设兵团史志编纂委员会、新疆生产建设兵团农业志编纂委员会：《新疆生产建设兵团农业志》，五家渠：新疆生产建设兵团出版社，2009 年，第 323 页。

联长绒棉品种 910 依、10964、5476 依、8704 依、5904 依、8763 依、504 波等在各农业试验站进行品种比较试验和种植。[①]这些品种的种植，对兵团长绒棉品种的选育、生产的发展均起到了促进和推动作用。[②]

兵团试种从苏联引进的棉种获得成功后不断扩大种植面积。1954 年，兵团植棉 4620 公顷，棉花总产 1898 吨，平均单产 411 千克/公顷。1954 年 12 月 15 日，新疆军区首届党代表大会上，张仲涵做了题为《新疆军区生产建设部队五年计划（草案）》的报告。根据国家棉花紧缺的实际情况，提出扩大棉花种植面积，1957 年达到 3.3 万公顷，总产棉籽 8500 万千克的计划。1958 年，兵团植棉面积发展到 3.5 万公顷，其中农七师 1.2 万公顷，农八师 1.5 万公顷，农一师 5760 公顷。由于面积增加迅猛，单产略有下降。是年，全兵团平均单产为 348 千克/公顷。1959 年，库尔勒垦区试种长绒棉成功，单产皮棉 282 千克/公顷。由于农田基本建设不讲质量，种地耕作粗放，大水漫灌，地下水位上升，土壤次生盐渍化严重，1962 年，兵团棉花种植面积由 1960 年的 4.9 万公顷猛减到 2 万公顷，单产骤降的势头才得以控制而有所回升。是年，兵团棉花平均单产 600 千克/公顷，使 1955—1960 年的面积增长与单产降低负相关的曲线得以掉头，并上升为正相关曲线。随着农田基本建设的发展，培育棉花良种讲究精耕细作，重视施肥技术，兵团棉花恢复发展一直延续到 1965 年。这年，兵团种植棉花 4.4 万公顷，单产 645 千克/公顷，总产 2.8 万吨，单产和总产都为 1950—1965 年这 16 年间的历史最高水平。1965 年，兵团长绒棉种植面积发展到 6767 公顷，平均单产 315.7 千克/公顷，总产 2135 吨，其面积、单产、总产都达到兵团当时历史上的最高水平。其中农一师种植长绒棉 4707 公顷，单产 291.7 千克/公顷，总产 1377 吨。[③]

---

① 新疆维吾尔自治区地方志编纂委员会：《新疆通志（第 30 卷）·农业志》，乌鲁木齐：新疆人民出版社，1994 年，第 186 页。

② 新疆生产建设兵团史志编纂委员会、新疆生产建设兵团农业志编纂委员会：《新疆生产建设兵团农业志》，五家渠：新疆生产建设兵团出版社，2009 年，第 323 页。

③ 新疆生产建设兵团史志编纂委员会、新疆生产建设兵团农业志编纂委员会：《新疆生产建设兵团农业志》，五家渠：新疆生产建设兵团出版社，2009 年，第 235—236 页。

新疆引进苏联棉花品种和新品种培育，不仅满足新疆自用，还为甘肃等省市提供棉种。民国十七年（1928），敦煌商人从新疆引入黑籽棉（陆地棉）。该品种在敦煌种植并逐渐取代了非洲棉。1950—1958 年，甘肃用陆地棉品种苏联斯 3173 替代中棉、黑籽棉和小洋花，同时种植的有 517、611-Б 等苏联品种。[①]这些苏联棉种大多经过新疆引入甘肃。新疆与苏联中亚地区距离近，自然条件相同或相近，同时新疆种植中亚地区棉花品种时间长、数量大、经验丰富。因而从苏联中亚地区引种，不仅交通便利、经济成本低，而且引入棉种对新疆自然环境适应性强。

1950 年，甘肃省从新疆引入苏联早熟斯 3173 品种，在敦煌、民勤等县试种；1952 年敦煌县试种成功，较黑籽棉增产 145.2%；1955 年，在河西及中部棉区 9 个县（含银川）推广种植 5.4 万亩，平均亩产 77.88 斤；1956 年，从新疆调入苏联棉种 80 万斤，种植在天水、酒泉、武威、武都、白银等地区。1958 年，又调入苏联棉种 45 万斤，种于酒泉、张掖、武威。至此，甘肃全省种植苏联早熟斯 3173 品种已达 48.87 万亩，占全省棉花种植面积的 93.15%。

苏联斯 3173 棉种品质优良，生长期 150 天，铃重 3.6—4 克，绒长 25—27 毫米，衣分 31.8%—36.2%。20 世纪五六十年代，甘肃省还引进了其他棉种与苏联斯 3173 棉种进行试种对比，但大面积种植结果表明，品质不如苏联斯 3173。譬如，1950 年甘肃农业试验站由陕西引入 517 棉花品种试种，表现较好。接着，1955—1963 年先后从陕西、山西调入种子 214 万斤，在天水、渭河沿岸以及徽成盆地和武都推广种植，1958 年种植 6 万多亩。大面积种植对比表明：517 棉花品种绒长 22.3—25.3 毫米，衣分 33%，品质不如斯 3173。[②]

---

① 甘肃省地方史志编纂委员会：《甘肃省志（第 18 卷）·农业志》，兰州：甘肃文化出版社，1995 年，第 339 页。

② 甘肃省地方史志编纂委员会：《甘肃省志（第 18 卷）·农业志》，兰州：甘肃文化出版社，1995 年，第 340 页。

1958—1970 年，甘肃从新疆引入苏联棉种 KK-1543 替代斯 3173。1958 年，由西北农业科学研究所敦煌工作试验站在河西进行品种比较，多点试验，试验结果 KK-1543 植株性状、产量、品质均优于斯 3173。1959 年从苏联调入 KK-1543 种子 100 万斤，1963 年又从新疆调入种子 30 万斤，分配到敦煌、安西、金塔、靖远种植，到 1970 年普及全省。该品种植株紧凑，生长期为 150 天左右，平均铃重 4 克，衣分 34%，绒长 25—26 毫米，亩产皮棉比斯 3173 增产 10%以上。[①]1955 年引进涡及 1 号棉花品种（苏联育成品种），经 5 年先后在甘谷、徽县、成县试验，早熟性与小洋花相当，铃大、纤维长、产量高。在徽县、成县亩产皮棉 88.1 斤，比小洋花增产 11.68%，纤维长 23.8 毫米，比小洋花长 3 毫米。1958 年从山西调入苏联涡及 1 号种子 3 万斤，在渭河沿岸及徽成盆地推广种植。

甘肃从新疆等省区引进苏联棉种 KK-1543 试种和大面积推广后，开始了自有品种的选育工作。1957 年 KK-1543 棉种引入甘肃，在河西试种三年。同其他棉种比较证明，KK-1543 棉种适应性强，产量比斯 3173 高，可以在安西、敦煌大面积推广。[②]甘肃省靖远县棉花试验站采用 KK-1543 品种，于 1969 年选育成靖棉 1 号棉种。该品种早熟、高产、品质好，在中部棉区经过 4 年试验，皮棉亩产比 KK-1543 高 15%，绒长 25 毫米，衣分 37%左右。[③]

在历史上山西省棉花产量和品质先后出现几次大幅度的提高都直接得益于更换棉种。山西省棉种更换特点是引进国外棉种与引进国内自育棉种相结合。从国外引入的棉种，主要是美国棉种和苏联棉种。在新中国成立前山西省以引进美国棉种为主，引种时间长，种植面积较大。20 世纪 50 年代，山西省从苏联引入涡及 1 号、611-Б、KK-352、108B、斯 3123、斯 2421；20

---

① 甘肃省地方史志编纂委员会：《甘肃省志（第 18 卷）· 农业志》，兰州：甘肃文化出版社，1995 年，第 340 页。

② 方端第、金作华、张俊弟：《棉花新品种——KK-1543 的简要介绍》，《中国棉花》1960 年第 2 期，第 31—32 页。

③ 甘肃省地方史志编纂委员会：《甘肃省志（第 18 卷）· 农业志》，兰州：甘肃文化出版社，1995 年，第 345 页。

世纪 60 年代继续从苏联引入 KK-15、涡及 3 号等品种。山西省引进和种植棉种需要与本省自然条件相适应，具体可分为特早熟、中熟、中早熟三个类型的棉区。中熟棉区基本同美国植棉地带的自然条件相似，而特早熟棉区则基本与苏联中亚地区植棉地带的自然条件相似，这是山西省引进棉花品种取得成功的一个根本原因。①

自民国以来，新疆依靠地缘关系和自然条件，对引进和传播苏联棉花品种做出了重要贡献。新疆地域辽阔，约占全国国土面积的 1/6。新疆农业水利灌溉条件好，具有适宜种植棉花的土壤、光热、气候、降雨量等自然条件，是中国棉花种植历史悠久又富有发展潜力的地区。新中国成立以来，新疆棉花生产品种经历了引进、自育、再引进的历史演变。新疆引进和培育棉花品种，对新疆本地和其他省区棉花科技进步和生产发展贡献巨大。从民国时期至 20 世纪 70 年代，新疆棉花品种完全依靠引进，并主要从俄苏引进。这期间进行了三次大规模的引进换种。民国期间，引进种植的是陆地棉和草棉。1951 年前后，从苏联引进斯 3173、舍列迭列 8517-36 号、斯拉特等品种替代新中国成立前的陆地棉和草棉，此为第一次大规模换种。第二次大规模换种是在 1958 年前后，以引进苏联的大铃品种 108B 代换斯 3173、舍列迭列 8517-36 号、斯拉特等品种。第三次大规模换种是在 1964 年前后，新疆局部地区引进推广种植苏联斯 1470、斯 4744。1975—1994 年，新疆棉花生产种植品种结构发生根本性转变，进入以种植自育品种为主的阶段。②民国以来，新疆引进苏联棉花良种不仅本地使用，而且传播到甘肃、陕西、河南等省区作为主栽品种，并作为育种资源育成大批棉花新品种。

（四）引进苏联亚麻品种

从苏联引入贝尔纳 1 号、五河林、乐 1120 等亚麻品种，不仅大面积推广种植，而且培育出华光 1 号品种，哈系 384、哈系 419 品种和黑亚 3 号、

---

① 张亨禄、杨世臣：《我省棉花品种的更换特点》，《种子世界》1990 年第 6 期，第 10—11 页。

② 买买提·莫明、李雪源、孙国清，等：《新疆棉花自育品种优越性与外引品种互补性》，《中国棉花》2003 年第 11 期，第 10—13 页。

黑亚 4 号等新品种。亚麻也称壁虱胡麻、鸦麻，具有抗腐烂、纤维拉力强、易着色、纺织空隙大等特点，是传热的良好导体。在纺织工业中亚麻是其他纺织原料不可代替的优质原料。亚麻种子含碘、亚麻酸等，可制造高级涂料、油漆。榨油后的亚麻饼粕是优质的农业肥料。1913 年，黑龙江省引入亚麻品种，在中东铁路沿线哈尔滨香坊农事试验场进行试种。1926 年，黑龙江省进行纤维制线生产，产品主要销往日本。东北沦陷时期，日本殖民者为掠夺更多的亚麻原料，强迫农民多种亚麻，使得亚麻种植面积不断扩大。1936 年，种植 8 万亩，1945 年增加到 77.3 万亩。10 年间亚麻种植面积增加了 69.3 万亩，1945 年种植面积是 1936 年的 9.7 倍。①

新中国成立之前，黑龙江省种植的亚麻品种是 1931 年引进的苏联贝尔纳 1 号和美国 1 号。不仅如此，哈尔滨农事试验场还从苏联品种贝尔纳 1 号中选育出哈系 384 和哈系 419 品种，在双城、呼兰、拜泉、依兰、哈尔滨市郊区、克山、绥化、海伦等地推广。这些品种单产不高，又不抗立枯病。新中国成立初期，生产上用的品种，主要是由苏联引进的五河林，在勃利、克山、海伦等地推广。与此同时，东北农业科学研究所与黑龙江省特产试验站合作，从贝尔纳 1 号中选育出华光 1 号品种。1956 年在阿城、呼兰、巴彦、延寿、拜泉等县推广种植。这是当时较好的品种，推广面积达 40 万亩，占全省亚麻总面积的 60%。1957 年又从苏联引入乐 1120 品种。到 20 世纪 60 年代中期推广面积达到 30 万亩。该品种比较抗病、高产，加上其他栽培措施，使全省亚麻原茎平均亩产由 50 千克增加到 100 千克。1968—1985 年，黑龙江省经济作物研究所利用引进品种培育出黑亚系列品种，黑亚 3 号、黑亚 4 号等品种大面积推广种植。②

1952 年，苏联援建的哈尔滨亚麻纺织厂，年需亚麻原茎 5 万吨。随着哈

---

① 黑龙江省地方志编纂委员会：《黑龙江省志（第 7 卷）· 农业志》，哈尔滨：黑龙江人民出版社，1993 年，第 225 页。

② 黑龙江省地方志编纂委员会：《黑龙江省志（第 7 卷）· 农业志》，哈尔滨：黑龙江人民出版社，1993 年，第 227 页。

尔滨亚麻纺织厂的建成投产，亚麻生产集中在呼兰、巴彦、双城、依兰、克山、海伦、拜泉、兰西、延寿、勃利、依安等11个县。新中国成立初期，亚麻主要用于织麻袋、制绳索，种植面积不大。1949年，亚麻面积仅为19.2万亩，1950年为26.8万亩。苏联援建哈尔滨亚麻纺织厂投产后，为保证原料供应，1953年亚麻种植面积增加到41.9万亩，总产量34 950吨。由于种植亚麻经济效益好（当时每吨亚麻原茎162元，相当于1.26吨大豆的价值），农民生产积极性很高，到1959年种植面积扩大到75.4万亩，是1949年的3.9倍，总产量增加到8万吨，增长5.1倍。亚麻种植面积和总产量的提高，基本满足了纺织工业发展的需要。①

吉林省于1914年引进俄国贝尔纳1号、露西亚1号亚麻品种。东北沦陷时期，吉林省亚麻种植主要是推广了贝尔纳品种。1948年和1949年吉林省由苏联引进的种子，经过试验，比当地品种增产显著，通过扩大繁殖，到1955年已在全省推广。东北农业科学研究所（今吉林省农业科学院）经多年试验从贝尔纳品种中选育出华光1号及华光2号两个品种，经过区域试验和大面积生产示范，华光2号在吉林省种植增产显著，已经成为吉林省的主栽品种。20世纪60年代后期，吉林省又从黑龙江省引进了乐1120苏联品种。②

（五）从苏联引进甜菜品种

甜菜，又称莙荙菜（Beta vulgaris subsp. cicla）、金疙瘩、火焰菜、猪乸菜、厚皮菜、牛皮菜。③中国东北种植甜菜初期，从俄国引进种子。东北沦陷时期，哈尔滨王岗农事试验场育成了丰荣、丰光和由公主岭引进的顺天根等品

---

① 黑龙江省地方志编纂委员会：《黑龙江省志（第7卷）·农业志》，哈尔滨：黑龙江人民出版社，1993年，第225—226页。

② 吉林省地方志编纂委员会：《吉林省志（第16卷）·农业志》，长春：吉林人民出版社，1993年，第354页。

③ 吉林省地方志编纂委员会：《吉林省志（第16卷）·农业志》，长春：吉林人民出版社，1993年，第119页。

种，但生产用种还需要大批引进。新中国成立初期，中国东北从苏联大批引进拉蒙 632（P632）、拉蒙 1537（P1537）、拉蒙 06（P06）等甜菜品种进行大面积种植，促进甜菜制糖业发展，并选育出新品种，改变了甜菜品种依赖进口的局面。由于甜菜制糖业发展，种植甜菜面积大，每年从苏联进口 P1537 和 B020 等品种 3000—4000 吨。同样，在其他省区，如甘肃省，也大批引进苏联甜菜种子。吉林省甜菜生产所用的种子大部分从苏联引进，而每年的品种都不同，P1537、B020 等品种使用的时间稍长。每年进口量达 0.1 万—0.15 万吨。① 同样，在甘肃省，1958—1960 年先后从外地大量调入甜菜种子，品种有 P1537、B020、AB 等。其中，1959 年从苏联引入 B2020 品种 60 万斤。②

甜菜从用途上分为糖用、菜用、药用和饲料用四种。黑龙江等地在引进苏联等国甜菜种子基础上，通过繁殖利用，杂交育种，培育出了适合本地种植的甜研 1 号、双丰 1 号和自采的 P 等品种，具有产量高、抗逆性强、含糖量高的优势，对发展甜菜生产起到重要作用。到 1963 年，黑龙江省每年可采种 3000—4000 吨，实现种子全部自给，结束了多年用大量外汇进口种子的局面。③

黑龙江省大面积种植的主要是糖用甜菜。1949—1958 年，是甜菜种植生产稳步发展时期。1949 年，甜菜面积仅 16.4 万亩，亩产 0.9 吨，总产 14.7 万吨。随着制糖工业的发展，需要原料大量增加，甜菜种植面积逐渐扩大。当时的甜菜收购价格由糖厂自定。与粮食的比价，1952 年以前每吨甜菜合大豆 284 千克，1952 年改为合高粱 370 千克，1956 年后由用粮折价改为人民币定价，每吨甜菜定为 32.6 元，1957 年改为每吨 34.6 元，1958 年定为每吨 40 元。由于经济效益较好，农民称甜菜为“金疙瘩”。1958 年，甜菜面积

① 吉林省地方志编纂委员会：《吉林省志（第 16 卷）・农业志》，长春：吉林人民出版社，1993 年，第 121—122 页。

② 甘肃省地方史志编纂委员会：《甘肃省志（第 18 卷）・农业志》，兰州：甘肃文化出版社，1995 年，第 353 页。

③ 黑龙江省地方志编纂委员会：《黑龙江省志（第 7 卷）・农业志》，哈尔滨：黑龙江人民出版社，1993 年，第 234 页。

发展到220.3万亩，总产量160万吨，分别相当于新中国成立时的13.4倍和10.9倍。从清末到民国时期，黑龙江省有呼兰、双城、巴彦、阿城、五常、绥化、哈尔滨等7个市县种植甜菜。新中国成立后，甜菜制糖业与甜菜种植业互动发展。1953—1956年，甜菜种植扩展到讷河、嫩江、富裕、海伦、依安、肇东、克山、龙江、安达、泰来、集贤、克东、桦川、佳木斯、汤原等15个市县。1969年发展到46个市县。①

新中国成立初期，伴随着糖业的生产发展，新疆种植大批从苏联引进的甜菜品种。19世纪末由俄国农民带进甜菜种子在新源县开始种植，随后逐渐扩散到焉耆和南疆一带。20世纪30年代，新疆省农业部门也从苏联引进糖用甜菜和饲用甜菜品种，当时作为蔬菜和饲料栽培。1949年全疆甜菜播种面积只有200亩，亩产132.5千克。栽培范围仅伊宁、乌苏两县。新中国成立后，新疆甜菜生产随着制糖工业的建立，逐渐发展成一项颇具规模的种植业。1950—1958年，是建立糖业生产的准备时期。20世纪50年代初，中共中央新疆分局和新疆军区党委决定在军区内开创制糖工业，并选定在石河子兴建一座日处理1000吨甜菜的糖厂。1954—1960年，自治区农业厅、生产建设兵团、农林牧科研所陆续从苏联引进糖用甜菜品种，先后在石河子、伊犁、塔城、焉耆等农业试验场（站）进行品种的播期、密度、灌溉、施肥、防治病虫害等项栽培技术试验。这些试验为大面积甜菜生产做了技术准备。②

（六）引进苏联向日葵品种

向日葵，古称迎阳花、丈菊、西番菊，今俗名葵花。黑龙江省向日葵栽培始于清光绪年间，大致在1875—1906年，至今已有百年历史。起初，农

---

① 黑龙江省地方志编纂委员会：《黑龙江省志（第7卷）·农业志》，哈尔滨：黑龙江人民出版社，1993年，第233—234页。

② 新疆维吾尔自治区地方志编纂委员会：《新疆通志（第30卷）·农业志》，乌鲁木齐：新疆人民出版社，1994年，第223—224页。

户只在地边、田头或房前屋后零星地种植，自己食用或将多余卖出。随着土地开发，向日葵种植面积不断扩大。1934 年，黑龙江地区向日葵种植面积为 1.7 万亩，总产 1306 吨。1942 年，种植面积达 5.6 万亩。到 1949 年，向日葵种植面积达 9 万亩。

新中国成立后，黑龙江等省向日葵生产快速发展。1950—1959 年，黑龙江人民政府狠抓粮食生产，同时重视向日葵生产。1952 年，向日葵种植面积稳步发展到 20 万亩；1957 年，扩大到 43.8 万亩。1959 年 3 月，根据农业部、粮食部《关于大力发动群众大量种植蓖麻积极发展向日葵的联合通知》精神，黑龙江省人民委员会制定了《关于抓紧当前油料的收购和对超额完成统购任务的奖励办法》，促进了向日葵生产的发展。当年全省向日葵种植面积扩大到 125.3 万亩，总产 6.3 万吨。面积和产量分别比 1949 年增长 12.8 倍和 11.1 倍，成为小油料作物中种植面积最大的主要作物。[①]向日葵种植在黑龙江省分布广泛。全省各市县均有种植，主产区集中在松嫩平原西部。20 世纪 50 年代，10 年平均种植面积超过 1 万亩的有依安、肇东、明水、阿城、宾县、尚志、安达、望奎等 8 个县。20 世纪 80 年代，向日葵生产稳步发展，种植面积超过 10 万亩的有泰来、龙江、肇源等 10 个县。[②]同引进苏联棉花品种一样，引进苏联向日葵品种，省区之间也有间接引进。《新疆通志（第 30 卷）·农业志》记载，新中国成立初期，“新疆从吉林引进夫尼姆克苏联向日葵品种”[③]。《新疆通志（第 72 卷上）·科学技术志》也有记载，1976 年，石河子农垦局罗赓彤被评为“由吉林白城引进油用向日葵良种‘先进工作者’”[④]。

---

① 黑龙江省地方志编纂委员会：《黑龙江省志（第 7 卷）·农业志》，哈尔滨：黑龙江人民出版社，1993 年，第 238—239 页。

② 黑龙江省地方志编纂委员会：《黑龙江省志（第 7 卷）·农业志》，哈尔滨：黑龙江人民出版社，1993 年，第 240 页。

③ 新疆维吾尔自治区地方志编纂委员会：《新疆通志（第 30 卷）·农业志》，乌鲁木齐：新疆人民出版社，1994 年，第 212 页。

④ 新疆维吾尔自治区地方志编纂委员会：《新疆通志（第 72 卷上）·科学技术志》，乌鲁木齐：新疆人民出版社，2000 年，第 228 页。

甘肃省等省份种植的向日葵也主要是从苏联进口的品种。直到20世纪80年代，甘肃省还在种植苏联2号、苏联3号、苏联4号等引进品种。[①]1955年以前，甘肃省种植的向日葵多是含油量较低的食用型品种，种植地区包括依安县和甘南县等。1955年开始，甘肃省先后引进苏联的1、2、3、10号和“先进工作者”，匈牙利的1、2、3、4号和草原人，罗马尼亚的列克尔德等10个含油率高的油用型品种。这些引进品种经过试种和推广种植，表现出适应性强、产量高等特点，种植面积扩大。其中，影响深远的有苏联“先进工作者”、列克尔德和匈牙利4号等品种。[②]

从总体来讲，新中国成立初期引进苏联农作物种植时间长、推广面积大和对培育新品种影响大的有棉花、冬小麦、玉米、甜菜、向日葵等。此外，中国还引进苏联穗醋栗、西瓜、苹果、梨等品种。穗醋栗俗称黑豆果。从新中国成立前一直到20世纪70年代，黑龙江省主要栽培品种是从苏联引入的厚皮黑豆、薄皮丰产黑豆、防寒黑豆、甜粒子黑豆等。后以亮叶厚皮黑豆、薄皮黑豆为主栽品种。穗醋栗属野生种，有东北茶藨、黑果茶藨、水葡萄茶藨等15种变种。[③]1896年中国由俄国引入厚皮甜瓜品种，人称毛子瓜。后又引进苏联思伊涛沙、伊白里亚等西瓜品种及巧马梨。1926年黑龙江省从苏联引入巧马梨；东北沦陷时期黑龙江省由苏联引入思伊涛沙、伊白里亚等西瓜品种。[④]近代中国引进苏联农作物品种，经过种植积累经验，为新中国成立初期引进推广提供借鉴，有些品种的推广取得一定成效，形成了良好的认识和实践基础。至于许多引进品种未能发挥作用的原因，主要包括两方面：一方面是引进品种对中国的一些试种地区的环境条件不适应，即引进品种不适

① 甘肃省地方史志编纂委员会：《甘肃省志（第18卷）·农业志》，兰州：甘肃文化出版社，1995年，第324页。

② 甘肃省地方史志编纂委员会：《甘肃省志（第18卷）·农业志》，兰州：甘肃文化出版社，1995年，第324页。

③ 黑龙江省地方志编纂委员会：《黑龙江省志（第7卷）·农业志》，哈尔滨：黑龙江人民出版社，1993年，第269页。

④ 黑龙江省地方志编纂委员会：《黑龙江省志（第7卷）·农业志》，哈尔滨：黑龙江人民出版社，1993年，第266—268页。

应中国一些地区的自然条件；另一方面是试验方法或试验条件选择不适当。譬如，1949 年，黑龙江省试验种植从苏联引进的若干小麦品种，由于缺乏试验条件及经验，试种小麦品种生长环境条件与苏联原种植地条件相差过大，大多数试种品种表现不良。而这些引进苏联的小麦品种在泰来、龙江等气候比较干旱地带试种表现良好，尤其是在讷河、克山等地，试种小麦与本地品种比较，具有抗倒伏、早熟、无乌麦、粒大、分量重等优点，试验场周围农民都想换种引进品种。①同时，引进苏联的种子样品由于在储运、保管等环节通风、湿度等条件不当导致种子失去生命力，影响试种的发芽率和成活率。

二、引进苏联农作物栽培技术

农业生产作为一种生物再生产过程，是利用土壤、阳光、水分等自然条件进行的物质生产。农业产品的产量、质量受气温、降雨量、光照时间等自然因素的影响。农业生产的自然环境条件有很大的不稳定性，发展农业生产要依靠科学技术，掌握和利用自然规律。1958 年，毛泽东强调理论与实践相结合，在实践中总结和认识规律。通过进一步提炼 1956 年中共中央政治局提出的《1956—1967 年全国农业发展纲要（草案）》中的 12 项农作物增产措施，毛泽东提出土、肥、水、种、密、保、管、工农业“八字宪法”。其中，“土”就是要通过深耕改良土壤，进行土地规划和土壤调查；“肥”就是要合理施肥，种植绿肥，积制土杂肥；“水”就是发展灌溉农业，兴修农田水利设施，合理用水；“种”就是利用优良品种，加强农业良种选育，推广优良品种；“密”就是合理密植，通过提高单位面积种植的植株数量，增加单产；“保”就是防治植物病虫害，保护农作物生产不受病虫害影响；“管”就是搞好除草和中耕保墒，加强田间管理；“工”就是采用先进农业生产工具，不断进行农机具制造技术创新，为农业生产提供先进实用的农业机械。新中国成立初期引进苏联农业技术，总体符合“八字宪法”精神要求和中国农业实际需要，在中国农业恢复和生产中起到了不可替代的关键性作用，有一些技术在 20 世纪末，乃至

① 蒋南群：《苏联冬小麦在黑龙江》，《东北农业》1950 年第 19 期，第 7 页。

当今依然发挥着重要作用。

新中国成立初期，中央部委聘请苏联专家顾问，帮助制订发展规划，全面指导经济技术工作。Ф. Г. 庐森科是农业部聘请的第一位苏联顾问（图 4-2）。Ф. Г. 庐森科等苏联专家介绍苏联农业生产中的深耕、密植、合理施肥、灌溉、轮作等经验，对提高中国农业生产技术和产量贡献很大。[①]譬如，采用农作物密植技术，提高了棉花单产。以前，中国种植棉花每亩只种 1500—2500 株，密植 3000—4000 株，凡采用密植技术的棉田，棉花产量增加 50%—100%；种植小麦采用密植技术，产量增加 1 倍以上。在农业部所属的芦台、双桥等国营农场，Ф. Г. 庐森科传授改进耕作栽培技术，实际应用取得良好成效，并在全国各地推广。同样，双桥机耕学校实习农场从 1949 年开始采用密植技术，在 960 亩土地上播种棉花。同时，利用深耕、灌溉、中耕施肥、除草和打杈、整枝等技术，产量由 1949 年的每亩产籽棉 50 斤，提高到 1951 年的 296 斤。农场种植棉花采用深耕密植技术，平均产量比未采用该技术的产量提高了 80%。这一采用深耕密植技术的试种成果，对全国国营农场及广大农民起到了示范带动的作用。[②]山西农业劳动模范曲耀离种植的棉花丰收，亦是根

图 4-2　农业部顾问 Ф. Г. 庐森科 1951 年在石家庄城角村植棉模范梁家瑞的棉田里指导丰产技术

① 沈志华：《苏联专家在中国（1948—1960）》，北京：中国国际广播出版社，2003 年，第 122 页。

② 王启美、柳培良：《机耕学校实习农场吸收苏联先进经验获得新的成就》，《中国农报》1952 年第 12 期，第 10 页。

据 Φ. Γ. 庐森科指导的密植技术，并结合自己种棉经验取得的。Φ. Γ. 庐森科在农业部担任部长顾问的三年，正是中国农业从恢复阶段进入快速发展阶段的过渡期。Φ. Γ. 庐森科在发展规划、机构建设、技术指导等方面对中国农业发展提供了很大帮助。①

派遣留苏学生是学习引进苏联作物栽培技术的重要形式。1963—1965 年留苏 26 个农科专业的研究生、实习生、进修生共有 252 人，其中作物栽培与耕作专业 27 人、作物育种专业 20 人、植物生理生化专业 10 人、土壤学专业 18 人，即作物栽培相关专业共 75 人，占总人数的 29.8%。1956 年计划选派农科研究生到苏联留学，22 个专业的总人数为 235 人，其中农学专业 65 人、选种及培植专业 22 人，即作物栽培相关专业共 87 人，占总人数的 37.0%。②

新中国成立初期，棉花增产增收是国民经济恢复时期农业领域的一项重要任务。1950 年，农业部狠抓粮棉增产，强调农业生产的重点工作和中心任务就是促进粮棉丰产，增加产量。③按照《关于发展国民经济的第一个五年计划》规定，到 1957 年全国棉田种植面积要扩大到近 1 亿亩，单位面积棉花（籽棉）产量提高到 304.4 斤。④由于长期战乱、棉种退化、种植技术落后等因素，1949 年全国棉花单位面积产量平均仅 10.5 千克。⑤新疆玛纳斯河流域是由新疆生产建设兵团新开垦的棉花种植区。1950 年，兵团在新垦地种植棉花，每亩平均产量 25.6 千克；1951 年和 1952 年两年的平均单产达到 39.5 千克。

1952 年冬天，兵团党委研究决定，玛纳斯地区种植棉花要进一步提高产

① 《苏联农业专家卢森科报告选集》，中央人民政府农业部专家工作室编译，北京：财政经济出版社，1954 年，第 11—12 页。

② 农业部人事司：《1956 年各单位选拔留苏研究生初步对象计划数》《我部报送高教部 1955 年派赴苏联学习专业计划及同意纪委分配农业系统的出国名额》，1954 年 11 月至 1955 年 12 月，中华人民共和国农业部档案处档案，案卷-1955-永久-14，第 61 页。

③ 《中央人民政府农业部指示》，《中国农报》（创刊号）1950 年 5 月，第 3 页。

④ 《中华人民共和国农业部关于一九五六年棉花增产的主要措施》，《中国农报》1955 年第 24 期，第 4 页。

⑤ 赵德馨主编：《中华人民共和国经济史纲要》，武汉：湖北人民出版社，1988 年，第 26 页。

量，下一年（1953 年）单产量（籽棉）要达 200 千克，即单产量要比原单产（39.54 克）增产 4 倍。新疆玛纳斯河流域地处北纬 45 度，在农业历史上没有种植过棉花。1952 年冬，苏联植棉专家 B. И. 迪托夫（当时担任新疆八一农学院院长顾问）来到石河子的玛纳斯河流域，经过对该地土壤、水源、气候等自然条件进行综合调查和分析，认为石河子地区自然条件完全可以实现单产量 200 千克籽棉。1953 年 1 月中旬，B. И. 迪托夫与王震签订了指导高产植棉的技术合同。此后，在 B. И. 迪托夫（图 4-3）植棉技术指导下的石河子、奎屯一带兵团农场，创造了 0.13 万公顷（2 万亩）亩产皮棉 134 斤的纪录，达到了单产籽棉 200 千克的指标。[①]同时，他还总结了秋耕冬灌、选用良种、种子粒选、适播期、中耕、定苗、条播、施肥、润灌、促熟等一套可供推广的高产植棉技术和管理方法。

图 4-3　陶峙岳（前左）与苏联农业专家 B. И. 迪托夫（右 1）视察棉田，研究棉花打顶

B. И. 迪托夫推广高产植棉技术的成功，除了归功于他提供的技术先进，适应新疆农业自然条件之外，还在于他极为重视技术培训，让广大生产劳动者掌握植棉技术。B. И. 迪托夫亲自编写授课教材，亲自给学员上课。他高度赞赏和基层士兵一起学习、经常参加培训的陶峙岳司令等部队干部。陶峙岳虽年

① 新疆维吾尔自治区地方志编纂委员会：《新疆通志（第 72 卷上）·科学技术志》，乌鲁木齐：新疆人民出版社，2000 年，第 227 页。

过六旬，但学习认真，能比较快地接受新知识。除了在植棉培训班上讲授理论知识、技术要领和管理经验，B. И. 迪托夫还深入棉田地头，向兵团干部战士现场讲解定苗、中耕、灌水、整枝等技术要领和注意事项。1953 年，二十二兵团二十五师、二十六师种植 2 万亩棉花大丰收，平均单产籽棉 201 千克，其中二十四团的 0.5 万亩棉田籽棉亩产 208 千克，达到了 B. И. 迪托夫与王震签订“军令状”规定的指标——单产量（籽棉）增产 4 倍。兵团采用的 B. И. 迪托夫高产植棉技术同时也被周围农民所掌握，提高了当地农民植棉技术和产量。1955 年，吐鲁番农民种植的 3 万亩棉田平均单产突破 150 千克，8.2 万亩棉田平均单产达 210 千克，其中 3.5 万亩棉田平均单产 225 千克，泉水地区的地方农场近万亩棉田平均单产达到了 233 千克。①

B. И. 迪托夫植棉高产技术包括良种和方法措施两方面。其一是采用从苏联引进的优良棉种；其二是重视技术培训，加大厩肥使用量，及时打枝、中耕保墒、除草、灌溉等。因此，中国实现了植棉历史上的大面积的棉花丰产。随后，农业部专门组织相关人员参观学习，邀请 B. И. 迪托夫到全国各主要棉区推广这项高产技术。在当时的华北农业科学研究所，农业部组织召开座谈会，推广棉花高产技术，号召全国学习新疆经验。在此期间，B. И. 迪托夫受邀到河北石家庄、河南新乡、江苏南京等地指导棉花科研生产，同时举办多期植棉新技术培训班。新中国成立初期，B. И. 迪托夫在全国各地推广植棉高产技术，对中国棉花增产和农业恢复发展产生了重要作用。②

20 世纪 50 年代，中国全面学习苏联农业生产技术和经验。按照李森科（Trofim Lysenko，图 4-4）高温与春化学说，马铃薯等作物品种栽种 2—3 年后大幅度减产的现象被称为退化。乌克兰农业部曾在敖德萨植物育种研究所设立由李森科负责的春化作用研究室。“春化处理”在俄国农业史上曾经有过相关提法，在此基础上李森科进行了理论上的解释和技术方法上的实践与

① 程照轩：《新疆棉花大面积丰产的主要经验》，《农业科学通讯》1956 年第 2 期，第 77 页。

② 农业部办公厅专家室：《刘瑞龙副局长、苏联植棉专家关于棉花增产座谈会发言》，1955 年 10 月 7 日至 1955 年 10 月 28 日，中华人民共和国农业部档案处档案，案卷-1955-永久-7，第 19 页。

总结。但李森科片面夸大自己发现解决霜冻威胁的春化方法，受到了农业科技专家的批评。在李森科看来，马铃薯等作物品种退化不是因为传染了滤过性病毒，而是高温条件刺激了正在成长的马铃薯植株，或者是采收后在贮藏过程中马铃薯自身所长的芽眼造成的。

图 4-4　李森科研究和指导小麦春化

李森科的学说在中国传播，在很大程度上得益于亚历山大·拜洛维奇·伊万诺夫在华期间进行的工作。伊万诺夫是苏联有名的“米丘林工作者”之一，曾在苏联列宁格勒国立大学等高等院校担任教学科研工作，从事遗传、选种教学科研 15 年。1931 年，伊万诺夫曾在敖德萨植物育种研究所和李森科一起从事过作物育种试验研究。来华前，伊万诺夫在全苏植物栽培研究所担任麦作室主任。[①]伊万诺夫于 1952 年 2 月来中国，在华北农业科研所工作，举办过多期全国性的米丘林遗传学讲习班。伊万诺夫信奉和宣传李森科的学说，强调环境在作物遗传育种中的重要性，重视理论与实践相结合。他说：“选种工作者必须学会与植物谈话……只有当你了解植物对于外界环境的一定要求时，植物才会顺从地听从你的支配。”伊万诺夫以李森科为例，解释农业育种过程与植物谈话的做法。他说：“李森科院士在研究植物阶段发育的理论时，常匍伏田间与植物谈话至昏暗，甚至有病住院的期间还偷偷出院至田间观察他的试验。”[②]

① 谢潜渊：《感谢苏联农业专家伊万诺夫同志》，《中国农业科学》1952 年第 10 期，第 7 页。
② 谢潜渊：《感谢苏联农业专家伊万诺夫同志》，《中国农业科学》1952 年第 10 期，第 7 页。

李森科的学说片面夸大了环境对遗传育种的作用，否认了遗传物质的作用，具有伪科学的性质。但他在农业育种工作中重视实验观察，对当时中国农业育种领域产生了一定的影响。时任华南农学院院长、著名水稻育种专家丁颖说："我们不但要学习苏联先进的农业科学，我们也须学习苏联专家的工作精神，像伊万诺夫同志到华南考察……他于烈日当空之下，一次一次地走到田埂上去，面对着实际问题，展开深入的讨论。"①

伊万诺夫来东北考察，明确提出了夏播留种是解决马铃薯品种退化问题的唯一途径。1952—1955 年，东北农业科学研究所根据李森科的高温学说，设立了马铃薯夏播留种试验的专项研究课题，并会同吉林省农业综合试验站（现吉林市农业科学院），考察了白城、蛟河、敦化、镇赉等县的马铃薯种植情况。结果显示，上述四县种植的马铃薯产量不低于克山种植的男爵品种的产量，能够作为种植马铃薯的基地，并于 1956 年获得吉林省农业厅确认和支持。1956—1959 年，四县共产马铃薯 0.7 万吨。后来，由于秋季运输困难和贮藏窖不足，基地留种工作停止。1964—1965 年，吉林省蔬菜研究所还对早熟马铃薯（苹果红）退化难留种问题，进行了留种试验（第二季），并在长春市推广（重点是南关区的光明村等）。试验结果显示，增产效果较为明显。②

三、引进苏联农作物植保技术

农作物病虫害是制约农作物生长的重要因素。新中国成立初期，中国植物保护技术落后，缺乏技术人才，大范围蝗灾和各种病害频繁发生。通过引进苏联植物保护技术和经验，在苏联专家的帮助下，有效灭蝗和防治各种农作物病虫害。1954 年 8 月 3 日，根据中苏科学技术合作协议，苏联政府派遣植物保护专家组来华考察指导植物保护工作。该专家组共 6 人，由苏联农业部对内检疫检验处副处长 B. H. 奥波连斯基任组长。中国农业部会同北京农

① 丁颖：《我对苏联专家的印象和感想》，《中国农业科学》1952 年第 9 期，第 8 页。

② 吉林省地方志编纂委员会：《吉林省志（第 16 卷）· 农业志》，长春：吉林人民出版社，1993 年，第 114—122 页。

业大学、华北农业科学研究所及中国科学院有关研究所的专家、教授 11 人，与苏联专家组成一个中苏植物检疫和保护联合考察团。经过中苏专家为期 5 个月的考察，查明中国植物蝗灾和其他主要病虫害的区域分布，研究分析了生物防治病虫害现状，指出了对病虫害防治有益昆虫及其防治害虫的生物学原理、发展前景和重要地位。苏联专家还对中国植物检疫和植保的机构建设、制度体系完善、提高教学科研水平等方面存在的制约因素、改进措施等提出了许多建设性的看法和意见。[①]在这 5 个月当中，中苏联合考察团赴全国许多省市进行实地考察，发现和解决了很多植物检疫方面的重要问题。譬如，柑橘苗木溃疡病、葡萄根瘤蚜等一直是国际植物检疫检验的重点对象，专家组在考察中发现并及时给予处理，避免了病害发生。[②]同时，先后举行植物检疫、植物保护等座谈会 15 场、专题报告 7 场，受农业部委托，举办多期植物检疫技术培训班。[③]这次中苏植物检疫与保护科技合作，对中国植物检疫检验和植物保护科技发展产生了积极作用。

中国引进苏联农作物植保技术，除聘请苏联专家来华指导生产、教学、科研外，还派遣学生到苏联学习大学本科和研究生阶段的植保专业知识，派遣教师和科研人员到苏联进修。由于当时缺乏植保人才，在选派留学生、进修学生的总人数中，植保专业人数占总人数比例远高于平均水平。譬如，1956 年计划选派农科研究生到苏联留学，共 22 个专业，总人数为 235 人，平均每个专业人数是 11 人，而植保专业实际人数是 33 人，占总人数的 14%。[④]

蝗虫灾害尤其是飞蝗灾害，在中国历代农业历史上曾频繁暴发，蝗虫被

① 农业部国际技术合作处：《苏联植物检疫和植物保护科学考察组与中华人民共和国学者共同工作计划》，1954 年 8 月至 1955 年 2 月；《协助苏联植保考察团在华考察计划》，1954 年 7 月至 1955 年 4 月，中华人民共和国农业部档案处档案，案卷-1955-永久-10，第 1—6 页。

② 农业部：《关于苏联植保考察团在华工作情况简报》，1955 年 1 月 12 日；农业部专家室：《本部报国务院关于苏联植保考察团在华工作情况简报》，1955 年 1 月—，中华人民共和国农业部档案处档案，案卷-1955-永久-4，第 1—6 页。

③《苏联植物保护专家在中国》，《中国农报》1955 年第 2 期，第 3 页。

④ 农业部人事司：《1956 年各单位选拔留苏研究生初步对象计划数》《我部报送高教部 1955 年派赴苏联学习专业计划及同意纪委分配农业系统的出国名额》，1954 年 11 月至 1955 年 12 月，中华人民共和国农业部档案处档案，案卷-1955-永久-14，第 61 页。

称为第一大害虫。“飞蝗蔽空日无色，野老田中泪垂血”，就是蝗虫灾害的写照。旧中国灭蝗，都采取人工扑打、烟熏等方法，几千年来一直无法控制蝗灾，常造成“飞蝗蔽天，赤地千里，禾草皆光，饿殍枕道”的惨景。新中国成立初期，通过外交外贸和国际科学技术合作途径，从苏联引进航空灭蝗技术，从而在全国范围内有效地防治了蝗灾。航空灭蝗关键是要了解蝗虫发生发展的规律。在实施灭蝗之前，中苏两国农业专家、灭蝗技术人员需要研究分析蝗虫存在的状况，深入蝗灾区进行实地调查，查清蝗虫的卵、蛹、成虫等有关资料，确定实施灭蝗的技术条件和具体方案（图 4-5）。

图 4-5 1951 年，农业部顾问 Ф. Г. 庐森科在河北调研灭蝗情况

根据中苏两国植物保护科技合作的有关协定，双方加强技术交流，共同进行科学研究和人才培养，同时在农作物病虫害检疫检验和防治技术方面相互交流实验材料和科研信息。根据协定，两国必须互相合作防治飞蝗，不得使飞蝗飞越国界，即通过相互帮助，采取必要措施，不得使飞蝗从缔约国的一方领土飞越到另一方领土境内。[①]

新疆与苏联陆路相邻，一直是中国蝗灾多发的重灾区和中苏植保合作的重要地带。新疆人稀地广，芦苇覆盖面积广大，防治飞蝗难度大，治蝗历来

① 《苏维埃社会主义共和国联盟政府与中华人民共和国中央人民政府关于农作物检疫与防治病虫害之协定草案》，载农业部农政总局：《中国与苏联一九五四年签订关于农作物检疫和防治病虫害的协议》，1954 年 5 月至 1955 年 1 月，中华人民共和国农业部档案处档案，案卷-1955-永久-31，第 26—28 页。

是新疆农牧生产中的大事和地方政府工作重点。民国三十年（1941），新疆省政府曾要求苏联政府帮助，派遣灭蝗团实施飞机灭蝗。这年，飞机喷洒灭蝗药物覆盖耕地和草场700千公顷，旬日之内飞蝗死亡净尽。这次新疆实施飞机喷洒农药治蝗（图4-6）是中国历史上第一次采用航空手段灭蝗，为新中国成立初期中苏合作大规模采用航空灭蝗积累了经验。[①]

图4-6 1953年，苏联灭蝗团帮助新疆喷洒农药防治飞蝗

1953—1955年，苏联政府连续三年派遣治蝗团来新疆帮助治蝗。派来治蝗人员共87人次，其中，昆虫专家、农业植保专家共15人，飞机33架次，防治范围包括农田、牧场、苇湖共240多万亩，实施飞机作业时间累计150多天。在实施治蝗过程中，苏联专家和飞行技术人员利用飞机在治蝗区上空进行蝗虫卵、蛹及成虫调查和分析，制订了灭蝗具体方案。这次治蝗采用了低空喷洒技术，均匀喷洒666（现已禁用）粉剂。这三年苏联治蝗团帮助中国大范围航空灭蝗提供了整套技术，培养了一批熟练技术人员，奠定了中国推广普及航空灭蝗的坚实基础。[②]1953年6月30日，飞机灭蝗工作胜利结束。新疆省人民政

① 新疆维吾尔自治区地方志编纂委员会：《新疆通志（第72卷上）·科学技术志》，乌鲁木齐：新疆人民出版社，2000年，第31页。

② 农业部植物保护司：《农业部关于请苏联灭蝗团协助灭蝗》，1953年1月3日至1953年8月23日，中华人民共和国农业部档案处档案，案卷-1953-永久-13，第1—35页；农业部农政总局：《农业部、外交部关于聘请苏联专家来我国帮助新疆灭蝗的函》，1954年1月19日至1954年12月31日，中华人民共和国农业部档案处档案，案卷-1954-永久-23，第1—23页。

府举行欢送晚会，感谢苏联灭蝗工作团帮助新疆灭除蝗灾。出席晚会的有苏联灭蝗工作团团长尼科莱依秋克及灭蝗工作团全体人员，新疆省人民政府副主席赛福鼎、高锦纯，中共中央新疆分局第三书记张邦英，苏联驻迪化总领事卡质斯基和新疆省各机关团体代表700多人。会上，新疆省政府副主席高锦纯对苏联政府和苏联灭蝗工作团的帮助表示感谢。①

蝗虫危害范围广，灾害重，甚至导致庄稼颗粒不收。1951年，中国新疆、河南、河北、山东、苏北、皖北等地普遍发生蝗灾，尤其是江苏泗洪、河北东部黄骅等地，蝗灾形势更为严峻。农业部副部长杨显东、农业部苏联顾问组组长 Ф. Г. 庐森科和中国治蝗专家陈家祥等组成治蝗领导小组到现场指挥治蝗（图 4-7）。为了尽快灭蝗，降低蝗灾造成的损失，根据苏联及新疆治蝗经验，Ф. Г. 庐森科建议采用飞机喷药。当时，中国尚未有自己的农用飞机。农业部请示政务院，经周恩来指示并亲自安排，由华北空军改装军用飞机，组建一支飞机灭蝗队伍。将苏制 ПО-2（波 2）飞机及美制 L5 教练机改装成 4 架农用飞机，经试飞后，飞赴江苏泗洪、河北黄骅等重灾区，执行航空治蝗。在半个月时间内，完成 1.3 万公顷喷洒 666 粉剂的作业任务，治蝗效果令人鼓舞。这是中国自己的灭蝗队伍首次执行飞机治蝗任务，在中国航空灭蝗事业发展史上具有里程碑意义。

图 4-7　1951 年，农业部副部长杨显东在河北黄骅组织动员灭蝗工作

① 新华社：《苏联灭蝗工作团帮助我新疆省飞机灭蝗胜利结束》，《生物学通报》1953 年第 9 期，第 35 页。

1952—1953年，中国大量引进苏制AH-8飞机，装备农用航空队伍，进一步改进治蝗喷药技术，并开始发展航空施肥、森林航测等技术。20世纪50年代中期，中国飞机喷粉灭蝗技术逐步成熟，并得到进一步发展和在全国大范围推广应用。1960年，中国飞机防治蝗灾面积达到127万公顷，占当年治蝗面积的70%以上。①1977年10月23日，新华社宣布：危害中国农业生产数千年的东亚飞蝗之灾已经被中国农用航空科技工作者和飞蝗灾区的广大农民完全控制住了。②至此，中国治蝗技术已经达到世界先进水平。③

第二节　新中国成立初期引进苏联畜牧兽医技术

新中国成立初期主要从苏联引进马、牛、羊、猪等大家畜优良品种，家畜育种周期长，不确定因素多。清末和民国时期，引进俄苏畜牧品种改良与地方品种杂交形成不少优良杂种畜群，但由于缺乏科学培育计划和方法，加之战乱影响，没有培育成一个新品种。新中国成立初期继续引进苏联优良畜种，利用优良杂种畜群，培育成新疆细毛羊、伊犁马、三河马、黑河马、三河牛、新疆白猪、哈尔滨白猪等新品种。同时，在苏联专家帮助下，兽医生物制药业开发出许多新产品，建立了生产技术规程和产品质量监察制度；家畜疫病防治、人工授精等新技术得到进一步推广应用。

---

① 朱恩林：《飞机治蝗进程及发展对策探讨》，《植保技术与推广》1998年第1期，第37—38页。

②《著名农学家杨显东》，《科技人物》栏目，2005年11月17日，http：//www.cast.org.cn/，2007年4月19日。

③《当代中国》丛书编辑部：《当代中国的农业》，北京：当代中国出版社，1992年，第581页。

③ 陈海秋：《建国以来农村土地制度的历史变迁》，《南都学坛（南阳师范学院人文社会科学学报）》2002年第5期，第70—79页。

一、引进苏联畜牧良种

新中国成立初期从苏联引入畜牧良种作为引进苏联农业技术的重要内容，是恢复发展农业生产的一个重要条件。从清末到新中国成立初期，中国从苏联引进马、牛、羊、猪等大家畜的规模、途径和方式各不相同，但都具有连续性，为改良地方品种、培育新品种奠定了良好基础。新中国成立后，通过外交外贸、中苏科技合作等途径，大批从苏联引进畜牧良种，改良地方品种，并在近代形成的良好杂种畜群基础上，培育了一批新品种。

（一）引进苏联马匹优良品种

1949 年新中国成立后，国民政府遗留下来的西北、西南等地的马场，全部由军队接管。为了农牧业、运输业和军事等各方面发展的需要，中国大批引进苏联马匹。当时东北老解放区马匹质量很差，不但营养不良、瘦弱，而且大部分马患有炭疽、鼻疽、马癞等疾病。农安、双城、德惠、龙江、克山五县养马多，但调查结果表明，上述五县马匹数量、质量，都没有能力负担起这项重大任务。因此，中国先后大量引入苏联种马，建场繁育，有计划地进行马种改良和新品种培育。1949 年，全国农业生产会议决定，由贸易部经办，以易货贸易方式引进苏联马匹。据统计，1950 年贸易部经办的第一批马匹易货贸易就从苏联购入优良马种 1125 匹（表 4-2），包括顿河马、阿尔登马、苏（高）纯血马、卡巴金马、富拉基米尔马、阿哈马、卡拉巴依马、古粗马等。这些马匹被分配到黑龙江、吉林、辽宁、河北、内蒙古、山西、甘肃、青海、河南、山东、湖北、贵州、云南、安徽 14 个省区饲养。①

表 4-2　1950 年中国第一批引进苏联马匹品种和数量　　单位：匹

品种	苏（高）纯血马	阿尔登马	卡巴金马	顿河马	卡拉巴依马	古粗马	阿哈马	富拉基米尔马	合计
数量	375	225	148	115	96	76	52	38	1125

资料来源：根据中国畜牧兽医学会：《中国近代畜牧兽医史料集》（北京：农业出版社，1992 年，第 127 页）数据整理

① 中国畜牧兽医学会：《中国近代畜牧兽医史料集》，北京：农业出版社，1992 年，第 127 页；李韬：《苏联对我国畜牧业的巨大援助》，《中国农垦》1957 年第 5 期，第 2—3 页。

1953年之后，中国又先后从苏联购入奥尔洛夫快步马、苏维埃重挽马、托利马（拉脱维亚的重挽马）、顿河马等品种100多匹。为了改良地方品种、培育新品种，中国建立了省、地、县三级国营种畜场，全国建立了数百个国营配种站，利用从苏联、蒙古等国家引进的优良种畜与当地群众饲养的母畜交配，使各地牧畜品质得到较快改良与提高。1957年底，从苏联引进的种马中已有561匹母马生产幼马，6年来共繁育近3000匹后代。各国营马场、种畜场一方面以这些马匹为基础，新建了14个大型种马场；另一方面以其中的564匹优良公马为基础，10个省区设立450个国营马匹配种站，6年间共与本地30万匹母马配种。①

新疆引进苏联种马，对改良地方品种发挥了重要作用。奥尔洛夫马是苏联培育的快步轻挽马种。1955—1957年，新疆两次从苏联引入奥尔洛夫纯种公马21匹，主要分配给昭苏种马场和新疆生产建设兵团农四师种马场。②奥尔洛夫马种引入新疆的时间较长，使用区域广，主要用于杂交改良哈萨克马、伊犁马和焉耆马等品种，以提高其体高、体长、胸围、管围等体尺和生产性能，在伊犁马、焉耆马的育种中都起过重要作用。1955年，新疆生产建设兵团农四师种马场首次引入奥尔洛夫种公马3匹。1960年、1979年两次从苏联共引进奥尔洛夫5匹种公马、1匹种母马。引进奥尔洛夫马对伊犁马的培育起了重要作用。③黑龙江地区早在1910年就开始引进俄国奥尔洛夫马1000余匹。1953—1960年，从苏联引入25匹奥尔洛夫马（公马5匹、母马20匹），多数被分配到滨洲和滨绥铁路沿线及黑河地区的一些农牧场、配种站饲养。④

顿河马原产于苏联的顿河草原及伏尔加河中下游流域，是苏联古老且数

① 李韬：《苏联对我国畜牧业的巨大援助》，《中国农垦》1957年第5期，第2—3页。
② 新疆维吾尔自治区地方志编纂委员会：《新疆通志（第34卷）·畜牧志》，乌鲁木齐：新疆人民出版社，1996年，第90页。
③ 李全民：《新疆生产建设兵团畜牧志》，乌鲁木齐：新疆科技卫生出版社，1996年，第69页。
④ 黑龙江省地方志编纂委员会：《黑龙江省志（第10卷）·畜牧志》，哈尔滨：黑龙江人民出版社，1993年，第151页。

量最多的优秀骑乘马种。从20世纪初至20世纪40年代，顿河马被多次引入新疆，与本地品种杂交。1961年中国又由苏联引进该品种公马多匹，1964—1965年由苏联再次引进。据记载，1959年新疆生产建设兵团首次引入该品种公马3匹。1961—1964年，共引入该品种的公马17匹、母马6匹。顿河马对伊犁挽马的育成起到了一定的作用。1978年兵团有顿河公马14匹、母马24匹。①1964—1970年，新疆从甘肃山丹军马场和北京东风农场引入顿河公、母马多匹，主要分布于昭苏、新源、特克斯、巩留、尼勒克等县，开展杂交改良。②顿河马引入新疆，早期主要用来改良哈萨克马和焉耆马。20世纪60年代中期，顿河马主要用于伊犁挽马的育种，以提高当地马的体尺，并收到预期效果。1950年，黑龙江省从苏联引进顿河马127匹。1959—1971年，又调进100余匹。至1965年，黑龙江全省顿河马总数达500匹。③

阿尔登马原产地是苏联高加索地区，属于重挽马类型。1950年，黑龙江省从苏联引进阿尔登马54匹，1957年又调入40匹，1960年又从苏联引入8匹。几经繁衍，全省发展到了1340匹。④1955年，新疆从苏联引入阿尔登马（小型）公马3匹，饲养于农四师种马场。1958年从苏联引入大型阿尔登种马5匹，分配给昭苏军马场和尼勒克军马场。1960年从苏联引入公马2匹、母马8匹在昭苏军马场纯繁。20世纪60年代初新疆从甘肃黄羊镇引入大型阿尔登马多匹，主要集中于农四师种马场。1966年由青海引入苏联阿尔登纯种公马6匹，分给乌苏古尔图牧场、特克斯马场、呼图壁奶牛场、精河奶牛场，用于改良本场马匹。⑤阿尔登马从20世纪50年代引入新疆，但使用分散，缺乏

① 李全民：《新疆生产建设兵团畜牧志》，乌鲁木齐：新疆科技卫生出版社，1996年，第69页。
② 新疆维吾尔自治区地方志编纂委员会：《新疆通志（第34卷）·畜牧志》，乌鲁木齐：新疆人民出版社，1996年，第90—91页。
③ 黑龙江省地方志编纂委员会：《黑龙江省志（第10卷）·畜牧志》，哈尔滨：黑龙江人民出版社，1993年，第152页。
④ 黑龙江省地方志编纂委员会：《黑龙江省志（第10卷）·畜牧志》，哈尔滨：黑龙江人民出版社，1993年，第152页。
⑤ 新疆维吾尔自治区地方志编纂委员会：《新疆通志（第34卷）·畜牧志》，乌鲁木齐：新疆人民出版社，1996年，第91页。

周密计划，效果不显著。1963年农四师种马场制订1963—1976年伊犁挽马育种计划，以本场为核心，以七十六团场、特克斯一牧场为协作单位，进行联合育种，使阿尔登马进入有计划地集中使用阶段，对伊犁挽马的培育发挥了重要作用。

20世纪50—60年代，新疆和黑龙江还由苏联引入其他种马。1959年从苏联引进爱沙尼亚马公马5匹、卡拉巴依马公马4匹。1969年由山西临汾引进苏（高）纯血马公马4匹。1969年由河北唐山引进苏高血马公马4匹、母马20匹。这些马匹由于管理不善，在新疆马匹育种中发挥作用不大。1950年，黑龙江省由苏联引入苏高血马87匹（公马56匹，母马31匹）。1953年，黑龙江省分3次引进苏联重挽马332匹；分2次引进富拉基米尔马130匹。[①]

1949年，甘肃有马15.46万匹。1956年设立了武都马场、华池马场、甘谷马场和天祝县岔口驿家畜良种培育站，从苏联引进骑乘种卡拉巴依马38匹、顿河马19匹、卡巴金马4匹；轻挽种摩尔根马5匹、奥尔洛夫快步马55匹；重挽种苏维埃重挽马28匹（含母马15匹）、富拉基米尔马14匹、俄罗斯重挽马（阿尔登马）24匹（含母马18匹）。从1957年开始，在全省开展马匹人工授精。当年仅在永登、天祝、古浪、武威四县马匹人工授精站，人工授精的民马就达1826匹。至1967年每年人工授精配马均在3000匹以上，历年累计杂交改良马6.84万匹。引进苏联种马，对甘肃省马的改良呈现良好效果。譬如，大型和基本型奥尔洛夫公马、摩尔根马、重型顿河公马在牧区和半农半牧区杂交改良效果好；小型阿尔登马在半农半牧区、农区受欢迎。[②]

新疆生产建设兵团从苏联引进马匹除上述品种之外，还引进过俄罗斯重挽马、卡拉巴依马（1959年，4匹种公马），富拉基米尔马（1961年，种公

---

① 黑龙江省地方志编纂委员会：《黑龙江省志（第10卷）·畜牧志》，哈尔滨：黑龙江人民出版社，1993年，第152—153页。

② 甘肃省地方史志编纂委员会：《甘肃省志（第21卷）·畜牧志》，兰州：甘肃人民出版社，1991年，第82—83页。

马 1 匹），阿拉伯马（1961 年，种公马 1 匹）。其中，俄罗斯重挽马产于苏联波罗的海沿岸地区，系用比利时阿尔登马杂交育种而成，1951 年正式命名。兵团于 1955 年首次由苏联引入 3 匹种公马，集中于农四师种马场。1961 年兵团引进 17 匹，其中成年公马 7 匹，主要用来和哈萨克马、伊犁马杂交改良及纯种繁育。①

新中国成立初期，引进苏联马匹品种在近代形成杂种群基础上，培育成一批新品种。1904 年前后，俄侨把贝加尔马及其杂种引入三河地区，与地方品种杂交。新中国成立初期，内蒙古自治区利用其杂种群和引进苏联马匹培育成挽乘兼用的三河马（图 4-8，左图）。1987 年，分布于呼伦贝尔盟三条河流地区的三河马达到 2 万匹。奥尔洛夫、卡巴金与阿尔登等种马于 1917 年被引进黑河地区，改良地方品种形成杂种马群。新中国成立后，黑龙江省利用引进奥尔洛夫马与杂种马培育成挽乘兼用的黑河马。1980 年，分布于以黑河市为中心的各县黑河马已经达到 1.1 万匹。20 世纪 20 年代，俄侨把大批顿河、奥尔洛夫与布琼尼等种马带到伊犁河谷饲养，并与地方品种杂交。新中国成立后，新疆省继续引进奥尔洛夫、卡巴金与阿尔登等种马，纯化杂种马血液稳定性质，培育成伊犁马（图 4-8，右图），于 1957 年通过新品种鉴定。②

图 4-8　三河马（左）；伊犁马（右）

① 李全民：《新疆生产建设兵团畜牧志》，乌鲁木齐：新疆科技卫生出版社，1996 年，第 69 页。
② 宋超：《近代中国从俄苏引进农业技术及其影响考论》，《中国社会经济史研究》2011 年第 1 期，第 33—34 页。

（二）引进苏联牛的品种

中国引进苏联牛多为乳肉兼用品种。民国时期新疆引进瑞士褐牛在伊犁、塔城、乌鲁木齐等地对农牧民黄牛和国营牧场、兵团牧场黄牛进行杂交改良，奠定了新疆褐牛育成的基础。[①]1950—1962 年，黑龙江省从苏联引入乳、肉、役兼用瑞士褐牛 127 头。这些牛多数被饲养在北安、嫩江两个农场管理局所属农牧场内。[②]1953 年，新疆生产建设兵团首次引入 2 头瑞士褐牛种公牛。1954 年、1957 年分别引进过该种牛。1977 年和 1980 年又引进 108 头，分配给伊犁、塔城、乌鲁木齐等地区的国营牧场及兵团牧场。其中：农四师二牧场分配到 42 头。1987 年全兵团有瑞士褐牛种公牛 14 头，种母牛 200 头，主要分布在伊犁农四师。据昭苏种马场统计资料：瑞士褐牛平均繁殖成活率为 82.4%，平均初生重 38.45 千克，三月龄内平均日增重 741.5 克。在新疆褐牛的培育过程中，瑞士褐牛起了重要作用。[③]

阿拉托乌牛系苏联吉尔吉斯斯坦和哈萨克斯坦加盟共和国利用瑞士褐牛杂交改良本地牛并结合改善饲养管理而育成的乳肉兼用牛品种。阿拉托乌牛产于苏联，属乳肉兼用型品种，耐粗饲、耐寒、抗病力强。1951—1958 年，新疆先后 7 次从苏联引进阿拉托乌牛，共 86 头（公牛 41 头、母牛 45 头），主要分配给伊犁、塔城、乌鲁木齐，以及阿勒泰、喀什、和田、阿克苏等地方国营牧场进行纯繁和杂交，在提高瑞士褐牛的杂种牛品质及改良当地黄牛方面，获得理想的效果。兵团于 1953 年、1959 年、1961 年先后共从苏联引进阿拉托乌牛 18 头，其中种公牛 11 头、种母牛 7 头，当时主要分布在奎屯、石河子、阿勒泰、博乐等地的农牧团场。1960 年存栏 73 头，其中成年公牛 34 头；1964 年共有 120 头，其中成年公牛 56 头。到 1987 年，全兵团保留

① 新疆维吾尔自治区地方志编纂委员会：《新疆通志（第 34 卷）·畜牧志》，乌鲁木齐：新疆人民出版社，1996 年，第 91 页。

② 黑龙江省地方志编纂委员会：《黑龙江省志（第 10 卷）·畜牧志》，哈尔滨：黑龙江人民出版社，1993 年，第 145 页。

③ 李全民：《新疆生产建设兵团畜牧志》，乌鲁木齐：新疆科技卫生出版社，1996 年，第 66 页。

该品种的种公牛 5 头、种母牛 477 头。阿拉托乌牛是兵团早期改良牛中引入的主要国外品种之一，也是新疆褐牛育成的主要父本之一。以后由于杂交育种工作的深入和新疆褐牛的育成，引进的苏联阿拉托乌牛就融合到新疆褐牛之中，对“新疆褐牛”育成起到了很大的作用。①

科斯特罗姆牛产于苏联，是优良的乳肉兼用品种。1953 年、1955 年、1958 年，新疆先后 3 次从苏联引入科斯特罗姆牛 67 头，其中公牛 28 头、母牛 39 头，分配给伊犁、乌鲁木齐的地方国营牧场进行纯繁和杂交改良。兵团于 1953 年、1955 年、1958 年从苏联共引进了科斯特罗姆牛 38 头，其中种公牛 10 头、种母牛 28 头。当时主要分配给农四师、农五师、农七师所属的一些农牧团场使用。1964 年末存栏 108 头，其中成年公牛 34 头。到 1987 年有该品种种公牛 2 头、种母牛 100 头。此品种对新疆地方牛的杂交改良和兵团早期土种牛杂交改良起了很大作用，也是后来育成品种新疆褐牛遗传物质的重要来源。②

西门塔尔牛系乳、肉、役兼用品种，耐粗饲，抗病力强，由于原产自瑞士阿尔卑斯山西北部的西门谷而得名。1959 年，新疆引进苏联西门塔尔牛 33 头（公牛 5 头、母牛 28 头），全部饲养于呼图壁奶牛场。因焦虫病危害，大部分牛于 1965 年被调给阿勒泰地区一牧场。公牛用以改良牧区的黄牛，深受广大农牧民的喜爱和欢迎。饲养在呼团壁种牛场的西门塔尔牛繁殖、生长、发育良好，表现出较好的产乳性能。③兵团分别于 1962 年、1963 年、1966 年引进西门塔尔牛种公牛 10 头、种母牛 3 头，主要分布在农五师、农十师。到 1987 年，兵团有西门塔尔牛的种公牛 12 头，种母牛 63 头。西门塔尔牛在兵团本地牛的改良中起了重要的作用。④1960 年 12 月，

① 李全民：《新疆生产建设兵团畜牧志》，乌鲁木齐：新疆科技卫生出版社，1996 年，第 65—66 页。
② 李全民：《新疆生产建设兵团畜牧志》，乌鲁木齐：新疆科技卫生出版社，1996 年，第 66 页。
③ 新疆维吾尔自治区地方志编纂委员会：《新疆通志（第 34 卷）·畜牧志》，乌鲁木齐：新疆人民出版社，1996 年，第 92 页。
④ 李全民：《新疆生产建设兵团畜牧志》，乌鲁木齐：新疆科技卫生出版社，1996 年，第 66—67 页。

新疆由苏联引进奥斯特弗利兹牛（乳肉兼用型）12头，其中公牛2头、母牛10头，分配给仓房沟种牛场饲养繁殖。民国二十六年（1937）、二十七年，新疆先后由苏联引进蒙古公牛13头，分布在伊宁、特克斯、喀什等地用于改良本地牛。①

拉脱维亚牛属于乳肉兼用牛。1960年8月，由苏联引进30头（公牛2头、母牛28头），均为1959年3—6月出生，饲养在农安种牛场。1965年3月，转移到通榆县新华种牛场131头（公牛25头、母牛106头），其中基础母牛70头。拉脱维亚牛体型中等，体质结实，耐粗饲，适应性和抗病力强。头颈清秀，角向前上方内侧弯曲。胸部宽深，肌肉较丰满，腹稍大，背部稍凹，后躯发育良好，四肢强健。眼圈、耳、鼻梁、颈、腹下部、四肢下端及尾梢近似黑色，全身毛色深红乃至棕褐色。②新疆是引进苏联种牛比较多的地区。从苏联引进牛的品种有科斯特罗姆牛、奥斯特里弗阿拉托乌牛、拉脱维亚褐牛、西门塔尔牛等，对新疆本地牛的杂交改良也起到了一定效果。新疆褐牛以本地黄牛为母本，以瑞士褐牛、阿拉托乌牛及少量科斯特罗姆牛为父本，采用级进杂交、分级组群、区别培育等育种技术经长期选育而成。

中国引进苏联种牛改良地方品种，利用近代引进品种形成杂种畜群，培育了一批新品种。西门塔尔、后贝加尔及西伯利亚种牛于1917年前后被俄侨带入三河地区。新中国成立初期，继续引进这些品种定向培育稳定杂种畜群性质，培育成乳肉兼用的三河牛（图4-9，右图）品种。三河牛作为新品种于1986年9月通过鉴定，20世纪80年代末在呼伦贝尔盟达10万头。1935—1936年，新疆省引进阿拉托乌牛、科斯特罗姆牛，与地方品种杂交。新中国成立后，继续引进阿拉托乌牛、科斯特罗姆牛改良地方品种，并定向纯化杂

① 甘肃省地方史志编纂委员会：《甘肃省志（第21卷）·畜牧志》，兰州：甘肃人民出版社，1991年，第96页。

② 吉林省地方志编纂委员会：《吉林省志（第16卷）·农业志·畜牧》，长春：吉林人民出版社，1994年，第160页。

种畜群性状，育成乳肉兼用新疆褐牛（图 4-9，左图）。1983 年，新疆褐牛通过新品种鉴定，当时分布全疆天山南北约 45 万头。①

图 4-9 新疆褐牛（左）；三河牛（右）

（三）引进苏联羊的主要品种

高加索细毛羊，原名卡夫卡孜-兰布里耶羊，原产于苏联，为毛肉兼用型。育成于苏联斯塔夫洛波尔边区的“布尔什维克”恢帕托夫种羊场。高加索细毛羊成年公羊体重为 90—100 千克，剪毛量为 10—11 千克；成年母羊体重为 55—60 千克，剪毛量为 5.3—6.5 千克。羊毛细度为 64 支，毛长 7—8 厘米，净毛率为 38%—42%，繁育率为 130%。民国时期，新疆曾由苏联大批引进卡夫卡孜羊、兰布里耶羊、泊列考斯羊，分布在伊犁、塔城、巴里坤、乌鲁木齐和喀什等地杂交改良当地哈萨克羊和蒙古羊，是培育“兰哈羊”的主要父系之一。1954—1959 年新疆又先后两次由苏联引进高加索细毛羊公羊 116 只、母羊 147 只，分配在各种羊场，作为新疆细毛羊的主要父本。②1952—1954 年，农业部畜牧兽医司先后两次引进高加索细毛羊共 340 只（公羊 71 只、母羊 269 只），饲养在吉林省镇南种羊场。高加索细毛羊体形大，结构匀称、体质结实。公羊有螺旋形角，颈部有 1—3 个皱褶，并有较发达的纵皱褶。羊

① 宋超：《近代中国从俄苏引进农业技术及其影响考论》，《中国社会经济史研究》2011 年第 1 期，第 33—34 页。

② 新疆维吾尔自治区地方志编纂委员会：《新疆通志（第 34 卷）·畜牧志》，乌鲁木齐：新疆人民出版社，1996 年，第 94 页。

毛密度大，弯曲良好。头部、四肢和腹部羊毛覆盖良好。①“1967 年引进黑龙江 70 只，产毛性能良好。……毛长和细度分别为 7—9 厘米和 64 支纱，是育成东北细毛羊血系之一。”②

1954 年新疆生产建设兵团首次引入高加索细毛羊 148 只（公羊 97 只、母羊 51 只），其中农一师 39 只（公羊 26 只、母羊 13 只），养殖在原前进一牧场（和田一牧场前身），年末存栏高加索细毛羊已达 456 只。其中成年公羊 139 只、成年母羊 163 只，主要分布在农一师 109 只、农二师 181 只、农七师 91 只。农一师前进一牧场所饲养的高加索成年母羊平均活重为 90 千克，成年公羊为 103.46 千克，周岁母羊为 60.2 千克；成年母羊剪毛量平均为 12.31 千克，成年公羊为 18.8 千克，成年公羊最高剪毛量达 27 千克。1954—1964 年，高加索细毛羊的繁育率有八年在 133.3%以上。双羔率为 22.2%—71.2%，且死亡率低于 5%。兵团农二师种子场（现二十三团）也在 1954 年冬季从苏联引进了 26 只高加索细毛羊，其中公羊 15 只，能繁殖母羊 11 只。③

阿斯卡尼亚细毛羊属毛肉兼用细毛羊，原产于苏联阿斯坎尼-诺伐（赫尔松省）。阿斯卡尼亚细毛羊体躯高大结实、皮肤宽松、皱褶较少、背宽长直、胸部发育好，额部有 1—2 个裙形横皱褶。阿斯卡尼亚细毛羊成年公羊体重为 100—120 千克，剪毛量为 10—14 千克；成年母羊体重为 60—65 千克，剪毛量为 5.5—6 千克；羊毛细度为 64 支，毛长 7.5—8 厘米，油汗大，净毛率为 40%—45%，繁育率为 140%左右。公羊有角，也有无角公羊，母羊无角，四肢较高。剪毛后，成年公羊体重平均为 108.9 千克，母羊体重平均为 63.5 千克。种公羊平均剪毛量为 14.3 千克，个体最高的为 20 千克，

---

① 吉林省地方志编纂委员会：《吉林省志（第 16 卷）· 农业志·畜牧》，长春：吉林人民出版社，1994 年，第 170 页。

② 黑龙江省地方志编纂委员会：《黑龙江省志（第 10 卷）·畜牧志》，哈尔滨：黑龙江人民出版社，1993 年，第 148 页。

③ 李全民：《新疆生产建设兵团畜牧志》，乌鲁木齐：新疆科技卫生出版社，1996 年，第 59 页。

母羊为7.6千克。[①]1951—1959年，新疆先后5批从苏联引进公羊20只、母羊260只，主要饲养于喀什羊场。1953年兵团首次从苏联引进阿斯卡尼亚细毛羊19只，其中农一师9只。1959年再度引进阿斯卡尼亚细毛公羊15只、母羊30只，其中农一师40只。据农一师胜利八场（现农一师四团）资料记载：该场所饲养的阿斯卡尼亚细毛羊成年公羊年活重平均111千克，最高122千克；剪毛量平均18千克，最高20千克，用此羊与哈萨克羊杂交效果良好。[②]1954年8月，农业部畜牧兽医司从苏联引进190只（公羊19只、母羊171只）阿斯卡尼亚细毛羊，饲养在吉林省镇南种羊场。新中国成立初期，中国养羊较多的省区都引进了一定数量的阿斯卡尼亚细毛羊。1965年，黑龙江省“引入45只。……它是育成东北细毛羊血统之一”[③]，见图4-10。

图4-10 引进苏联细毛羊品种培育的新疆细毛羊（左）和东北细毛羊（右）

阿尔泰细毛羊属毛肉兼用型，原产于苏联阿尔泰边区庐曹夫斯克的育种场及“西北美利奴”集体农庄。阿尔泰细毛羊成年公羊体重为90—110千克，剪毛量为9—11千克；成年母羊体重为55—60千克，剪毛量为5.5—6.5千克。羊毛细度多为64—70支，毛长平均7.5厘米，油汗适中，净毛率为12%—

① 吉林省地方志编纂委员会：《吉林省志（第16卷）·农业志·畜牧》，长春：吉林人民出版社，1994年，第171页。

② 李全民：《新疆生产建设兵团畜牧志》，乌鲁木齐：新疆科技卫生出版社，1996年，第59—60页。

③ 黑龙江省地方志编纂委员会：《黑龙江省志（第10卷）·畜牧志》，哈尔滨：黑龙江人民出版社，1993年，第148页。

46%，繁育率为130%—140%。1951—1959年，新疆由苏联引进阿尔泰细毛羊5批，计公羊237只、母羊300只，先后分配给巩乃斯种羊场、塔城种羊场、紫泥泉种羊场。阿勒泰一牧场、察布查尔种羊场等地作纯繁和杂交改良，对改进细毛羊密度和腹毛起到良好作用。紫泥泉种羊场用阿尔泰细毛羊改良哈萨克羊，是培育新疆军垦细毛羊的主要父本公羊。①

1953年，新疆生产建设兵团引进阿尔泰细毛羊100只（公羊50只、母羊50只），其中紫泥泉种羊场引进47只（公羊19只、母羊28只），分属1944、70、13-654和654等四个品系。阿尔泰细毛羊引入后，无论在生长发育、生产性能、繁殖成活率及适应性上都表现良好。1954年，兵团有阿尔泰细毛种羊127只，1957年有311只，1959年增加到444只。紫泥泉种羊场培育的军垦细毛羊是1953—1965年期间主要用阿尔泰细毛羊作父本，改良当地哈萨克羊所育成的兵团第一个细毛羊品种。②

斯达夫羊，源于苏联斯达夫洛普边区的"苏联细羊毛"种羊场，属毛用细毛羊，产毛细度为64支。农业部畜牧兽医司1952—1954年先后三批共引进斯达夫羊368只（公羊28只、母羊340只），饲养在吉林镇南种羊场③；1965年引入黑龙江省75只。苏联美利奴羊原产于苏联，1960年和1965年黑龙江引入160只。斯达夫羊和苏联美利奴羊都是育成东北细毛羊遗传物质的主要来源，即都是东北细毛羊血统来源之一。④

新中国成立初期，国家非常重视绵羊育种工作。从苏联大批引进高加索细毛羊等优良品种，聘请苏联专家帮助制订育种计划，推行人工授精，指导育种工作。另外，还把"绵羊改良的研究"列入中苏"122项"协定，

① 新疆维吾尔自治区地方志编纂委员会：《新疆通志（第34卷）·畜牧志》，乌鲁木齐：新疆人民出版社，1996年，第94页。

② 李全民：《新疆生产建设兵团畜牧志》，乌鲁木齐：新疆科技卫生出版社，1996年，第58—59页。

③ 吉林省地方志编纂委员会：《吉林省志（第16卷）·农业志·畜牧》，长春：吉林人民出版社，1994年，第169页。

④ 黑龙江省地方志编纂委员会：《黑龙江省志（第10卷）·畜牧志》，哈尔滨：黑龙江人民出版社，1993年，第147—148页。

由中国农业科学院畜牧研究所、中国农业科学院西北畜牧兽医所、东北农业科学研究所、新疆农林科学研究所与全苏列宁农业科学院、全苏畜牧科学研究所、全苏绵羊及山羊研究所、全苏饲料科学研究所、乌兹别克共和国农业科学院卡拉库尔羊业科学研究所等单位共同进行科学研究，“绵羊改良的研究”合作是中苏两国根据中国《1956—1967年科学技术发展远景规划》（简称《十二年科学规划》）提出并签署的中苏科技合作“122项”协定之一。[①]1956年，苏联政府赠送给中国哈萨克细毛羊20只，分配给昭苏种羊场9只、绥定种羊场9只、乌鲁木齐南山种羊场2只，用于杂交改良哈萨克羊和细毛杂种羊，并少量用于与新疆细毛羊做导血试验。[②]

以上只列举了新疆、黑龙江、吉林等边疆省区引进苏联羊的品种和数量情况。同样，不少内地省区也从苏联引进大批优良羊种。譬如甘肃省，1949—1959年，先后引进绵羊良种共8007只；至1968年又陆续引进2.43万只，以上合计约3.23万只（公羊2.57万只、母羊6641只）。这些羊主要是从苏联引进的，或引进经苏联羊品种培育的新疆细毛羊和东北细毛羊品种。其中，苏联高加索细毛羊552只（母羊359只）、苏联美利奴羊126只（母羊110只）、阿尔泰细毛羊149只（母羊119只）、新疆细毛羊2.11万只（母羊5153只）、细毛杂种羊3341只、沙力斯羊2699只、东北细毛羊101只、罗姆尼-马尔士羊614只（母羊550只）；裘皮用品种苏联卡拉库尔羊180只。1952年甘肃省开始杂交改良绵羊，1980年育成甘肃高山细毛羊新品种。[③]

同样，河北省为了搞好品种改良，迅速提高当地羊的生产性能，引进

① 农业部对外联络局：《有关中苏科技合作122项的一九五八年的来往文件》，1958年3月—1958年12月，中华人民共和国农业部档案处档案，案卷-1958-永久-45，第17—29页。

② 新疆维吾尔自治区地方志编纂委员会：《新疆通志（第34卷）·畜牧志》，乌鲁木齐：新疆人民出版社，1996年，第94页。

③ 甘肃省地方史志编纂委员会：《甘肃省志（第21卷）·畜牧志》，兰州：甘肃人民出版社，1991年，第109—110页。

了苏联美利奴、高加索、斯达夫、阿斯卡尼，新疆细毛羊等优良品种。从苏联引进时间和数量大体是：1952 年，引进苏联美利奴种公羊 20 只。1956 年，河北省农业厅畜牧兽医局根据群众要求又由吉林省镇南羊场和国营察北牧场购进美利奴、高加索、阿斯卡尼种羊 1100 只，分配给张家口、唐山、通县、天津、沧州等地区；引进新疆细毛羊 500 只，分配给保定、石家庄、邢台、邯郸等地区。1958 年，直接从苏联引进苏联美利奴、高加索和高加索与苏联美利奴杂种羊 280 只，分配给张家口市畜牧局苏联美利奴羊 100 只，邯郸专署农林局高加索羊 6 只（公羊）、高加索与苏联美利奴杂种羊 100 只（母羊），保定专署农林局高加索羊 4 只（公羊）、高加索与苏联美利奴杂种羊 70 只（母羊）。①

新中国成立初期，中国引进苏联绵羊和羔皮羊品种改良了地方品种，提高了羊毛、羊皮的产量和质量；民国时期新疆引进苏联细毛羊品种与地方品种混交形成优良杂种群。中国利用苏联高加索细毛羊等品种与杂种群“哈兰羊”横交提高血液纯度育成中国第一个细毛羊品种——新疆细毛羊。之后，先后育成军垦细毛羊、东北细毛羊等新品种。卡拉库尔羊是苏联古老的珍贵羔皮羊，肉、乳、皮兼用，粗毛，脂尾型品种。民国二十六年（1937），新疆省建设厅曾由苏联引入卡拉库尔羊分发各区农牧场、畜牧局及交配所与民间粗毛羊交配。1951—1960 年，新疆先后 3 批由苏联引入卡拉库尔羊公羊 56 只、母羊 271 只，主要饲养于库车种羊场和兵团部分羊场，用于杂交改良库车羊和本地粗毛羊，培育新疆羔皮羊。卡拉库尔羊是育成新疆羔皮羊的唯一父本，并对改良库车羊发挥了重要作用。②卡拉库尔羊有白色、黑色等品种。1961 年，黑龙江“从苏联引入了黑色品种 50 只，饲养于省畜牧研

① 河北省地方志编纂委员会：《河北省志（第 18 卷）·畜牧志》，保定：河北大学出版社，1993 年，第 106 页。

② 新疆维吾尔自治区地方志编纂委员会：《新疆通志（第 34 卷）·畜牧志》，乌鲁木齐：新疆人民出版社，1996 年，第 95 页。

究所。……用它杂交培育成了‘三北羊’”[①]，见图 4-11。

图 4-11　引进苏联卡拉库尔羊培育的三北羊（左）和新疆羔皮羊（右）

（四）引进苏联大白猪品种

苏联大白猪，简称“苏白猪”，由英国大型约克夏猪在苏联经过几十年的风土驯化选育而成，属肉脂兼用型。苏白猪头稍长、嘴筒较长、面部微凹、颊宽，耳向前挺立；胸宽深、背腰宽而微弓，体侧深长；全身白色，皮肤淡红，个别猪皮肤有黑斑点；四肢粗壮，蹄坚实。生产性能优良，生长快，耐不良环境。成年公猪体重为 300—350 千克，成年母猪体重为 220—250 千克。60 日龄断奶个体重为 13—15 千克。猪生后 8 个月体重达 111.8—119.1 千克，平均日增重 586—666 克，屠宰率为 74%。1949 年，黑龙江省从沈阳转引一批。1961 年，从苏联进口 200 头，分布在国营农场饲养。[②]1950 年 4—5 月，国家从满洲里站进口苏白猪 50 头（公猪 10 头、母猪 40 头，单价：公猪 870 卢布、母猪 680 卢布），饲养在铁岭种畜场。吉林省在 20 世纪 50 年代从该场调入数头，饲养在白城地区。1960 年，从满洲里站进口苏白猪 8 头（公猪 1 头、母猪 7 头），饲养在吉林省农科院畜牧所。

1962 年，吉林省农科院畜牧所又购买一批苏白猪仔猪。该所常年饲养苏白基础母猪 30—40 头。苏白猪在吉林省自然环境和饲养条件下表现良好，

① 黑龙江省地方志编纂委员会：《黑龙江省志（第 10 卷）·畜牧志》，哈尔滨：黑龙江人民出版社，1993 年，第 149 页。

② 黑龙江省地方志编纂委员会：《黑龙江省志（第 10 卷）·畜牧志》，哈尔滨：黑龙江人民出版社，1993 年，第 149 页。

是一个高产品种。据统计，苏白猪母猪分娩 1363 窝，产仔 18 447 头，平均窝产仔 13.5 头。苏白猪的优点是体质结实、适应性强、耐粗饲、适于放牧、性情温顺、生长快、繁殖力高等；缺点是早期肥育性能较差、易患皮肤病、对仔猪白痢病抵抗力较弱。苏白猪作父本杂交本地猪效果好。其一代杂种猪平均生长 196 天体重达 91.6 千克，平均日增重 467 克。一代杂种母猪繁殖性能高。据统计，苏白猪母猪分娩 1443 窝，产仔 20 617 头，平均窝产仔 14.3 头，成活率为 86.2%。据 1980 年调查，吉林省有苏白猪 3464 头（公猪 693 头、母猪 2771 头），主要分布在长春、四平地区，其次是白城地区。其他地区也有少量饲养。1985 年末，11 个种畜（猪）场饲养苏白基础母猪共 459 头。[①]

中东铁路修筑前，哈尔滨基本上饲养本地猪种。随着中东铁路的修建，俄国铁路员工带进部分俄国猪种。俄国十月革命后，逃往哈尔滨的俄国人也带来一些猪种，如苏白猪、约克夏猪等，流入东北与当地品种杂交，逐渐形成了哈尔滨白猪亲本的基础。苏白猪 120 千克重肥猪的胴体瘦肉率为 59.2%。新中国成立后，哈尔滨市引进苏白猪，利用它培育瘦肉型的哈尔滨白猪，即先利用约克夏猪同本地猪杂交，并用引进苏白猪进行级进杂交自群选育而成。1978 年，哈尔滨白猪通过国家鉴定，产仔 1 窝 11—12 头，8 个月育肥体重 120 千克，平均日增重 580 克，瘦肉率达到国家要求的标准，在全市饲养较多（图 4-12）。[②]除苏白猪外，黑龙江省还从苏联引进了巴克夏猪、克米洛夫猪。1966 年，从苏联引进巴克夏猪 122 头。克米洛夫猪原产于苏联西伯利亚地区，属于肉脂兼用型大型中熟猪种，是黑龙江黑花猪的主要血系，被毛为黑色带有白色斑和“六白”，面部微凹。黑龙江省于 1958 年、1964 年和 1966 年分三批从苏联引入 270 头母猪作纯繁，公猪用于改良本地猪。[③]

---

① 吉林省地方志编纂委员会：《吉林省志（第 16 卷）·农业志·畜牧》，长春：吉林人民出版社，1994 年，第 185 页。

② 哈尔滨市地方志编纂委员会：《哈尔滨市志·农业水利》，哈尔滨：黑龙江人民出版社，1998 年，第 132—134 页。

③ 黑龙江省地方志编纂委员会：《黑龙江省志（第 10 卷）·畜牧志》，哈尔滨：黑龙江人民出版社，1993 年，149—151 页。

图 4-12　哈尔滨白猪：引进苏白猪的育成品种

1951 年，新疆生产建设兵团从苏联引入苏白猪 47 头，其中公猪 17 头，母猪 30 头，分给头屯河农场和二十二兵团农事试验场（现新疆农垦科学院试验场）等单位饲养。1953 年石河子总场从农事试验场调入 3 头（公猪 2 头、母猪 1 头）用于繁殖推广。经长期观察，该品种不仅能很好地适应新疆的生态环境，并且具有生长快、繁殖力高等突出优点。1964 年，新疆生产建设兵团又由陕西汉中引进苏白猪且进行了选育和品系繁育工作。1952 年兵团有苏白猪 235 头，1954 年发展到 1221 头，1957 年发展到 3969 头。1978 年，新疆生产建设兵团已有纯种苏白猪共 494 头，其中公猪 141 头、母猪 353 头。该品种对兵团猪的杂交改良起了很大的作用。农二师二十二团从 1952 年开始引进苏白猪与本地黑猪进行杂交改良。农八师一百四十七团 1956 年用苏白猪为父本与当地黑猪杂交，1956 年猪群全部杂交化。农四师十团在 1951 年尚是生产队时即已引入苏白猪改良伊犁白猪（图 4-13），1958 年起停止杂交，建立种猪场。农八师一百二十二团场在新疆白猪 122 系的培育过程中曾有计划地利用苏白猪作父本。①

图 4-13　以苏白猪为杂交父本育成的伊犁白猪

① 李全民：《新疆生产建设兵团畜牧志》，乌鲁木齐：新疆科技卫生出版社，1996 年，第 61—62 页。

1951年，新疆从苏联引进苏白猪公猪17头、母猪30头，饲养于石河子种畜场。1960年又引进公猪2头、母猪6头，饲养于呼图壁奶牛场。苏白猪引进初期，对新疆冬季严寒的气候不太适应，当室外气温下降到零下25度时就出现弓腰、颤抖、不食等情况。但经过多年的风土驯化和选育，被毛变密，在冬季长出少量绒毛，严冬季节也能在舍外饲养，并能在敞开式半敞开式猪舍内正常越冬。作为杂交父本对育成伊犁白猪（图4-14）、新疆白猪和改良新疆黑猪均获得显著成效。[①]

图4-14　伊犁白猪

新中国成立初期，新疆、黑龙江、吉林等省区引进苏白猪时间早，数量比较多；甘肃、江苏、山东、四川、河南、上海等省市也引进了不同数量的苏白猪，对地方品种改良和新品种培育起到了一定积极作用。譬如甘肃省，从1950年开始引进良种猪，至1957年，全省共有苏白猪1.49万头。1958年，又从苏联直接进口苏白猪公猪40头、母猪80头，用来杂交改良本地土种猪。[②]上海引进苏白猪和约克夏猪、长白猪等品种，经与地方品种杂交培育成上海白猪。上海白猪身躯较长，体质结实，皮毛白色，四肢健壮，背腰宽平，头长短适中，耳中等大、略向前倾。母猪乳房发育良好，乳头7—8对。上海白猪与上海本地纯种白猪比较，具有较好的杂交优势，各杂交组合产仔数多，成活率高，窝重、日增重、肥育期、瘦肉率和饲料利用率等指标均有不同程度的提高。上海

① 新疆维吾尔自治区地方志编纂委员会：《新疆通志（第34卷）·畜牧志》，乌鲁木齐：新疆人民出版社，1996年，第97页。

② 甘肃省地方史志编纂委员会：《甘肃省志（第21卷）·畜牧志》，兰州：甘肃人民出版社，1991年，第132页。

白猪育成20多年来，不仅在上海县、宝山县、奉贤县等郊县普遍饲养，也向浙江、福建、湖南、江西、新疆等地大量输出种猪。

汉中白猪简称汉白猪（图4-15），是新中国成立后陕西省培育的第一个猪品种。汉中白猪由南郑、汉台等汉中地区六个国营种猪场饲养的汉江黑猪与引进的苏白猪、巴克夏猪杂交培育而成。整个培育过程经历三个阶段：1951年开始，南郊家畜繁殖改良场引进苏白猪、巴克夏猪与汉江黑猪进行第一阶段的杂交育种试验，历时6年，到1957年筛选出比较理想的苏白猪、巴克夏猪、汉江黑猪杂交组合。在此基础上提出《汉白猪育种方案》，经过四次修改，1963年经过陕西省畜牧厅批准，正式下达育种任务。由陕西省畜牧兽医研究所与汉中种猪场共同主持，开始第二阶段横交选育工作，并成立了汉白猪育种委员会。1973年，陕西省科学技术委员会将汉白猪育种列入全省科学技术发展重点项目，改由汉中地区畜牧兽医中心站、省畜牧兽医研究所及省农业学校组成汉白猪育种协作组。1975年，拟定《汉白猪繁殖体系方案》，进入育种工作第三阶段，进行品系繁育，1982年9月经陕西省省级鉴定，达到了预定的选育目标。[①]汉白猪被国家列入了《中国猪品种志》。

图4-15　汉白猪：汉江黑猪与苏白猪、巴克夏猪杂交选育而成

在中国引进国外猪种中，苏白猪是引进最早、饲养量最多、分布最广、育成品种最多、影响最深的猪种之一。苏白猪从1896年起先后被引进中国新疆、东北地区，与地方品种杂交。1910年前后，又有大批引进中国。至1951年形

① 陕西省地方史志编纂委员会：《陕西省志（第11卷）·农牧志》，西安：陕西人民出版社，1993年，第361页。

成许多亲本杂种群。新中国成立初期大批引进苏白猪，利用杂种群定向培育提高血液纯度，先后育成哈白猪、伊犁白猪、新疆白猪、上海白猪、汉中白猪、湖北白猪等新品种，并于1958—1982年先后通过鉴定。

二、引进苏联西兽医技术

1949年以前中国畜牧疫病防治主要依靠中兽医。中国传统中兽医对许多家畜疫病防治效果慢，尤其对传染病治疗在多数情况下难以有效控制疫情，任其肆虐。西兽医学以实验科学为基础，采用西药效果快，生物制剂防治传染病控制效果良好。新中国成立初期，畜牧疫情频发，缺乏西兽医技术和人才。因而中国聘请了苏联专家传授西兽医技术，并派遣留学生赴苏联学习西兽医。1956年，“主要家畜传染病防治方法的研究”纳入中苏“122项”协定的科研合作，由中国农业科学院哈尔滨畜牧兽医所、农业部兽医生物药品监察所、中国农业科学院西北畜牧兽医研究所与全苏列宁农业科学院、全苏兽医实验研究所、全苏兽医生物药品监察所、全苏格拉宾蠕虫研究所、苏联保健部共同合作完成。

新中国成立初期，在中国农业部聘请的苏联专家中，畜牧兽医专业是人数最多的专业之一。聘请苏联专家的专业偏重畜牧兽医、农作物育种、农业机械、土地规划、农业经济管理等专业。新中国成立初期农业部聘请苏联专家顾问25人，其中畜牧兽医专业5人。[①]许多苏联专家关于兽医技术发展的建议被采纳，对中国兽医技术发展产生深远影响。П. С. 巴列金是农业部苏联顾问组组长。1953—1955年，П. С. 巴列金先后建议建立良种繁殖体系，培育、鉴定、推广优良品种；充分利用地方品种进行选种选配，改良牧畜品种；加强领导，设立兽医防疫站，训练兽医干部；在城市郊区发展奶牛业，满足托儿所、医院、机关、学校需要。根据П. С. 巴列金的建议，1956年全国已建成畜牧兽医站2257个，牲畜配种站545个。[②]此后，全国继续新建一批种

① 宋超：《建国初期中苏农业科学技术合作研究》，南京农业大学博士学位论文，2007年，第112页。
②《国务院关于加强民间兽医工作的指示》，《中国农报》1956年第5期，第2页。

畜场，对地方品种保护和优良品种选育发挥了重要作用。苏联专家 B. П. 班达林科建议中国兽医立法，并草拟了中国首部《兽医法》。①

新中国成立初期，引进苏联西兽医技术、技术推广服务体系和管理体制，对中国兽医事业发展起到了重要作用。民国时期，除新疆、东北中东铁路商检和青岛、上海等沿海城市商检采用西兽医技术外，在广大农村和牧区畜牧疫病防治几乎没有应用西兽医技术。新中国成立初期，中国引进的苏联西兽医技术得到较广泛的应用推广，其中一个重要途径就是苏联专家在各地进行技术培训和指导工作。H. A. 阿林柯维奇到各地帮助诊断乳牛泰氏焦虫病，讲授西兽医对泰氏焦虫病治疗和预防技术。根据 H. A. 阿林柯维奇的建议，铁岭等地奶牛场、畜牧场在乳牛泰氏焦虫病防治方面取得良好成效。H. A. 阿林柯维奇确定了流行全国的猪喘气病是传染性疾病，并提出具体防疫措施、治疗办法以及技术研究主要问题；他还对羔羊痢疾预防和治疗提出具体办法。在华工作期间，H. A. 阿林柯维奇指导防治鼻疽、布氏杆菌病、羊痘、牛肺疫等传染病，在 9 个国营畜牧场指导防治布氏杆菌病，他提出的消灭防治措施应用产生了良好效果。②

新中国成立初期，各省区相继建立畜牧兽医站、种畜场、配种站和科研机构，但由于缺乏技术、人才和经验，因此聘请苏联专家帮助工作。这些苏联专家经验丰富，多为畜牧、兽医、传染病学、免疫学专业博士或教授。他们在华工作期间，指导全国性畜牧兽医科技规划，建立畜牧兽医技术服务推广体系、科学研究机构和高校家畜传染病学、兽医微生物学等学科，并全面指导中国几种家畜流行病综合防治与免疫机制、兽医微生物定向变异等方面的研究工作。③

---

① 农业部办公厅专家室：《本部关于一九五五年苏联专家建议（登记卡编号 1-17）》，1953 年 1 月至 1954 年 4 月，中华人民共和国农业部档案处档案，案卷-1955-长期-4，第 15—23 页。

② 农业部办公厅专家室：《农业部关于 1945—1957 年苏联专家工作、贡献简述》，中华人民共和国农业部档案处档案，案卷-1957-永久-2，第 50—55 页。

③ 中国农业科学院作物所、畜牧研究所、兽医所：《聘请苏联专家说明书》，载农业部对外联络局：《国务院外专局关于聘请苏联专家的有关通知及我方拟聘专家的说明》，1959 年 3 月至 1960 年 2 月，中华人民共和国农业部档案处档案，案卷-1960-永久-4，第 18—25 页。

派遣留学生到苏联学习畜牧兽医专业是引进苏联畜牧兽医的技术重要途径之一。1952—1956 年，中国派遣留苏农科研究生、进修生、科研实习生共 252 人，其中畜牧、兽医两个专业学生共 45 人，占总人数的 17.9%。①留苏学生分别在莫斯科季米里亚捷夫农学院、圣彼得堡兽医学院、喀山国立农学院、萨拉托夫兽医与生物工艺学院等苏联牧畜兽医学科最好的院校学习，他们学成回国大多是畜牧兽医科研、教学和技术推广方面的业务骨干或领导干部。②

三、引进苏联兽医生物药品生产技术

新中国成立前，虽然兽医生物制品在新疆和商检部门有一定范围应用，但技术扩散范围、产品种类和数量十分有限，设备简陋，缺乏质量控制标准和监管体系。新中国成立后，党和政府重视兽医生物药品制造技术发展和应用推广。通过中苏农业科学技术合作，中国系统引进苏联兽医生物药品制造技术和监督管理方法。

1952 年 3 月，根据苏联专家 M. M. 伊凡诺夫关于生物药品制造技术和产品质量监督的建议，中央生物药品监察所正式成立，并设立了生物药品制造厂驻厂监察室。B. П. 班达林科、H. 伊万诺夫等苏联专家为解决兽医生物药品制造管理规范化问题，帮助起草制定《中央兽医生物药品科学监察试验室规则》《兽医生物药品制造与检验规程》《中国兽医生物药品生产企业机关内国家监察员规则》等一系列制造生产、质量监督管理的法规制度文件。③

苏联专家通过举办培训班、讲习班培养兽医生物药品制造、监督技术人员，指导新建、改建生产厂，提高兽医生物药品产量，完善品种结构和质量监察管理制度，制订出 36 个产品生产质量控制要求和检验规程，初步形成

① 宋超：《建国初期中苏农业科学技术合作研究》，南京农业大学博士学位论文，2007 年，第 134 页。

② 张松、刘志民：《俄罗斯高等农业教育发展道路及模式探索》，《中国农业教育》2005 年第 3 期，第 21 页。

③ 农业部办公厅专家室：《农业部关于 1949—1957 年苏联专家工作、贡献简述》，中华人民共和国农业部档案处档案，案卷-1957-永久-2，第 23 页。

了全国统一的兽医生物制品的质控标准和管理方法；制定了结核菌素、鼻疽菌素和布氏杆菌等诊断抗原的检验标准。质量标准和生产、监察管理规章的制定与实施，保证了产品生产与使用的安全性。20 世纪 50 年代末，中国生物制品年产量达 1.2 亿毫升。

苏联专家到农场、牧场和农村指导畜牧疫病防治（图 4-16）。口蹄疫是世界上危害最严重的家畜传染病之一，是由病毒引起的偶蹄类动物共患的热性、急性、接触性的疫病，病毒传染速度快、生命力极强。1940—1941 年，新疆喀什、阿克苏、塔城、伊犁发生大范围口蹄疫流行蔓延的疫情。①苏联政府派出以拉特聂尔为首的口蹄疫考察防治队，历时 7 个月，帮助控制疫情。同时，苏联专家帮助建立血清厂，制造牛痘、炭疽、狂犬等疫病生物药品，使新疆成为大范围利用生物药品防治家畜疫病最早的地区，并为新中国成立初期兽医生物药品制造和应用的发展奠定基础。②1951 年，口蹄疫在新疆伊犁、阿克苏及焉耆等地的 26 个县流行，青海、宁夏、陕西及绥远等地也有很多县先后遭受传染，并且还有继续蔓延的趋势。如果不能及早制止蔓延，对于春耕将有重大影响。鉴于疫情严重，西北区成立口蹄疫防治委员会施行紧急防治，中央农业部由东北、华东、中南、内蒙古及华北等地调派 40 余名高级技术人员去西北协助防治。苏联兽医专家 В. П. 班达林科亲自拟定防治实施方案和操作规程，组织制造痊愈血清，采用入口接种办法治疗，有效控制了疫情。③ 1955 年春，新疆再次暴发口蹄疫，苏联兽医专家贝柯夫指导防治，迅速扑灭疫情。A. A. 斯维涅多夫是根据中苏科技合作“122 项”协定执行学术出差任务的兽医专家，他利用从苏联带来的口蹄疫亚型血清和种毒，在乌鲁木齐等地建立口蹄疫诊断实验室；在云南保山、昆明等地培训兽医技术干部，协助建立口蹄疫疫苗制造厂。④

---

① 新疆维吾尔自治区地方志编纂委员会：《新疆通志（第 72 卷上）·科学技术志》，乌鲁木齐：新疆人民出版社，2000 年，第 290 页。

② 新疆维吾尔自治区地方志编纂委员会：《新疆通志（第 72 卷上）·科学技术志》，乌鲁木齐：新疆人民出版社，2000 年，第 31—33 页。

③ 薄一波：《在北京各界庆祝中苏友好同盟互助条约签订三周年大会上的讲话》（1953 年 2 月 14 日），《人民日报》1953 年 2 月 16 日，第 1—2 版。

④ 徐矶、李易方主编：《当代中国的畜牧业》，北京：当代中国出版社，1991 年，第 507 页。

图 4-16　1950 年卜罗考罗夫等苏联兽医专家在察北牧场给种马治病

苏联专家帮助制订乳牛泰氏焦虫病、牛瘟等疫病防治规程及实施办法。苏联专家 A. A. 斯维涅多夫拟订全国消灭口蹄疫综合措施，先后帮助新疆、甘肃、青海、云南等省区鉴定家畜病毒类型，指导云南、新疆、陕西等省区的几个各专区、州、县制订消灭口蹄疫综合措施和实施方案。A. A. 斯维涅多夫在华工作期间，作兽医生物药品实验方法学术报告 10 次，300 余人参加学习，帮助 45 名兽医人员提高口蹄疫诊断和疫苗制造技术。1958 年，苏联专家协助新疆成功生产了中国第一批口蹄疫氢氧化铝甲醛疫苗①；研制成牛肺疫兔化弱毒菌苗。1959 年，研制成牛肺疫兔化绵羊适应菌苗。这些成就在中国家畜疫病防治历史上具有里程碑意义。苏联专家对新中国成立初期畜牧业发展的贡献，正如李富春所讲的："迅速实施'第一个五年计划'……是同苏联的援助分不开的。"②

第三节　新中国成立初期引进苏联农业机械技术

综观世界先进国家农业现代化发展的历程，其共同特点是首先解决农业机械化问题。新中国成立初期，党和国家把农业机械化视为农业恢复发展、走集

① 《1949—1958 年新疆科学技术工作大事记》，http：//www.xjkjt.gov.cn，2019 年 5 月 9 日。

② 李富春：《关于发展国民经济的第一个五年计划的报告——在一九五五年七月五日至六日的第一届全国人民代表大会第二次会议上》（1955 年 7 月 6 日），《人民日报》1955 年 7 月 8 日。

体化道路的重要动力和基础，采取引进半机械化、机械化农机具，聘请苏联专家，派遣留学生，与苏联科研合作等形式引进苏联农业机械技术。1951—1958年，国家在资金缺乏的情况下，拿出4.06亿元从苏联等国引进2.8万多台拖拉机，供东北、新疆等地国营农场使用。1953年，引进苏联半机械化农具开始国产；1955年，引进苏联机引农业机械的仿制和创新产品陆续投放市场；1958年，引进苏联拖拉机主要机型德特-54型拖拉机开始国产。至1966年，引进苏联农业机械技术不仅实现国产化，而且结合国情实际改进与再创新，研发生产新产品，提高通用化、标准化、系列化水平，进一步满足农业生产需要。

一、引进苏联半机械化农具

新中国成立初期对农业进行社会主义改造，必然要改造传统农业，实现农业机械化。当时农业机械化分两步走，先是半机械化，而后机械化。因而，淘汰旧式农具和推广新式马拉农具成为发展农业的主要内容。[①]半机械化农具是采用现代农业机械结构、原理和材料制造，以人力、畜力作动力的新式农具。它与旧式农具相比，提高了作业效率和产品质量，减轻了农民的劳动强度。1949年，黑龙江、吉林、辽宁等省开始从苏联及东欧社会主义国家引进推广半机械化农具，主要有畜力双轮双铧犁、马拉钉齿耙、畜力条播机、播臂收割机、钉齿盘式玉米脱粒机等。[②]当时全国大力推广新式半机械化农具。由于东三省和新疆、内蒙古近代引入和使用俄苏半机械化农具形成一定基础，推广成效明显好于内地省区。如黑龙江省安达县，1938年，“十八户（今太平庄乡）孙宪章、邱万青等人雇用俄人火犁1台，每天开荒75亩”。新中国成立后，“农业机械化稳步发展，1949年春，政府发放农业贷款3 542 350元（东北流通券），用其中一部分款项购买4台马拉除草机和2台播种机，投放到农村”。[③]由于农民对这些农具相对了解，因而争相使用，利用率高。

---

① 安达市地方志办公室：《安达县志》，哈尔滨：黑龙江人民出版社，1992年，第157页。

② 黑龙江省地方志编纂委员会：《黑龙江省志（第13卷）·农机志》，哈尔滨：黑龙江人民出版社，1996年，第29页。

③ 安达市地方志办公室：《安达县志》，哈尔滨：黑龙江人民出版社，1992年，第257页。

双轮双铧犁原为东北农村常用，也是近代引进俄苏农业机械使用最广泛的一种，由骡马拖拉耕地。20 世纪 50 年代初期从苏联大批引进双轮双铧犁，作为推广新式农具的重点进行仿制和应用。该种犁铁制，由两个犁体、两个行走轮（地轮、沟轮）、两个犁及能控制深浅升降的手柄等组成，犁体曲面为熟地型。双轮双铧犁耕作的特点是能较好适于翻松软的熟地和砂壤土，它的碎土性能好，对旱田、水田都有一定的适应性。耕宽为 400 毫米，耕深为 160 毫米左右。一般由 2—4 匹马牵引，1—2 人操作，每天可耕地 10—12 亩。双轮双铧犁耕作时行走平稳，容易操作，两张犁铧可以调节，耕作时可深可浅，特别是这种犁能够深耕，对推广深耕密植技术发挥了重要作用。与中国传统木犁相比，具有耕地深、效率高，增加产量的优势，20 世纪 60 年代初期以前被大量推广使用。农业部部长廖鲁言提出，根据双轮双铧犁优点，将其推广到南方用于稻田耕作，有增产效果，得到毛泽东和党中央的肯定，号召全国推广双轮双铧犁。1954 年，中华人民共和国第一机械工业部（简称一机部）、农业部、供销总社联合召开“全国新式畜力农具会议”，进一步部署和加快推广双轮双铧犁。①

20 世纪 50 年代，毛泽东对新式农具引进和革新改造十分重视，曾到浙江调研，亲自扶犁耕地了解效果。当时，为了提高农作物产量推广深耕密植技术，全国推广采用新式农具耕地，但在南方水田推广遇到较多问题。当毛泽东得悉浙江省农业科学研究所试验改进的双轮双铧犁获得良好效果时，亲临视察调查研究。1958 年 1 月 5 日，毛泽东来到浙江省农业科学研究所。他走进实验楼，弯腰仔细察看走廊上的双轮双铧犁，仔细了解改进和应用情况，问道：“这是不是你们改进的双轮双铧犁？”“改进的犁臂是不是已经装上了？”毛泽东听完楼宇光所长的回答后，接着来到试耕现场。工人张有根牵动牛绳，两头耕牛拉着双轮双铧犁耕地，毛泽东聚精会神地观察耕翻过的土壤。耕到地边，毛泽东看着张有根问道：“用双轮双铧犁比用旧式木犁省力吧？”张有根回答说：“省力，而且容易操作。”这时，毛泽东问“我行吗？”随后，接过牛绳扶犁耕地 50 多米。在视察过程中，毛泽东多次与楼宇光交

① 长春市地方志编纂委员会：《长春市志·农业机械化志》，长春：吉林文史出版社，1993 年，第 26 页。

谈。当得知楼宇光是学土壤农化专业的，毛泽东问道："我想了解一下，农作物所包含的元素以什么元素的比重最大？"并谈论土壤团粒结构、水分、作物生长发育等问题。毛泽东还向楼宇光借了苏联科学家威廉士的《土壤学》等书籍，并向身边的领导干部推荐说："这部书很好，管农业的同志都要读一读。"最后，毛泽东再次问到农具试验研究情况，提出"设立一个专门部门来进行农具研究"。[①]根据毛泽东指示浙江省农业科学院成立农机系，在水田农机具的研究方面，许多成果处于国内领先水平。

条播机是一种播种机械。中国古代的耧车是现代播种机的始祖。起初，西方发明制造条播机是受中国耧车的启发。1566 年，卡米罗・托雷洛研制的条播机获得专利权。1636 年，第一台播种机在希腊试制成功。18 世纪初，杰思罗・塔尔发明的条播机开始生产。俄国生产和使用条播机比较早。1830 年，俄国人在畜力多铧犁基础上发明制造成畜力条播机。畜力条播机是 20 世纪 50 年代初期从苏联引进的一种条播机（图 4-17），由种子箱、横轮排种器、输种管、开沟器、行走轮和传动机构组成，可播 6—10 行，行距 150 毫米，播深、行距和播种量均可调节；适宜麦类、谷类、大豆类播种，一次完成开沟、排种、复土作业；作业质量较好，基本能满足农业要求；一般两人两畜日播种 2.5—3 公顷。20 世纪 50 年代到 60 年代初期使用，20 世纪 60 年代后期使用逐步减少。

图 4-17 引进苏联的畜力条播机

20 世纪 50 年代，中国从苏联引进半机械化收割机主要是摇臂式平作麦类收割机。这种半机械收割机由收割、搂耙、行走、传动等部分装置组成。

① 顾月清、吴坤其、苏冀北：《毛主席来到农科所》，《人民日报》1993 年 9 月 28 日，第 3 版。

收割时，搂耙转动，像拨动手臂似的横向切割小麦，并把割下来的小麦铺放到收割台上。当收割台上的小麦积存到一定量时，搂耙将小麦耙到左后侧的已割地上，以待人工收集打捆。除摇臂式收割机外，还有较落后的转臂式收割机。20 世纪 60 年代，摇臂式收割机在农村已经推广使用。在黑龙江省，初期引进苏联及波兰产品。1953 年，国内开始试制生产摇臂式收割机。它是黑龙江省推广使用的主要机型。1953 年全国农业工作会议强调："继续试办机器拖拉机站、抽水机站、新式农具站、打草机站等，作为保证实现增产任务，促进农业合作化的一项重大措施。"[①]为贯彻全国农业工作会议精神，各地不仅要扩大引进苏联农业机械数量和规模，还要学习苏联农机使用和管理经验，加强农机保养、维修和管理，提高利用效率（图 4-18）；除此之外，中国重视仿制和创新，加快引进农业机械技术的消化吸收和国产化。

图 4-18　20 世纪 50 年代末，苏联机务专家
Д・В・克西洛夫（左）指导农机具检修

国产摇臂式收割机改进后提高了使用性能。作业时，可根据作物长势和需要由操作人员调整割茬高低，能定时放铺，也可随时放铺，割幅为 1.5 米。操作时 2 人 4 畜，日作业量约 80 亩。另外，每台机器需配 6—8 人打捆。摇臂式收割机效率高，比人工收割工效提高 4 倍。收割损失少，比人工收割损

① 吉林省地方志编纂委员会：《吉林省志（第 16 卷）・农业志・农业机械化》，长春：吉林人民出版社，1993 年，第 70 页。

失少 8%。劳动强度减轻，群众竞相购买使用。至 1960 年，黑龙江全省共推广 1 万台，年收割量占全省农村小麦面积的 30%。①

摇臂式收割机（图 4-19）是新中国成立初期推广新式农具的重点之一。麦收季节时间紧任务重，收割快慢往往决定产量的多少和质量的高低。因而改进收割方法、提高收割效率、缩短收割时间，一直是农业机械技术创新的重要方向。1950 年 3 月，中央农业部派干部与西北军政委员会农林部协助陕西省人民政府农林厅设立农具站，推广农机具。首批在武功、泾阳、三原、朝邑等县设立农机站，全年共推广包括从苏联引进的半机械化农具 30 多种 1270 件，其重点之一就是摇臂式割麦机。②《陕西省志农牧志》载："1955 年，配合农业合作化运动，全省经营、推广双轮双铧犁、单铧犁、播种机、收割机、三齿耘锄、山地犁等 1.3 万部，供给农民使用的小型新式农具 1 万多件。"③

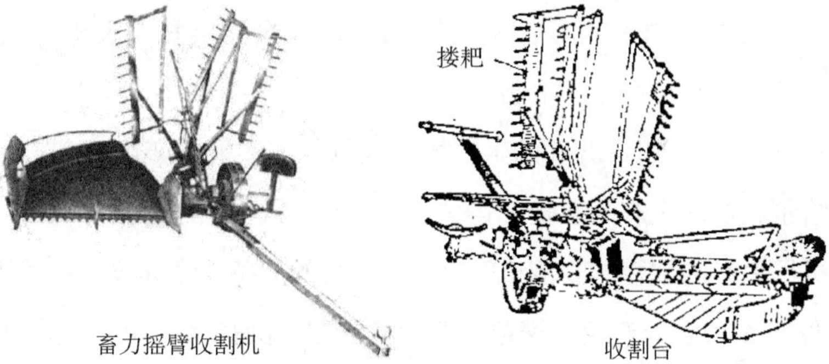

图 4-19　摇臂式收割机

钉齿盘式玉米脱粒机是推广较早、数量较多的一种半机械化农具，20 世纪 50 年代初开始被推广使用。钉齿盘式玉米脱粒机由钉齿盘、锥形轮、压板、风扇和传动部分组成。玉米由喂入斗进到钉齿盘、锥形轮和压板三者之间，被旋转盘上的钉齿抠剥脱粒。钉齿盘式玉米脱粒机有单孔、双孔两种人

① 黑龙江省地方志编纂委员会：《黑龙江省志（第 13 卷）·农机志》，哈尔滨：黑龙江人民出版社，1996 年，第 34 页。

② 陕西省地方史志编纂委员会：《陕西省志（第 11 卷）·农牧志》，西安：陕西人民出版社，1993 年，第 477 页。

③ 陕西省地方史志编纂委员会：《陕西省志（第 11 卷）·农牧志》，西安：陕西人民出版社，1993 年，第 478 页。

力驱动的脱粒机。结构较简单，脱粒后的玉米芯不碎，籽粒易清选，但生产效率低。20 世纪 80 年代已基本不使用。

20 世纪 50 年代初，从苏联引进半机械化农具除双轮双铧犁、畜力条播机、摇臂式收割机、采棉机、钉齿盘式玉米脱粒机外，还有马拉钉齿耙、圆盘耙、镇压器、中耕除草机等。在当时由于政策支持，加之各地成立农机服务组织推广应用，半机械化农具得到较快发展。如安达县，1951 年成立农机技术推广站，负责新式农具的推广和使用。当年有马拉式除草机 4 台、播种机 3 台、双轮双铧犁 3 台，“机械化田间作业程度只有 1%”[①]。1952 年，马拉播种机增加到 5 台，又增添马拉式镇压器 45 台。1953 年，根据东北行政委员会农业局提出的“坚决稳步地推广马拉农具”的指示，开始有计划地推广。当年已有马拉收割机和综合号中耕机。1954 年，安达县已经拥有畜力双轮双铧犁、播种机、圆盘耙、镇压器、收割机和中耕机等主要半机械化农具 90 余台。[②]

1953 年以后，引进苏联的半机械化农具基本实现国产化。在东北有黑龙江齐齐哈尔农机厂生产的双轮一铧犁、哈尔滨农机厂生产的播种机，以及辽宁灵山农机厂生产的摇臂式收割机等。马拉农具的配备以套计算，每套马拉农具包括 5 种或 6 种，即双轮一铧犁、双轮双铧犁、圆盘耙、10 行播种机、镇压器、收割机各 1 台。还有配 7 种或 8 种为 1 套的，即增加了 1 台脱谷机和 1 台马拉原动机。1960 年将综合号铲膛机列入新式马拉农具。1960 年以后，机械化农具大量推广应用，有几种新式马拉农具逐渐被淘汰。但是 10 行播种机、综合号铲膛机、收割机、水田犁等 4 种一直继续使用，每年都补充更新一批。20 世纪 80 年代小型拖拉机数量大为增加，这些农具与之配套，适于在分散的小块土地上作业，受到农民欢迎。[③]

新疆生产建设兵团引进苏联半机械化农具。1950—1955 年，新疆生产建

① 安达市地方志办公室：《安达县志》，哈尔滨：黑龙江人民出版社，1992 年，第 159 页。

② 安达市地方志办公室：《安达县志》，哈尔滨：黑龙江人民出版社，1992 年，第 157 页。

③ 黑龙江省地方志编纂委员会：《黑龙江省志（第 13 卷）·农机志》，哈尔滨：黑龙江人民出版社，1996 年，第 29 页。

设兵团农业生产尚处在以畜力为主的阶段，但已在畜耕农场和机耕农场的畜耕区大量使用了畜力农具和新式改良农具。由于畜力农具及改良农具尚无条件大量自制，除一兵团六军于 1949 年 10 月接收原新疆警备司令部军垦处移交的马拉洋犁 50 架、马拉割麦机 4 台、马拉割草机 4 台、打谷机 1 台、选种机 1 台、钉齿耙 200 架、马车 14 辆、木轮牛车 24 辆及新疆军区接收伊犁农民银行库存开荒犁 1000 架外，其余全部依靠从苏联进口。1950 年春，新疆军区后勤部以易货贸易形式从苏联换回马拉犁 6550 架和少量马拉割草机、手摇喷雾器。是年 6 月，新疆国营贸易公司成立后，新疆军区委托该公司代理进口苏制畜力农具（表 4-3）。直至 1955 年，随着兵团机械化农具的增加和农具自产自供能力的提高，不再进口苏联及东欧半机械化人畜力农具。①

表 4-3　1950—1955 年新疆生产建设兵团引进苏联农具情况

单位：台（架）

农机具名称	1950 年	1951 年	1952 年	1953 年	1954 年	1955 年	合计
双轮双铧犁	5966	32					5998
单轮双铧犁	584	884					1468
单铧犁		50				564	614
钉齿耙	3875	1036					4911
弹齿耙	54						54
10 行播种机	16	5		90		100	211
甜菜播种机		1	99				100
12 行播种机			50			10	60
谷物牧草播种机			8				8
棉花播种机		217	236	150			603
单行中耕机		127		435	294	148	1004
摇臂式收割机		60	391				451
割草机	138	47	25			42	252
割禾器		14	50				64
马扒	100			38			138

① 新疆生产建设兵团史志编纂委员会、新疆生产建设兵团农业机械志编纂委员会：《新疆生产建设兵团农业机械志》，乌鲁木齐：新疆人民出版社，2004 年，第 43 页。

续表

农机具名称	1950 年	1951 年	1952 年	1953 年	1954 年	1955 年	合计
玉米收割机	63						63
选种机	36		50				86
风车	44			75			119
人力喷雾器	267						267
磨刀机	290					130	420

资料来源：新疆生产建设兵团史志编纂委员会、新疆生产建设兵团农业机械志编纂委员会：《新疆生产建设兵团农业机械志》，乌鲁木齐：新疆人民出版社，2004 年，第 44 页

二、引进苏联农用拖拉机

1949 年以前，全国绝大多数农村没有用过拖拉机耕地。新中国成立初期，大批引进苏联及东欧社会主义国家拖拉机，全国各地拖拉机数量快速增加。吉林省是引进和使用苏联拖拉机比较早和比较多的省份。1948 年，吉林省开始使用苏联产的斯大林-80 和纳齐、德特-54、克德波-35 等型号的进口履带式拖拉机。①1953 年，“全省农业机械动力由 1949 年的几百马力增加到 2000 多马力，农用拖拉机由过去的 10 多台增加到 45 台，并在农业生产中开始试用联合收割机”②。

20 世纪 50 年代，吉林省榆树县使用从苏联引进的拖拉机有斯大林-80 履带式拖拉机，发动机马力 80（58.8 千瓦），牵引马力 60（44.1 千瓦），这是使用拖拉机的主要机型，但保有量最多的 1956 年只有 5 台。德特-54 由苏联生产，发动机马力 54（39.7 千瓦），牵引马力 36（26.5 千瓦）。1955—1964 年，保有量最多的 1955 年有 6 台。德特-28（ДТ-28）由苏联生产，发动机马力 28（20.6 千瓦），牵引马力 15（11 千瓦），1958—1980 年，保有

① 吉林省地方志编纂委员会：《吉林省志（第 16 卷）·农业志·农业机械化》，长春：吉林人民出版社，1993 年，第 12 页。

② 吉林省地方志编纂委员会：《吉林省志（第 16 卷）·农业志·农业机械化》，长春：吉林人民出版社，1993 年，第 70 页。

量最多的1963年有34台。①

同样在1948年后，黑龙江省主要保有苏联生产的拖拉机是斯大林-80、德特-54等机型。1955年，中共中央提出农业的根本出路在于农业机械化之后，黑龙江省在安达县建立拖拉机垦荒站，省农机管理局分配给拖拉机13台。其中，苏联产斯大林-80型和民主德国产KS-07型履带式拖拉机11台，捷克产热特-25K型胶轮拖拉机2台。②

陕西省使用拖拉机，从20世纪50年代初期开始。陕西省政府农林厅为国营扶风机械试验农场配备苏联纳齐拖拉机1台，进行机耕试验。1951年，陕西省“国营扶风机械试验农场首次使用拖拉机翻地”③。1953—1954年，陕西省从苏联及东欧国家引进一批农用拖拉机，大面积进行机耕。“到1955年底，全省拖拉机由上年的14台发展到76台，拖拉机的型号增加到8种，其中链轨式4种：纳齐（苏）、德特-54（苏）、斯尔-50/55（匈）、克德-35（苏）。”④

1959年以后中国使用的拖拉机主要是国产机型，有东方红-75和东方红-54拖拉机，拖拉机机型迅速增加。大型的斯大林-80型和红旗-80型，1948—1957年在国营农场和农业机器拖拉机站，主要用于大面积垦荒及翻熟地和农田基本建设的开沟、筑埂、推土、平地作业。中型的德特-54、克斯-07/30、斯尔-50/55、东方红-75、东方红-54拖拉机，主要用于耕熟地和部分垦荒。另外，还有苏联生产的克德-35、克德波-35。⑤这些拖拉机用途广泛，适于田间各种作业，既能翻地又能播种、中耕，型号小，便于编组配套。克德波-35为高地隙、窄链轨，属于万能中耕型拖拉机，特别适于垄作中耕，深受群众欢迎。黑龙

① 长春市地方志编纂委员会：《长春市志·农业机械化志》，长春：吉林文史出版社，1993年，第26页。
② 安达市地方志办公室：《安达县志》，哈尔滨：黑龙江人民出版社，1992年，第158页。
③ 陕西省地方史志编纂委员会：《陕西省志（第11卷）·农牧志》，西安：陕西人民出版社，1993年，第477页。
④ 陕西省地方史志编纂委员会：《陕西省志（第11卷）·农牧志》，西安：陕西人民出版社，1993年，第488页。
⑤ 黑龙江省地方志编纂委员会：《黑龙江省志（第13卷）·农机志》，哈尔滨：黑龙江人民出版社，1996年，第72页。

江省从1908年有拖拉机以来到1985年，除有两台蒸汽拖拉机外，均为内燃拖拉机。这些拖拉机出产于13个国家，共102种机型。其中大中型拖拉机有99种机型，小型拖拉机有3种机型（表4-4）。

表4-4 1908—1985年，黑龙江省主要大中型拖拉机的生产国家及型号　　单位：种

拖拉机生产国家	拖拉机型数	链轨拖拉机型号	轮式拖拉机型号
苏联	10	斯大林-80、纳齐、德特-55（ДТ-55）、德特-54、克德-35、克德波-35	德特-28、德特-24（ДТ-24）、德特-20（ДТ-20）、德特-14（ДТ-14）
罗马尼亚	2		尤特兹-45，尤特兹-35
民主德国	2	克斯-07、克斯-30	
波兰民主共和国	4	地-35、克地-35、克地匹-35	乌尔苏斯
捷克斯洛伐克	6	热特-50、热特-35	热特-35、热特-25、热特-25K、6911
朝鲜民主共和国	1		千里马-28
匈牙利	3	地梯-413、斯尔-50/55	齐斯-35
中国	46	红旗-100、红旗-80、东方红-75、东方红-54、东方红-60	东方红-45、东方红-40、东方红-28、东方红-24、东方红-22、东方红-20、红旗-48、铁牛-45、丰收-37、上海-50等41个机型

资料来源：黑龙江省地方志编纂委员会：《黑龙江省志（第13卷）·农机志》，哈尔滨：黑龙江人民出版社，1996年，第69—70页

红旗-80型履带式拖拉机（图4-20，左图）和斯大林-80型。这两种拖拉机属于同一种型号，斯大林-80型为苏联产品；红旗-80型则是鞍山拖拉机厂仿制斯大林-80型的产品。因此，二者功率、性能、外形尺寸基本相同，均为工业和农业兼用型拖拉机。红旗-100型拖拉机是鞍山红旗拖拉机制造厂仿斯大林-100型产品（图4-21），发动机功率为90马力，多用于大面积垦荒和农田基本建设，保有量很少。斯大林-80型为苏联产品，采用4145型柴油发动机。红旗-80/100型为国产拖拉机，采用4146型柴油发动机。斯大林-80为履带式拖拉机，1949年进口后投放到国营农场使用。1954年，黑龙江省投放斯大林-80履带式拖拉机到农业机器拖拉机站，1956年建立拖拉机垦荒站时发展到188台。其特点是：柴油发动机、功率大，额定功率为80马力，稳定性和防滑性能好，适于大地块，联结多台农具同时作业。①

① 黑龙江省地方志编纂委员会：《黑龙江省志（第13卷）·农机志》，哈尔滨：黑龙江人民出版社，1996年，第72页。

图 4-20　红旗-80 型履带式拖拉机（左）；
东方红-54 型履带式拖拉机（右）

图 4-21　20 世纪 60 年代初，新疆生产建设兵团农一师二十三团用
斯大林-100 拖拉机牵引 2 台五铧犁进行翻地作业

斯大林 -80 履带式拖拉机是黑龙江省垦荒站和拖拉机站用来大面积垦荒的主要机型。1958 年以后，随着经营形式的变化，国营拖拉机站的拖拉机下放给农业社自营，加上垦荒任务减少，这种机型从以垦荒为主，转向农田基本建设的开沟、筑埂、平地作业，并可以进行少量的农田翻地作业。由于这种机型功率大，机具编组大，不适于当时农村地块条件，效能利用率低，加之国产东方红 -54 拖拉机投产，斯大林 -80 履带式拖拉机数量逐年减少，到 1963 年保有量比 1950 年减少 50%。

国产东方红 -54 型履带式拖拉机（图 4-20，右图）与引进苏联德特 -54 型履带式拖拉机性能基本相同。东方红 -54 型履带式拖拉机是洛阳拖拉机制造厂的第一个产品。洛阳拖拉机制造厂作为苏联援建中国“156 项”重点工程之一，是成套引进苏联拖拉机生产整套技术设备建成的。“一拖第一期工程，根据中国和苏联政府于1953年11月27日签订的102306号合同，由苏联设计并帮助建设。设计纲领：年产ДТ54型履带式拖拉机1.5万台。”实际上，一拖比原计划提前一年，于1958年7月20日生产第一台东方红-54型履带式拖拉机。[①]该机型发动机马力54（39.7千瓦），牵引马力36（26.5千瓦）。

1959年，东方红-54型履带式拖拉机出产第一批，当年投放黑龙江省61台，这个机型是黑龙江省农业上应用最广、保有量最多的。在田间作业方面，该机型主要用于垦荒、翻地、耙地、播种、镇压、起垄、蹚地、施肥、喷药和收获作业。在非田间作业方面，该机型用于脱粒、制米、磨面、平地、推土、压地等项作业，特别是配备悬挂机以后，该机型可悬挂多种作业农具，在较小地块上作业，基本上满足了黑龙江省旱作的需要。1963年黑龙江省农业机械化研究所研制成功窄链轨，使拖拉机在中耕蹚地上发挥了更大作用。20世纪五六十年代全省年平均单机作业量1万标准亩以上（以耕翻1亩熟地深18—20厘米为1标准亩，其他作业按此折算）。部分先进拖拉机单机作业量达2万标准亩左右。这种机型1970年农村保有量最多，达7857台，占农村拖拉机保有量的50%，成为黑龙江省农村的主要机型。[②]

东方红-75拖拉机是洛阳拖拉机厂在东方红-54拖拉机基础上，改进设计于1965年开始生产的。东方红-75拖拉机配套动力4125B型柴油机，发动机马力75（55.1千瓦），牵引马力56（41.1千瓦）。从1966年开始大量使用，逐渐取代东方红-54，是农田作业的基本机型。20世纪70年代后，该机型是黑龙江省农业上应用的主要机型。到1985年农村保有量为1.9万台，占农村大中型拖拉机的1/3，保有量最多的1982年有2580台，1988年为1872台。[③]

① 第一拖拉机制造厂厂志总编室：《一拖厂志（1953—1984）》上册（内部发行），1985年，第6—7页。

② 黑龙江省地方志编纂委员会：《黑龙江省志（第13卷）·农机志》，哈尔滨：黑龙江人民出版社，1996年，第73页。

③ 长春市地方志编纂委员会：《长春市志·农业机械化志》，长春：吉林文史出版社，1993年，第51页。

东方红-75 拖拉机特点是马力大，通用性好，可完成翻、耙、压、起垄、播种、施肥、中耕、深松，以及行推平、开沟、筑埂等田间作业。

1947—1957 年，黑龙江省拖拉机达到 3136 台，平均每年增加 300 台。这些拖拉机主要装备了国营农场和拖拉机站。黑龙江省共 82 个国营农场，配备拖拉机 2288 台；28 个拖拉机站，配备拖拉机 724 台，每个拖拉机站平均有拖拉机 30 台，最多的绥化“八一”拖拉机站有 55 台。黑龙江省进口拖拉机全部是大中型，其中链轨拖拉机占 75%。[①]1962 年，黑龙江省拖拉机保有量 0.8 万台。在三年经济困难期间，农村畜力不足，为恢复生产，拖拉机投放照顾畜力不足的社队。1964 年，黑龙江省拖拉机发展到 1.1 万台，分布在 120 个农场和所有市县，为 913 个公社、5.4 万个生产队服务。[②]

在吉林省，“至 1960 年，全省农业机械总动力增加到 5 万马力，拖拉机发展到 1161 台，分别比 1963 年增长 1.5 倍和 1.6 倍”。1959 年 10 月，毛泽东指出：“用机械装备农业，是农林牧三结合大发展的决定性条件。”[③]在这种精神指导下，吉林省大力推进加快农业机械化。农业机械动力应用从种植业扩展到农、林、牧、副、渔各方面。全省平均每百公顷耕地拥有机械动力达到 1 马力，每 3500 公顷耕地装备拖拉机 1 台。

从新中国成立到“一五”计划完成时期，全国推广应用拖拉机数量不断增加，这些拖拉机主要从苏联及东欧国家进口。如 1954 年，长春市共有拖拉机 12 台，全部从苏联及东欧国家进口。[④]20 世纪 50 年代末，吉林省拖拉机 20 多个机型，只有一种国产机型，即东方红-54 型拖拉机（271 台）。1962

---

① 黑龙江省地方志编纂委员会：《黑龙江省志（第 13 卷）·农机志》，哈尔滨：黑龙江人民出版社，1996 年，第 115 页。

② 黑龙江省地方志编纂委员会：《黑龙江省志（第 13 卷）·农机志》，哈尔滨：黑龙江人民出版社，1996 年，第 116 页。

③ 吉林省地方志编纂委员会：《吉林省志（第 16 卷）·农业志·农业机械化》，长春：吉林人民出版社，1993 年，第 71 页。

④ 长春市地方志编纂委员会：《长春市志·农业机械化志》，长春：吉林文史出版社，1993 年，第 57 页。

年 9 月 27 日，中共中央《关于进一步巩固人民公社集体经济、发展农业生产的决定》明确指出：发展农业的基本路线是：第一步实现“农业集体化”；第二步是以农业集体化为基础，“实现农业机械化和电气化”。[①]这个精神的贯彻，加快了农业机械化步伐，使全国农业机械动力迅速增加。就吉林省而言，至 1965 年，全省农业机械动力达 22 万马力，拖拉机增加到近 3000 台，比 1960 年分别增长 3.3 倍、1.5 倍（表 4-5）。

表 4-5　1949—1966 年吉林省农业机械动力统计表

年份	农机总动力/马力	农用拖拉机/台	20 马力以上拖拉机/台	农用汽车/台	年份	农机总动力/马力	农用拖拉机/台	20 马力以上拖拉机/台	农用汽车/台
1949	156	3	3		1958	29 808	757	479	2
1950	1 096	18	18		1959	29 459	770	763	2
1951	1 512	28	28	1	1960	49 223	1 161	1 154	3
1952	2 304	40	40	1	1961	56 834	1 300	1 293	3
1953	2 406	43	43	1	1962	87 555	1 822	1 817	11
1954	4 444	103	103	1	1963	109 849	2 221	2 216	65
1955	6 126	139	139	1	1964	134 084	2 651	2 647	87
1956	19 332	427	427	1	1965	224 643	2 936	2 936	96
1957	18 414	404	404	1	1966	227 769	3 441	3 418	104

资料来源：根据吉林省地方志编纂委员会《吉林省志（第 16 卷）·农业志·农业机械化》（长春：吉林人民出版社，1993 年，第 72—73 页）数据整理

新中国成立初期，新疆农用拖拉机均从苏联等国引进，机型近 40 种。[②]1960 年以前，新疆生产建设兵团农业机械装备的拖拉机以进口苏联产品为主；1960 年以后，以配备国产为主。兵团装备拖拉机，主要是接收和以易货贸易换回的。1949 年 10 月，一兵团六军接收国民党新疆警备司令部军垦处移交资产，有 2 台盛世才主政时期从苏联进口的以煤油为燃料的铁轮拖

① 吉林省地方志编纂委员会：《吉林省志（第 16 卷）·农业志·农业机械化》，长春：吉林人民出版社，1993 年，第 71 页。

② 新疆维吾尔自治区地方志编纂委员会：《新疆通志（第 72 卷上）·科学技术志》，乌鲁木齐：新疆人民出版社，2000 年，第 354 页。

拉机 ХТЗ-37，因缺配件只用于教学。1950 年 9 月 14 日，朱德总司令给新疆军区代司令员王震的信中指出：新疆地广人稀，应该“善于使用机器”。利用你们生产的物资，“除自己再生产使用外，应向苏联变换机器为主”。因此，新疆军区成立新疆贸易公司，从苏联进口拖拉机 26 台，其中煤油动力 25 台、柴油动力 1 台。1951 年，新疆军区二十二兵团拖拉机实习农场、步兵六师师直机械实习农场、直八一农场成立。1953 年，机耕范围扩大到乌苏、喀什、沙湾、哈密、阿克苏、绥定、阿山、新源垦区。新疆军区为继续发展机耕，又引进苏联拖拉机及联合收割机。至 1955 年，累计引进拖拉机 7 种共 376 台及推土机 5 台（表 4-6）。①

表 4-6　1950—1955 年新疆生产建设兵团从苏联引进的拖拉机数量　　单位：台（架）

类别	型号	1950	1951	1952	1953	1954	1955	合计
链轨式拖拉机	ХТЗ-ПАТИ	12		67				79
	С-80	1	6	10	25		37	79
	КДП-35		2	19				21
	КД-35				50		17	67
	ДТ-54				74	9		83
铁轮拖拉机	У-1						24	24
	У-2	13			10			23
推土机	Д-159						5	5

资料来源：新疆生产建设兵团史志编纂委员会、新疆生产建设兵团农业机械志编纂委员会：《新疆生产建设兵团农业机械志》，乌鲁木齐：新疆人民出版社，2004 年，第 50 页

新疆生产建设兵团农机装备的另一个重要来源是农垦部直供。1956 年，农垦部成立，新疆生产建设兵团装备农业机械来源由外贸进口改为国家计划安排直供，即由新疆地方贸易进口改为农垦部直供。1956—1960 年，直供仍以苏联农业机械为主。这期间，新疆生产建设兵团新增苏联产拖拉机 12 个

① 新疆生产建设兵团史志编纂委员会，新疆生产建设兵团农业机械志编纂委员会：《新疆生产建设兵团农业机械志》，乌鲁木齐：新疆人民出版社，2004 年，第 49—50 页。

机型，共 956 台；推土机 2 个机型，共 51 台（表 4-7）。1960 年，中苏关系恶化，中国停止进口苏联拖拉机等农业机械。1965 年恢复从苏联进口，但数量和品种都很少。1956 年由农垦部直供后，至 1966 年，兵团先后还从民主德国、波兰等 6 个东欧社会主义国家进口一些农业机械。其中，联合收割机 3 种，共 111 台；拖拉机 8 种，共 1089 台。①

表 4-7 1956—1960 年新疆生产建设兵团进口的苏联拖拉机和推土机情况

类别	名称	型号	进口时间	数量/台
拖拉机				956
链轨式拖拉机	斯大林-100	C-100	1958—1959	87
	斯大林-80	C-80	1957	36
	德特-54	ДТ-54	1956—1959	90
	德特-54 阿	ДТ-54A	1960	100
	克特坡-35	КДП-35	1958	36
轮胎式拖拉机	莫特兹-2	МТЗ-2	1956	60
	莫特兹-5 克	МТЗ-5К	1957	5
	特-28	T-28	1959—1960	288
	德特-24	ДТ-24	1959—1960	96
	德特-20	ДТ-20	1960	120
	德特-14	ДТ-14	1960	1
自走底盘	德斯沙-16	ДСЩ-159	1960	37
推土机	德-159	Д-159	1958	39
	德-259	Д-259	1958	12

资料来源：新疆生产建设兵团史志编纂委员会、新疆生产建设兵团农业机械志编纂委员会：《新疆生产建设兵团农业机械志》，乌鲁木齐：新疆人民出版社，2004 年，第 50—51 页

三、引进苏联机引农业机械

拖拉机只是一种动力机械，需要配备多种作业机具才能从事多项农业生产作业。1953—1957 年，各地使用机引农业机械主要从苏联及东欧国家引进与外国各种型号拖拉机相配套的进口机具。20 世纪 50 年代初期，主要是从苏联引

① 新疆生产建设兵团史志编纂委员会，新疆生产建设兵团农业机械志编纂委员会：《新疆生产建设兵团农业机械志》，乌鲁木齐：新疆人民出版社，2004 年，第 50—51 页。

进农业机械。“1955 年我国开始制造农具。”起初各地主要是仿制。“当年西安农业机械制造厂仿苏 24 行播种机”，沈阳农业机械制造厂仿制苏联双列 V 型镇压器。[①]1956 年，新疆生产建设兵团“农七师下野地拖修厂仿制苏联牵引式开渠筑埂机”[②]。至 1959 年，国产拖拉机大量投入生产，广泛使用国产机具。吉林省在从苏联等国引进拖拉机的同时，即引进了各种作业机具。“1953 年，从苏联进口了耕地犁、钉齿耙、圆盘耙、播种机、中耕机等作业机具 51 台，机具配套比为 1∶5.6。到 1960 年，全省 41 个县级国营农业机械站，拥有各种拖拉机配套作业机具发展到 3062 台，其中五铧犁 520 台、三铧犁 155 台、圆盘耙 624 台、钉齿耙 488 台、镇压器 274 台、播种机 298 台、中耕机 219 台，机具配套比下降为 1∶2.6。……随着拖拉机主要配套垄作机具的迅速增加，到 1965 年全省拖拉机作业配套机具达到 1 万台，机具配套比回升到 1∶3.4。”[③]长春市是国家重点产粮地区。20 世纪 50 年代初，旱田机械保有量较多，主要是从苏联及东欧国家引进的，与拖拉机配套的大、中、小型的机引作业机械。

机引犁是主要耕整地机械。1945 年前，中国东北平作犁主要通过瑞丰农务公司、万国农具公司和秋林洋行引进。东北解放后至 20 世纪 50 年代末，耕整土地使用的机引犁是从苏联引进中型和重型牵引五铧犁。[④]其中，M-5-35 型牵引五铧犁（图 4-22）是随苏联斯大林-80 履带式拖拉机配套引进的，适宜翻洼地和开荒，最大耕深 22 厘米。因体积较大，操作笨重，20 世纪 50 年代末被淘汰。[⑤]M-5-35 型牵引五铧犁作业方式是以犁铲入土，犁壁翻土碎土。其组成部分有犁架、犁体、犁轮（沟轮、地轮、尾轮）、深浅与水平调节机

① 长春市地方志编纂委员会：《长春市志·农业机械化志》，长春：吉林文史出版社，1993 年，第 101 页。
② 新疆维吾尔自治区地方志编纂委员会：《新疆通志（第 72 卷上）·科学技术志》，乌鲁木齐：新疆人民出版社，2000 年，第 356 页。
③ 吉林省地方志编纂委员会：《吉林省志（第 16 卷）·农业志·农业机械化》，长春：吉林人民出版社，1993 年，第 76—77 页。
④ 黑龙江省地方志编纂委员会：《黑龙江省志（第 13 卷）·农机志》，哈尔滨：黑龙江人民出版社，1996 年，第 35 页。
⑤ 长春市地方志编纂委员会：《长春市志·农业机械化志》，长春：吉林文史出版社，1993 年，第 63 页。

构、升降装置、牵引装置等。1953 年，吉林市的机器拖拉机代耕站，在当年春季就开展了机耕作业。在何家村的何凤山、刘秉礼两个农业社，利用 3 台斯大林-80 拖拉机，每台牵引 2 台 M-5-35 型五铧犁进行了春翻地。耕翻后，用圆盘耙及时耙细整平。①20 世纪 50 年代，陕西省农村使用机引犁主要是从苏联等国进口的三铧犁、四铧犁和五铧犁，与进口拖拉机配套作业。“1957 年，全省 21 个国营拖拉机站共有五铧犁 17 台、四铧犁 92 台、三铧犁 178 台。”②

图 4-22　引进苏联的 M-5-35 型牵引五铧犁

1954 年，中国开始推广使用国产（灵山农具厂）牵引五铧犁。1958 年，黑龙江农业机械厂生产了牵引 L-5-35 重型国产引重型五铧犁（图 4-23）。自 20 世纪 60 年代起，该机引犁为东方红-54 型、东方红-75 型拖拉机配套的作业机具。该机引犁总耕宽 175 厘米，最大耕深可达 27 厘米，适宜坡度小、地块大的旱田作业，生产率每小时 12.6 亩；工作平稳，性能可靠，但犁不能悬挂，地头回转半径大，机体笨重，调运不方便，牵引阻力大，操作费力，生产效率较低，经济性差。国产牵引 L-5-35 重型五铧犁，1980 年曾获国家银质奖，20 世纪 80 年代国产 L-5-35 重型牵引五铧犁推广 2 万多台。这种犁在黑龙江省耕翻熟地与开垦荒地中普遍使用，是与国产东方红-75/54 型拖拉机配套的一种主要耕地机械农具。犁上可配装耕熟地与垦荒地用的两种犁壁。③此外，新中国成立初期还引进苏联产 П-3-30П 型三铧犁及苏联的 ПР-5-35 型无壁深耕犁（五铧）。1968 年，

① 长春市地方志编纂委员会：《长春市志・农业机械化志》，长春：吉林文史出版社，1993 年，第 101 页。

② 陕西省地方史志编纂委员会：《陕西省志（第 11 卷）・农牧志》，西安：陕西人民出版社，1993 年，第 490 页。

③ 黑龙江省地方志编纂委员会：《黑龙江省志（第 13 卷）・农机志》，哈尔滨：黑龙江人民出版社，1996 年，第 36 页。

黑龙江省农业机械厂生产无壁铧犁（LW-3-35 型）省内定型，批量生产。[①]

图 4-23　国产牵引 L-5-35 重型五铧犁

圆盘耙。双列圆盘轻耙和重型缺口圆盘耙是 1949 年从苏联引进的牵引圆盘耙。1954 年，中国开始推广使用国产轻、中、重型圆盘耙，缺口重耙和浅耕灭茬耙。该耙地农具当时由沈阳农具厂生产，1959 年后由黑龙江省生产。牵引圆盘耙是黑龙江省主要的耙地农具，适应各类土壤的整地技术要求，使用较多的耙有 PY-3.4 型 41 片圆盘轻耙（图 4-24，左图）、PZY-2.5 型 24 片重型圆盘耙、PZQ-2.2 型 20 片和 PQZ-2.5 型 24 片重型缺口耙（图 4-24，右图）。还有使用数量不多的 PY-3.8 型 44 片和 PZY-3.0 型 33 片中型圆盘耙及 PMY-4.5 型 32 片灭茬耙。41 片圆盘耙（型号 PY-3.4 型）是佳木斯新生机械厂（今佳木斯北方机械厂）的产品。这是一种对置式圆盘耙，在旱田熟地犁耕后碎土和播前耙地，收获后在浅耕灭茬时使用，是与国产东方红-75/54 拖拉机配套的主要耙地农具。[②]吉林省“机械耙地的数量一般与机械翻地的数量基本相等。1953 年耙地 786 公顷，1960 年达到 13 万公顷”[③]。

图 4-24　国产 41 片 PY-3.4 型圆盘轻耙（左）；
国产 24 片 PZY-2.5 重型圆盘耙（右）

① 黑龙江省地方志编纂委员会：《黑龙江省志（第 13 卷）·农机志》，哈尔滨：黑龙江人民出版社，1996 年，第 38 页。

② 黑龙江省地方志编纂委员会：《黑龙江省志（第 13 卷）·农机志》，哈尔滨：黑龙江人民出版社，1996 年，第 40 页。

③ 吉林省地方志编纂委员会：《吉林省志（第 16 卷）·农业志·农业机械化》，长春：吉林人民出版社，1993 年，第 88 页。

钉齿耙。1949 年，中国从苏联引进重型和中型钉齿耙。1954 年，中国开始推广使用国产重、中型钉齿耙。当时由吉林省农具厂（今吉林省农业机械厂）生产，1959 年后黑龙江省生产。3-PZD-1.0 型和 3-PZDB-1.0 型钉齿耙是佳木斯新生机械厂产品（图 4-25）。固定式钉齿耙，钉齿是方形排列的。在黑龙江省，固定式钉齿耙在农田犁耕后的平整地面、破碎地表的土块和板结层、播后覆土，以及苗期除草、疏苗等方面普遍使用。3-PZD-1.0 型重型钉齿耙在耕后的熟地上碎土、疏松地面、铲除杂草、耙平土地等方面，均能达到耙地的质量要求。3-PZDB-1.0 型中型钉齿耙，对雨后的板结地土块破碎和秋翻的春耙地、出苗前耙地都具有良好效果。①

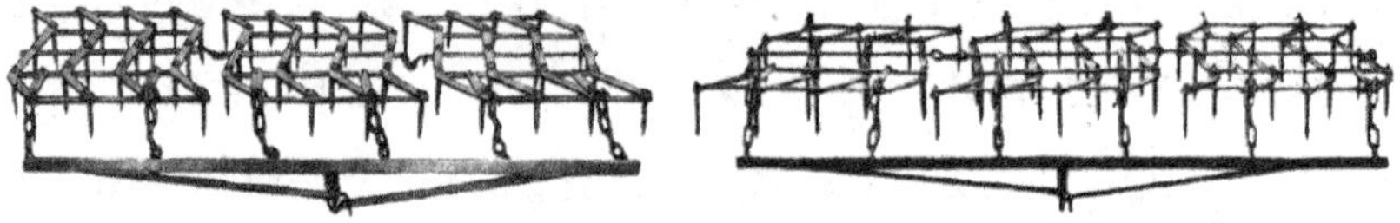

图 4-25　国产 3-PZD-1.0 型钉齿耙（左）；
国产 3-PZDB-1.0 型钉齿耙（右）

V 型镇压器（图 4-26）。1949 年，中国从苏联引进 V 型和环型镇压器。1955 年，中国各地仿制苏联农业机械，这年，吉林市“从沈阳农业机械制造厂购进 6 台仿苏双列 V 型镇压器”②。当时由吉林省农具厂生产，1959 年后由黑龙江省生产。佳木斯新生机械厂生产的 3-YGV-3.6 型和 3-YH-6.0 型镇压器，到 1984 年农村推广使用 20 352 台。黑龙江省在播前或播后压实土壤表层，普遍使用 3-YGV-3.6 型镇压器。镇压器每一铁轮均能自由转动，前列直径较大，后列直径较小，前后铁轮的凸环横向交错配置。压后地面呈 V 形波状，波峰处土壤较松，波谷处则较紧密，松实并存，有利保墒。使用 3-YGV-3.6 型镇压器在播前镇压，能压碎土块、压实耕作层；播后镇压，能

① 黑龙江省地方志编纂委员会：《黑龙江省志（第 13 卷）·农机志》，哈尔滨：黑龙江人民出版社，1996 年，第 42 页。

② 长春市地方志编纂委员会：《长春市志·农业机械化志》，长春：吉林文史出版社，1993 年，第 101 页。

使种子与土壤紧密接触。此外，在旱田多风地区还能防止土壤风蚀。[①]

图 4-26 1955 年开始仿制生产的 V 型镇压器

平作播种机。1949 年，中国使用从苏联引进的 24 行谷物播种机，1954 年又从苏联引进 48 行窄行谷物播种机。1955 年，中国开始仿制和研制农具，当年吉林市“从西安农业机械制造厂购进 6 台仿苏 24 行播种机”[②]。1958 年前黑龙江省使用西安农业机械厂生产的 24 行和 48 行谷物播种机，1959 年后黑龙江省哈尔滨农业机械厂、海伦农业机械厂可以生产 24 行和 28 行谷物播种机。[③]到 1984 年，农村推广使用 BG-24 行谷物播种机 2316 台。这种播种机利用下排种方法，可以播种颗粒较小的小麦、谷子；利用上排种方法，可以播种大豆、玉米、向日葵等（1967 年改为 2BF-24A 施肥播种机）。1959 年，黑龙江省推广使用哈尔滨农业机械厂生产的 Z-48 行窄行回盘谷物播种机。由于播种时不能同时施化学肥料，于是 1965 年增设了施化肥装置，解决了播种同时播施化肥存在的问题，机型改为 BGF-48 行谷物施肥播种机（图 4-27），在全省推广使用。BGF-48 行谷物施肥播种机在“1980 年获部优质产品奖，到 1984 年农村推广使用 19 905 台”[④]。

---

① 黑龙江省地方志编纂委员会：《黑龙江省志（第 13 卷）·农机志》，哈尔滨：黑龙江人民出版社，1996 年，第 43 页。

② 长春市地方志编纂委员会：《长春市志·农业机械化志》，长春：吉林文史出版社，1993 年，第 101 页。

③ 黑龙江省地方志编纂委员会：《黑龙江省志（第 13 卷）·农机志》，哈尔滨：黑龙江人民出版社，1996 年，第 44 页。

④ 黑龙江省地方志编纂委员会：《黑龙江省志（第 13 卷）·农机志》，哈尔滨：黑龙江人民出版社，1996 年，第 44 页。

图 4-27　20 世纪 60 年代国产的 BGF-48 行谷物施肥播种机

20 世纪 60 年代克山、古城等国营拖拉机站曾使用引进的苏联 2BY-6 型玉米精密播种机（图 4-28）。方形点播机的株行距可以调整，进行株行距相等的方形穴播。该播种机因技术难度大，往复播种时，株距不齐，纵能成行，横不成行，不能进行纵横交叉培土，未能推广。绥化“八一”拖拉机站和双城、肇东等县农机站，先后于 20 世纪 50、60 年代进行平播大豆试验，播种机的圆盘开沟器能使开沟、点种、理土三道工序同时完成，做到了封闭式播种，保墒性能好，获得成功。农村平播大豆面积逐年增加，拖拉机站和农机站还用播种机试播谷子、高粱、玉米、向日葵等作物，随播随起垄或平播后起垄，也获得了成功。①

图 4-28　20 世纪 60 年代引进苏联的 2BY-6 型玉米精密播种机

机械中耕具有耕得深、保农时、除杂草、伤苗率低和提高低温等作用，并能做到松土、潜培土和中耕同时追肥，一般比人工追肥减少化肥损失 30% 左右，为作物生长发育创造了良好的条件。②1949 年，中国从苏联引进万能

① 黑龙江省地方志编纂委员会：《黑龙江省志（第 13 卷）·农机志》，哈尔滨：黑龙江人民出版社，1996 年，第 128 页。

② 吉林省地方志编纂委员会：《吉林省志（第 16 卷）·农业志·农业机械化》，长春：吉林人民出版社，1993 年，第 90 页。

中耕除草机（图 4-29，左图）、悬挂式中耕追肥机，主要与引进苏联的热持-25 型拖拉机配套使用。[①]1953 年，吉林省使用引进苏联中耕机械，中耕面积只有 196 公顷。随着中耕机械国产化，中耕面积不断扩大。1962 年为 8.8 万公顷，1970 年为 9.4 万多公顷，1980 年扩大到 84 万多公顷。中耕机械以锄铲式为最多。用于作物行间除草、松土、施肥、培土和间苗。主要工作部件是装在机架上的若干个锄铲。[②]20 世纪 50 年代，吉林省从苏联引进万能中耕机，始用于国营农场。万能中耕机有翼形齿、鸭掌齿。翼形齿可以铲锄垄帮草，鸭掌齿起培土作用。每台拖拉机牵引 3 台万能中耕机，1 个作业班次可以锄草 500 亩。20 世纪 50 年代末黑龙江省使用国产中耕机，增加了追肥装置，在中耕锄草同时追肥。同时，国营农场周围农村在大豆产区也使用少量万能中耕机锄草。[③]

1955 年，黑龙江省开始推广使用齐齐哈尔机械厂（今黑龙江省农业机械厂）生产的 ZW-4.2 型万能中耕除草机（图 4-29，右图）。这是一种通用式中耕除草机，全面中耕和行间中耕除草兼用，与东方红-54 型拖拉机配套，牵引 3 台作业。平作播种前整地，行间中耕除草，休闲地全面中耕，作业质量能满足中耕的要求。万能中耕除草机，每个班次可中耕 150 亩地。到 1984 年，黑龙江省农村推广使用中耕机达 2824 台。[④]怀德县第一农具厂生产 Z-7 型悬挂中耕机，与铁牛-55 型和东方红-54 型拖拉机配套作业，工作幅宽 4.2—4.9 米，中耕深度 8—16 厘米，行距 60—70 厘米，生产率为每小时 21—32 亩，使用较普遍。[⑤]

---

① 黑龙江省地方志编纂委员会：《黑龙江省志（第 13 卷）·农机志》，哈尔滨：黑龙江人民出版社，1996 年，第 45 页。

② 吉林省地方志编纂委员会：《吉林省志（第 16 卷）·农业志·农业机械化》，长春：吉林人民出版社，1993 年，第 91 页。

③ 黑龙江省地方志编纂委员会：《黑龙江省志（第 13 卷）·农机志》，哈尔滨：黑龙江人民出版社，1996 年，第 130 页。

④ 黑龙江省地方志编纂委员会：《黑龙江省志（第 13 卷）·农机志》，哈尔滨：黑龙江人民出版社，1996 年，第 46 页。

⑤ 长春市地方志编纂委员会：《长春市志·农业机械化志》，长春：吉林文史出版社，1993 年，第 67 页。

图 4-29　1949 年引进苏联万能中耕除草机（左）；
1955 年推广的国产 ZW-4.2 型万能中耕除草机（右）

谷物联合收割机。1949 年，中国从苏联引进牵引式和自走式两种谷物联合收割机。这两种收割机均能一次完成收割、脱粒、分离、清选作业，是当时国营农场用于收割小麦、大豆、水稻等作物的主要收获机械。1949 年，黑龙江省从苏联进口 14 台联合收割机（图 4-30）。到 1957 年，黑龙江省拥有进口联合收割机 824 台。国营农场每万亩耕地有 1 台联合收割机。1958 年黑龙江省开始配备国产云-4.9 牵引式联合收割机。1965 年配备国产 ZKB-3 型自走式联合收割机。国营农场配备数量大，每 2200 亩小麦配 1 台联合收割机。①国营农场场上机械作业项目多，发展快，机械化程度高。1948 年黑龙江省用马拉收割机收割小麦，用从苏联引进的大型脱谷机进行脱粒。1949 年开始装备联合收割机，收割同时脱粒，不再使用大型脱谷机。②

图 4-30　引进苏联的联合收割机进行收割小麦作业

① 黑龙江省地方志编纂委员会：《黑龙江省志（第 13 卷）·农机志》，哈尔滨：黑龙江人民出版社，1996 年，第 117 页。

② 黑龙江省地方志编纂委员会：《黑龙江省志（第 13 卷）·农机志》，哈尔滨：黑龙江人民出版社，1996 年，第 132 页。

20 世纪 50 年代初，引进苏联产谷物联合收割机，主要分配在国营农场和国营拖拉机站。“30 年代新疆使用少量马拉收割机。……1952 年，新疆军区头屯河、石河子两个机械化实习农场、首次使用牵引式联合收割机（康拜因）。”①如“50 年代初，吉林省曾从苏联引进谷物联合收割机，在国营农场和榆树县进行收获小麦、大豆试验”②。1953 年吉林长春市榆树农业机器站，有苏联生产的 C-6 型康拜因一台。③1954 年，吉林市从苏联进口一台 C-6 康拜因（谷物联合收割机）。④

1952 年夏收时，陕西省国营扶风机域试验农场首次使用苏联产 C-6 型康拜因收获小麦。该机型在 1958 年之后大量使用。1960 年，陕西省投入夏收的大型农业机械共 503 台，其中联合收割机 109 台，包括 GT-4.0（仿苏 C-6）10 台。⑤1955 年，黑龙江省开始推广使用国产 GT-4.9 谷物联合收割机。它是一种牵引式联合收割机，割幅 4.9 米，喂入量为 2.5 千克 / 秒。1964 年，开封机械厂将 GT-4.9 型联合收割机的链式逐稿器改为键式逐稿器，链传动改为三角皮带传动，提高了生产能力和工作可靠性，机型改为 GT-4.9B 型，1981 年又改成 GT-3.6 型（图 4-31，左图），这是国产谷物联合收割机推广使用最多的一种机型，到 1984 年农村使用 2915 台。1965 年，吉林省农业机械厂先后生产东风 ZKBD-3 型、东风 ZKBD-5 型自走式谷物联合收割机（图 4-31，右图），并推广使用。至此，黑龙江省农村大量使用改进后的丰收-3.0 型、东风 ZKBD-5 型自走式谷物联合收割机和 GT-3.6 型牵引式谷物联合收割机。⑥1958 年“大跃进”期间，为适应高产小麦的需要，北京农业机械厂将 GT-4.9 型联合收割机的割台缩小到 3 米，生产一批 KT-3.0 牵引式谷物联合收割机，推广使用 704 台。至 1969 年，四平、开封等地国产联合收割机已经成为农村推广使用的主要产品。

---

① 新疆维吾尔自治区地方志编纂委员会：《新疆通志（第 72 卷上）·科学技术志》，乌鲁木齐：新疆人民出版社，2000 年，第 360 页。

② 吉林省地方志编纂委员会：《吉林省志（第 16 卷）·农业志·农业机械化》，长春：吉林人民出版社，1993 年，第 91 页。

③ 长春市地方志编纂委员会：《长春市志·农业机械化志》，长春：吉林文史出版社，1993 年，第 69 页。

④ 长春市地方志编纂委员会：《长春市志·农业机械化志》，长春：吉林文史出版社，1993 年，第 101 页。

⑤ 陕西省地方史志编纂委员会：《陕西省志（第 11 卷）·农牧志》，西安：陕西人民出版社，1993 年，第 491 页。

⑥ 黑龙江省地方志编纂委员会：《黑龙江省志（第 13 卷）·农机志》，哈尔滨：黑龙江人民出版社，1996 年，第 50 页。

1970年前，新疆“所用收割机大多购自国外，部分国产。1970年后，新疆自行研制并批量制造收割机具”①。

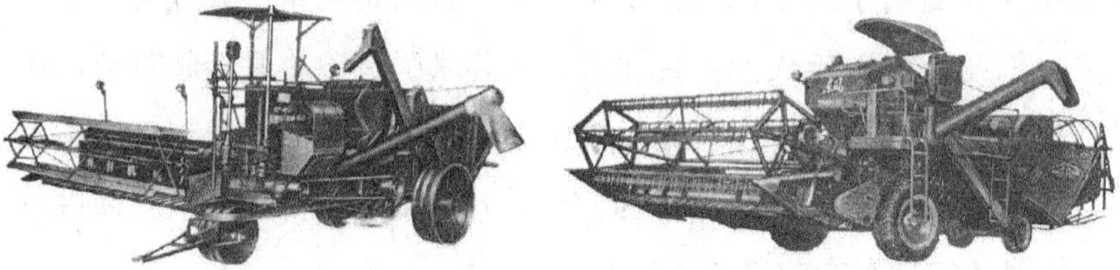

图4-31　国产GT-3.6型牵引式谷物联合收割机（左）；
国产ZKBD-5型自走式谷物联合收割机（右）

新疆生产建设兵团装备的收割机，一是通过易货贸易换回，即以新疆生产建设兵团生产的物资向苏联变换机器。1950年，通过易货贸易换回牵引式联合收割机6台。至1955年，累计从苏联进口联合收割机3种型号，共120台。二是农垦部进口直供。1956年，农垦部成立，新疆生产建设兵团装备的农业机械由国家计划安排直接供应。1956—1960年，兵团仍以进口苏联农业机械为主。这期间，从苏联进口联合收割机8种，共180台。1960年，中苏关系恶化，中国停止从苏联进口农业机械。1965年恢复部分进口后，仅1965年从苏联进口CK-4联合收割机98台。②根据《新疆生产建设兵团农业机械志》中提供的数据统计，1950—1965年，新疆生产建设兵团从苏联引进各种型号的联合收割机，共398台（表4-8）。

表4-8　1950—1965年新疆生产建设兵团从苏联引进的联合收割机数量　　单位：台

名称和型号	引进年份及相应数量	总数量
牵引式联合收割机 斯大林涅茨6：C-6	1950年引进6台、1951年引进2台、1953年引进37台、1955年引进10台、1956年引进27台	82
自走式联合收割机 斯大林涅茨4：C-4	1953年引进33台、1954年引进15台、1960年引进7台	55

① 新疆维吾尔自治区地方志编纂委员会：《新疆通志（第72卷上）·科学技术志》，乌鲁木齐：新疆人民出版社，2000年，第360页。

② 新疆生产建设兵团史志编纂委员会、新疆生产建设兵团农业机械志编纂委员会：《新疆生产建设兵团农业机械志》，乌鲁木齐：新疆人民出版社，2004年，第49—50页。

续表

名称和型号	引进年份及相应数量	总数量
斯 4 莫：C-4M	1957 年	6
斯克 3：CK-3	1959 年	84
斯克 4：CK-4	1965 年	98
玉米联合收割机：KУ-2	1957 年	11
甜菜联合收割机：CKEM-2	1959—1960 年	10
采棉机：CXM-48M	1952 年引进 2 台、1953 年引进 15 台、1957 年引进 20 台	37
垂直纺锭采棉机：XBC-1.2	1960 年	15

资料来源：新疆生产建设兵团史志编纂委员会、新疆生产建设兵团农业机械志编纂委员会：《新疆生产建设兵团农业机械志》，乌鲁木齐：新疆人民出版社，2004 年，第 50—51 页

割晒机。1956 年前，中国从苏联引进牵引割晒机和悬挂式割晒机，主要供国营农场进行分段联合收获用。1957 年，开始推广使用北京农业机械厂生产的纵梁牵引式割晒机，即利用 GT-4.9 型联合收割机的割台，配上牵引纵梁。1960 年，又推广使用吉林省农业机械厂生产的 GS-4.6 型无纵梁牵引式和 N4CX-4.0 型前悬挂式割晒机，后改为 GSX-4.0 型。但由于缺乏配套动力（当时国产铁牛-40 拖拉机无液压悬挂装置），加之拖拉机悬挂割晒机后，前轮负荷太重，遇到潮湿地块容易下陷，使用效果不好，前悬挂式割晒机未被推广。后来前悬挂式割晒机割台被引用配在东方红-75 拖拉机上，由黑龙江省桦川收获机厂生产，型号改为收获-4.0 型（图 4-32，左图），进一步改进后定型，在全省推广使用。① 割晒机引进推广和仿制不仅在黑龙江、吉林和新疆等省区，在中原地区及陕西、山西应用推广也很受欢迎，如“1960 年，陕西省投入夏收的割晒机 145 台”②。

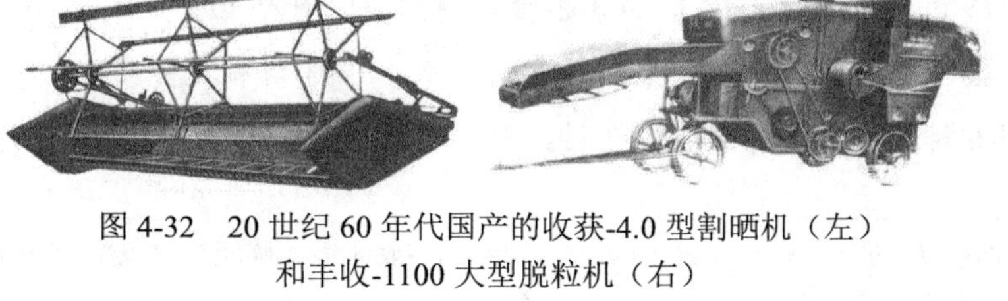

图 4-32　20 世纪 60 年代国产的收获-4.0 型割晒机（左）和丰收-1100 大型脱粒机（右）

① 黑龙江省地方志编纂委员会：《黑龙江省志（第 13 卷）·农机志》，哈尔滨：黑龙江人民出版社，1996 年，第 49 页。

② 陕西省地方史志编纂委员会：《陕西省志（第 11 卷）·农牧志》，西安：陕西人民出版社，1993 年，第 491 页。

脱粒机。黑龙江省是使用和生产大型复式脱粒机较早的省份之一。1945年前，黑龙江省通过瑞丰农务公司、万国农具公司和秋林洋行引进大型脱粒机。1949年，从苏联引进MK-1100及MCA-1100大型脱粒机。1957年，黑龙江省开始推广使用佳木斯农业机械厂首次研制成功的TFD-1100大型自动喂入式脱粒机。[①]脱粒机国产化，各地大量用于生产。1960年，陕西省投入夏收的脱粒机249台。[②] 1964年又推广使用了TF-1100大型自动喂入式脱粒机。这两种大型脱粒机在农业生产上曾发挥一定作用，但是由于体积庞大、笨重、耗用钢材多、作业移动不便，于1967年停止生产。佳木斯农业机械厂自行设计的丰收-1100大型脱粒机（图4-32，右图）性能完善，曾得到较大范围推广使用，1980年获国家银质奖，1983年获评部优质产品。

割草机和搂草机。1920年，黑龙江省中俄边境地区从苏联境内引进畜力牵引割草机。1950年，黑龙江省又从苏联大批引进畜力割草机进行推广应用。1955年，牧区开始推广使用国产9G-201型牵引式单刀割草机，与东方红-28拖拉机配套，适用于平坦的天然草场和人工草场，到1985年黑龙江省农村推广使用561台。关于搂草机的引进，黑龙江省早在1920年就从国外引进与割草机相配套的畜力牵引搂草机。1950年从苏联引进过畜力搂草机。1955年，牧区便开始推广使用国产9L-9.0型横向搂草机。这种搂草机工作幅比较宽，搂集草条的大小由人工控制，适合平坦的大面积天然草场作业，在牧区普遍使用。[③]

1959年以前，新疆生产建设兵团装备的机引农业机械以从苏联进口为主，从1960年开始逐步转为以国产为主。1949年，接收原国民党新疆军垦处移交的苏联产机引三铧犁2架。《新疆生产建设兵团农业机械志》载，1950—1955年，通过易货贸易和新疆地方贸易，在引进苏联拖拉机的同时，引进配套的农牧机具27种、2230台（件）。其中，机引犁5种，726台；机引耙6种，635架；播种机2种，35台；中耕机3种，155台；选种机具

① 黑龙江省地方志编纂委员会：《黑龙江省志（第13卷）·农机志》，哈尔滨：黑龙江人民出版社，1996年，第54页。

② 陕西省地方史志编纂委员会：《陕西省志（第11卷）·农牧志》，西安：陕西人民出版社，1993年，第491页。

③ 黑龙江省地方志编纂委员会：《黑龙江省志（第13卷）·农机志》，哈尔滨：黑龙江人民出版社，1996年，第64页。

2 种，121 台；植保机具 1 种，4 台；场上作业机具 1 种，70 台；畜牧机具 2 种，209 台；其他机引农机 5 种，275 架（表 4-9）。[①]

表 4-9 1950—1955 年新疆生产建设兵团从苏联引进的机引农业机械数量 单位：台（架）

序号	名称	型号	1950	1951	1952	1953	1954	1955	合计
1	悬挂三铧犁	ПН-3-35Р	20		24	96		100	240
2	牵引四铧犁	П-4-30	5		61				66
3	牵引五铧犁	П-5-35		20	49	187		106	362
4	灌木犁	ПКБ-2-54			5	23		23	51
5	园艺单体犁	ПКБ-56		7					7
6	机引钉齿耙	3-ДЗТУ-1	50	70	227				347
7	轻型圆盘耙	БД-3.4	26	3	14				43
8	轻型圆盘耙	БДТ-2.0					50		50
9	重型缺口耙	БДТ-2.2				75			75
10	圆盘灭茬耙	ЛДТ-4.5			5	73		38	116
11	宽幅灭茬耙	ЛД-16.6			4				4
12	24 行条播机	Т-8-2А	20	5					25
13	棉花播种机	ССК-4				10			10
14	牵引中耕机	КУТС-4.2			20	98		16	134
15	BTз 专用中耕机	КУТС-2.8			16				16
16	4 行中耕机	КД-4.0				5			5
17	复式种子清选机			116					116
18	清选机	ДС-3.0				5			5
19	喷粉机				4				4
20	谷物牧草播种机	СЗТ-47			42	164			206
21	自走割草机	КС-10			3				3
22	联结器	С-11	19	5			91		115
23	联结器	С-18			11	10		19	40
24	犁用拉链	С-2-5		4	45	30		33	112
25	机引马扒	ТПР-14.5			3				3
26	拔播插机	ТЖ			5				5
27	脱谷机	МКС-1100	10	5		29		26	70

资料来源：新疆生产建设兵团史志编纂委员会、新疆生产建设兵团农业机械志编纂委员会：《新疆生产建设兵团农业机械志》，乌鲁木齐：新疆人民出版社，2004 年，第 61—62 页

1956 年农垦部成立以后，新疆生产建设兵团所需农、牧机具纳入国家计划分配渠道，进口农、牧机具也由农垦部直供。到 1960 年，兵团又先后购

① 新疆生产建设兵团史志编纂委员会、新疆生产建设兵团农业机械志编纂委员会：《新疆生产建设兵团农业机械志》，乌鲁木齐：新疆人民出版社，2004 年，第 61 页。

进苏联产农业及畜牧机械 8 类、62 种、7196 台。其中，机引犁 9 种，1779 台；机引耙 3 种，331 台；机引播种机 15 种，3213 台；机引中耕机 5 种，1053 台；收获及场上机械 12 种，452 台；牧业机械 8 种，301 台；植保机械 3 种，392 台；其他机械 9 种，221 台（表 4-10）。①

表 4-10　1956—1960 年新疆生产建设兵团从苏联引进的机引农业机械数量　　单位：台（架）

名称		型号	引进时间	数量	名称		型号	引进时间	数量
机引犁	马尔采夫五铧犁	П5-35К	1959	2	收获及场上机械	牵引割晒机	Ж6-4.6	1959	20
	开荒五铧犁	П5-35М	1959	2		悬挂割晒机	ЖН4.0	1959	15
	牵引五铧犁	П5-35	1956—1959	410		甜菜挖掘机	СНУ3	1957	25
	悬挂四铧犁	ПН4-35	1959—1960	220		甜菜装车机	СХТ2.1	1957	2
	悬挂深耕四铧犁	ПН4-35А	1960	40		堆棉秆机	ВН33	1956	2
	牵引深耕三铧犁	П3-30А	1956—1958	368		玉米脱粒机	МКЁ3.0	1959	76
	悬挂三铧犁	ПН3-35Р	1959—1960	320		谷物干燥机	ЗПК1.5	1959	2
	悬挂双铧犁	ПН2-30	1956—1958	300		清粮机	ОСВ10	1959	130
	Д20 悬挂单铧犁	ПН30Р	1960	117		复式清选机	ОС3.0	1959	50
机引耙	牵引园艺耙	БТДБ2.0	1956—1957	30		复式清选机	ОСМ3У	1960	40
						复式清选机	ОСМ3	1960	20
	悬挂圆盘耙	БДН2.0	1960	253		种子分级机	СМК	1958	70
	32 片灭茬耙	РБД4.5	1956—1958	48	牧业机械	牵引青饲料收割机	СК2.6	1959	20
机引播种机	谷物播种机	СУ24	1956—1959	828		悬挂三刀割草机	КН56	1959	54
	谷物播种机	СТ24	1956—1959	544		Д20 专用割草机	КСХ2.1	1960	20
	谷物播种机	Т8-2А	1956—1957	178		自走割草机	КС10	1956—1957	15
	谷物蔬菜播种机	СОД24	1956—1959	590		侧向搂草机	ЖТВ2.2	1956—1957	72
	施肥播种机	СК24	1959	48		横向搂草机	ТЛК14.5	1958—1959	39
	窄行播种机	СЗТ47	1957—1960	306		悬挂堆草机	СТУ0.7	1959	1
	谷物牧草播种机	СЗД24М	1956—1958	209		牵引干草压捆机	ЛЛБ1.3	1959—1960	80
	谷物甜菜播种机	ЖСК16	1956—1959	95	植保机械	牵引喷雾喷粉机	ОСК	1956—1958	331
	谷物甜菜播种机	ЖСК6	1960	14		ВТ3-4 专用喷雾机	ОУН4	1959	51
	甜菜播种机	СК1.2	1959	33					
	悬挂棉花点播机	СКТХ4-6В	1958	54		Д-24 专用喷雾机	ОУН4-6	1960	10

① 新疆生产建设兵团史志编纂委员会、新疆生产建设兵团农业机械志编纂委员会：《新疆生产建设兵团农业机械志》，乌鲁木齐：新疆人民出版社，2004 年，第 62 页。

续表

名称		型号	引进时间	数量	名称		型号	引进时间	数量
机引播种机	棉花精量播种机	CTBX4	1959—1960	120	其他机械	碎土机	MB2.1	1959	35
	玉米方形窝播机	CKTX6	1957	14					
	悬挂玉米窝播机	CKTH6	1959—1960	160		开沟打埂器	УКП3	1958	43
	土豆窝播机	CKT4	1959—1960	20		ДТ54 专用打埂器	К3У0.3	1959	118
机引中耕机	悬挂中耕机	KПH4A	1956—1959	400		开沟犁	ПH40	1960	10
						果园种植犁	ПП50П	1959	2
	BT3 中耕追肥机	HKУ24/27	1959	60		灌木切割挖根机	Д174б	1960	3
	BT24 中耕追肥机	HKУ4/6A	1960	248		植树挖掘机	Д210B	1960	3
	中耕追肥机	KPH4.2	1960	25		挖渠平地机	Э133	1959	5
	悬挂中耕追肥机	KPH2.8A	1960	320		喷灌机	ДД50	1960	2

资料来源：新疆生产建设兵团史志编纂委员会、新疆生产建设兵团农业机械志编纂委员会：《新疆生产建设兵团农业机械志》，乌鲁木齐：新疆人民出版社，2004 年，第 62—64 页

总体来说，20 世纪 50 年代初期，中国以引进和推广苏联半机械化农具为主。由于无力大批量引进拖拉机和机引农具，只有从苏联和东欧一些国家进口少量拖拉机，以代耕的形式示范机械化。尤其 1953 年之后，各地设立国营机器拖拉机站，采用苏制斯大林-80 履带式拖拉机和苏式五铧犁、41 片圆盘耙、连接器、V 型镇压器、24 行播种机、中耕除草机等机引农业机械。1954 年，中国进口苏联 C-6 牵引式谷物联合收割机（康拜因）。1955 年起，引进苏联产德特-54 型拖拉机和各种配套机引农业机械数量增多。1955 年，中国仿制农业机械陆续投放市场。譬如，沈阳农业机械制造厂仿造仿苏双列 V 型镇压器、西安农业机械制造厂仿造苏 24 行播种机，等等。因此，各地机器拖拉机站农业机械开始快速增加。1958 年，一拖东方红-54 履带式拖拉机投产，进一步加快农业机械化步伐。[①]吉林省是中国农业机械化起步早、发展快的省份之一。从表 4-11 中可以看出，1962 年之前，农业机械主要是耕作机具及挂车，农田基建、场上、农产品加工及牧业机具仍以传统农具、半机械化为主。

① 长春市地方志编纂委员会：《长春市志·农业机械化志》，长春：吉林文史出版社，1993 年，第 101 页。

表 4-11　1953—1966 年吉林省农业机械保有量表　　单位：台

年份	耕作机具	农田基建机具	场上机具	农产加工机具	牧业机具	挂车
1953	51					6
1954	122					10
1955	269					15
1956	671					26
1957	1 300					35
1958	1 315					45
1959	1 897					131
1960	2 062					258
1961	3 433					266
1962	5 234					354
1963	6 862		387		44	548
1964	7 712		1 023		200	556
1965	9 827	106	1 280	1 931	301	753
1966	12 819	170	2 976	6 294	1 194	986

资料来源：吉林省地方志编纂委员会：《吉林省志（第 16 卷）·农业志·农业机械化》，长春：吉林人民出版社，1993 年，第 78—79 页

四、引进苏联农业机械制造技术

新中国成立初期，中国采取科研、教育、生产三位一体的方式系统引进苏联农业机械技术。引进苏联拖拉机、播种机、收割机等实体形态的农业机械技术，对缓解农业机械短缺、仿制农业机械发挥重要作用。中国通过聘请苏联专家、派遣留苏学生和中苏科研合作等途径，引进苏联农业机械制造技术知识和经验，推动了农业机械化发展。“一五”计划实施期间，为恢复和发展生产、解决缺乏农机技术和人才等问题，中国聘请苏联及民主德国等社会主义国家的专家和工程技术人员来华工作。①据不完全统计，1956—1960 年，农业机械工业系统共聘请苏联专家 51 名。其中，农业机械部拖拉机局及一机部六局聘请 1 名、拖拉机研究所和农机研究所聘请 7 名、一拖聘请 41 名、上海柴油机厂聘请 2 名。1960 年，苏联政府片面撕毁合同撤退专家，当时农机系统 8 名苏联专家尚未完成工作，有的刚来华不久。除农业机械系统

① 《当代中国》丛书编辑部：《当代中国的农业机械工业》，北京：中国社会科学出版社，1988 年，第 232 页。

外，农业部、农业高等院校、新疆生产建设兵团也聘请农机维修、机务等农业机械技术方面的苏联专家。如农业部聘请农作物育种、畜牧兽医、农机和土地规划整理等专业苏联专家25人，其中农业机械专业5人，占20%。①

苏联专家工作积极热情。聘请苏联专家的各单位非常重视学习运用苏联技术和经验，采取举办讲习班、配备助手、征求意见和建议等各种形式，向苏联专家学习技术和经验，很好地发挥了他们的专业特长和经验作用。一拖是苏联援助中国建设的"156项"重点工程之一。其建设期间，苏联政府派遣专家组长列布柯夫和道钦科、贝可夫、诺维克等土建、机械、工艺方面的专家41人来华指导建厂。②该项目为生产德特-54型履带式拖拉机，引进苏联成套技术和设备共1056台套。该项目一方面运用高度机械化的流水线生产，技术工艺先进，为拖拉机大量生产提供了技术保证；另一方面配备完善辅助及服务部门，为拖拉机大批量生产创造了良好条件。苏联负责勘探和规划设计，提供全套技术资料、设备及仪器，在厂房施工建设、设备安装、调整、试生产、批量生产等各个阶段，都有苏联专家具体指导。苏联专家在建设一拖的四年中，提出设计、安装、生产及产品开发等方面建议7000多条，绝大部分得到采纳落实。这对缩短建设时间、节约材料和资金、保证工程建设质量发挥了重要作用。一拖建成投产对中国农业和农机工业发展起到了积极的推动作用。

新疆生产建设兵团不仅引进苏联农业机械数量多、品种全，而且聘请农业机械方面的苏联专家也比较多。1953年4月，新疆军区聘请苏联机务专家卡·斯·郝维利亚到八一农学院工作，并对新疆生产建设兵团进行技术指导。后来，先后聘请E. M. 别克姆拉托夫（图4-33）、莫洛佐夫、果列洛夫、卡拉辽夫、伯里谢斯基、Д. B. 克西洛夫等苏联农机专家。他们担任教学工作，指导生产和计划的管理。1954年，在苏联专家卡拉辽夫、莫洛佐夫帮助下，规划

① 农业部办公厅对外联络处：《农业部关于聘请苏联专家统计表》，1960年1月11日至1960年7月16日，中华人民共和国农业部档案处档案，案卷-1960-长期-45，第22页。

② 第一拖拉机制造厂厂志总编室：《一拖厂志（1953—1984）》下册（内部发行），1985年，第531页。

筹建拖拉机维修厂。[①]在十月汽车维修厂举办第一期拖拉机修理干部培训班，学员共 40 人。1958 年 1 月 21 日—2 月 14 日，新疆生产建设兵团召开机务工作会议，各师、场机务领导、修理厂厂长、技术人员、机耕队长、机车组长等 170 人参加，苏联机务专家果列洛夫、伯里谢斯基、克西洛夫就农业机械化、机务工作定额、规章制度等方面问题到会讲话，介绍苏联管理方法和经验。[②]

图 4-33　20 世纪 50 年代末苏联专家 E. M. 别克姆拉托夫指导使用苏联产采棉机

聘请苏联专家对引进苏联农业技术十分重要。农业机械是改造农业、推动农业现代化的重要手段。旧中国农业机械工业落后，新中国成立初期对苏联农机技术引进力求系统全面。1959 年，中苏科学技术合作 1960 年计划申报工作仍然正常进行。国务院提出："聘请专家应贯彻少而精的原则"，只有"确属需要的技术、新专业和薄弱环节才聘请"。周恩来在对申报计划批示中特别提示："我方提出的项目是否太多？"接着问道："是否恰当？是否合乎实际需要？"最后，要求对 1960 年计划申报项目重新审核。周恩来最后说："请再研究并精简。"[③]因此，尽管一些农机技术通过中苏科学技术合

① 新疆生产建设兵团史志编纂委员会、新疆生产建设兵团农业机械志编纂委员会：《新疆生产建设兵团农业机械志》，乌鲁木齐：新疆人民出版社，2004 年，第 14—17 页。

② 新疆维吾尔自治区地方志编纂委员会：《新疆通志（第 25 卷）·外事志》，乌鲁木齐：新疆人民出版社，1995 年，第 220 页。

③ 农业部对外联络局：《中苏"122 项"一九五九年度合作计划建议草案及有关简报》，1958 年 8 月至 1959 年 1 月，中华人民共和国农业部档案处档案，案卷-1959-永久-48，第 104 页；农业部对外联络局：《国务院外国专家局关于 1961 年聘请苏联专家有关事项的通知及各单位拟聘请的专家上报材料》，1960 年 5 月至 1960 年 8 月，中华人民共和国农业部档案处档案，案卷-1960-永久-1，第 34 页。

作途径或相应机构直接联系途径可以进行交流，苏联有关部门也已经提供了图纸资料、样机或试验研究报告，但基于农业机械方面的关键技术、新技术引进，仍然需要聘请苏联专家来华具体指导或合作研究。底盘是拖拉机、收割机、推土机等农业机械的关键部件。当时中国缺乏自动底盘试验研究和设计技术资料和经验，而这项技术对于多种农业机械开发生产都十分需要。因此，中国农机所仍提出申请，“聘请两位苏联专家在各方面从头进行帮助”，工作时间为6个月（一般为3个月，当时要求专家聘期延长3个月）。同时，还申请“派员到苏联学习自动底盘农具设计与试验”。[①]

中苏合作进行农业机械技术研究是引进苏联农业机械技术重要途径之一。根据中国《十二年科学规划》，中苏两国签署苏联帮助中国进行和两国共同进行科学研究的中苏“122项”协定，包括16大类、122个重大科学技术研究项目。其中，农业机械、电气化项目2个。机械化是“适合于中国不同地区的拖拉机、机械牵引和畜力农业机具的试验和设计研究”。该项目由中国一机部与苏联农业部负责。完成单位中国有4个：一机部、中国农业科学院农业机械化研究所、中国农业科学院南京农业机械研究所、一机部汽车拖拉机研究所；苏联方面完成单位10个：列宁农业科学院、全苏农场机械化电器研究所、全苏农业机械研究所、国家拖拉机研究所、全苏农业经济研究所、国家拖拉机农业机械修理使用工艺研究所、全苏农业机械制造研究所、全苏水工和土壤改良研究所、莫斯科农业机械电器研究所、乌兹别克共和国农业部中亚细亚灌溉区机械化电器研究所。电气化项目是“研究不同地区地方农业能源、农用发电机、农用电器设备和能力，并制定在农业中应用电能的措施”。该项目由中国一机部、一机部电器科学研究院和苏联农业部负责，完成单位是中国农业部、中国农业科学院农业机械化研究所、中国科学院动力研究室，苏联莫斯科农业机械化电器化学院、全苏列宁农业科学院、全苏农业机械化研究所、全苏农业电器化研究所、全苏农场机械化电器研究所、全苏农

① 农业部对外联络局：《我部通过中苏“122项”规定一九五九年及一九六〇年派往苏联实习生卷》，1959年4月至1960年1月，中华人民共和国农业部档案处档案，案卷-1960-长期-4，第40页。

业经济研究所、全苏水工和土壤改良研究所、苏联国家拖拉机研究所。①

在科研合作中，苏联专家传授农业机械知识、技术和科研经验，举办培训班培养人才。如 1959—1960 年棉田机械试验与设计合作，农机部组织中国农机院等全国 13 个单位的 90 多名研究人员与苏联专家进行合作，开展棉田机械系列产品设计和试验。苏联农业部派来棉花机械专家、总工程师格尔布诺夫。他带来样机并附全套图纸及其他相关资料，对中国科研人员科研工作耐心指导，举办讲座介绍苏联棉机科研信息和进展。通过实施科研合作和派员赴苏学习，中国成功引进苏联棉田机械试验与设计技术，同时培养提高了一批科研人员的科研能力。②

引进技术推广应用和本土化必然要求培养人才。新中国成立初期，中国缺乏技术和人才。技术能够引进，但技术创新能力无法直接引进。而引进技术本土化关键依靠人才进行创新。人才培养包括派遣赴苏联学习和国内培养两个主要方面。赴苏学习有派遣留学生和实习生两种方式。农业机械专业是农业部门选派留苏学生学习重点专业之一。成套技术援助培训实习生称为成套项目实习生。苏联援建一拖过程中，仅在苏联培训技术人员达 151 名。1954 年 4 月至 1956 年 11 月，一拖选派 1 名副厂长、1 名总工和 149 名技术骨干到苏联哈尔科夫拖拉机厂（苏联三大拖拉机制造厂之一）进行实习。③1953—1965 年，留苏农科研究生、进修生、实习生 26 个专业共 252 人，其中农业机械专业 26 人，占 10.3%。1956 年选派留苏农业研究生 21 个专业共 235 人，其中农业机械专业 9 人，占 3.8%。④学成回国后，他们成为农业机械教育、科研和生产技术骨干，有些成为院士和学科带头人，为中国农业机械化发展发挥了重要作用。

---

① 农业部对外联络局：《有关中苏科技合作 122 项的一九五八年的来往文件》，1958 年 3 月至 1958 年 12 月，中华人民共和国农业部档案处档案，案卷-1958-永久-45，第 17—29 页。

② 邱梅贞主编：《中国农业机械技术发展史》，北京：机械工业出版社，1993 年，第 119 页。

③ 第一拖拉机制造厂厂志总编室：《一拖厂志（1953—1984）》下册（内部发行），1985 年，第 535 页。

④ 农业部人事司：《1956 年各单位选拔留苏研究生初步对象计划数》《我部报送高教部 1955 年派赴苏联学习专业计划及同意纪委分配农业系统的出国名额》，1954 年 11 月至 1955 年 12 月，中华人民共和国农业部档案处档案，案卷-1955-永久-14，第 61 页。

技术创新是内生的，需要提高自主创新能力。为加快农机技术人才培养，1952年中国根据苏联莫洛托夫农业机械化学院模式创建北京农机学院，同时扩大东北农学院、南京农学院农机专业学生招生规模，在西北、西南、华东、华中、华南等地农业高等院校增设农机专业。1956年，全国农业机械专业在校大学生达1.5万多人。当时中国全面学习苏联经验，组织翻译并采用苏联教材和教学计划大纲，聘请苏联专家担任院长顾问，指导科研和教学，培养研究生和青年教师。在北京农机学院，苏联专家乌里扬诺夫、特鲁伯尼柯夫、安吉波夫、格罗别茨等担任教学顾问并负责具体教学工作。①1953—1960年，克利沃也夫、安其波夫、特列奇亚托夫等11位苏联专家在东北农学院任教，其中3位农机专家先后担任院长顾问。在苏联专家帮助下，东北农学院装备并建立了农机实习工厂和实验室，提升了该校农业机械专业教育教学水平。②

第四节　新中国成立初期引进苏联农业成套项目

农业机械化、商品化、规模化是农业现代化的必然要求。“一五”计划期间，哈尔滨亚麻纺织厂、一拖、国营友谊农场是苏联援助中国建设“156项”中的重点工程。这三项工程建设采用苏联成套技术设备，苏联专家来华指导建设，它们的建成投产有效拉动了中国农业发展。哈尔滨亚麻纺织厂的建成投产，填补了中国亚麻纺织工业的空白，拉动了亚麻种植业的发展，展现了农业商品化的发展前景。一拖建成投产，结束了中国不能生产拖拉机的历史，带动了农机工业的发展，迅速提高了中国农用拖拉机保有量，有力推动了农业机械化发展。国营友谊农场建设示范农业机械化，对中国发展机械

① 北京农业工程大学四十年编写组：《北京农业工程大学四十年（1952—1992）》，北京：北京邮电学院出版社，1992年，第13页。

② 东北农学院校史编写组编：《东北农学院校史（1948—1988）》，哈尔滨：黑龙江科学技术出版社，1988年，第29页。

化农场、土地规划整理、农业现代化产生了重大影响。

一、引进亚麻纺织厂成套项目建设

哈尔滨亚麻纺织厂是“一五”计划期间（1953—1957）苏联援助中国建设“156项”重点工程之一。“156项”工程建设是“一五”计划期间国民经济发展的中心任务。虽然“156项”是在“一五”计划期间正式提出的，但这些项目从1950年就已陆续开始建设了，且有些项目在1950年就已经开工。[①]而哈尔滨亚麻纺织厂项目由于早期已经通过非官方途径与苏联方面接触，更是于1949年5月就开始勘测、设计。该项目原设计生产规模为纱锭14 356枚、织布机592台，加上全套漂白染整设备，总投资4000万元，总建筑面积15万平方米，综合生产能力为年产1800万米亚麻织物及少量的亚麻水龙带。[②]1950年7月1日，哈尔滨亚麻纺织厂项目建设破土动工，厂房设计、生产设备、技术工艺全部由苏联提供，采用了当时先进的短麻精梳、粗纱煮练漂白、湿法纺纱等工艺技术。亚麻纺织是新中国成立后发展起来的一门新兴工业。哈尔滨亚麻纺织厂的建成投产，填补了中国亚麻纺织工业的空白，从此结束了中国没有自己的亚麻纺织工业的历史。同时，该厂的建成投产还解决了东北亚麻积压问题，拉动了亚麻种植业的发展。1949年，黑龙江省亚麻种植面积仅19.2万亩。1959年，亚麻种植面积扩大到75.4万亩，是1949年的3.9倍；总产量增加到8万吨，是1949年的6.1倍。

亚麻（*Linum usitatissimum* L）也称鸦麻、壁虱胡麻，是一年生草本植物，喜凉爽湿润气候。亚麻茎高0.3—1.2米，直立，多在上部分枝，有时自茎基部亦有分枝，叶片线形。亚麻基部木质化，韧皮部纤维强韧弹性，构造如棉，纤维拉力强，抗腐烂，易着色，纺织空隙大，传热良好，具有透气性良好和对人体无害等特点。亚麻是人类利用最早的天然植物纤维，距今有1万年以

① 刘国光主编：《中国十个五年计划研究报告》，北京：人民出版社，2006年，第78页。

②《哈尔滨亚麻纺织厂志》编纂委员会：《哈尔滨亚麻纺织厂志（1949—1990）》，哈尔滨亚麻纺织厂史志办印刷（内部发行），1992年，第2页。

上历史。早在1万年以前，古埃及人就开始种植亚麻，机织亚麻织布最迟出现在公元前4000年。至公元10世纪初，亚麻纤维已经出现在商品市场。1760年，俄国人罗季昂·格林科夫发明了专门纺织亚麻的梳麻机。1810年，法国发明家菲利普·热拉尔发明了湿纺细纱机，进一步扩展了亚麻织品的应用领域。亚麻籽油富含不饱和脂肪酸，有预防高脂血症、动脉硬化等作用。亚麻种子含碘、亚麻酸等成分，可制造高级涂料、油漆，榨油后的亚麻籽饼是农业的优质肥料。

黑龙江省早在1906年就从俄罗斯引进“贝尔纳”等亚麻品种试种。起初，黑龙江省把亚麻称为胡麻，种植亚麻主要是作为油料作物。1913年，中东铁路哈尔滨香坊农事试验场扩大试种，1926年进行纤维制线生产，产品主要销往日本。东北沦陷时期，亚麻种植主要是为了利用纤维，种植面积曾一度达到100万亩。当时由日本人指导亚麻种植技术并组织亚麻收购，大部分原料也都运往日本。日本侵略者还成立了日亚纺织株式会社，1935—1944年共建成18处亚麻原料加工厂，加工出纤维后，由日亚纺织株式会社统一收购，运回日本进行深加工。[①]日本殖民者为掠夺更多的亚麻原料，强迫农民多种亚麻，使其种植面积不断扩大。1936年亚麻种植面积为8万亩，到1945年增加到77.3万亩，10多年间增长了9.6倍多。

黑龙江省栽培的麻类有亚麻、大麻、火麻和少量的红麻，均属纤维作物。麻类是纺织、造纸和制绳等工业的重要原料，可用于加工服装面料、包装麻布、麻袋、水龙布、苫布、渔网、绳索和编织地毯等生产生活用品。在纺织工业中，亚麻是其他纺织原料不可代替的优质原料。亚麻纺织业生产能力布局关键就是亚麻种植布局。黑龙江省是中国亚麻的主要产区，亚麻纺锭也主要集中在该省，其拥有量占全国的96%，其余分散在吉林、甘肃、宁夏三处。亚麻纺织业是中国纺织加工工业中生产能力分布面最窄的

① 哈尔滨市地方志编纂委员会：《哈尔滨市志·农业水利》，哈尔滨：黑龙江人民出版社，1998年，第83页。

一个行业。①黑龙江省地处北纬 43°26′—53°33″，气候寒冷干燥，是国内引种和利用亚麻纤维最早的地区之一。黑龙江省内各亚麻产区不仅具有适宜亚麻种植的自然条件，而且鉴于在经济上种植亚麻比种植粮食效益高，农民愿意种。因此，1945 年日本战败投降以后，部分地区农民还习惯性地种植一些，但大部分地区已无人组织收购，积存了大量亚麻纤维。亚麻生产加工的原料资源十分丰富。新中国成立后，亚麻生产纳入国家种植计划，基本上根据本省纺织工业的生产能力，有计划地安排种植面积。哈尔滨亚麻纺织厂建设投产，有力地拉动了亚麻种植业发展。1949—1959 年，亚麻种植加工稳步发展。

建设哈尔滨亚麻纺织厂的早期指导思想是有计划地利用黑龙江地区丰富的亚麻原料资源，创建中国自己的亚麻纺织工业，支援人民解放战争和解决东北地区人民、驻军的穿衣及国防用布问题，以及提高出口换汇能力。在这一指导思想下，李富春及当时领导东北工业建设的王首道、王鹤寿等同志认真分析全国迅速发展的革命形势，达成共识。1947 年末，李富春主持召开东北财政经济工作会议，正式提出并通过了在东北建设一座大型亚麻纺织联合工厂的初步意见。但当时沈阳和南满城市完全由国民党政府控制，而东北的纺织工业生产大部分集中在南满，这对支援人民解放战争，保障解放军的穿衣、军用帆布及战后人民生活的需要极为不利。因此，亚麻纺织联合工厂建设尚缺乏条件。

20 世纪上半叶，苏联亚麻纺织工业比较发达，具备帮助中国发展亚麻纺织生产的有利条件。基于黑龙江具有丰富的亚麻原料资源和发展亚麻纺织工业的需要，中国向苏联提出请求，请苏联在中国东北地区帮助建设一个大型亚麻纺织联合工厂。这个请求苏联方面表示接受。1948 年 11 月 2 日，辽沈战役结束。9 日，东北地区全境解放并成为支援前线的后方，经过与苏联方

① 《当代中国》丛书编辑部：《当代中国的纺织工业》，北京：中国社会科学出版社，1984 年，第 208—211 页。

面非官方接触洽谈，苏联方面同意帮助中国建设亚麻纺织联合工厂。同时，苏联方面决定于 1949 年春天派专家来哈尔滨洽谈相关具体事宜。1949 年 4 月，苏联派出以设计总工程师列尔曼为首的包括 9 位工程师的非官方代表团如期抵达哈尔滨。中方则由东北纺织工业管理局局长罗日运为全权代表。中苏洽谈后决定在哈尔滨市建设一座生产规模为 1.5 万枚纺纱锭的大规模亚麻纺织厂。①

在前期中方与苏联方面进行非官方接触洽谈的基础上，1949 年 10 月，苏联工程师代表团在哈尔滨完成了建厂设计前的一切准备工作，携带全部资料抵达沈阳市东北人民政府工业部，并于 11 月 11 日商谈确定：苏方为中方设计 1.5 万枚纺纱锭的哈尔滨亚麻纺织厂及容纳 6700 名工人的宿舍，以“米突制”计算的技术设计及全部技术文件于 1950 年 4 月 5 日前交付给中国。1949 年 11 月 11 日，东北人民政府工业部以秘字第 15 号文件批复：“苏联工程师工作队所提出在东北建立联合亚麻工厂的地址及修建计划，业经东北财经委员会审查批准。”并明确同意：亚麻联合工厂的厂址选在哈尔滨马家沟；“苏联工程师所提出的修建计划，于 1950 年第二季度正式动工修建”。②1950 年末，哈尔滨亚麻纺织厂共获得国家投资款 629 755 百万元（东北币）。

哈尔滨亚麻纺织厂先进行勘探设计和规划，后来被列入苏联援助中国工业建设的“156 项”重点工程。1950 年初，李富春主持中央财政经济委员会工作期间，开始全面实施苏联援助中国工业建设的“156 项”重点工程计划。经中央政府同意，由姚依林任团长的中国贸易代表团常驻苏联莫斯科，专门负责办理签订苏联援助中国工业建设项目的具体事宜。在代表成员中，由当时哈尔滨市军代表唐楠屏参加并任设计组组长。1950 年 4 月 19 日，中国代

① 《哈尔滨亚麻纺织厂志》编纂委员会：《哈尔滨亚麻纺织厂志（1949—1990）》，哈尔滨亚麻纺织厂史志办印刷（内部发行），1992 年，第 6 页。

② 《哈尔滨亚麻纺织厂志》编纂委员会：《哈尔滨亚麻纺织厂志（1949—1990）》，哈尔滨亚麻纺织厂史志办印刷（内部发行），1992 年，第 8 页。

表团与苏联签订的有关货物交换协议就包括苏联帮助建设哈尔滨亚麻纺织厂的内容。根据此协议，双方签署了援建哈尔滨亚麻纺织厂的具体合同，合同规定苏联方面应依照原来苏联工程师代表团在东北人民政府商谈确定的日期，即于 1950 年 4 月 5 日前，向中方交付哈尔滨亚麻纺织厂技术设计全部文件，其中包括一个亚麻纺织厂的原设计模型（图 4-34）。该模型是长方体，高 80 厘米，每边长 1.5 米；根据工厂原设计比例，用色彩塑料制作成主生产厂房、生活区、附属建筑物、工厂围墙、绿化带等，呈现工厂全貌。1950 年 7 月 1 日，中方陆续收到技术设计施工图及各种文件。但由于种种原因，交付技术设计施工图推迟了 3 个月。哈尔滨亚麻纺织厂的技术设计特点是在生产规模上“属亚洲最大的亚麻纺织联合工厂”，在设计上“集中了苏联国内各亚麻纺织厂的优点”。[①]

图 4-34　苏联最早交付的哈尔滨亚麻纺织厂原设计模型

苏联专家指导土建施工和设备安装。按照合同规定，苏联专家在厂内与厂长是甲乙方的关系。为保证苏联专家建厂设计的正确实施，苏联方面采取轮流派遣不同专业工程师的办法进行施工指导和施工质量检查。1950 年 7 月，土建工程开工，苏联派来以季米特洛夫为组长的建筑、水暖专家共 6 人。这些苏联专家经常在施工现场进行技术指导和巡视检查，解决实际问题。在生

① 《哈尔滨亚麻纺织厂志》编纂委员会：《哈尔滨亚麻纺织厂志（1949—1990）》，哈尔滨亚麻纺织厂史志办印刷（内部发行），1992 年，第 11 页。

活上，这6名苏联专家月伙食标准为60元/人，专设厨师做饭。[①]他们住在南岗辽阳街专家宿舍，上下班由专车接送。按施工计划，1950年的土建工程预计完成9.3万平方米。在他们具体指导、检查和帮助下，土建施工任务进行得比较顺利。中国工程技术人员严肃认真，技术上一丝不苟，受到苏联专家的好评。1951年5月，亚麻厂派员赴苏联办理进口设备及机器安装事宜。苏联交付哈尔滨亚麻纺织厂生产能力为1.5万枚纺纱锭的主要生产设备、试验室设备及生产辅助设备，总价值为1617.3万卢布。1951年6—12月，设备安装工作全面展开。这期间，苏联方面提交设备安装施工图，并于8月先派9名苏联专家来哈尔滨亚麻纺织厂进行设备安装，其余安装方面的苏联专家和技术人员根据工程进度和实际需要后续抵达。1951年，第四季度苏联专家和技术工人大量进厂，最多时达到151人。苏联专家及技术工人的总负责人是朱可夫，下设安装、纺织、技术操作三个组，组长分别是瓦洛比约夫、白契克廖夫、比索耶夫。[②]

苏联专家和技术工人分工明确。安装组人员分配为：负责人1名、总工程师1名、工程师7名、安装指导专家12名、技术工人77名，共计98人。纺织组分梳麻场、纺纱场、织布场、加工场等4个场，每个场配备工厂管理方面的苏联专家1名和工程师1—2名。总机械部分配备总机械师1名、工程师1名，主要动力部分配备动力专家1名、工程师1名，实验室设负责人1名。技术操作组分18个工种，每个工种配备副技师或技术工人1—4名。如梳麻场副技师1名、织物作业副技师2名、纺麻副技师2名、织布工4名。这18个工种配备苏联副技师和技术工人共计33名。

设备安装前进行技术培训，制订管理制度、方法和计划。1951年9月，该项目组织苏联专家在技工学校实验室对生产骨干进行培训，教授由纺纱到

① 《哈尔滨亚麻纺织厂志》编纂委员会：《哈尔滨亚麻纺织厂志（1949—1990）》，哈尔滨亚麻纺织厂史志办印刷（内部发行），1992年，第13页。

② 《哈尔滨亚麻纺织厂志》编纂委员会：《哈尔滨亚麻纺织厂志（1949—1990）》，哈尔滨亚麻纺织厂史志办印刷（内部发行），1992年，第16页。

织布每道生产工序的技术要领并指导学员安装一台机器(织布机配备 16 台)。当时抽调了一批学习俄语的技术人员并适当配备了具有棉纺织经验的工人，每种机器 4—5 人。苏联专家负责指导操作，讲解机器设备的构造、性能及使用注意事项。同时，培训如何拆箱、搬运、擦洗机器设备。当时培训了 3 个安装队，每队 12 人，作为设备安装工作扩充人员。经过 3 个月的操作实践与学习，该项目为正式进行设备安装做好了人员组织和技术准备。在设备安装现场，该项目从东北相关厂调来技术工人作为设备安装和开工生产骨干力量，按梳麻、纺纱、织布、加工 4 个分场的专业性质分配工作。同时，各分场都配备主要负责人，与苏联专家共同组织设备安装。在苏联专家具体指导下（图 4-35），中方团队准备工具、材料，制订管理制度和工作计划。技术工人的劳动组织全部由苏联专家安排分工，实行流水作业，各环节有专人负责，保证设备安装有序顺利进行。①

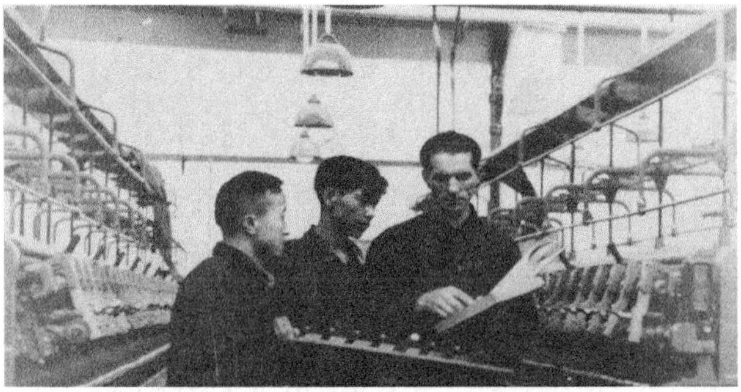

图 4-35　苏联专家指导哈尔滨亚麻厂工人操作

梳麻、纺纱、织布、加工等 4 个分场设备安装有序进行。1951 年 12 月 1 日，设备安装正式开始。1952 年 8 月 5 日，梳麻分场、纺纱分场、织布分场、加工分场设备全部安装完毕，经调试合格后，分别经指导安装的苏联专家签署了生产设备开动运转证件（表 4-12）。1952 年 8 月中旬，全厂大部分机器设备安装完毕并签署交车开动证件，依据合同规定：总交货人——苏联

① 《哈尔滨亚麻纺织厂志》编纂委员会：《哈尔滨亚麻纺织厂志（1949—1990）》，哈尔滨亚麻纺织厂史志办印刷（内部发行），1992 年，第 16—17 页。

轻工业部对哈尔滨亚麻纺织厂完成生产设备交付及安装运转等技术援助，与总订货人双方组成交验委员会，办理交接手续。1952 年 8 月 11 日，东北人民政府工业部任命李正光为中方全权代表，王贤芬、薛瑞元、卢丰年、张健为总订货人，出任交接委员会会员。

表 4-12　哈尔滨亚麻纺织厂各分场设备、安装人数和指导安装的苏联专家情况表

场名	安装设备名称和数量	安装队数量和安装人数	指导安装并签署生产设备开动运转证件的苏联专家
梳麻分场	栉梳机 12 台、水平振荡机 1 台、梳麻机 1 台	3 个安装队，共 22 人	白契克廖夫、雷巴科夫、费特洛夫等
纺纱分场	成条机 16 台、并条机 64 台、粗纱机 18 台、湿纺机 65 台、干纺机 17 台、摇纱机 32 台	3 个安装队，共 238 人	诺瓦洛夫、布列候娃、巴尔明诺娃、谢乔夫、哈多谢维赤等
织布分场	浆纱机 6 台、络纱机 14 台、整经机 6 台、络纬机 15 台、自动布机 432 台、帆布机 160 台	14 个安装队，共 103 人	安奇编克夫、札保奇娜、乍保金娜、马斯诺夫、马雷谢夫、斯未里诺夫、斯米尔诺夫、索科洛夫、奥尔金、普奇柴娜、札法金娜等
加工分场	布漂、漂白擦洗、整理、染色擦洗、轧光量布机器和开幅、染色、浸渍联合机组	3 个安装队，分 12 组，共 116 人	索克夫等

资料来源：《哈尔滨亚麻纺织厂志》编纂委员会编：《哈尔滨亚麻纺织厂志（1949—1990）》，哈尔滨亚麻纺织厂史志办印刷（内部发行），1992 年，第 17—18 页

中苏双方办理交货手续后，苏联专家开始陆续回国。按合同规定，留下苏联专家 12 人，1953 年 4 月份到期回国。但由于实际需要，工厂一再提出留聘意见。到 1952 年 11 月末，实际留聘苏联专家为 21 名，由白契克廖夫负责。1952 年 11 月底，大部分苏联专家陆续回国。1955 年，在加工车间工作的最后一位苏联专家索克夫离厂回国。①

哈尔滨亚麻纺织厂开工生产。1950 年 7 月至 1952 年 8 月，哈尔滨亚麻纺织厂全部建筑工程施工基本完成。该工程总建筑面积 10.2 万平方米，用工量达 103 万个工日，耗用钢材 1800 吨，木材 1.5 万立方米，水泥 1.5 万吨，完成投资额为 3188.64 万元（人民币）。②为了解决生产一线工人

① 《哈尔滨亚麻纺织厂志》编纂委员会：《哈尔滨亚麻纺织厂志（1949—1990）》，哈尔滨亚麻纺织厂史志办印刷（内部发行），1992 年，第 17 页。

② 《哈尔滨亚麻纺织厂志》编纂委员会：《哈尔滨亚麻纺织厂志（1949—1990）》，哈尔滨亚麻纺织厂史志办印刷（内部发行），1992 年，第 18 页。

不足问题，东北纺织工业管理局陆续从东北地区各厂调来工人。1952 年 2 月 5 日，从宾县麻袋厂调来工人 100 名。在即将离场的建筑临时工中动员一批人，办正式录用手续参加工作。1952 年 3—9 月，在哈尔滨市招收两批学徒工，经过技术培训补充到生产一线。至 1952 年末，在册职工已有 3001 人。

1952 年 9 月 30 日上午，哈尔滨亚麻纺织厂举行开工生产典礼（图 4-36）。纺织工业部部长蒋光鼐代表纺织工业部在会上说："正当全国人民欢欣鼓舞地庆祝我们中华人民共和国成立三周年的时候，我们新中国第一个规模宏大的、电气化的、全新型的哈尔滨亚麻纺织厂胜利建成并在国庆节日就要开工生产"，这是"新中国人民纺织建设事业中的一大喜事"。[①]工厂正式投产不久，纺织工业部来文指示：东北亚麻联合工厂已被正式命名为哈尔滨亚麻纺织厂。

图 4-36　苏联专家出席开工生产典礼会议

亚麻纺织是新中国成立后发展起来的一门新兴工业。在国民经济恢复时期，除由苏联帮助设计提供成套设备建成哈尔滨亚麻纺织厂之外，还建设两个亚麻原料厂。哈尔滨亚麻纺织厂是新中国纺织工业部门第一个现代化成套

① 《哈尔滨亚麻纺织厂志》编纂委员会：《哈尔滨亚麻纺织厂志（1949—1990）》，哈尔滨亚麻纺织厂史志办印刷（内部发行），1992 年，第 19 页。

设备引进项目。该项目的建成投产，不仅填补了中国亚麻纺织工业的空白，从此“结束了我国没有自己的亚麻纺织工业的历史”①。而且，“由于该厂在工程建设中采取了先进的设计，如双梁风道、条缝均匀送风、除尘空调系统等，为中国纺织工业部门设计和建设现代化纺织厂提供了有益经验”②。哈尔滨亚麻纺织厂自 1952 年 10 月 1 日投产以来，充分利用当地种植亚麻原料。该厂产品包括两类：其一是亚麻工艺用布、服装用布，用于工艺抽纱刺绣底布、制作服装；其二是亚麻帆布和亚麻水龙带，广泛用于工业和农业。哈尔滨亚麻纺织厂的产品 90%以上直接或间接出口，出口量占全国亚麻纺织品出口总量的 85%以上。至 1990 年末，共生产各类亚麻织物 7.1 亿米。③

新中国成立初期，由于亚麻仅用于织麻袋、制绳索，需求量小，种植面积不大。1949 年，亚麻种植面积仅 19.2 万亩，1950 年为 26.8 万亩。1952 年，苏联援建的哈尔滨亚麻纺织厂建成投产后，年需亚麻原茎 5 万吨，促使种植面积迅速扩大。1953 年，亚麻种植面积增加到 41.9 万亩，总产量 3.5 万吨。亚麻价格高，比种植其他作物经济效益好，如每吨亚麻原茎 162 元，相当于 1.26 吨大豆的价值，农民生产积极性很高。1959 年，种植面积扩大到 75.4 万亩，是 1949 年的 3.9 倍；总产量增加到 8 万吨，是 1949 年的 6.1 倍。亚麻种植面积和产量的增加，基本上满足了纺织工业发展需要。④

哈尔滨亚麻纺织厂的建成投产促进了亚麻新品种的应用。该厂的亚麻需求量占黑龙江省亚麻产量的 80%以上。黑龙江省纺织工业部门直接负责亚麻种子优选、推广工作，有力促进了亚麻品种更替和原料生产。⑤20 世纪 50 年代，

---

①《哈尔滨亚麻纺织厂志》编纂委员会：《哈尔滨亚麻纺织厂志（1949—1990）》，哈尔滨亚麻纺织厂史志办印刷（内部发行），1992 年，第 1 页。

②《当代中国》丛书编辑部：《当代中国的纺织工业》，北京：中国社会科学出版社，1984 年，第 208—209 页。

③《哈尔滨亚麻纺织厂志》编纂委员会：《哈尔滨亚麻纺织厂志（1949—1990）》，哈尔滨亚麻纺织厂史志办印刷（内部发行），1992 年，第 6 页。

④ 黑龙江省地方志编纂委员会：《黑龙江省志（第 7 卷）·农业志》，哈尔滨：黑龙江人民出版社，1993 年，第 225 页。

⑤《当代中国》丛书编辑部：《当代中国的纺织工业》，北京：中国社会科学出版社，1984 年，第 208—212 页。

黑龙江省推广华光 1 号、华光 2 号和从苏联引进的亚麻品种，更换已经混杂退化的苏联品种贝尔纳 1 号和哈系 384、哈系 419 等品种。20 世纪 60 年代又选用抗倒伏力强、苗期病虫害轻的 51-1120 良种。1952—1981 年，由于及时更换品种和加强管理，黑龙江省亚麻的单产提高了 1 倍。①

二、引进拖拉机制造成套项目建设

拖拉机是农业机械化的重要装备之一，拖拉机工业和技术的发展水平是衡量一个国家农业机械化水平和农机工业发展水平的重要标志之一。②一拖是中国"一五"计划期间引进苏联成套技术设备兴建的"156 项"重点工程之一，是中国农业机械行业骨干企业。1949 年新中国成立时，中国没有拖拉机工业。为了实现农业机械化，党中央制定"一五"计划时，规划并决定建设第一个拖拉机制造厂。根据 1953 年 5 月 15 日中苏两国签署的《关于苏维埃社会主义共和国联盟政府援助中华人民共和国中央人民政府发展中国国民经济的协定》，由苏联帮助中国建设拖拉机制造厂。一拖于 1953 年开始筹备，1955 年动工兴建，1959 年基本建成并投产。一拖"作为中国第一个拖拉机制造厂"，其"建成投产，结束了我国不能生产拖拉机的历史"。③现在，一拖已发展成为一个以生产拖拉机为主，同时生产多种产品的大型综合性的现代化企业。

党和国家十分重视一拖建厂地址的选择。早在 1953 年 2 月，一机部就成立了新厂筹备处，开始搜集建厂地区资料。新厂筹备处先后调查了 80 多座城市、100 多个村镇，编制了 3 套 12 项 42 册有关资源、水文、气象、交通、供电、供水、建筑材料和地区经济、厂址地质等基础资料。④起初，新厂筹备处关于拖拉机工厂地址选择主要根据农业部意见，重点选定哈尔滨、石家庄和西安作为建设拖拉机厂的可能厂址，主要考虑农业机械化事业应首先在东北、华

① 《当代中国》丛书编辑部：《当代中国的农作物业》，北京：中国社会科学出版社，1988 年，第 282 页。
② 邱梅贞主编：《中国农业机械技术发展史》，北京：机械工业出版社，1993 年，第 1 页。
③ 刘国光主编：《中国十个五年计划研究报告》，北京：人民出版社，2006 年，第 79 页。
④ 《当代中国》丛书编辑部：《当代中国的农业机械工业》，北京：中国社会科学出版社，1988 年，第 242 页。

北和西北三个地区发展。1953 年 8 月，中央从工业布局和国防安全考虑，指示建设拖拉机厂的厂址应选择在中原地区的河南省内。同年 12 月，李富春到洛阳考察建厂条件。1954 年 1 月 8 日，经毛泽东批示，拖拉机制造厂选址在洛阳市建设。“一五”计划期间，同一拖一起作为引进苏联成套技术设备建设的“156 项”重点工程而落户洛阳的，还有洛阳滚珠轴承厂、洛阳铜加工厂、洛阳矿山机器厂等。其中，洛阳滚珠轴承厂计划总投资为 1.07 亿元，年产轴承 1000 万套。洛阳滚珠轴承厂于 1954 年开工，1958 年建成投产，1959 年时其产量占当时全国轴承总产量的 25%。①

在选择一拖厂址的同时，建厂筹备工作也开始进行。1953 年 7 月 12 日，根据一机部指示成立一拖筹备处，下设行政、人事、财务、计划、设计、工程、保卫 7 个组和 1 个厂办公室。同年 8 月 1 日，一机部向国家计委报批《一拖计划任务书》。11 月 28 日，国家计委批复，确定一拖制造东方红-54 型履带式拖拉机。②1954 年 2 月，一拖开始进行勘察设计、地质钻探、地形测绘、抽水试验、土壤载荷试验等工作。1955 年 8 月，一拖成立有色修铸、铸钢、精密铸造、铸铁、发动机、锻工、冲压、标准零件、燃料系统、装配、底盘、机修、木工、非标准设备等 14 个车间筹备组。同年 10 月 1 日，一拖举行开工典礼，全面进入第一期工程建设时期。

根据中苏两国政府于 1953 年 11 月 27 日签订的 102306 号合同，一拖第一期工程由苏联设计并帮助建设。设计纲领是年产 1.5 万台东方红-54 型履带式拖拉机。工厂宿舍福利设施和厂外公用设施设计由国内 15 家单位承担；厂房部分由苏联设计，1954—1955 年中苏双方共签订设计合同 26 份。其中，1953 年 5 月 15 日，一机部汽车工业管理局与苏联国家汽车拖拉机工业设计院签订《中苏关于中国一拖设计合同》。该合同规定，苏联负责项目设计，工厂全部工艺施工设计由苏联哈尔科夫拖拉机厂负责；工厂建筑设计由苏联

① 刘国光主编：《中国十个五年计划研究报告》，北京：人民出版社，2006 年，第 79 页。

② 第一拖拉机制造厂厂志总编室：《一拖厂志（1953—1984）》上册（内部发行），1985 年，第 5 页。

哈尔科夫农业机械设计院负责。[①]1954年10月4日，一机部汽车工业局副局长江泽民和一拖筹备处杨立功等作为总订货人代表在莫斯科与苏联正式签订《中苏双方审查洛阳拖拉机制造厂初步设计议定书》。[②]

第一期工程的土建施工分三批进行。第一批开工的有锻工工场、有色修铸工场、辅助车间和总仓库；第二批开工的有发电机工场、冲压工场、燃料工场、木工系统工场和煤气站；第三批开工的有标准零件工场、铸钢工场、铸铁工场、拖拉机工场。1956年7月至1959年10月，进行设备安装，历时4年完成。一拖建成了完整的拖拉机生产体系，包括11个主体生产车间和3个辅助生产车间；建成较完善的试验研究机构，包括中央试验室，金属崩溃、化学工艺、化学光谱、铸焊、高温计等试验室，各车间配备快速试验室、切削实验室、齿轮实验室和试验试制工程部；建成完整动力系统，包括变电站、配电站、煤气站、氧气站、乙炔站、水泵站、压缩空气站等；建成较完善的物资仓库和运输系统，以及废铁处理场、废料再生车间等。

第一批工程建设采用高度机械化工艺流程，遵循大批、中批及部分大量生产原则建设。机械加工方面，部分采用特殊组合机床和专用设备。工序之间的运输，采用悬挂运输带、滚道、滑道，以及气动、电动起重机，手动和电动梁式吊车等。铸造方面，采用现代化模锻锤、平锻机及机械锻压机等设备。从配砂、造型、浇铸，一直到清理铸件，全过程机械化连续流水作业，以皮带输送机、铸工输送器、鳞板输送器、悬挂输送链进行运输。热处理方面，退火、回火、淬火及渗碳等过程，在专门配置的电炉、煤气炉、盐炉内进行。在机械加工流水线上设有零件表面淬火高频波装置，发动机、燃油机、燃油泵、起动机、拖拉机全部在装配线上装配。全厂共有流水生产线92条，选用国内外先进的各类设备9691台，其中从苏联进口设备1599台，占全部设备的16.5%；专用组合机床203台，自动、半自动机床57台。

1956年，一拖开始进行生产准备。第一期工程共完成建厂投资2.9亿元，

---

① 第一拖拉机制造厂厂志总编室：《一拖厂志（1953—1984）》上册（内部发行），1985年，第49页。

②《当代中国》丛书编辑部：《当代中国的农业机械工业》，北京：中国社会科学出版社，1988年，第243页。

完成厂房建筑面积30.3万平方米，宿舍建筑面积27.1万平方米。经国家验收委员会验收，工程质量被评为优等。集结职工20 340人，培训7075人；自制非标准设备3209台，标准设备640台；自制一级非标准工具2万余种，标准工具253种；翻译、复制、整理了各种相关技术资料；国家对材料和协作件做了安排。经过生产调整，一拖比原计划提前一年完成施工建设，于1958年7月20日生产出第一台东方红-54型履带式拖拉机（图4-37）。[①]根据工厂进度，1959年9月8日，一机部以（1959）机基张字第216号文，同意一拖向国家交工验收。国家建设委员会以（1959）基机字267号电文转达，周恩来批准一拖第一期工程国家验收委员会成立。1959年10月，一拖第一期工程和生产准备工作基本结束，生产体系建成，具备开工生产条件。10月12日，国务院总理周恩来视察一拖，亲切地对一拖工人说："你们要记着，你们是'中国第一'啊!要出'中国第一'的产品，出'中国第一'的人才，创造'中国第一'的业绩！"随后，周恩来总理又批示："请谭副总理主持剪彩典礼。"[②]10月31日，国家验收委员会举行一拖建厂工程验收签字仪式。至此，一拖正式投产。

图4-37　农民围观东方红-54型履带式拖拉机

一拖采用的技术装备在当时具有国内外先进水平。例如，按照成批大量生产原则，一拖采用机械化的工艺流程。铸造从配砂、造型、浇注到清理是

① 《当代中国》丛书编辑部：《当代中国的农业机械工业》，北京：中国社会科学出版社，1988年，第244页。
② 第一拖拉机制造厂厂志总编室：《一拖厂志（1953—1984）》上册（内部发行），1985年，第6页。

机械化流水作业；锻造采用平锻机模锻锤、机械锻压机等；机械加工采用组合机床和专业设备；工序之间的运输采用悬挂运输带、滑道、滚道及电动、气动起重机等；在机械加工流水线上，设有零件表面淬火的高频淬火机；拖拉机和燃油泵、发动机、起动机全部在装配线上装配。这些技术成为 20 世纪 60—70 年代国内设计建设新拖拉机厂的样板。①

为了全面学习和系统掌握引进苏联拖拉机生产技术及管理方法，1955 年 4 月和 1956 年 1 月，一拖副厂长杜春永和副厂长马捷分别带领 30 多人和 120 多人，到苏联哈尔科夫拖拉机厂进行为期一年的实习。1961 年 9—10 月，一拖徐祥林到苏联学习高频新技术的应用。②

作为苏联成套援建项目，一拖原计划聘请苏联专家 118 名，后来本着以自力更生为主的方针，实际聘请苏联专家 40 名（图 4-38）。为了发挥专家作用和做好专家工作，1955 年 9 月，一拖设立专家工作组。1956 年 1 月，专家工作组改为专家工作科。同年 11 月，扩大职责范围改为专家工作室，下设翻译科和专家建议检查科。专家工作室的主要职责包括协助厂领导组织安排专家工作，编制聘请专家计划，负责翻译和管理专家建议，组织有关人员向专家学习，办理专家到职、离职及生活服务事宜。专家工作室先后配有翻译 71 名、行政干部 6 名、服务人员 6 名。

图 4-38　苏联专家在一拖建设工地检查施工（左）；
苏联专家在一拖生产车间指导生产（右）

① 《当代中国》丛书编辑部：《当代中国的农业机械工业》，北京：中国社会科学出版社，1988 年，第 244 页。
② 第一拖拉机制造厂厂志总编室：《一拖厂志（1953—1984）》下册（内部发行），1985 年，第 535 页。

在一拖建设过程中，由苏联莫斯科工业建筑设计院派来的土建专家贝柯夫对铸钢、铸铁两车间的建设起了很大的作用（图 4-39）。贝柯夫每天上午 8 时随工人上班，常常工作到深夜才歇息。一天晚上突然下大雨，贝柯夫担心发生渗水影响施工进度，冒雨到工地检查，掉到坑里摔断 3 根肋骨。在医院养伤期间，贝柯夫还审查并修改铸钢车间 200 多台机床的设计图纸，身体还未痊愈就出院继续工作。一拖厂长马捷回忆说，当时许多苏联专家都像贝柯夫那样，带病坚持工作。在一拖设备调整试生产阶段，20 多位工艺专家审查工艺，提出各种建议 1220 条。①

图 4-39　苏联专家在一拖审核设备图纸（左）；
苏联专家在一拖培训班讲课（右）

技术创新和生产发展。一拖投产之后，由于原设计某些项目不完全符合中国实际情况，再加上 1960 年以后中苏关系恶化，苏联没有继续供应一些设备。1960—1962 年，为形成 1.5 万匹拖拉机生产能力，一拖自力更生，集中力量组织基建收尾工程，三年内完成收尾工程 445 项。1962 年，为贯彻国民经济“调整、巩固、充实、提高”的方针，一拖停建了一些盲目扩大建设的项目。1963 年 1 月，农机部又批准一拖配套 156 个单项。到 1964 年底，一拖基本达到设计纲领，即年产 1.5 万台拖拉机的生产能力。②随着

① 第一拖拉机制造厂厂志总编室：《一拖厂志（1953—1984）》下册（内部发行），1985 年，第 531—532 页。

②《当代中国》丛书编辑部：《当代中国的农业机械工业》，北京：中国社会科学出版社，1988 年，第 245 页。

引进苏联技术的消化吸收和生产能力的形成，一拖在保证完成国家生产计划的前提下，围绕原计划产品东方红-54 型履带式拖拉机开展了技术创新和产品开发。1958 年 10 月，发动机 AE-54 的标定转速由 1300 转/分提高到 1500 转/分，功率提高为 55.15 千瓦（75 马力），行驶速度为 4.55—10.45 公里/小时，油耗为 254.3 克/（千瓦·小时）。①

在消化吸收基础上不断创新。1959 年以来，一拖先后设计、试制东方红-75 型履带式拖拉机、东方红-54/75 型履带式液压悬挂拖拉机、东方红-75 型履带式简易液压拖拉机、60T/60/TJ 履带式推土机、54 型宽/窄 54G/75G 排灌机、160 马力工业用履带式拖拉机、40 型轮式拖拉机和 150 型轮式拖拉机等。为了增加拖拉机品种，提高生产能力，先后新建了第二铸铁、球墨铸铁、精密铸造、40 装配、齿轮加工和设备修造等厂房。至 1984 年底，一拖生产的产品由原设计的单一产品发展为 5 大系列 14 个品种，共生产各种零件、合件 8093 种，是原设计 2000 种的 4 倍。②生产发展的根本动力是科技创新。一拖自 1959 年投产以来，在设备、工艺的技术改造方面，以及在研究采用新工艺、新技术、新材料方面，共获得市级以上科技成果奖 89 项。其中，获国家创造发明奖 2 项，获全国科学大会颁发的科技成果奖 5 项，获农机部、机械工业部等部级科技成果奖 13 项，获河南省科技成果奖 27 项。③

一拖取得一系列技术创新成果。精密铸造技术改造取得突破性创新成果。精铸是一种无切削、少切削、节约工时及材料的先进的铸造工艺。一拖先后派出精铸分厂的领导、技术人员和工人 45 人对国内 10 多个省市做了市场调查，确定以生产小型铸件作为发展方向，为国内、国外市场服务。精铸分厂进行全面技术革新和设备改造，大大提高了效率、产量和质量，降低了成本，减轻了劳动强度和环境污染程度，创造出了具有世界先进水平的新技术，使市场能力由原设计生产的 32 种、年产量 180 吨铸件，增长到设计生

① 邱梅贞主编：《中国农业机械技术发展史》，北京：机械工业出版社，1993 年，第 8 页。

② 第一拖拉机制造厂厂志总编室：《一拖厂志（1953—1984）》上册（内部发行），1985 年，第 8 页。

③ 第一拖拉机制造厂厂志总编室：《一拖厂志（1953—1984）》上册（内部发行），1985 年，第 9 页。

产 600 种、年产量 1500 吨。1983 年一拖进入国际市场，承制美国 300 万件、170 吨精铸件，一拖的生产技术和产品质量得到国内外专家的称赞。①

产品市场覆盖与技术扩散。一拖本着出产品、出技术、出人才的要求推动企业发展。1959 年投产以来，一拖产品的品种不断增加，生产规模、质量和效益不断提高，为农业发展做出了重要贡献。到 1984 年底，一拖共生产各种拖拉机 33.3 万台，665 汽车 2713 辆，704 产品 353 辆，发动机组 2.5 万台，排灌机 1.1 万台，拖拉机配件 4.4 亿元；共完成工业总产量值 60.9 亿元，上缴国家利润、税金和折旧基金 22.8 亿元，为国家总投资的 3.7 倍。一拖生产的拖拉机遍布全国 29 个省（自治区、直辖市）。投产以来，一拖共为全国各地提供拖拉机 32 万台，占全国大中型拖拉机保有量的 1/3。为了做好产品售后服务，一拖在全国范围内建立了 30 个“三包”维修服务点，49 个经销点，并经常组织检修团，分赴黑龙江、新疆、宁夏、河南、山东等地检修拖拉机。1959—1984 年，一拖为江西上饶水电站、汉中配件厂、贵阳配件厂、贵阳电器厂、贵阳铸造厂、青海铸造厂、青海锻造厂、宝鸡石油机床厂、上海自行车厂、武汉钢厂、舞阳钢厂、洛阳油泵嘴厂、洛阳工学院等单位制造各类设备 338 台、997 套；为第二汽车制造厂、包头 617 厂、济南汽车厂等 12 个省的 80 多个厂矿制造工艺装备 13 万多种 58 万多件（套）。从 1957 年起，一拖抽调各类干部和工人，支援全国各地的企事业单位和国家机关。至 1984 年，一拖支援各地工人 1.1 万人；各类干部 3574 人，其中共输送专业技术干部 1917 人，处级以上干部 151 人，科级干部 519 人，其他干部 987 人。此外，一拖还为全国大专院校代培实习生 2.4 万人，为厂矿培训职工 5755 人。②

三、引进机械化农场成套项目建设

新中国成立初期，建设国营农场具有增加农产品产量、开发建设边疆和示范农业机械化、带动农民走集体道路等多方面作用。农业部提出“一五”

①《当代中国》丛书编辑部：《当代中国的农业机械工业》，北京：中国社会科学出版社，1988 年，第 247 页。

② 第一拖拉机制造厂厂志总编室：《一拖厂志（1953—1984）》上册（内部发行），1985 年，第 10—11 页。

计划期间，国营农场耕地面积要达到 800 万—1000 万亩，重点在东北和中南地区发展。[①]在东北黑龙江省有纵横千里的大片荒原，这里气候严寒，交通不便，人烟稀少。国营友谊农场的创建与发展对中国，特别是对黑龙江省农垦事业发展有着重大影响。国营友谊农场创建于 1954 年，在中华人民共和国国庆五周年的时候，苏联政府主动提出要帮助中国建设一个大型谷物农场，赠送 2 万公顷（30 万亩）土地所需要的机械设备（表 4-13），派一批专家来当顾问。国营友谊农场是中国当时最大的、机械化程度最高的一个国营农场。

表 4-13　苏联政府赠送给中国政府建设国营友谊农场的主要机器设备

机器设备名称	型号/其他	数量	机器设备名称	型号/其他	数量
履带式拖拉机	德特-54	64 台	耕耘机和组耕机	机引	100 架
巨型履带式拖拉机	斯大林-80	30 台	谷物播种机	机引	120 架
万能拖拉机	别洛露西	4 台	深耕犁	机引	128 架
谷物联合收割机	C6 和 C4	100 台	耙		1600 个
载重汽车		30 辆	割草机		16 架
加油车		8 辆	净谷机		16 架
宿营车	拖拉机牵引	20 辆	机床	修理厂配备	14 台
小轿车	M72 底盘胜利牌车篷	9 辆	发电机	220 千瓦	1 套
摩托车	带侧座	10 辆	电焊设备	修理厂配备	2 套
流动修理汽车		2 辆	电话总机	100 个号码	1 套
拖车	单轴	14 辆	无线电台		13 套

资料来源：《苏联政府代表团给毛泽东主席的电文》（1954 年 10 月 12 日），载友谊农场史编审委员会编：《友谊农场史（1954—1984）》，黑龙江省友谊县印刷厂印刷（内部发行），1985 年，第 548—549 页；方悴农：《苏联帮助我国建立的国营友谊农场——纪念伟大的十月社会主义革命四十周年》，《农业科学通讯》1957 年第 11 期，第 610—611 页

1954 年 10 月 12 日，毛泽东致信赫鲁晓夫并苏联代表团，对苏联政府代表团向中国国营农场赠送一批农业机械和设备表示感谢。信中说，在中华人民共和国成立五周年之时，苏联政府代表团赠给中国人民用以建设拥有 2 万公顷播种面积的大型机械化国营谷物农场所必需的机器和设备，并在组织国

① 《当代中国》丛书编辑部：《当代中国的农垦事业》，北京：中国社会科学出版社，1986 年，第 14 页。

营农场生产的第一年，苏联政府准备派遣一批专家到中国充任顾问，为在建设和管理国营谷物农场方面给中国以组织上和技术上的帮助。由于当时中国大力发展机械化国营农场缺乏规划建设、经验管理等技术和经验，更缺乏农业机械设备，苏联援建这个国营谷物农场，能够使领导该农场的中国工作人员向苏联专家学习，并在最短的时间内掌握大型谷物农场规划建设、生产技术和管理办法。对此，毛泽东在信中说："我谨代表中华人民共和国和中国人民对苏联政府和人民这一重要的、巨大的、友谊的援助表示热烈的欢迎和衷心的感谢。"①同日，毛泽东还致信赫鲁晓夫并苏联代表团，对苏联政府将苏联经济及文化建设成就展览会上展出的 83 件机床和农业机械等展品赠给中国政府表示感谢。②

1954 年 10 月 20 日，农业部决定组成以东北国营农场管理局局长魏震五为首的和农业部国营农场管理总局副局长张省三、黑龙江省农业厅厅长王操犁等同志参加的国营谷物农场场址调查组，前往黑龙江省佳木斯以东三道岗地区进行场址调查。这个调查组于 11 月 7 日完成了调查工作，并向中央做了汇报。经国务院批准，决定在三道岗地区创建大型国营谷物农场。

1954 年 12 月 7 日，国务院常务会议通过了《关于建立国营友谊农场的决定》（以下简称《决定》）。《决定》指出：这个大型谷物农场设在黑龙江省集贤县的三道岗地区，命名为"国营友谊农场"，作为中苏伟大友谊的纪念。任命王操犁担任国营友谊农场场长，并由王操犁、张省三、魏震五、洪澍、陈剑飞、韩玉等六人组成"国营友谊农场"建场委员会，在农业部和黑龙江省人民政府的双重领导下，负责国营友谊农场的筹建。《决定》还规定，国营友谊农场根据当地气候、土壤等条件以种植大豆、小麦、玉米等作物为主，并在发展作物生产基础上，逐步发展畜牧业。要在 1955 年内完成

① 友谊农场史编审委员会：《友谊农场史（1954—1984）》，黑龙江省友谊县印刷厂印刷（内部发行），1985 年，第 550 页。

② 中共中央文献研究室：《毛泽东年谱（1949—1976）》第 2 卷，北京：中央文献出版社，2013 年，第 295—296 页。

农场的主要基本建设工程，完成2万公顷荒地开垦任务。

《决定》特别强调："建场委员会应特别注意加强农场的政治工作，团结全体职工，勤勤恳恳地向苏联专家学习，努力掌握新的技术和管理方法，并和农场周围的居民群众建立密切联系，在我国农业的社会主义改造事业中，起应有的示范作用。"①

为支持国营友谊农场建设和全面学习掌握大型国营机械化农场规划建设技术和经营管理经验，中央组织部从黑龙江、吉林、辽宁、河南、河北、山东等省选调了一批高、中级干部担任总场、分场和生产队领导，农业部从农业院校毕业生中选拔一批优秀学生到国营友谊农场担任技术人员，从江苏、湖南、山东、山西、河南、河北等省选调430多名经验丰富的农机工人参加建场；东北农学院附属农业机械化学校也选拔50名优等生提前毕业到国营友谊农场工作。②同时，中国人民解放军抽出一批干部、战士参加农场建设。黑龙江省地方有关部门也为国营友谊农场建设提供了很多帮助和支持。黑龙江省邮电局电话架线工人冒着风雪严寒，架通37公里电话线，解决场内外的通讯联络问题；合江地区组织水利工人在七星河沿岸修筑堤防，解除涝灾威胁；黑龙江省交通厅筑路大军修建由铁路线通往场区的公路；牡丹江建筑公司承担农场房屋建设。

土地勘测规划和土地整理技术学习。1954年11月5日，苏联政府派来帮助中国建设大型谷物农场的专家、顾问共49人到达北京，包括苏联农业部派来的尼·谢·马斯洛夫等土地规划专家，提供农场规划设计、土地整理等方面技术；苏联国营农场部派来的马·巴·尼科连科等经营管理、农艺、农机等方面的专家，提供经营管理农场的技术和经验（图4-40）。土地规划是

① 友谊农场史编审委员会：《友谊农场史（1954—1984）》，黑龙江省友谊县印刷厂印刷（内部发行），1985年，第57页。

②《当代中国》丛书编辑部：《当代中国的农垦事业》，北京：中国社会科学出版社，1986年，第23页。

农场建设的基础和关键，直接影响农场生产发展。在国营友谊农场建立之前，因中国缺乏土地规划、整理技术和人才，国营农场建设走了一些弯路。中国所称的“土地规划”一词源自学习苏联的“土地整理”（землеустроиство）。俄国“土地整理”科学技术发展起步早，早在17世纪就开展土地整理工作。1779年，俄国在莫斯科创立了世界上第一所土地整理学校，即俄罗斯国立莫斯科土地整理工程大学的前身，培养了大批土地整理人才。国营友谊农场规划设计和土地整理参照苏联国营农场的标准和要求进行，由苏联国营农场部派来的14名专家（表4-14）负责具体工作。①为了更好地学习苏联在土地整理方面的技术理论和实践经验，中国也组织40名专家、教授和技术人员，参加大型谷物农场勘测调查工作。并且，建场委员会为每一位苏联专家配备多个农科院校毕业生当助手，在实际工作中向苏联专家学习。在土地勘测规划和土地整理过程中，苏联专家每周为中国工作人员做两次报告。考察组组长、土地整理专家尼·谢·马斯洛夫亲自授课，做了题为《土地整理的观念及其内容》的第一场报告。②

图4-40　国营友谊农场建场委员会成员在车站迎接尼·谢·马斯洛夫等苏联专家（左）；尼·谢·马斯洛夫、马·巴·尼科连科等苏联专家与建场委员会成员讨论农场选址问题（右）

① 农业部国营农场管理总局：《一九五四年十月十一月来中华人民共和国帮助建立大型谷物国营农场之苏联专家的名单》，1954年11月至1956年6月，中华人民共和国农业部档案处档案，案卷-1956-长期-67，第19—20页。

② 农业部国营农场管理总局：《农管总局与苏联专家去东北进行土地考察的报告》，1954年9月至1954年12月，中华人民共和国农业部档案处档案，案卷-1954-永久-38，第21页。

表 4-14　苏联国营农场部派遣援建国营友谊农场进行勘测规划的专家名单

序号	苏联专家姓名	职务	专业技术职称
1	马斯洛夫·尼古拉·谢尔盖也维契	专家组组长	土地管理工程师
2	彼列捷利·尼古拉·格利郭列维契	土地勘探主任	土地整理专家
3	瓦辛科·谢尔盖·依耶弗盖聂维契	总工程师	土地整理专家
4	科罗契尼柯夫·华西里·米哈依洛维契		首席土地整理专家
5	伏拉修克·伊万·安东诺维契		首席土地整理专家
6	契尔卡斯·谢拉菲姆·叶弗盖也维契		土地整理主任工程师
7	拉斯肯·阿柏拉姆·马依谢耶维契		土地整理主任工程师
8	比斯明柯夫·瓦玲琴·雅柯弗利维契		土地整理主任工程师
9	齐列佐夫·阿尔谢尼·瓦西列耶维契		水利技术专家
10	谢尔盖耶夫·伊万·巴弗洛维契		土地整理工程师
11	马斯洛夫·安纳托利·阿尔塞涅维契		土地整理工程师
12	赫索夫·维泰利依·阿列克山大维契		土地整理工程师
13	奇维列夫·尼古拉·马克西莫维契		土地整理工程师
14	龄格·维克多尔·米洛诺维契		土地整理工程师

资料来源：农业部国营农场管理总局：《一九五四年十月十一月来中华人民共和国帮助建立大型谷物国营农场之苏联专家的名单》，1954 年 11 月至 1956 年 6 月；《友谊农场报送的基建拨款、经济分析总结、参观实习意见、返聘专家名单、机构人员编制等杂件》，1954 年 11 月至 1956 年 6 月，中华人民共和国农业部档案处档案，案卷-1956-长期-67，第 19—20 页

1954 年 11 月 8 日，中苏两国专家联合组成大型谷物农场土地勘测、规划、设计组（简称勘测组），马斯洛夫任组长。1954 年 11 月 9 日，勘测组从北京出发，11 日到达黑龙江省集贤县兴隆镇（今友谊农场一分场的场部所在地）。13 日，中苏专家组建若干不同分工的小组，各小组分头工作。11 月份的黑龙江三道岗平原气温经常降到零下 30 摄氏度，土地结冰层很厚。在寒冷的气候条件下，中苏专家进行野外勘测，每天夜间三星刚偏西时，就开始从兴隆镇启程，顶着星光冒着严寒前往荒原深处勘测。从兴隆镇到勘测地点 15 公里，最远达 20 公里。当土地勘测工作仅完成约 30%时就进入严寒的深冬季节，气温降到零下 38 摄氏度，野外勘测困难极大。对此，《黑龙江日报》记者罗溟在当年的一篇报道里写道："苏联专家和我国专家们在雪雾蒙蒙的严寒天气里勘测是那样的艰苦，从勘测镜里寻找在寒风中摇摆的测旗，眼睛被寒风吹出热泪，很快在睫毛上结成一

串冰珠。脸被冻白了，手被冻僵了，做记录的铅笔顺手掉在雪地上。为探求土壤资料，在零下三十度的天气里，他们刨开冻土，光着手一层层地剥取土样。我也曾看见他们为农场用水获得可靠资料，在寒风呼啸的夜间，不停地一处处打钻。在这样严寒的天气里野外打钻是极其艰苦的，手拿铁器就像针扎一样疼，稍不慎就粘下一层皮来。”①

图 4-41　中苏专家进行国营友谊农场土地勘测（左）；
中苏专家土地勘测组埋下国营友谊农场总场的第一个界桩（右）

1954 年 12 月底，历时 50 多天的野外勘测工作结束。中苏专家在风雪中踏遍三道岗地区大片灌木林丛和荒地，在 240 公里地界线上，共埋下大界桩 164 根，划分 5 个分场的场界河、13 个生产队地界，全面勘测已有堤防、需要新修筑堤防及田间排水渠道。野外勘测结束后，中苏专家立即转入设计规划工作。荒原无电，中苏专家只能在兴隆镇的草房里借着烛光工作（图 4-42）。1955 年 2 月初，国营友谊农场土地规划设计图绘制完毕。2 月 22 日，建场委员会在集贤县县政府所在地福利屯召开扩大会议，王操犁、魏震五、张省三和苏联专家马斯洛夫、尼科连科等出席会议。会上，马斯洛夫介绍土地规划设计图内容，会议一致通过国营友谊农场土地规划设计图。②

① 转引自友谊农场史编审委员会：《友谊农场史（1954—1984）》，黑龙江省友谊县印刷厂印刷（内部发行），1985 年，第 59—60 页。

② 友谊农场史编审委员会：《友谊农场史（1954—1984）》，黑龙江省友谊县印刷厂印刷（内部发行），1985 年，第 60 页。

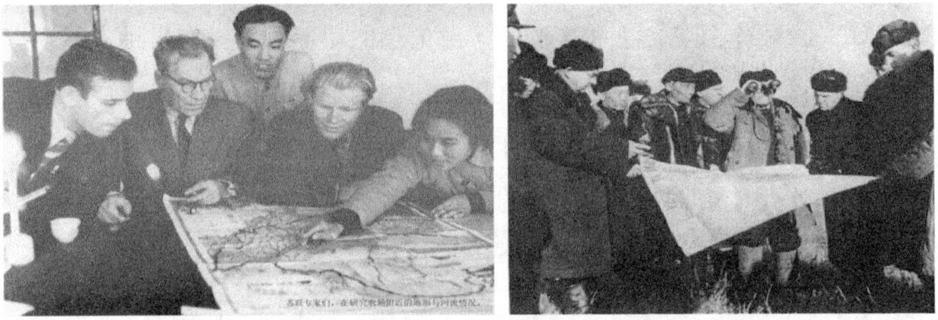

图 4-42　友谊建场委员会领导成员王操犁（左二）、张省三（左三）同苏联专家马·巴·尼科连科（左一）、尼·谢·马斯洛夫（左四）等在研究三道岗地形图（左）；苏联专家在讨论农场排水和灌溉系统分布问题（右）

国营友谊农场的分场组成和种植结构。国营友谊农场设立 5 个分场，各分场分别设置场部，第三分场场部与总场部合并设置，成立 13 个拖拉机田间生产队。国营友谊农场实行 11 个大田轮作区，总面积为 30.7 万亩；实行 5 个畜牧场附属饲料轮作区，总面积为 4 万亩；实行 3 个草地牧场轮作区，总面积为 2.5 万亩；实行 1 个水稻轮作区，总面积为 1.5 万亩。1960 年后，国营友谊农场规定全面实现轮作的粮豆作物和饲料作物面积为 30.61 万亩，其中春小麦为 18.15 万亩，大豆为 7.50 万亩，饲料作物为 3.89 万亩，其他作物 1.07 万亩。1955 年 4 月 16 日，农业部批准国营友谊农场规划设计图。国营友谊农场土地规划工作具有重要意义。正如《黑龙江日报》报道所评价的："国营友谊农场开荒前的土地规划工作不仅为建设这个农场奠定了科学基础，而且为我国今后大规模开荒、建设国营农场提供了宝贵的经验。"①

1954 年 12 月 21 日，国营友谊农场举行升旗仪式。13 点 30 分，在总场部中心（今总场种畜场西侧）竖起一根旗杆，场长王操犁亲手把一面五星红旗升至旗杆顶端，象征着国营友谊农场诞生。国营友谊农场的建场委员会成员、中苏专家、农场领导和集贤县第九区人民政府负责人等参加升旗仪式。

① 友谊农场史编审委员会：《友谊农场史（1954—1984）》，黑龙江省友谊县印刷厂印刷（内部发行），1985 年，第 60—61 页。

人们仰望着飘扬的五星红旗，憧憬着美好未来。1955 年 4 月底，开荒、生产等一系列准备工作完成。为展开大规模开荒，早在 1954 年 12 月初国营友谊农场就在哈尔滨举办首期拖拉机培训班，培训农机工人、生产队长等 268 人。培训课程有拖拉机驾驶、农业机械的构造与修理、机务管理与技术保养等 6 门，全部由苏联专家讲授。学期为三个月，于 1955 年 3 月 20 日结业。①1955 年 4 月 30 日，场长王操犁组织召开各分场场长、农艺师、机务工程师联席会议，再次检查落实开荒、生产前的各项准备情况。

1955 年 5 月 2 日，农场举行开荒典礼，地点设在一分场二队田间作业站。这天，“一分场二队的绿色宿营车上悬挂着中苏两国国旗和两国领导人毛泽东、布尔加宁的彩色画像”②。各分场派代表参加，会场周围是平坦、空旷、一望无际的大荒原。在开荒典礼上，场长王操犁说：“今天，党和政府交给我场全体干部职工的光荣任务，现在就开始执行了。能否给国家增产粮食，能否为农民示范，并在农业社会主义改造中起到应有的推动作用，都取决于目前的开荒。”③王操犁要求全场干部职工，要贯彻建场委员会的决议，保证在两个月内完成或超额完成 2 万公顷的开荒任务。开荒典礼上，斯大林-80 履带式拖拉机的六号包车组女拖拉机手董延兰代表全体机务工人表示，50 天内保证完成或超额完成任务。实际上，开荒第一天就有许多机组突破定额。1955 年 5 月 2 日—6 月 9 日，国营友谊农场工会组织劳动竞赛，青年突击队带动全场不断提高开荒速度和工效，比原计划提前 20 多天完成开荒任务，共开荒 2.02 万公顷。④喜讯传到北京，党中央和农业部先后发来电报，表扬

---

① 友谊农场史编审委员会：《友谊农场史（1954—1984）》，黑龙江省友谊县印刷厂印刷（内部发行），1985 年，第 62 页。

② 友谊农场史编审委员会：《友谊农场史（1954—1984）》，黑龙江省友谊县印刷厂印刷（内部发行），1985 年，第 63 页。

③ 友谊农场史编审委员会：《友谊农场史（1954—1984）》，黑龙江省友谊县印刷厂印刷（内部发行），1985 年，第 62—63 页。

④ 友谊农场史编审委员会：《友谊农场史（1954—1984）》，黑龙江省友谊县印刷厂印刷（内部发行），1985 年，第 63 页。

农场全体干部、职工为农场建设做出了贡献。1955 年 7 月 10 日的中国共产党中央委员会复电指出：“悉你场在全体职工热情努力和苏联专家的指导帮助下，已提前完成开荒计划，目前正积极地进行超计划开荒和大规模整地工作。希望你们继续发扬艰苦奋斗精神、贯彻增产节约原则、克服困难、勤勤恳恳地向苏联专家学习，及时总结经验，不断改进工作，为办好我国第一个新型国营农场而努力！”①

1955 年，国营友谊农场当年开荒、当年播种的小麦喜获丰收（图 4-43）。在开荒生产过程中，36 名苏联专家和技术人员有明确职责。其中，场长、农业总技师、总工程师、总会计师、修理厂主任各由 1 名苏联专家担任，5 个分场均配备机械师 1 名、农技师 1 名，19 个生产队配备 20 名苏联专家和 1 名技术人员担任工作队长（表 4-15）。②

图 4-43　场长王操犁同苏联专家在田间检查小麦生长情况（左）；
场长王操犁和苏联专家尼科连科在五分场（右）

表 4-15　苏联农业部派遣援建国营友谊农场的管理和技术人员名单

苏联专家名单（共 36 人）	职务或职称
尼科连科·马尔克·巴弗洛维奇	场长
科鲁基科夫·彼得·谢米诺维奇	农业总技师

① 友谊农场史编审委员会：《友谊农场史（1954—1984）》，黑龙江省友谊县印刷厂印刷（内部发行），1985 年，第 551 页。

② 农业部国营农场管理总局：《友谊农场报送的基建拨款、经济分析总结、参观实习意见、返聘专家名单、机构人员编制等杂件》，农业部档案处藏档案：案卷-1956-长期-67，1954 年 11 月至 1956 年 6 月，第 20—22 页。

续表

苏联专家名单（共36人）	职务或职称
格拉西莫夫·尼科拉依·伊万诺维契	总工程师
马尔琴科·伊万·伊万诺维奇	总会计师
巴雷斯尼科夫·阿列克塞·伊万诺维奇	修理厂主任
特利欣·纳维尔·彼得洛维契	一分场机械师
伊万尼科夫·阿丹·米哈依洛维契	二分场机械师
卡普诺夫·亚力山大·斯捷巴诺维奇	三分场机械师
比斯库年科·阿列克塞·米哈依洛维奇	四分场机械师
朱丽科夫·瓦西里·吉莫菲耶维契	五分场机械师
契明金科·特罗菲莫·库兹米奇	农学家
波尔辛科·尼科拉伊·阿列克塞维奇	一分场农技师
费罗洛夫·伊万·米哈依洛维奇	二分场农技师
萨达洛夫·菲奥多尔·甫罗科菲耶维奇	三分场农技师
阿基莫夫·乔治·瓦西里耶维奇	四分场农技师
普罗森科·弗洛杜尔·安德列耶维契	五分场农技师
契得尔卡·瓦西里·安东诺维奇、科罗比琴·乌拉基米尔·依格那吉耶维奇、马尔托普良诗·得尔特里·叶丽查洛维奇、库丹雷夫·波利斯·阿列克谢耶维奇、斯坦科·那乌莫·颇洛科菲耶维契、别列得里也夫·彼得·依万诺维奇、萨别尔尼科夫·米哈依尔·得米特里耶维奇、克里明科·尼科拉伊·安东诺维契、奥斯特罗维奇·伊万·吉莫菲叶维契、顾尔也夫·亚历山大·费尔多托维奇、阿赫拉米尔耶夫·华西里·阿列克耶维契、莫洛索夫·瓦西里·伊万诺维奇、龚泰列夫·伊万·格列戈列耶维奇、柯尔赫·米哈依尔·谢米诺维契、科利伏甫尔·维克多尔·斯里洛维奇、契尔内雪夫·米哈依尔·谢尔盖维契、库捷列夫·谢尔盖依·尼柯拉耶维奇、伏罗洛夫·尼古拉·契尔诺维奇、马卡洛夫·尼古拉·米哈依洛维契、盖达尔·格弗利尔·巴甫洛维契	工作队队长，共20人

资料来源：农业部国营农场管理总局：《一九五四年十月十一月来中华人民共和国帮助建立大型谷物国营农场之苏联专家的名单》，1954年11月至1956年6月；《友谊农场报送的基建拨款、经济分析总结、参观实习意见、返聘专家名单、机构人员编制等杂件》，1954年11月至1956年6月，中华人民共和国农业部档案处档案，案卷-1956-长期-67，第20—22页

注：除上述成员之外，还有苏联医生1名；加上土地整理专家马斯洛夫·尼古拉·谢尔盖也维契、瓦辛科·谢尔盖·依耶弗盖聂维契，共39人

1955年，农场在当年开垦的2.7万公顷土地上播种，喜获丰收，小麦平均产量1125千克/公顷，大豆平均产量1300千克/公顷。拖拉机每台平均年作业量接近于苏联最高标准，高于黑龙江和全国平均水平。①1956年，农场播种面积2.5万公顷，谷物总产量3.36万吨，超额完成国家任务。1956年10月，苏联专家圆满完成援助任务离场回国。

借鉴与创新相结合，经营规模扩大和利润提高。国营友谊农场借鉴苏联经

① 国务院外国专家局：《专家工作通讯》（总第35期），1956年1月至1956年6月，中华人民共和国农业部档案处档案，案卷-1956-长期-2，第115—118页。

验，实行总场、分场、生产队三级管理体制。总场设场长、副场长、总农艺师、机务总工程师、畜牧总技师、总会计师。分场设场长、副场长、主任农艺师、主任机务工程师、主任会计师。生产队设生产队长、生产副队长、机务副队长、农业技术员。总场设农业、畜牧、机务、水利、劳资、财务、计划、物资、粮食、外贸、林业、商业等科室。分场设农业、机务、会计、粮食、劳资等办公室。建场之初，农场领导体制是场长领导专家技术负责制，以场长为主体，专家技术领导为核心，实行企业管理。行政首长有权决定企业的重大问题，包括任免干部、制定企业决策，其他领导干部和各部门工作都要对场长负责。①后来通过体制改革，实行党委集体领导场长分工负责制，但保留专家技术领导部分。

农机维修保养技术规程改革创新。建场时农场执行农机维修保养技术规程完全是照搬苏联模式。在机器使用期间，按时、按号、按项目进行技术保养维修。这种技术规程，对拖拉机和农机具保持完好的技术状态和延长机器使用寿命都起到良好作用。国营友谊农场结合本场实际，在苏联农机四级保养制度基础上改革创新，试行了东方红-54、东方红-75 拖拉机三号保养、定期修理的新制度。②

到 1957 年，国营友谊农场已经拥有耕地 37.9 万亩，拖拉机 106 自然台、联合收割机 100 台、农机具 1000 余台（件）、汽车 60 辆，有 5 个分场、19 个农牧生产队，2425 名职工。1955—1956 年，累计生产粮豆 3.7 万吨，上缴利润 28.3 万元。1958—1966 年，国营友谊农场经营规模不断扩大。1958 年，集贤县部分乡、社划归国营友谊农场，耕地面积扩大到 82.4 万亩；分场达到 10 个，拥有 83 个生产队、2.2 万名职工。粮豆年总量由 1957 年的 1.77 万吨提高到 4.4 万吨，年经营利润由 1957 年的 10.8 万元上升到 221.5 万元。③

---

① 友谊农场史编审委员会：《友谊农场史（1954—1984）》，黑龙江省友谊县印刷厂印刷（内部发行），1985 年，第 85 页。

② 友谊农场史编审委员会：《友谊农场史（1954—1984）》，黑龙江省友谊县印刷厂印刷（内部发行），1985 年，第 127 页。

③ 友谊农场史编审委员会：《友谊农场史（1954—1984）》，黑龙江省友谊县印刷厂印刷（内部发行），1985 年，第 81、159 页。

建场之初，周恩来交给国营友谊农场的任务是："出经验、出粮食、出人才。"1954年12月7日，国务院常务会议通过的《中华人民共和国国务院关于建设国营友谊农场的决定》要求：建场委员会和全体职工要"勤勤恳恳地向苏联专家学习，努力掌握新的技术和大型谷物农场的管理方法，并和农场周围的居民群众建立密切联系，在我国农业的社会主义改造事业中，起应有的示范作用"[①]。1985年编印的《友谊农场史（1954—1984）》写道：建场30年来，友谊农场完成了这一光荣任务。广大干部职工在极其艰苦的条件下发扬艰苦奋斗精神，1955年提前超额完成当年开荒任务并播种5.2万亩作物，当年收获粮豆3611吨。至1956年，国营友谊农场按计划完成建场任务。国营友谊农场不断开荒扩大农场规模，还帮助农民开垦大量荒地。1956年，国营友谊农场已成为拥有183万亩耕地、13万人口、5万多名职工的农林牧副工全面发展的大型机械化国营农场。国营友谊农场是按照苏联办国营农场模式和经验来建设的。苏联建设和经营国营农场的一些做法和经验，如建场首先进行土地荒地勘测、规划、整理，在经营管理中实行定额管理、技师负责制、生产责任制、经济核算制，以及机务定额管理、定期维护等经验，"在全国国营农场广泛推广和运用，提高经营管理水平"[②]。

1955—1985年，国营友谊农场累计生产粮豆300万吨，向国家交售商品粮150万吨。创建国营友谊农场，不仅仅是建立一个农业生产单位的问题。由于整个建场工作是在苏联专家的指导下进行的，这使我们能够全面学习苏联土地整理技术和农场规划建设、经营管理经验，为中国国营农场建设提供样板。国营友谊农场为中国建设大型机械化农场提供经验和模式，培养和锻炼了一大批经营管理干部和技术人员。至1984年，国营友谊农场向全国各地输送领导干部、科技人员和熟练工人3000名。进入21世纪，国营友谊农场作为中国第一个采用先进农业机械装备建设的国营农场，已经形成现代化

① 友谊农场史编审委员会：《友谊农场史（1954—1984）》，黑龙江省友谊县印刷厂印刷（内部发行），1985年，第550页。

②《当代中国》丛书编辑部：《当代中国的农垦事业》，北京：中国社会科学出版社，1986年，第23页。

大农业独特经营模式，成为全国规模最大、机械化程度最高的农场和重要商品粮基地，建场以来累计生产粮食百亿千克。近年来，国营友谊农场采用“863”智能化专家系统、全球定位系统等高新技术，大力发展精准农业、生态农业，被农业部定为“农业现代化示范场”，引领中国农业现代化发展。①

总之，新中国成立初期引进苏联农业技术具有三方面特点：一是引进技术不仅种类多，而且数量规模大。如农业机械，耕地农机具，既有民国时期引进的三铧犁，又有民国时期没有引进的四铧犁、五铧犁；收割机械品种和机型增多，有斯大林涅茨 6、斯大林涅茨 4、斯 4 莫、斯克 3、斯克 4、玉米联合收割机 КУ-2、甜菜联合收割机 СКЕМ-2、垂直纺锭采棉机 ХВС-1.2 等新机型。此外，机械数量和规模逐渐扩大，如新疆生产建设兵团，仅 1950 年引进三铧犁 5966 架。引进拖拉机的数量、规模加大，如 1951—1958 年，国家拿出 4.06 亿元，从苏联等国引进 2.8 万多台；另外，1956—1960 年，新疆生产建设兵团引进苏联拖拉机 11 个机型共 956 台。二是引进技术不仅层次增多，而且引进了成套技术。通过贸易引进农作物品种、畜牧品种、农业机械等实体形态技术；通过派遣留苏学生、聘请苏联专家和科研合作等形式引进经验形态技术、知识形态技术；同时，引进大型机械化农场规划设计、建设生产技术和亚麻纺织、拖拉机制造等成套技术，促进农业机械化、商品化和集体化发展。三是引进技术更适应中国的实际需要，而且较快实现本土化。相较清末和民国时期，新中国成立初期中国引进苏联农业技术，借鉴了近代引进积累经验，引进技术目标和要求更明确，减少了盲目性；同时，如前所述，引进技术品种增多，数量、规模扩大，加之近代引进技术形成一定基础和影响，使得引进技术结构复杂性和适应性增强，本土化进程加快。

① 宋超、惠富平：《建国初期苏联援建国营友谊农场的积极意义》，《中国农学通报》2007 年第 5 期，第 500—504 页。

第五章

引进俄苏农业技术结构变迁及本土化特点

清末、民国时期至新中国成立初期，这三个时期引进俄苏农业技术及本土化是一个有机整体。清末是启动期，主要是民间引进实体形态的农业技术，但也有少数官方引进的农业技术。民国时期是发展时期，开始有计划、有规模地引进实体形态、经验形态和知识形态三个层次的农业技术。新中国成立初期是快速发展期，1949—1954 年引进实体形态农业技术占较大比重；1954 年之后，通过科技合作逐步以引进知识形态农业技术为主。清末至新中国成立初期引进俄苏农业技术一百多年的历史，清晰地呈现出三方面特点：引进技术途径与方式不断拓展，引进技术种类、数量和规模扩大，引进技术结构整体性增强和本土化进程加快。其内在机制是：引进技术途径与方式拓展，促使引进技术种类、数量和规模扩大。而引进技术种类、数量和规模的扩大增强引进技术的整体性，促进引进技术本土化。引进技术本土化是引进技术被应用、改造、适应、融入本土技术体系和自然与社会环境的过程，也是引进技术作用于本土技术系统和自然与社会环境的组成要素的过程，这种双向互动推进引进技术结构变迁及本土化。

第一节　引进俄苏农业技术途径及方式不断拓展

清末引进俄国农业技术，主要通过边民、侨民来华，边境贸易引入及地方政府出面引进实体形态农业技术；民国时期引进俄苏农业技术，既通过边民、侨民来华，边境贸易，以及地方政府出面引进实体形态农业技术，又通过聘请苏联专家、派遣留苏学生引进经验形态和知识形态农业技术；新中国成立初期引进苏联农业技术，主要通过两国政府间贸易、执行中苏科学技术合作委员会计划、执行中苏“122项”协定、中苏两国相关机构直接联系等途径，以进口实物、聘请苏联专家、派遣留苏学生、接受成套技术设备援建等形式，引进实体形态、经验形态和知识形态农业技术。引进技术途径、方式的拓展与引进技术的结构、层次密切相关。清末至新中国成立初期，引进俄苏农业技术路径和方式不断拓展，相应引进技术种类增加，数量和规模不断扩大。

一、清末引进俄苏农业技术路径与方式

清末引进俄国农业技术，主要是通过边民、侨民来华，边境易货贸易等民间途径，以及地方政府出面引进农作物品种、畜牧品种、农业机械等实体形态农业技术。边民、侨民引进农牧品种和机具是自种、自养、自用。地方政府一方面引进农牧品种，用于品种改良和推广应用；另一方面引进拖拉机及农具，参股兴办火犁公司，垦荒招民种田和低价为农户代耕。随着边境贸易的发展，俄商在华兴办农产品加工厂引进相关设备、技术和管理方法，其形态主要是实体形态及经验形态农业技术。在中国边境地区，俄匠在东北驾驶拖拉机耕地、俄人越境开荒种田时，也引入了一些农牧品种、农机具、相关技能等实体形态和经验形态农业技术。

（一）通过边民、侨民从俄国引入农业技术

从俄国引进农牧品种，主要是由边民、侨民来华带到中国东北、新疆、内蒙古等边境地区用于自种、自养，并在当地传播扩散。1909年，俄国人沙班诺夫将紫太平苹果由海兰泡引入哈尔滨，再由哈尔滨引入吉林省栽种。[①]东北地区马铃薯栽植普遍认为始于20世纪初年，流亡的俄国贵族把马铃薯带入东北。[②]第二次世界大战前，国际技术转移活动还局限于原始“梯度式”，缺乏现代“跳跃式”，即引进技术受地理条件限制，局限于邻国之间。中国与俄国陆路相邻，实体形态技术引进具有得天独厚的边境优势。在东北中俄边境地区，边民、侨民往来引入作物品种还有燕麦、冬麦、玉米、甘蓝、金瓜、甜瓜等。同样，在新疆的中俄边境地区，哈萨克斯坦“阿波尔特”“夏力蒙”等苹果品种于1907年被引入新疆。据统计，从俄罗斯、乌克兰引进新疆并在伊犁等地适应种植的苹果有约20个品种。[③]

俄国黑蜂于19世纪末20世初被俄国东正教徒引入新疆，又被边境蜂农引入黑龙江饶河地区。[④]1898—1903年，中东铁路沿线的俄籍商人、铁路员工和俄国十月革命前后逃来的资本家、地主，带来了黑白花奶牛4000多头，苏白猪1375头，贝加尔马、奥尔洛夫马等665匹，以及蜜蜂等畜牧品种。[⑤]同样，在内蒙古中东铁路沿线修路工人和俄侨带入畜牧良种。光绪二十四年（1898），俄国人在修筑中东铁路期间带入少量奶牛，在滨洲铁路沿线饲养。俄国十月革命后，俄国侨民又带入大批奶牛到呼伦贝尔

---

① 吉林省地方志编纂委员会：《吉林省志（第16卷）·农业志》，长春：吉林人民出版社，1993年，第188页。

② 谷茂、马慧英、薛世明：《中国马铃薯栽培史考略》，《西北农业大学学报》1999年第1期，第80—84页。

③ 新疆维吾尔自治区地方志编纂委员会：《新疆通志（第72卷上）·科学技术志》，乌鲁木齐：新疆人民出版社，2000年，第335页。

④ 陈盛禄主编：《中国蜜蜂学》，北京：中国农业出版社，2001年，第5、27页。

⑤ 黑龙江省地方志编纂委员会：《黑龙江省志（第10卷）·畜牧志》，哈尔滨：黑龙江人民出版社，1993年，第5页。

盟三河地区饲养。[①]

边民、侨民引入俄国农机具主要是自用，但也有一定范围的传播，且产生了一定的影响，在不同程度上取代了传统农具的使用。清光绪三十年（1904），俄侨为在黑龙江的中俄边境地区开荒种田而带来了割草机、铡草机等半机械化的新式农具。[②]俄侨传入新式农具，流传到中国边民家庭使用。如瑷珲县，靠近中俄边境地区农村使用俄国生产的割草机、搂草机、铡草机等新式畜力农具。[③]拖拉机及其牵引犁铧是在俄国境内购买或俄国侨民带到中国的。《呼伦贝尔盟农业志》载："在呼盟土地上，使用机械动力及其牵引的农机具和畜力牵引的半机械化农机具最早。"早在1903年，迁入额尔古纳右旗三河地区和岭西铁路沿线地区的俄国侨民就从俄国带来马拉播种机、铁犁、摇臂式收割机，以及少量的火犁、火磨、水磨。[④]

此外，沙俄入侵军队也引入一些实体形态农业技术。1900年沙俄骑兵入侵，将一部分马匹卖给当地黑河居民。1905年日俄战争后，俄军将部分马匹卖到哈尔滨地区，繁育了一些品质较优良的杂种马。[⑤]《黑龙江省志（第7卷）·农业志》载："光绪二十七年，沙俄军队入侵黑龙江时，俄人带来的'三马镣子'和'格足犁'，都流传到民间使用。"[⑥]

（二）通过官方从俄国引入农业技术

清末，官方从俄国引入农业品种、农业机械等实体农业技术，主要用于品种改良和推广应用。宣统元年（1909），中国边疆地区的地方政府和农事

① 内蒙古自治区人民政府外事办公室：《内蒙古自治区志·外事志》，呼和浩特：远方出版社，1983年，第13页。

② 黑龙江省地方志编纂委员会：《黑龙江省志（第13卷）·农机志》，哈尔滨：黑龙江人民出版社，1996年，第14页。

③ 黑龙江省地方志编纂委员会：《黑龙江省志（第13卷）·农机志》，哈尔滨：黑龙江人民出版社，1996年，第3页。

④ 呼伦贝尔盟农业局：《呼伦贝尔盟农业志》，呼伦贝尔：内蒙古文化出版社，1994年，第148页。

⑤ 中国农业博物馆：《中国近代农业科技史稿》，北京：中国农业科技出版社，1996年，第245页。

⑥ 黑龙江省地方志编纂委员会：《黑龙江省志（第7卷）·农业志》，哈尔滨：黑龙江人民出版社，1993年，第432页。

试验场开始从俄国引入粮油作物、棉花和果树、蔬菜、牧草等各类优良品种。1909年起，吉林省农事试验场从俄国引进青豌豆、白菜豆等蔬菜品种试种。吉林省农安县农事试验分场试种俄国甘蓝、金瓜等蔬菜新品种。①这些品种的引进和试种缺乏计划性和连续性，影响十分有限。

清末，官方引进俄国畜牧品种主要是马。根据军队需要，官方引进优良马种用于改良军马。1902年清政府倡练新军，改组马政机关，改良马匹。清光绪三十三年（1907），清政府和东北军创办的奉天官牧场引入俄国西伯利亚半血种公马10匹，用于改良地方马。1909年，马政机关引入俄国公马3匹、母马1匹和伊犁公母马200匹，以提高察哈尔省两翼牧场马群质量。②

清末，官方引进俄国农机具比较少，且主要集中在黑龙江齐齐哈尔一带。《黑龙江省志（第13卷）·农机志》载："黑龙江地区引进使用半机械化、机械化的农业生产工具时间较早。1904年（清光绪三十年），在靠近沙俄边境地区的瑷珲等地，就使用了沙俄生产的新式马拉农具。1908年（清光绪三十四年），在黑龙江巡抚程德全支持下引进火犁（拖拉机）两台，聘请洋匠（外国人）驾驶，在齐齐哈尔以北讷河一带使用。"③这两台拖拉机由官方与瑞丰公司合股经营，采取低价代垦政策招民播种。

（三）通过边贸从俄国引入农业技术

通过边境贸易是引进俄国农业技术的重要途径之一。早期通过中俄边境贸易引进的农业技术，即俄国境内生产的活畜、农作物及农具等通过边境易货贸易流入中国边境地区，进行饲养、种植或使用。其中，活畜交易量比较大，刺激边境地区农户饲养俄国家畜品种。至民国七年（1918），吉林、黑龙江、辽宁三省引进马品种数量达12 749匹，其中母马6210匹、公马6539

① 吉林省地方志编纂委员会：《吉林省志（第38卷）·科学技术志·科技》，长春：吉林人民出版社，1997年，第169—170、231、235页。

② 郭文韬、曹隆恭主编：《中国近代农业科技史》，北京：中国农业科技出版社，1989年，第17页。

③ 黑龙江省地方志编纂委员会：《黑龙江省志（第13卷）·农机志》，哈尔滨：黑龙江人民出版社，1996年，第3页。

匹；引进牛存栏数 54 299 头，其中母牛 49 252 头、公牛 5047 头。[①]

中俄农产品贸易的发展，刺激俄商在华兴办农产品加工厂，引进农产品加工技术。俄国农产品加工技术相对先进。由于俄国对中国农产品需求量大，加之中国边境地区能源、劳动力资源价格低廉。同时，消毒牛奶、面粉、皮革等产品在中国市场需求量也比较大。因此，很多俄商选择在中国投资兴办砖茶厂、面粉厂、榨油厂、皮毛加工厂、酒厂等农产品加工企业，把俄国先进农产品加工设备、技术工艺和管理经验引入中国。在俄商在华兴办的农产品加工厂中，面粉厂、酒厂数量相对多、产量大。在哈尔滨及中东铁路沿线的俄资酒厂，1903 年仅 3 家；1907 年增加到 36 家，其中 35 家生产伏特加酒及酒精；1907—1914 年，哈尔滨及中东铁路沿线俄商兴办的面粉加工厂和酒厂有 110 多家。

俄国种茶、加工茶叶技术源自中国，但采用中国传统的工艺和设备生产，产量、质量及包装运输要求不能满足俄商要求。尤其是产量，因为茶叶在俄国市场需求空间很大。1865 年，砖茶出口俄国达 2416 担。[②]在质量上，采用中国传统的工艺和设备生产，产品质地不坚实，路途破碎多，色泽淡。俄商采用蒸汽动力的砖茶压制机不仅产量高、色泽重、质地坚实、长途运输不易碎，而且用其代替手压机，能降低生产成本。[③]巨大利润和市场需求驱使俄商在中国福州、九江、汉口等地创办了一批蒸汽动力制茶厂。1876 年，俄商创办的蒸汽动力制茶厂仅在福州就有 9 家。1882 年，汉口、九江两地俄商开办的蒸汽动力制茶厂已有十余家。[④]俄商在华兴办蒸汽动力制茶厂引入新的技术设备和管理方法，雇用操作工人及技术人员达数千人。[⑤]1893 年 8 月，在汉口有 4 家俄商兴办的砖茶加工厂，拥有先进砖茶压制机 13 台、茶

① 黄越川：《东三省畜产志》，上海：中华书局，1930 年，第 8—9 页。
② 孙毓棠：《中国近代工业史资料》第一辑（1840—1895 年）上册，北京：中华书局，1962 年，第 44 页。
③ 孙毓棠：《中国近代工业史资料》第一辑（1840—1895 年）上册，北京：中华书局，1962 年，第 47 页。
④ 中国农业博物馆：《中国近代农业科技史稿》，北京：中国农业科技出版社，1996 年，第 186 页。
⑤ 政协哈尔滨市委员会文史资料编辑部编：《哈尔滨文史资料·经济史料专辑》，哈尔滨：哈尔滨出版社，1991 年，第 28 页。

饼压制机 7 台，有数千名工人以此为生。[①]其中，顺丰茶叶加工厂使用当时最新的机器，雇工八九百人，日夜开工。[②]这些工人作为一种重要的技术载体，对引进技术具有学习、应用和传播作用。

二、民国时期引进俄苏农业技术路径与方式

民国时期引进俄苏农业技术主要通过边民、侨民来华，边境贸易等民间途径和官方贸易途径，以购买作物品种、畜牧品种、农机具等方式引进实体形态农业技术；同时，以聘请苏联专家、派遣留苏学生、赴苏参加展览会等形式，引进经验形态和知识形态农业技术。总体上，官方引进俄苏农业技术的数量、规模较大，尤其是新疆省政府较大规模地引进农牧良种和农机具，聘请苏联专家，派遣留苏农科学生，有计划、有规模地引进推广农机具和西兽医技术。东北省区官方牧场引进苏联奥尔洛夫马等品种，提高马群质量。民国时期，俄商在华农产品加工厂后来大多转卖给当地人，其技术基本实现本土化。同时，俄商兴建乳品加工厂，引进了乳品加工技术。

（一）通过边民、侨民来华和边贸引入农业技术

民国时期边民、侨民从俄苏引入农业技术，数量和规模比较大的时期是 1917 年俄国十月革命前后。额尔古纳旗地区居民稀少，水草丰茂，适合养马。俄国十月革命后，居住在后贝加尔一带的哥萨克人进入额尔古纳旗一带定居，并带来大量后贝加尔种、特鲁达种、阿拉伯种及比秋克种等马匹。[③]1919—1920 年，俄苏大批富农进入中国东北边境地区，带来贝加尔马、奥尔洛夫马、英纯血马以及各种混血杂种马。1912—1932 年，大批俄苏侨民迁入呼伦贝尔盟，并带进后贝加尔马以及含奥尔洛夫马、比秋克血统的改良

---

① 汪敬虞：《中国近代工业史资料》第二辑（1895—1914 年）上册，北京：科学出版社，1957 年，第 282 页。

② 汪敬虞：《中国近代工业史资料》第二辑（1895—1914 年）上册，北京：科学出版社，1957 年，第 283 页。

③ 吉林省地方志编纂委员会：《吉林省志（第 38 卷）・科学技术志・科技》，长春：吉林人民出版社，1997 年，第 277 页。

马。[①]1920—1933 年，大批俄苏侨民迁入新疆，并带入奥尔洛夫纯种及其杂种马。

1917 年前后，一部分白俄偷偷越境定居在三河一带，并带来一些后贝加尔土种牛、俄国改良牛及西门塔尔牛、霍尔曼格尔牛等奶牛品种。1917—1923 年，逃亡到中国东北的白俄带来了一批奶牛，包括霍尔曼格尔、后贝加尔、雅罗斯拉夫、西门塔尔、西伯利亚等品种。俄国十月革命前后，在以哈尔滨市为中心的滨洲铁路沿线，从俄苏逃亡来的资本家、地主和富农先后带来大批优良品种奶牛。[②]清宣统二年至民国二十二年（1910—1933），大批俄苏侨民迁入伊犁、塔城等地时带进一些苏白猪，新疆靠近苏联边境地区的居民从苏联购进一部分苏白猪，与当地猪种杂交。[③]

移民、边民从俄苏引进蜜蜂品种和箱式养蜂方法。1917 年俄国十月革命后，俄国移民将黑蜂带入敦化等地，在中东铁路南线工作的铁路职工将大批西方蜜蜂引入吉林省北部地区。[④]民国九年，“山东照县邹照云从苏联运入黑蜂 40 群至黑龙江”[⑤]。这时期，珲春县春化乡草帽顶子农户卢永俊等人，通过民间物资交换途径，从苏联境内用背夹子背回 5—10 群黑蜂，第二年又运回数群，同时还换回一台巢础机。从此黑蜂扎根珲春，后来育成珲春黑蜂。[⑥]民国十六年后，中东铁路沿线俄国人带来俄式箱养方法。[⑦]呼伦贝尔盟岭北的蜜蜂养殖是 20 世纪 20—30 年代苏侨迁入三河地区时带入

---

① 呼伦贝尔盟畜牧业志编纂委员会：《呼伦贝尔盟畜牧业志》，呼伦贝尔：内蒙古文化出版社，1992 年，第 127 页。

② 黑龙江省地方志编纂委员会：《黑龙江省志（第 10 卷）·畜牧志》，哈尔滨：黑龙江人民出版社，1993 年，第 5 页。

③ 新疆维吾尔自治区地方志编纂委员会：《新疆通志（第 34 卷）·畜牧志》，乌鲁木齐：新疆人民出版社，1996 年，第 97 页。

④ 吉林省地方志编纂委员会：《吉林省志（第 16 卷）·农业志·畜牧》，长春：吉林人民出版社，1994 年，第 96 页。

⑤ 中国畜牧兽医学会：《中国近代畜牧兽医史料集》，北京：农业出版社，1992 年，第 436 页。

⑥ 吉林省地方志编纂委员会：《吉林省志（第 16 卷）·农业志·畜牧》，长春：吉林人民出版社，1994 年，第 201 页。

⑦ 吉林省地方志编纂委员会：《吉林省志（第 16 卷）·农业志·畜牧》，长春：吉林人民出版社，1994 年，第 97 页。

的黑蜂品种。[①]1917—1924 年，滨绥铁路沿线养蜂 15 箱以上者有一千余户。1925 年，C. 堪德诺尔特带入黑蜂十余群在伊犁等地饲养。[②]除畜牧品种外，民国时期越境在呼伦贝尔盟室韦县、奇乾县等地开荒种田的俄国人，引入大麦、小麦、荞麦、铃铛麦、油麦及老羌菜、马铃薯等作物品种。[③]

民间途径引进俄苏农业机械，大多属于私人从俄苏境内购进自用。俄国十月革命后，白俄资本家、地主、富农、官兵携带大量新式犁、耙、播种机、收割机等，在塔城、伊犁、阿山边境地带开荒种地，富商、地主趁机购买了一批农机具。[④]俄苏侨民在呼伦贝尔盟经营农业的过程中，引入了俄苏农机具且掌握了他们的使用方法。在呼伦贝尔盟垦地多少取决于该地区拥有的农业机械情况。俄苏侨民尤其是富裕户，“他们使用的工具较先进，有拖拉机、播种机、打草机、割麦机、捆麦机、打麦机等，又实行轮歇地耕作法，每人平均拥有的耕地较多”[⑤]。民国十二年（1923），三河地区俄侨村落有 40—50 个，仅在额尔古纳旗境内定居的俄侨就达 9833 人。居住在呼伦贝尔盟岭西额尔古纳河东岸的俄苏侨民，引入割草、打草机械和圈养技术，使这个地方成为半农半牧区。

中国东北地区不少农户从俄苏境内购买农业机械。20 世纪 20 年代，私营农业机械的团体和个人不断增加，有些农村出现“火犁公司”，使用机械垦荒、翻地、播种和脱粒。少数个人办的农场规模也在扩大。1925 年，绥滨县内的东北农具垦殖公司有 11 台拖拉机。[⑥]民国二十年，瑷珲境内有从苏联购买的拖拉机 4 台，犁耙 0.15 万台，播种机、清粮机各 200 台，摇臂式收割

① 《内蒙古自治区志・农业志》编委会：《内蒙古自治区志・农业志》，呼和浩特：内蒙古人民出版社，2000 年，第 397 页。

② 新疆维吾尔自治区地方志编纂委员会：《新疆通志（第 30 卷）・农业志》，乌鲁木齐：新疆人民出版社，1994 年，第 278 页。

③ （清）程廷恒修，张家皤纂：《呼伦贝尔志略》，呼伦贝尔：内蒙古文化出版社，2003 年，第 317 页。

④ 新疆维吾尔自治区地方志编纂委员会：《新疆通志（第 30 卷）・农业志》，乌鲁木齐：新疆人民出版社，1994 年，第 443 页。

⑤ 呼伦贝尔盟农业局：《呼伦贝尔盟农业志》，呼伦贝尔：内蒙古文化出版社，1994 年，第 76 页。

⑥ 黑龙江省地方志编纂委员会：《黑龙江省志（第 13 卷）・农机志》，哈尔滨：黑龙江人民出版社，1996 年，第 16 页。

机 300 台，脱谷机 30 台。[①]民国时期，黑龙江地区农户利用边境优势从俄苏境内的海兰泡等地购进农业机械，成为采用机械化农机垦荒整地、播种、收割比较早的地区。[②]

（二）通过官方从俄苏引入农业技术

民国时期官方引进俄苏作物品种数量大，尤其是新疆省引进数量较大。引进农作物主要有棉花、冬麦、牧草、玉米、油菜、甜菜、亚麻等。[③]20 世纪 30 年代，新疆省已经从苏联中亚地区引进大批什乃得尔、那勿罗斯基等棉花品种，仅从苏联加盟共和国的乌兹别克斯坦所辖的费尔干纳就引进棉花品种 169 个。这些棉种在吐鲁番试种后，推广到南疆各地栽培。新疆引进棉花品种不仅种类多，而且数量大。民国二十九至三十一年（1940—1942），盛世才主政时引进苏联舍列迭列 8517-36 号棉种 100 吨，分发到迪化、阿克苏、喀什三地区推广。民国二十三至二十四年，新疆从苏联引种猫尾草、红三叶、紫花苜蓿、苏鲁（燕麦）等牧草品种，在乌鲁木齐南山种羊场，伊犁、塔城农牧场及布尔津、阿魏滩等地试种。[④]民国三十年，新疆大量引进苏联白马牙玉米。[⑤]另外，引进奥罗油菜、“先进工作者”油葵及甜菜、亚麻品种在新疆、东北等地推广种植较多。

东北陆军军牧场收购俄人的奥尔洛夫马，用于改造地方品种。1928 年，东三省保安总司令张学良认为，兴办军牧、繁育军马、改良马种为当务之急，指派炮兵第一旅旅长金镜清为总办，兴建“东三省陆军军牧场”，引进奥尔

---

① 祁学俊：《中俄文化的交流与影响》，《民间文化》2001 年第 2 期，第 46—49 页。

② 黑龙江省地方志编纂委员会：《黑龙江省志（第 13 卷）·农机志》，哈尔滨：黑龙江人民出版社，1996 年，第 54 页。

③ 新疆维吾尔自治区地方志编纂委员会：《新疆通志（第 30 卷）·农业志》，乌鲁木齐：新疆人民出版社，1994 年，第 147 页。

④ 新疆维吾尔自治区地方志编纂委员会：《新疆通志（第 34 卷）·畜牧志》，乌鲁木齐：新疆人民出版社，1996 年，第 281 页。

⑤ 新疆维吾尔自治区地方志编纂委员会：《新疆通志（第 30 卷）·农业志》，乌鲁木齐：新疆人民出版社，1994 年，第 161 页。

洛夫半血种马与蒙古马进行杂交繁育。[①]1929年，军牧场随屯垦署移至洮南，在洮南西关外建筑马厩70余间，马匹增到1800匹，计新产驹280余匹。这年冬，收购海拉尔俄国人牧场的奥尔洛夫半血种马17匹。1930年，用这批种马进行杂交以改良军牧场。[②]

民国时期尤其盛世才主政期间，新疆省开始有计划、有规模地引进苏联农业技术，包括作物、畜牧良种、农业机械、西兽医技术、家畜人工授精技术、兽医生物药品制造技术和农业技术服务体系建设经验等。这些技术及经验是通过外交外贸、聘请苏联专家、派遣留苏学生等途径或方式引进的。民国二十五年（1936），新疆省农矿厅、伊犁建设局从苏联引入奥尔洛夫纯种马5匹、奥尔洛夫美利坚混血种马42匹和部分顿河马，分发至各区农牧场畜牧分局及交配所，进行马匹改良。民国二十九年，伊犁区、迪化区、焉耆区3个种马场均养有奥尔洛夫种马，并又从苏联引进顿河种公马2匹分给昭苏种马场。[③]

民国二十三年，新疆曾由苏联引进卡夫卡孜-兰布里耶羊、泊列考斯羊、卡拉库尔羊等品种的公羊443只，分布在伊犁、塔城、巴里坤、乌鲁木齐和喀什等地杂交改良当地哈萨克羊和蒙古羊。[④]民国二十四年，新疆省政府设立农矿厅并陆续在迪化、伊犁、阿山、塔城、哈密等地设农牧场，场内设牧畜兽医院、种畜场，聘请苏联专家指导绵羊育种和畜禽品种改良，传授西兽医和人工授精技术。[⑤]1939年，新疆又从苏联引进高加索公羊42只，泊列考斯公羊90只，用于杂交育种。

---

① 吉林省地方志编纂委员会：《吉林省志（第38卷）·科学技术志·科技》，长春：吉林人民出版社，1997年，第277页。

② 吉林省地方志编纂委员会：《吉林省志（第16卷）·农业志·畜牧》，长春：吉林人民出版社，1994年，第203页。

③ 新疆维吾尔自治区地方志编纂委员会：《新疆通志（第72卷上）·科学技术志》，乌鲁木齐：新疆人民出版社，2000年，第90页。

④ 新疆维吾尔自治区地方志编纂委员会：《新疆通志（第34卷）·畜牧志》，乌鲁木齐：新疆人民出版社，1996年，第94页。

⑤ 新疆维吾尔自治区地方志编纂委员会：《新疆通志（第72卷上）·科学技术志》，乌鲁木齐：新疆人民出版社，2000年，第269页。

新疆省政府从苏联引进卡拉库尔羊、乌克兰大白猪和蚕种，形成一定影响。民国二十六年（1937），新疆省建设厅从苏联引入卡拉库尔羊分发各区农牧场畜牧局及交配所与民间粗毛羊交配。1941 年，伊犁、迪化种畜场引进乌克兰大白猪母猪 90 头、公猪 10 头，进行纯繁和杂交改良。[①]民国二十二年之前，新疆各区县主要饲养从俄苏引进的阿斯科里、报达、吉伯雷德等优良蚕种。[②]至 1949 年，新疆仍引进苏联阿斯科里、报达等蚕种，作为主要饲养品种。[③]民国二十四年，盛世才聘请斯瓦尼兹等苏联专家帮助制订新疆三期三年发展计划，设立“模范养蚕室”，扩大苏联蚕种引进规模，免费或半价供应给蚕农。20 世纪 40 年代初，新疆引进苏联的巴格达德、吉伯雷德、阿斯科里、奥罗等蚕种，占全新疆使用蚕种总量的 80%以上。[④]

新疆省政府推行农业机械化，大批引进俄苏农业机械。民国三年，俄国设在新疆的华俄道胜银行开始输入新式铁犁。民国二十二年，新疆省政府为了恢复发展农业生产，从苏联购进新式农具。民国二十三年初，阿山区率先以政府名义，从苏联购回畜力双铧犁、钉齿耙、6 行播种机、小麦收割机、脱粒机、人力选种机等 103 架（台）。民国二十四至二十五年，新疆省政府订购的农具数量达 2500 余架（台），包括人力、畜力半机械化农具和少量拖拉机，至民国三十一年末有近 70 种、10.5 万余架农机具，推广至全疆。[⑤]新疆引进使用苏联拖拉机和机引作业机械机较多，20 世纪 30 年代全疆引进苏联拖拉机总数为 20 多台。[⑥]20 世纪 30 年代引进的苏联产机引三铧犁、播种

① 新疆维吾尔自治区地方志编纂委员会：《新疆通志（第 72 卷上）·科学技术志》，乌鲁木齐：新疆人民出版社，2000 年，第 275 页。

② 新疆维吾尔自治区地方志编纂委员会：《新疆通志（第 72 卷上）·科学技术志》，乌鲁木齐：新疆人民出版社，2000 年，第 351 页。

③ 新疆维吾尔自治区地方志编纂委员会：《新疆通志（第 30 卷）·农业志》，乌鲁木齐：新疆人民出版社，1994 年，第 266 页。

④ 新疆维吾尔自治区档案馆：《新疆与俄苏商业贸易档案史料》，乌鲁木齐：新疆人民出版社，1994 年，第 423 页。

⑤ 新疆维吾尔自治区地方志编纂委员会：《新疆通志（第 72 卷上）·科学技术志》，乌鲁木齐：新疆人民出版社，2000 年，第 354 页。

⑥ 新疆维吾尔自治区地方志编纂委员会：《新疆通志（第 30 卷）·农业志》，乌鲁木齐：新疆人民出版社，1994 年，第 448 页。

机主要在迪化、伊犁、塔城、阿山等地的农牧场使用。①

俄商创办乳品加工厂，引进苏联乳品加工技术。民国时期，俄商在华农产品加工技术被基本实现本土化。其重要标志是这些企业大部分转卖给当地中国人经营和中国人运用同样的技术设备建造并经营工厂。在俄商兴办的农产品加工厂中，面粉厂、酒厂相对数量多、产量大，技术被本土企业应用也比较早。1910 年，东北俄资面粉厂达 15 家。至 1917 年，俄国面粉加工技术已经比较普遍地被本土企业应用。当时东北北部本土资本的面粉企业就达 28 家，其中购买俄资面粉企业 8 家，采用火磨加工面粉已经成为这个区域重要的产业。修筑中东铁路以来，俄苏侨民引入奶牛繁育越来越多，尤其是引入品种与当地品种的杂种牛繁育数量更多。这促进了牛奶加工业的发展。1923 年奶牛饲养量发展到 7136 头，约是 1920 年以前 4000 头的 1.8 倍。1940 年，黑龙江省全境奶牛共有 8254 头，比 1923 年增加 15.7%。由于牛奶产量的增加和消毒牛奶等加工品有较大市场的需求，所以俄商开始创办牛奶加工企业，收购加工俄国人饲养奶牛所产的牛奶。1920—1936 年，仅哈尔滨市供应的鲜牛奶量就为 368.1 万瓶（450 毫升/瓶）。②

民国时期，新疆省政府通过外贸途径，以聘请苏联专家、派遣留苏学生和派人去苏联参加农业展览会等方式，引进西兽医、家畜人工授精、农技推广等经验形态技术和知识形态技术。早在民国二十七年（1938）九月，新疆省建设厅就聘请苏联水利工程师持列古布，带领实习员马积虎、马吉提·阿合毛拉也夫、谢良佐等进行伊犁湼渠扩建工程勘测，这是新疆第一次使用现代测量手段进行建设的水利项目。③在制订和实施农业发展计划期间，新疆省共聘请 37 名苏联专家帮助制订农业发展计划，指导新疆各地农牧业生产。在第一个三年计划期间，新疆省政府聘请苏联专家 5 人。其中，3 人分别在

① 新疆维吾尔自治区地方志编纂委员会：《新疆通志（第 30 卷）·农业志》，乌鲁木齐：新疆人民出版社，1994 年，第 450—451 页。

② 黑龙江省地方志编纂委员会：《黑龙江省志（第 10 卷）·畜牧志》，哈尔滨：黑龙江人民出版社，1993 年，第 24 页。

③ 新疆维吾尔自治区地方志编纂委员会：《新疆通志（第 72 卷上）·科学技术志》，乌鲁木齐：新疆人民出版社，2000 年，第 319 页。

伊犁、塔城、阿山三个地区，2 人在迪化地区进行农牧业技术指导，并举办培训班。第二个三年计划期间，新疆省政府又增聘了农业、林业和园艺等方面的苏联专家 32 人，分别在迪化、阿城、塔城、阿克苏、喀什、哈密、和田等区传授技术，指导生产。①

斯瓦尼兹等苏联专家帮助新疆省制订三个三年发展计划。该项计划包括引进苏联农牧品种、农机具和各种农业技术，培养技术人才，建立农业技术推广体系。例如，在畜牧兽医方面，新疆省政府先后聘请苏联畜牧兽医专家 19 人，指导畜牧生产和疫病防治，培训畜牧兽医人才；推广使用西兽医药品，用于家畜疫病防治。此外，还制订新疆伊犁种羊场绵羊改良计划，开展人工授精技术的试验和推广。在植保方面，新疆省政府聘请苏联灭蝗团帮助治蝗，在中国首次采用航空技术灭蝗并取得成功。民国三十年（1941），应新疆省政府邀请，苏联派飞机 20 余架协助治蝗。其中，“伊犁地区有飞机 12 架，撒药面积 18.4 千公顷”。②

派遣留学生到苏联学习农业技术。民国二十三至二十五年，新疆省政府为培养振兴农牧业的技术人才，每年选派维吾尔族、汉族、蒙古族、回族、哈萨克族、柯尔克孜族、锡伯族等民族青年 100 名，三年共派出留学生 300 名，到苏联塔什干大学学习农牧业技术管理专业知识。其中知名的有赛福鼎 •艾则孜、扎克洛夫、冯兆昆、孙家琭等。民国二十四年又选派 12 名维吾尔族、汉族、哈萨克族青年到苏联安集延、萨玛尔罕、阿拉木图等农业专科学校学习农林、兽医、水利、蚕桑等专业技术知识。其中知名的有于大新、司马益 •牙生诺夫、乌买尔江、麻木提汗、纳斯尔丁等。③除派遣留学生外，新疆省政府还派人去苏联参加农业展览会，不仅使参观者提高了学识和经验，而且还从苏联带回不少发展农牧业的宝贵资料。④

① 庄鸿铸、吴福环、厉声，等：《近现代新疆与中亚经济关系史》，乌鲁木齐：新疆大学出版社，2000 年，第 130 页。
② 新疆维吾尔自治区地方志编纂委员会：《新疆通志第（34 卷）• 畜牧志》，乌鲁木齐：新疆人民出版社，1996 年，第 206 页。
③ 新疆维吾尔自治区地方志编纂委员会：《新疆通志（第 30 卷）• 农业志》，乌鲁木齐：新疆人民出版社，1994 年，第 550 页。
④ 庄鸿铸、吴福环、厉声，等：《近现代新疆与中亚经济关系史》，乌鲁木齐：新疆大学出版社，2000 年，第 130—131 页。

三、新中国成立初期引进苏联农业技术途径与方式

新中国成立初期，引进苏联农业技术途径和方式全面拓展，主要通过外贸、执行中苏科学技术合作委员会计划、执行中苏“122 项”协定及中苏相关机构直接联系等官方途径，以进口农牧良种、农机具，聘请苏联专家，派遣留苏学生，以及接受成套技术设备援建等形式，系统引进苏联实体形态、经验形态和知识形态农业技术。

（一）通过外贸引进农牧品种和农机具

对外贸易是引进国外技术最早、适用范围最广的一种途径。新中国成立初期，中国政府采取积极扩大对苏联及其他国家的对外贸易。[①]在《中苏科学技术合作协定》签订之前，中国引进仪器设备、农作物和畜牧良种主要是通过外贸途径。该协定签署之后，中国引进苏联农牧品种和农机具继续通过外贸途径，但可利用苏联提供给中国进行经济建设的贷款，以进口商品方式进行。这种形式由外贸部根据农牧业发展需要和各省（自治区、直辖市）的申报情况统一协调办理。1950 年，毛泽东主席、周恩来总理访问苏联，中苏两国领导人就两国关系和诸多经济技术合作问题举行多次会谈。2 月 14 日，中苏两国政府在莫斯科签署了关于苏联政府向中国政府提供 3 亿美元贷款的协定。这是新中国成立后对外签署的第一个贷款协定。这笔贷款用于中国支付引进苏联设备、仪器、种子、牲畜等经济建设所需物资的费用，年息 1%，中国自 1953 年起 10 年内用农产品、矿产等货物和自由外汇等方式偿还该笔贷款。此后，1951—1955 年，中苏两国政府又先后签署 10 笔苏联政府向中国政府提供贷款的协议。其中，1 笔为无息，9 笔年息 2%，偿还期 2—10 年。[②]这 10 笔贷款用于支付从苏联购买抗美援朝和国防建设所需军事

---

① 《中共中央关于转发各大行政区贸易部长及各专业总公司经理联席会议要点的决定》，1951 年 1 月 1 日，Z1951—468（1），载中国社会科学院、中央档案馆：《1949—1952 中华人民共和国经济档案资料选编 •对外贸易卷》，北京：经济管理出版社，1994 年，第 22 页。

② 《当代中国》丛书编辑部：《当代中国的对外经济合作》，北京：中国社会科学出版社，1989 年，第 318 页。

物资装备，经济建设物资设备、仪器，以及苏联移交给中国的物资设备等。

上述10笔贷款总额为12.74亿新卢布，折合人民币53.68亿元。其中，用于购买经济建设物资设备费用占23.9%。新中国成立初期，中国与苏联签订引进成套项目合同304个，其中第一汽车制造厂、一拖、哈尔滨亚麻纺织厂等“一五”计划期间苏联援助建设重点项目156个，单项车间装备合同64个。这些合同执行总金额为17亿新卢布，其中用苏联政府贷款支付的货款为3亿新卢布，约占18%，其余82%以中苏两国贸易账户结算。[①]因此，引进苏联农牧品种和农机具是通过外贸途径，以进口商品方式进行的。

新疆生产建设兵团装备所需农业机械与各省（自治区、直辖市）不同，不是通过外贸部，而是通过新疆生产建设兵团设立的对外贸易公司直接从苏联以进口商品方式引进的。1950年9月14日，朱德总司令给新疆军区代司令员王震的信中指出：“新疆地广人稀，要善于使用机器为人民服务。利用你们生产的物资，除自己再生产使用外，应向苏联变换机器为主。”[②]因此，新疆军区成立新疆贸易公司，从苏联引进拖拉机、收割机、五铧犁等大批农业机械。

新中国成立初期，中国引进苏联农牧品种和农业机械的品种、数量、应用范围和影响等都远远超过清末和民国时期。农作物品种主要包括棉花、甜菜、玉米、油菜、油葵、苜蓿等。其中，棉花品种增加最多，新中国成立初期从苏联引进棉花品种有几百个，仅新疆就引进近100多个，包括2И3、ОД1、611Б、С3173、С1306、С460、С3179、С3123、С4744、С1470、1298、8157、108В、КК15、КК-352、КК-1543、史来德306、18819、5230В、150В、152В、153В、5904И、斯2421、涡及1号、涡及3号等。就种植面积而言，

① 《当代中国》丛书编辑部：《当代中国的对外经济合作》，北京：中国社会科学出版社，1989年，第318页。

② 新疆生产建设兵团史志编纂委员会、新疆生产建设兵团农业机械志编纂委员会：《新疆生产建设兵团农业机械志》，乌鲁木齐：新疆人民出版社，2004年，第49—50页。

有些品种几乎全省都采用。譬如，KK-1543 棉花品种，植株性状、棉花品质优于斯 3173，且亩产皮棉比斯 3173 增产 10%以上。1959 年，甘肃从苏联引入 KK-1543 种子 100 万斤，1963 年又从新疆引入种子 30 万斤，到 1970 年普及甘肃全省。①

引进畜牧品种主要是马、牛、羊、猪四种，其中马品种最多，包括顿河马、阿尔登马、卡巴金、苏联重挽马、富拉基米尔马、阿哈马、莫尔根马、古粗马、爱沙尼亚马、卡拉巴依马、苏高血马以及大量杂种马共 29 个品种。从引进数量上，一次引进达 1000 多匹。农业部或贸易部根据全国需要引入苏联畜牧品种，分配到各省畜牧场、种畜场及国营农场饲养繁育。贸易部于 1950 年以易货贸易方式，首批从苏联购入顿河马、阿尔登马、富拉基米尔马等共 1125 匹优良种马，分配到黑龙江、内蒙古、河北等 14 个省区饲养。②从应用推广效果看，由于各地建立国营种畜场、配种站，采用科学方法饲养和管理，有计划地繁育，充分利用引进种畜与当地品种交配，对改良地方品种及提高产量发挥了重要作用。新中国成立初期，大批引进种马主要是为了繁育耕畜，配合推广马拉农具。《国民经济五年计划中关于发展农业生产的计划任务和基本政策》中明确指出："在推广新式农具和改良农具的时候，除应该教会农民使用并帮助农民解决修理、补配零件等问题外，必须大力地繁殖耕畜。"③1953 年起，中国先后从苏联购入奥尔洛夫快步马、苏维埃重挽马、拉脱维亚马、顿河马等 100 多种，分配到各地国营种畜场、配种站饲养。到 1957 年底，这批从苏联引进的种马已繁殖后代近 3000 匹。随后以这些马匹为基础，新建 14 个种马场。通过繁育观察，在这 14 个种马场中选择优良公马，在 10 个省建立 450 个国营马匹配种站，为当地母马配种。至 1963 年，这 450

① 甘肃省地方史志编纂委员会：《甘肃省志（第 18 卷）·农业志》，兰州：甘肃文化出版社，1995 年，第 340 页。

② 中国畜牧兽医学会：《中国近代畜牧兽医史料集》，北京：农业出版社，1992 年，第 127 页；李韬：《苏联对我国畜牧业的巨大援助》，《中国农垦》1957 年第 5 期，第 2—3 页。

③《中华人民共和国发展国民经济的第一个五年计划（1953—1957）》，1955 年 7 月 30 日第一届全国人民代表大会第二次会议通过，JD220/5455（6），转引自中国社会科学院、中央档案馆：《1953—1957 中华人民共和国经济档案资料选编·农业卷》，北京：中国物价出版社，1998 年，第 8 页。

个国营马匹配种站为当地母马配种达 30 多万匹。①

新中国成立初期，引进农机具在机型、数量和应用范围方面均比清末、民国时期多。民国时期，引进苏联农机具最多的是新疆省。新疆引进苏联农机具保有量在民国二十八年（1939）末达到 48 个品种，约 4 万架。至民国三十一年末保有量达到最多，农业、牧业、运输、农产品加工等行业有各种新式机具近 70 个品种，10.5 万架左右。②这是民国二十三年初至民国三十一年末的引进总数。而“一五”计划期间，中国引进双轮双铧犁和双轮单铧犁就达 1805 万架。③在品种上，比如收割机，民国时仅有摇臂式收割机、自拔割麦机、人拔割麦机、马拉割草机、搂草机，而新中国时期引进的 30 多个品种中包括播种机具的就有 10 行播种机、甜菜播种机、12 行播种机、棉花播种机、谷物牧草播种机、24 行谷物播种机、48 行窄行谷物播种机、方形点播机等 20 多个机型；收割机具则有摇臂式收割机，畜力割禾器，畜力玉米收割机，C-6 型康拜因，C-4M、CK-3、CK-4 联合收割机，玉米联合收割机 KY-2，甜菜联合收割机 CKEM-2，采棉机 CXM-48M，垂直纺锭采棉机 XBC-1.2，以及畜力割草机、搂草机、捆草机；牵引青饲料收割机、悬挂三刀割草机、Д20 专用割草机、自走割卓机、侧向搂草机、横向搂草机、悬挂堆草机、牵引干草压捆机等。农机具引进数量的多少在很大程度上取决于需求的大小，而需求又取决于引进农机具品种配套、使用技术普及和维修服务。新中国成立初期，不仅引进苏联农机具数量多、品种全、配套性强，而且推广应用服务措施得力。

新中国成立初期推广应用农机具采取了一系列的政策措施。由于旧中国农业机械发展水平落后，广大农村一直使用传统小农具，加之长期

---

① 李韬：《苏联对我国畜牧业的巨大援助》，《中国农垦》1957 年第 5 期，第 2—3 页。

② 新疆维吾尔自治区地方志编纂委员会：《新疆通志（第 30 卷）·农业志》，乌鲁木齐：新疆人民出版社，1994 年，第 443 页。

③《中华人民共和国发展国民经济的第一个五年计划（1953—1957）》，1955 年 7 月 30 日第一届全国人民代表大会第二次会议通过，JD220/5455（6），载中国社会科学院、中央档案馆：《1953—1957 中华人民共和国经济档案资料选编·农业卷》，北京：中国物价出版社，1998 年，第 7 页。

战乱的破坏，这些小农具远不能适应农业现代化发展的需要。新中国成立后，恢复发展农业生产亟须修补农具和引进推广新式农具。1949 年 12 月，《农业部关于全国农业生产报告》指出：“扶持铁器铺、铁匠炉大量修补与制造各地现有农具，有重点地制造一些新式马拉农具、并试办马拉农具站。”①东北解放早，引进推广苏联农机比全国其他省区早。1950 年 8 月，《东北人民政府关于推广新农具的决定》指出：“凡推广新式农具的地区，应成立使用新式农具的技术训练班。在推广方式上，可采用设农具站（如苏式全套农具）、贷款互助，通过合作社租购和个体农民自购等几种办法。”②

引进农业机械推广机制主要是推行国营拖拉机站为农民代耕、国营农场机械化示范和新式农具贷款、贷实政策，同时加强技术培训和指导。《国民经济五年计划中关于发展农业生产的计划任务和基本政策》明确提出：“经过这种初级形式的合作化，结合初步的和部分的技术改良，而后再逐渐地过渡到高级形式的合作化，结合农业机械化和其他的技术改革，这是引导我国农业生产不断地进步的道路。”③当时“在各级人民政府领导下，各级农业、水利、人民银行、供销合作社等部门为了扶助农民发展农业生产，曾以贷款、贷实等办法供应了农民大量的新式步犁、农药、农械等”④。同时，加强对农民技术指导。《中央人民政府政务院关于清理农业贷款中若干问题的指示》要求：“贷到农民手中的新式农具、农械和水车等，凡使用良好已著

① 《农业部关于全国农业生产报告》，1949 年 12 月 23 日，CA42-7，载中国社会科学院、中央档案馆：《1949—1952 中华人民共和国经济档案资料选编 • 农业卷》，北京：社会科学文献出版社，1991 年，第 406 页。

② 《东北人民政府关于推广新农具的决定》，1950 年 8 月 30 日，G5-37-20，载中国社会科学院、中央档案馆：《1949—1952 中华人民共和国经济档案资料选编 • 农业卷》，北京：社会科学文献出版社，1991 年，第 407 页。

③ 《中华人民共和国发展国民经济的第一个五年计划（1953—1957）》，1955 年 7 月 30 日第一届全国人民代表大会第二次会议通过，JD220/5455（6），载中国社会科学院、中央档案馆：《1953—1957 中华人民共和国经济档案资料选编 • 农业卷》，北京：中国物价出版社，1998 年，第 7 页。

④ 中央人民政府政务院：《中央人民政府政务院关于清理农业贷款中若干问题的指示》，1952 年 12 月 31 日，G4-20-4，载中国社会科学院、中央档案馆：《1953—1957 中华人民共和国经济档案资料选编 • 农业卷》，北京：中国物价出版社，1998 年，第 89 页。

成效者，应继续推动农民更有效地加以利用；凡基本上具备使用条件，但因群众不懂技术而被搁置者，应积极进行技术指导，教会群众使用技术。”① “一五”计划期间，中国大批引进苏联半机械化和机械化农机具，五年内仅双轮双铧犁和双轮单铧犁就引进 1805 万部左右。《国民经济五年计划中关于发展农业生产的计划任务和基本政策》还明确要求：“在推广新式农具和改良农具的时候……应该教会农民使用并帮助农民解决修理、补配零件等问题。”②

（二）苏联援建成套项目引进农业技术

成套项目援建集提供设备仪器、派遣专家、培训实习生等技术于一体，是一种综合性、多层次、高水平的技术引进途径。“一五”计划期间，苏联计划帮助中国建设“156”项重点工程，苏联向中国提供成套技术。其中，一拖、国营友谊农场、哈尔滨亚麻纺织厂等项目建设，中国成套引进了拖拉机设计制造技术，国营机械化农场规划、建设、土地整理技术及管理经验，以及亚麻厂规划建设生产技术。成套项目引进综合性强，输出方既要指导项目建设，又要输出技术，提供全套技术、设备器材和人员培训，并派专家指导试车生产。引进成套项目建设期间，苏联政府派来专家 240 多人，培训大批技术人员。譬如，一拖建设期间，苏联帮助培养技术骨干 105 人；同时中国派到苏联哈尔科夫拖拉机厂进行培训的实习生 150 多人，包括技术副厂长、总工程师和生产技术骨干。引进成套项目技术的扩散，为本行业及相关行业提供了技术设备和人才。一拖建成投产后，先后为江西上饶水电站、武汉钢厂、洛阳油泵嘴厂、洛阳工学院等单位制造各类设备 338 台，997 套。为第二汽车制造厂、济南汽车厂、包头 617 厂等 80 多个厂矿制造各类装备 13 万多种 58 万多套（件）。1957—

① 中央人民政府政务院：《中央人民政府政务院关于清理农业贷款中若干问题的指示》，1952 年 12 月 31 日，G4-20-4，载中国社会科学院、中央档案馆：《1953—1957 中华人民共和国经济档案资料选编 • 农业卷》，北京：中国物价出版社，1998 年，第 90 页。

②《中华人民共和国发展国民经济的第一个五年计划（1953—1957）》，1955 年 7 月 30 日第一届全国人民代表大会第二次会议通过，JD220/5455（6），载中国社会科学院、中央档案馆：《1953—1957 中华人民共和国经济档案资料选编 • 农业卷》，北京：中国物价出版社，1998 年，第 8 页。

1984 年，一拖抽调专业技术人员 1917 名、各类干部 3574 名、技术工人 1.1 万多名支援各地企、事业单位。此外，一拖还为全国大专院校代培实习生 2.4 万人，为厂矿培训职工 5755 人。①

国营友谊农场建设项目引进土地整理技术、农业机械化技术和大型国营农场经营管理经验。1949 年以前中国土地整理技术是个空白。由于缺乏土地整理技术，农场建设尤其1950年前后东北建设国营农场走了不少弯路。苏联土地整理技术发展起步早，1779 年在莫斯科建立了世界上第一所土地整理学校，培养土地整理技术人才。中国引进和应用土地整理技术始于国营友谊农场的建设。在国营友谊农场建设过程中，苏联国营农场部派来马斯洛夫·尼古拉·谢尔盖也维契、彼列捷利·尼古拉·格利郭列维契、瓦辛科·谢尔盖·依耶弗盖聂维契等 14 名土地整理专家帮助中国规划设计国营友谊农场。马斯洛夫等土地整理专家在国营友谊农场利用讲习班、带助手等方式培训技术人员。在完成国营友谊农场的土地勘测、规划和整理工作后，苏联专家又先后在哈尔滨、北京等地举办土地整理讲习班，培训了数百名土地整理技术学员，后来他们大多成为中国土地整理方面的技术骨干。其中，严以绥于 1955 年参加马斯洛夫等苏联专家在北京举办的土地整理讲习班之后，被分到农垦部荒地勘测设计院，成为中国农业系统工程的开拓者和王震开荒大军中的得力尖兵。②

引进成套项目建设引进成套技术设备，出产品、出人才、出经验，发展新产业的同时带动相关产业发展。亚麻纺织是新中国成立后发展起来的一门新兴工业。苏联除向中国提供成套设备建成哈尔滨亚麻纺织厂之外，还帮助中国建成了两个亚麻原料厂。哈尔滨亚麻纺织厂项目的建成投产填补了中国亚麻纺织工业的空白，结束了中国没有自己的亚麻纺织工业的历史。③引进

① 第一拖拉机制造厂厂志总编室：《一拖厂志（1953—1984）》上册（内部发行），1985 年，第 10—11 页。

② 《追求者的路——记农业专家严以绥教授》，2006 年 9 月 13 日，lxbm.shzu.edu.cn/， 2007 年 11 月 2 日。

③ 《哈尔滨亚麻纺织厂志》编纂委员会：《哈尔滨亚麻纺织厂志（1949—1990）》，哈尔滨亚麻纺织厂史志办印刷（内部发行），1992 年，第 1 页。

先进技术设备，为中国纺织工业设计建设现代化纺织厂提供技术和经验。[①]哈尔滨亚麻纺织厂在充分利用当地种植的亚麻生产亚麻工艺用布、服装用布、亚麻帆布和亚麻水龙带的同时，带动了相关农业及工业产业的发展。[②]就亚麻种植而言，黑龙江 1949 年种植亚麻面积仅 19.2 万亩，1950 年为 26.8 万亩。哈尔滨亚麻纺织厂建成投产后，亚麻需求量占黑龙江省亚麻总产量的 80%以上。亚麻种植面积迅速扩大，1953 年增加到 41.9 万亩，1959 年种植面积扩大到 75.4 万亩，是 1949 年的 3.9 倍。[③]由于亚麻种植面积大对亚麻种需求量大，从而推动了亚麻品种的更新和单产的提高。[④]20 世纪五六十年代，黑龙江省先后推广华光 1 号、华光 2 号、51-1120，更换已经混杂退化的苏联品种贝尔纳 1 号和哈系 384、哈系 419 等品种，至 20 世纪 80 年代总产量增加 3.6 倍，单产提高 1 倍。[⑤]

（三）通过中苏科技合作引进农业技术

新中国成立初期，中国通过中苏科学技术合作引进苏联农业技术。这种途径包括执行中苏科学技术合作委员会安排的合作计划、执行中苏“122 项”协定及中苏相关科研机构建立直接联系。具体形式包括聘请专家、赴苏考察、派遣留学生；共同科研、举办展览会、举办学术会议；交换种苗、样品、试验材料、科研信息等。引进苏联农业技术形态包括实体形态、经验形态和知识形态。

1. 中苏科学技术合作委员会

1954 年 9 月 29 日至 10 月 12 日，赫鲁晓夫率苏联党政代表团访华，推动中苏两国科学技术合作。[⑥]访华期间，中国政府同苏联政府签署一系列文

① 《当代中国》丛书编辑部：《当代中国的纺织工业》，北京：中国社会科学出版社，1984 年，第 208—209 页。

② 《哈尔滨亚麻纺织厂志》编纂委员会：《哈尔滨亚麻纺织厂志（1949—1990）》，哈尔滨亚麻纺织厂史志办印刷（内部发行），1992 年，第 6 页。

③ 黑龙江省地方志编纂委员会：《黑龙江省志（第 7 卷）·农业志》，哈尔滨：黑龙江人民出版社，1993 年，第 225 页。

④ 《当代中国》丛书编辑部：《当代中国的纺织工业》，北京：中国社会科学出版社，1984 年，第 208—212 页。

⑤ 《当代中国》丛书编辑部：《当代中国的农作物业》，北京：中国社会科学出版社，1988 年，第 282 页。

⑥ 〔苏〕奥·鲍·鲍里索夫、鲍·特·科洛斯科夫合著：《苏中关系（1945—1980）》，肖东川、谭实译，北京：生活·读书·新知三联书店，1982 年，第 56—59 页。

件，包括《中苏科学技术合作协定》《苏联向中国提供5.2亿卢布长期贷款的协定》，以及苏联援助中国新建15个工业项目（苏联援建项目由141个增加到156个）、扩大原协定援助141个项目设备的议定书。

建立中苏科学技术合作委员会。依据《中苏科学技术合作协定》，中苏两国政府同意，以派遣专家、留学生，提供技术援助，介绍科学技术成就和交换技术资料、相关情报、种子、苗木、菌苗、器械（外贸途径订购不到的）等形式，促进两国在相关领域的科学技术合作。为便于制订、安排、协调、管理合作项目，设立专门机构——中苏科学技术合作委员会，下设中国组和苏联组，两组各7人。中苏科学技术合作委员每年至少召开两次会议，在北京、莫斯科轮流举行。[①]1954年12月，中苏科学技术合作委员会首次会议在莫斯科举行。至20世纪50年代末，中苏双方共800多个科研机构参与合作，内容几乎涉及所有重要科技领域。

中苏科学技术合作委员会安排合作项目，中国承担苏方申请农业项目多，即苏方申请由中方承担完成项目主要是农业项目，大多是提供种子、苗木、接穗和中医药方面项目。[②]1954年，中国农业部通过中苏科学技术合作委员会，申请苏方承担19个项目，包括提供粮食作物种子、兽医生物药品制造及鉴定所需要的菌种、细菌肥料及良种繁育场所使用的种子库等。[③]

苏联方面希望扩大中苏两国农业科技合作。在中苏科学技术合作中，中国向苏联提出的主要是工业项目。在农业方面也需要在开垦荒地、粮食增产、家畜育种、农田水利等方面开展合作，但考虑工业是发展重点，申报农业项目数量较少。1955年7月1日，苏联农业部代部长阿斯科琴斯基（中苏科学技术合作委员会第二届委员会的苏联组成员）来华，向农业部廖鲁言部长提

① 《中苏关于签订科学技术合作协定的联合公报》，《中华人民共和国国务院公报》1954年第1期。

② 农业部办公厅国际技术合作处：《中国与苏、波、德、捷、越南国际科技合作协定》，1954年2月至1954年12月，中华人民共和国农业部档案处档案，案卷-1954-永久-5，第41—42页。

③ 农业部办公厅外事处：《农业部关于向苏联申请技术项目的情况和部领导谈话记录》，1955年1月至1955年7月21日，中华人民共和国农业部档案处档案，案卷-1955-永久-8，第20—25页。

出：两国要增加一些农业合作项目，因为目前“技术合作中的农业项目太少”。廖鲁言说：“我们希望提出，如棉花的增产资料……还有畜牧问题，农牧结合问题”等。阿斯科琴斯基表示：“你们应尽可能的要我们帮助，而我们的帮助还要超过你们的要求。”[①]阿斯科琴斯基提出很多关于中国农业科学发展的建议，如中国应尽快建立中国农业科学院，培养自己的农业专家。建议中国派遣专家到全苏棉花研究所学习培育高产品种、防治棉病的技术和方法。阿斯科琴斯基访华后，中国向苏联提出的农业项目数量大幅度增加，为67项，苏联向中国提出的项目数量为104项（表5-1）。[②]

表 5-1　中苏科技合作委员会前十届会议决议中双方申请的农业项目

单位：项

项目类别	苏方交付中方（中方申请）	中方交付苏方（苏方申请）
技术合作项目总数	67	104
专家考察	1	14
种子、苗木	6（种子 182 个品种）	25（种子、苗木 808 个品种）
资料及样品	60	65

资料来源：农业部对外联络局：《我部一九六〇年清理历年中苏两国科技合作问题》，1960 年 11 月至 1960 年 12 月，中华人民共和国农业部档案处档案，案卷-1960-长期-49，第 5 页

新中国成立初期中苏农业科学技术合作，双方相互交流，技术双向流动。苏方对中国农业技术很重视，希望获得更多中国农业种质资源，农作物栽培、中兽医药等技术。在1956年举行的中苏科技合作委员会第三届第一次会议决议中，苏联派遣8个农业科技考察团（成员共33名），来华考察水稻、蔬菜、果树、茶树等栽培技术（表5-2）。[③]中苏双方希望开展农田水利技术合作。1955年6月30日，在中苏科学技术合作委员会第三届第二次会议上，

① 农业部办公厅外事处：《农业部关于向苏联申请技术项目的情况和部领导谈话记录》，1955 年 1 月至 1955 年 7 月 21 日，中华人民共和国农业部档案处档案，案卷-1955-永久-8，第 30—37 页。

② 农业部对外联络局：《我部一九六〇年清理历年中苏两国科技合作问题》，1960 年 11 月至 1960 年 12 月，中华人民共和国农业部档案处档案，案卷-1960-长期-49，第 5 页。

③ 农业部办公厅国际合作处：《参加中苏科学技术合作委员会第三届会议关于农业方面的总结报告》《李副总理接见苏联科技代表团谈话纪要、中苏科技合作第 1、2、3、4、5、6 届会议总结报告及扩大中苏科技合作意见》，1955 年 2 月至 1957 年 8 月，中华人民共和国农业部档案处档案，案卷-1957-永久-14，第 29 页。

苏联组代理主席奥伏祥金首先提出农田水利合作问题。当时国务院分管农业副总理李富春向苏方介绍说："中国黄河、长江规划治理，华北地区小型水利建设及水田改造都需要苏联给予中国技术援助。"对此，阿斯科琴斯基说，希望中国尽早向苏联有关科研机构提出合作要求，以便他们早作研究。①

表 5-2　1956 年中苏科学技术合作委员会第三届第一次会议决议中苏联派遣来华农业科技考察团情况

考察内容	考察团人数	考察时间
水稻栽培与加工	7 名	1956 年 6—9 月
茶叶栽培与加工技术	6 名	1956 年 2—3 月
蔬菜栽培	4 名	1956 年 8 月—1957 年 2 月
园艺和葡萄种植	4 名	1956 年 5—11 月
柑橘与柠檬种植	3 名	1956 年 9 月—1957 年 2 月
玉米栽培	2 名	1956 年 4—8 月
棉花栽培	3 名	1956 年 4—10 月
挥发油料作物	4 名	1956 年 3—5 月
共 8 批	共 33 名	1956 年 2 月—1957 年 2 月

资料来源：农业部办公厅国际合作处：《参加中苏科学技术合作委员会第三届会议关于农业方面的总结报告》《李副总理接见苏联科技代表团谈话纪要、中苏科技合作第 1、2、3、4、5、6 届会议总结报告及扩大中苏科技合作意见》，1955 年 2 月至 1957 年 8 月，中华人民共和国农业部档案处档案，案卷-1957-永久-14，第 29 页

中苏双方希望加强农业科学技术合作。中苏农业合作互补性强，苏方更多需要中方提供传统农业技术和种质资源，中方需要苏方提供更多现代农业新技术。在中国举办中苏科学技术合作委员会会议期间，来华苏联农业官员和专家进行合作项目考察，提出不少中国农业发展方面的建议。譬如，苏联农业部副部长阿斯科琴斯基在参观中国水利工程时提出："中国河流含沙量大，可能形成水库淤塞，应及时处理。水库留两个放水洞，设计预见性不够，再建水库须注意。"②中苏科学技术合作委员会苏联组代理主席奥伏祥金和苏联农业部代部长阿斯科琴斯基都表示要加强两国农业科技合作，这对于中

① 农业部办公厅国际合作处：《李副总理接见苏联科技代表团谈话纪要、中苏科技合作第 1、2、3、4、5、6 届会议总结报告及扩大中苏科技合作意见》，1955 年 2 月至 1957 年 8 月，中华人民共和国农业部档案处档案，案卷-57-永久-14，第 13 页。

② 农业部办公厅国际合作处：《李副总理接见苏联科技代表团谈话纪要、中苏科技合作第 1、2、3、4、5、6 届会议总结报告及扩大中苏科技合作意见》，1955 年 2 月至 1957 年 8 月，中华人民共和国农业部档案处档案，案卷-57-永久-14，第 16 页。

国农业科研、教育和生产发展需要也十分迫切。当时各部门申请中苏科技合作项目数量多，第一次会议112个项目，第二次会议达到1188个项目。而且，有些是临时提出的，故往往不能及时答复。1955年6月30日，国务院副总理李富春在会见奥伏祥金时表示："更早的拟定计划，有不少困难。"但"我们干不了的都要请苏联援助"。[①]

2."122项"科研合作引进农业技术

中苏"122项"协定，即《中苏关于共同进行和苏联帮助中国进行重大科学技术研究的协定》。这是围绕中国《十二年科学规划》实施制定的重大科研项目，共122个项目，其中8个为农业项目。《十二年科学规划》的制定，按照国家建设需要与科学技术发展重要任务，极其重视理论研究，尤其是基础科学、空白和薄弱科学技术领域。《十二年科学规划》的编制经过半年多的时间起草和讨论，由几百个中国科学家和数百个苏联专家共同完成。[②]

《十二年科学规划》对农业科学技术发展远景的规划，是中国农业科技发展纲领。《十二年科学规划》根据中国农业具体情况提出农业科学技术发展任务，包括发展农业机械化（含电气化）及农机制造，提高农作物单产及垦荒，提高畜牧业、渔业、蚕业的产量和质量，扩大森林资源及合理经营与利用。农业机械化是农业发展的核心和重点。《十二年科学规划》强调，应迅速发展农、林、牧、渔、蚕业，必须研究提高单产和垦荒等办法发挥增产潜力，在十二年内为实现农业机械化做好农、林、牧、渔等各业机具选型和改进。同

---

① 农业部办公厅国际合作处：《李副总理接见苏联科技代表团谈话纪要、中苏科技合作第1、2、3、4、5、6届会议总结报告及扩大中苏科技合作意见》，1955年2月至1957年8月，中华人民共和国农业部档案处档案，案卷-57-永久-14，第13页。

② 关于参加规划的苏联专家数量说法不一。大多资料介绍是近百人，如薄一波回忆："中方请了近百名苏联专家参加编制的实际工作。"（薄一波：《若干重大决策与事件的回顾》上卷，北京：中共中央党校出版社，1991年，第510—511页）而根据国家科学技术委员会副主任范长江的报告，参与编写规划的苏联专家则更多。1959年6月10日，国家科学技术委员会召开布置1960年"122项"及其他国际科技合作申请项目会议，国家科学技术委员会副主任范长江在会上做了题为《谈中苏"122项"问题》报告。他说："十二年规划的制定是苏联参加提出意见的，与我们接触的苏联有关专家有四、五百人，在背后有五千人参与此事。"（农业部对外联络局：《中苏122项重大科学技术研究项目1960年合作计划的编制》，1959年1月至1960年8月，中华人民共和国农业部档案处档案，案卷-1960-永久-6，第27页）

时，应制订耕作、栽培、家畜饲养、海洋渔捞及森林采伐、运输等整套机械化技术合作、开发计划。

为了全面实施《十二年科学规划》，1958 年 1 月 18 日，中苏两国政府签署了“122 项”协定，有效期是 1958—1962 年。按照该协定，中苏两国高教部、农科院等相关机构签署教育或科研合作协议。中苏“122 项”协定的签署为中国第二个五年计划期间深化中苏科技合作奠定了坚实的基础。[①]中苏“122 项”协定规定：中苏两国进行全面科技合作目的是通过实施《十二年科学规划》，使中国科技迎头赶上世界先进水平。健全合作机制，一是进一步发展两国相关科研部门直接联系，除两国科学院外，扩大直接联系内容和范围，更多地让两国相关科研机构建立直接联系；二是为更有利于锻炼与培养科技人才，中苏两国科学家往来采取科学家“短期学术出差”方式，一般不再长期大批聘请；三是建立专门机构，解决科研仪器、设备、器械、材料、试剂、样品及零星小量器材的非商品型供应问题；四是明确监督职责，规定苏联国家科学技术委员会和中国国家科学技术委员会（当时称国家科学规划委员会）为中苏“122 项”协定实施的监督机构。

中苏两国通过“122 项”协定中 8 个农业科学技术合作项目，制订并执行年度合作具体计划。中苏“122 项”协定科研合作规模庞大，中苏双方参加合作单位有 600 多个，其中苏方 400 多个、中方 200 多个。仅农业部负责和中国农业科学院参加科研的 8 个农业项目就有 30 多个苏联科研单位参与（表 5-3）。[②]中苏“122 项”协定的制定与实施使中苏更多相关科研机构建立了直接联系，加强科学家之间联系，进一步深化了中苏两国科学技术合作。中苏“122 项”协定实施与中苏科学技术合作委员会合作计划实施相比较，重点在于加强中国空白、薄弱和急需的科学研究、学科建设。苏联专家来华合作科研，带来了科研信息、材料、经验，帮助建立了研究机构，进行

① 刘德喜：《从同盟到伙伴——中俄（苏）关系 50 年》，北京：中共党史出版社，2005 年，第 110 页。

② 农业部对外联络局：《有关中苏科技合作 122 项的一九五八年的来往文件》，1958 年 3 月至 1958 年 12 月，中华人民共和国农业部档案处档案，案卷-58-永久-45，第 17—29 页。

了讲学和培养人才。在当时中国科学研究基础薄弱条件下，中苏“122 项”协定实施无疑具有重要意义。同时，中苏“122 项”协定实施，为两国科研机构在仪器、设备、器械、材料、试剂、样品及零星小量器材等方面互通有无提供了便捷途径，并有利于减少科研费用，提高科研工作效率。①

表 5-3　中苏“122 项”协定中的农业项目及负责与参加单位

序号	项目名称	中方负责单位	中方参加单位	苏方负责单位	苏方参加单位
十二～2	提高棉花单位面积产量的综合技术措施的研究	农业部	中国农业科学院棉花研究所、中国农业科学院植物保护研究所	农业部	苏联农业部、乌兹别克共和国农业科学院、乌兹别克共和国农业科学院棉花研究所
十二～4	最有效利用化学肥料的研究	农业部	中国农业科学院土壤肥料研究所、中国科学院土壤研究所	农业部	全苏列宁农业科学院、全苏肥料与农业土壤研究所、苏联科学院土壤研究所
十二～3	绵羊改良的研究	农业部	中国农业科学院、中国农业科学院畜牧所、中国农业科学院西北畜牧兽医所、东北农业科学研究所、新疆农林科学研究所	农业部	全苏列宁农业科学院、全苏畜牧科学研究所、全苏绵羊及山羊研究所、全苏饲料科学研究所、乌兹别克共和国农业科学院卡拉库尔羊业科学研究所
十二～5	主要家畜传染病防治方法的研究	农业部	中国农业科学院哈尔滨畜牧兽医所、农业部兽医生物药品监察所、西北畜牧兽医研究所	农业部	全苏列宁农业科学院、全苏兽医实验研究所、全苏兽医生物药品监察所、全苏格拉宾蠕虫研究所、苏联保健部
十二～1	黄河中下游灌溉排水及盐碱土改良的研究	水利电力部	水利部水利科学研究院、中国科学院、中国农业科学院、中国科学院土壤研究所	农业部	全苏列宁农业科学院、全苏水工和土壤科研所、苏联科学院土壤研究所、乌兹别克共和国科学院、乌兹别克共和国农业科学院

① 农业部对外联络局：《中华人民共和国科学技术委员会关于编制 1960 年中苏科学技术合作进行和苏联帮助中国进行的 122 项科学技术合作项目的非商品订货卡需要注意的几个问题》《中苏 122 项重大科学技术研究项目 1960 年合作计划的编制》，1959 年 1 月至 1960 年 8 月，中华人民共和国农业部档案处档案，案卷-1960-永久-6，第 8 页。

续表

序号	项目名称	中文负责单位	中方参加单位	苏方负责单位	苏方参加单位
十二～6	适合于中国不同地区的拖拉机、机械牵引和畜力农业机具的试验研究和设计	一机部	一机部、中国农业科学院农业机械化研究所、一机部汽车拖拉机研究所、中国农业科学院南京农业机械研究所	农业部	全苏列宁农业科学院、全苏农机所、全苏农场机械化电器所、全苏农经所、国家拖拉机农机修理使用工艺所、国家拖拉机所、全苏农机制造研究所、莫斯科农机电器所、全苏水工和土壤改良所、乌兹别克共和国农业部中亚细亚灌溉区机械化电器所
十二～22	保护植物用新型化学毒剂的合成与加工和对生物作用机理的研究	化学工业部	中国农业科学院植物保护研究所	农业部	苏联保健部等
十二～7	研究不同地区地方农业能源、农用发电机、农用电器设备和能力，并制订在农业中应用电能的措施	一机部、一机部电器科学研究院	农业部、中国科学院动力研究室、中国农业科学院农业机械化研究所	农业部	全苏列宁农业科学院、全苏农业电器化研究所、莫斯科农业机械化电器化学院、全苏农机化研究所、全苏农经所、全苏农场机械化电器研究所、全苏水工和土壤改良研究所、苏联国家拖拉机研究所

资料来源：农业部对外联络局：《有关中苏科技合作一百二十二项的一九五八年的来往文件》《中苏科学技术合作 122 个项目负责人及通信地址一览表》，1958 年 3 月至 1958 年 12 月，中华人民共和国农业部档案处档案，案卷-1958-永久-45，第 17—29 页

3. 中国与苏联相关农业机构建立直接联系

中苏相关机构建立直接联系是中苏科学技术合作的一种快捷途径，建立在中苏科学技术合作深化和中国农业科技发展基础上。1956 年 6 月起，中苏

两国相关部委、科学院、设计研究机构等建立直接联系。1957年底，苏联已经有500多个科研机构与中国等友好国家相关机构建立直接联系。至1958年4月，中国已有72个机构与苏方133个机构建立直接联系。[①]中苏两国相关机构建立直接联系，主要是相互交换种子、苗木、模型、样机、样品、内部文件、规制、刊物、技术标准、教学计划、教学大纲，以及所搜集到的国际科技情报；相互交流和分析解决疑难问题。农业部门直接联系是中苏两国建立直接联系重点。[②]因而在中苏农业机构中，中国农业部与苏联农业部建立直接联系最早。

中苏科学技术合作委员会的历届会议都讨论建立直接联系问题。1956年12月，在中苏科学技术合作委员会第五届会议上，中国组提出农业部等14个部与苏联相关部门先行建立直接联系。会议期间，中国农业部办公厅对外联络局主任席凤洲（中苏科学技术合作委员会中国组成员）与苏联农业部副部长阿斯科琴斯基进行专门会谈，讨论两国农业部建立直接联系事宜。阿斯科琴斯基表示，愿意尽力促成两国农业部建立直接联系。[③]以中苏两国的农业部建立直接联系为基础，中国农业科学院，中国农业科学院原子能所、农机所、甜菜所，黄海水产所，哈尔滨水产试验场，南海水产所及北京农业大学等机构先后与苏联相关机构建立了直接联系。这些直接联系的建立对促进中苏农业科学技术合作发挥了独特的重要作用。

① 农业部对外联络局：《谈中苏"122项"问题——范长江》《中苏122项重大科学技术研究项目1960年合作计划的编制》，1959年1月至1960年8月，中华人民共和国农业部档案处档案，案卷-1960-永久-6，第28页。

② 中国对外贸易部技术合作局：《进一步扩大中苏科学技术合作的意见（草案）》、农业部办公厅国际合作处：《李副总理接见苏联科技代表团谈话纪要、中苏科技合作第1、2、3、4、5、6届会议总结报告及扩大中苏科技合作意见》，1955年2月至1957年8月，中华人民共和国农业部档案处档案，案卷-1957-永久-14，第52—53页。

③ 农业部办公厅国际合作处：《李副总理接见苏联科技代表团谈话纪要、中苏科技合作第1、2、3、4、5、6届会议总结报告及扩大中苏科技合作意见》，1955年2月至1957年8月，中华人民共和国农业部档案处档案，案卷-1957-永久-14，第65页。

中苏两国农业部直接联系主要是促进了以下科技合作：①两国农业科研机构之间及农学院之间建立直接联系，交换农业科学研究计划及成果情报，共同举办学术会议，通过培养大学生、实习生、研究生及实施农业科学研究项目等方式来完成。②根据对方要求，提供有关土壤改良、耕作、植物栽培、植保、畜牧兽医、农机化及农机、器械、仪器等资料。③互派专家考察访问，相互交流学习农作物栽培、良种繁育、土壤改良、农田水利、畜牧饲养、良种培育、兽医、农机化等方面科技成就及生产经验。④相互提供种子样品、材料、菌种、农作物采集材料，共同开展农作物品种试验，互相介绍和提供新品种试种。⑤根据某一方请求，提供改良牧畜所需优良种畜。⑥根据对方请求，提供成批生产及试验中的各种机械样品，如整地、播种、中耕、收割等农机具。⑦共同举办学术会议讨论农业科研及生产问题。⑧共同进行检验、实验研究、野外调查勘探，派遣专家帮助对方解决农业生产技术问题。⑨通过交换农业科技期刊、著作，促进科技合作发展。[①]

中苏农业科学院建立直接联系。苏联重视中苏农科院直接联系合作关系的建立。1958 年 1 月 18 日，中国农业科学院院长丁颖与全苏列宁农业科学院院长洛巴诺夫作为代表，在莫斯科签署了《中国农业科学院与全苏列宁农业科学院（列宁功勋获得者）科技合作议定书》，并制定了《1958—1962 年农业科学技术研究合作计划》，规定两院可以互派专家、实习生，相互委托鉴定研究成果，无偿交换科研情报、样本、图书资料，以及双方在有关期刊上发表科学论文等方式，重点进行 13 个项目的研究与合作。[②]1958 年，中苏农业科学院建立联系时，双方交换了大批种子、苗木和菌种等（表 5-4）。

① 农业部对外联络局：《苏联农业部及中华人民共和国农业部科学技术合作计划（草案）》《我部与苏联农业部建立科学技术合作直接联系卷》1958 年 5 月—，中华人民共和国农业部档案处档案，案卷-1958-永久-43，第 1—2 页。

② 农业部对外联络局：《中国农业科学院与全苏列宁农业科学院（列宁功勋获得者）科技合作议定书》《中国农业科学院与全苏列宁农业科学院签订科学合作议定书》，1957 年 1 月 2 日至 1958 年 1 月 27 日，中华人民共和国农业部档案处档案，案卷-1958-永久-44，第 114—116 页。

表 5-4　1958 年中苏两国农业科学院直接合作议定书签字后两院往来情况

项目	中方交付苏方的种子资料样品	苏方交付中方的种子资料样品
资料	10 份	33 份
蜂群	8 个品种（附巢脾及说明）	5 个品种
桑蚕品种	9 个品种	26 个品种
种子、苗木	116 个品种	261 个品种
菌种		10 种

资料来源：农业部办公厅外事处：《1963 年我部清理向苏联申请的科技合作项目》，1963 年 8 月至 1964 年 1 月，中华人民共和国农业部档案处档案，案卷-1963-长期-13，第 31 页

中苏两国农科院建立直接联系是《中苏科学技术合作协定》和中苏“122 项”协定的执行，更是农业科学技术合作的深化。由于气候、季节等因素的特殊性，科研合作中菌苗、接穗、种子、苗木等材料交换，需要以更快捷的途径和方式进行。当时，已有的合作途径已不能满足两国农业科技合作需要。为了扩大两国科学技术合作，中方提出在中苏科学技术合作委员会领导下开辟新途径，创造快捷、灵活、高效方式，简化手续，苏方原则上同意。中苏科学技术合作委员会第五届会议上，中国对外贸易部副部长李强提出：“要逐步改变中苏科学技术合作的做法，大小问题都通过科技合作委员会途径，满足不了各个部门的需要。”①苏联农业部技术合作局局长弗宁则提出：“一般性的种子、苗木、菌种等，可以直接交换。”②中苏科学技术合作委员会第六届会议又确定建立一批直接联系合作关系，即增加中方 42 个科学机构与苏方 87 个科学机构建立直接联系。至此，中苏双方大部分科学研究机构已建立直接联系（表 5-5）。

① 李强：《对今后科学技术合作的意见》，1957 年 2 月，载农业部办公厅国际合作处：《中苏科学技术委员会第五届会议总结报告》《李副总理接见苏联科技代表团谈话纪要、中苏科技合作第 1、2、3、4、5、6 届会议总结报告及扩大中苏科技合作意见》，1955 年 2 月至 1957 年 8 月，中华人民共和国农业部档案处档案，案卷-1957-永久-14，第 67—69 页。

② 农业部办公厅国际合作处：《参加第五届中苏科学技术合作的意见》《中苏科学技术委员会第五届会议总结报告》《李副总理接见苏联科技代表团谈话纪要、中苏科技合作第 1、2、3、4、5、6 届会议总结报告及扩大中苏科技合作委员会工作报告》，1955 年 2 月至 1957 年 8 月，中华人民共和国农业部档案处档案，案卷-1957-永久-14，第 76 页。

表 5-5　中国与苏联建立直接联系的相关农业研究机构

中国农业相关研究所	苏联农业相关研究所
中国农业科学院原子能利用研究室	全苏列宁农业科学院原子能农业利用科学研究协调部
中国林业科学研究所（院）	苏联森林研究所（科学院）
黄海水产研究所（青岛）	全苏渔业和海洋学研究所（莫斯科）
中国科学院海洋生物研究所（青岛）	全俄池塘渔业研究所（莫斯科）
中国农业科学院甜菜研究所	全苏列宁农业科学院甜菜研究所
哈尔滨水产试验场	全苏湖沼河川渔业研究所（列宁格勒）
中国科学院水生物研究所（武汉）	乌克兰湖沼和河川渔业研究所（基辅）
中国农业机械研究所	全苏农业机器制造科学研究所（莫斯科）
南海水产研究所（广州）	全苏渔业和海洋学研究所（莫斯科）

中苏农业科学院建立直接联系，促进中国农业科学院发展。中国农业科学院于 1957 年 3 月 1 日在北京成立。筹备建院期间，全苏列宁农业科学院副院长亚历商斯基院士给予了多方面的指导与帮助。他先后到南京、上海、武汉、广州、重庆等地调研农业科学研究情况，对各地农作物遗传育种，特别是棉花、小麦等作物选种、育种规划进行具体指导。亚历商斯基院士在华工作期间，双方认为促进两国农业科学发展，有必要签订一个协议，规定两国农业科学院的进一步合作办法。[①]在中苏两国农科院建立直接联系基础上，中国农业科学院所属甜菜研究所、原子能农业利用研究所、农业机械研究所等与苏联相关研究所建立直接联系。中国一些与农业相关的研究所与苏联相关农业研究所建立了在交流工作经验范围内的直接联系。[②]

由上可知，从清末至新中国成立初期，引进俄苏农业技术途径与方式不断拓展（表 5-6）。引进技术从通过边民和侨民往来、边境贸易，以实物商品形式引进实体形态技术，到科学家共同进行科学研究以知识交流形式获得试验材料、科研信息、科研方法和新技术成果，是一种巨大的变迁。引进技

① 农业部办公厅专家室：《刘部长致亚历商斯基同志归国感谢信》《本部刘副部长致苏联专家亚历商斯基同志及巴申柯夫同志归国感谢信》，1957 年 4 月至 1957 年 5 月，中华人民共和国农业部档案处档案，案卷-1957-长期-16，第 1 页。

②《在交流工作经验方面建立联系的中苏科学研究机构和设计机构清单》，载对外联络局：《中苏科学技术合作第六届会议决议书所列各项决议》，1957 年 8 月—1957 年×月，中华人民共和国农业部档案处档案，案卷-1957-长期-17，第 222—227 页。

术途径与方式决定引进技术水平及成效。中国引进俄苏农业技术途径与方式的变迁决定了引进技术种类、数量、规模和应用范围变迁、本土化进程和成效。

表 5-6　清末、民国时期、新中国成立初期引进俄苏农业技术途径与方式变迁情况

项目	清末	民国时期	新中国成立初期
引进技术途径	边贸和边民、侨民来华引进	边贸、外贸，边民、侨民来华，地区政府出面引进	外贸，执行中苏科技合作委员会计划、中苏“122项”协定，中苏农业部和农科院等相应机构建立直接联系引进
引进技术方式	物物交换；实物进口或随人带入	物物交换；实物进口或随人带入；聘请专家、派遣留学生、赴苏参加展览会	实物进口、成套援助技术引进；聘请专家、派遣留学生；共同科研、举办展览会、举办学术会议；交换种苗、样品、试验材料、科研信息

第二节　引进农业技术规模及推广范围扩大

清末、民国时期和新中国成立初期，这三个时期引进俄苏农业技术，无论在技术的种类、数量、规模上还是在技术推广应用范围上都有显著差别，并呈现出不断扩大的变迁特点。其中，民国时期引进俄苏农业技术规模及推广范围扩大有两个方面重要原因：一是俄国十月革命引起大批白俄逃亡到新疆伊犁、哈尔滨及中东铁路沿线，带来马、牛、农具和投资兴办农产品加工企业，引进了俄苏农业技术；二是新疆省政府通过大批引进农机具、作物良种、种畜，以及聘请苏联专家、派遣留苏学生等方式引进苏联农业技术。新中国成立初期，在国家层面上中央政府采取多种途径和方式系统引进苏联技术，与民国时期相比在引进技术规模及推广范围上发生了巨大变化。

一、引进俄苏农业技术种类不断增多

从清末到新中国成立初期，中国引进俄苏农业技术，从类别而言，清末主要是农牧品种和农机具等实体形态农业技术，经验形态农业技术很少，只

有聘请俄匠驾驶拖拉机和俄侨引入蜜蜂箱养越冬等经验形态农业技术。民国时期，新疆省政府通过外贸引进农牧品种和农机具等实体形态农业技术，同时以聘请苏联专家制订农业发展计划、培训农技人员、指导农业技术、推广西兽医与人工授精，以及派遣农科学生赴苏留学等方式，引进经验形态和知识形态农业技术。新中国成立初期，中央政府通过外贸引进实体形态农业技术，并通过中苏科学技术合作委员会、中苏“122 项”协定、两国相关科研机构直接联系，以专家互访、共同科研、直接联系等方式引进经验形态和知识形态农业技术，并获得新知识、新技术、新方法等创新成果。但就三个时期都引进较多的实体形态技术而言，引进农作物品种和农机具机型数量是不断增多的。

如棉花品种，早在 20 世纪初，新疆吐鲁番一带传入俄国安集延棉种。20 世纪 30 年代从苏联中亚引进美棉那匆罗斯基、什乃得尔，“稍后从费尔干纳引进 169 等品种，在吐鲁番试种，推广到南疆。”[①]新中国成立初期，中国从苏联引进棉花品种有几百个，仅新疆就引进 100 多个苏联棉花品种，包括 2ИЗ、ОД1、611Б、C-3173、C-1306、C-460、C-3179、C-3123、C-4744、C-1470、1298、8157、108-B、KK-15、KK-352、KK-1543、史来德 306、18819、5230-B、150-B、152-B、153-B、5904И、斯 2421、涡及 1 号、涡及 3 号等。苏联棉种在寒冷干燥的气候条件下驯化培育而成，对环境条件适应性强、种植范围广，而且产量高。1950 年以后，新疆开始大规模引种工作。据统计，先后从苏联引进棉种 100 余个，试种成功并在生产上推广。而从内地引进品种 300 余个，因不适应新疆自然气候条件或生育期过长，均未推广。其中一个重要原因在于：中国新疆与苏联哈萨克斯坦、塔吉克斯坦、土库曼斯坦、乌兹别克斯坦、吉尔吉斯斯坦等加盟共和国所处地理纬度相近，都处在欧亚大陆板块中央，自然气候、地质、地理条件具有更多共性，交通往来便利，引进农业技术本土化障碍因素少。再如冬小麦，在清代已经引种一些俄国品种，但品种数量少、应用范围小，加之引进不连续，影响非常有限。新中国

① 新疆维吾尔自治区地方志编纂委员会：《新疆通志（第 30 卷）·农业志》，乌鲁木齐：新疆人民出版社，1994 年，第 193 页。

成立初期，中国从苏联引进冬小麦品种增多，仅新疆就引进近 30 个苏联冬麦品种，包括乌克兰 0246 号、乌克兰 83 号、敖德萨 16 号、敖德萨 3 号、乌克兰 84 号、新乌克兰 83 号、留切申斯 62 号、红星、爱里特洛培姆等。

引进畜牧品种数量在很大程度上取决于引进品种用途。清末和民国时期边民、侨民和官方军马场从俄苏引进马匹主要是乘骑，这种单一的需要影响引进马的品种和数量。新中国成立初期，为满足畜牧业生产恢复和发展的需要，中国引进苏联种马大多为乘役兼用型及役用型，主要是与地方品种杂交繁育后代作为役用，尤其是牵引和推广马拉农具的役用。因为要适应全国不同地区气候、地形特点、耕作制度等要求，所以引进品种比较多。引进马品种主要有顿河马、阿尔登马、卡巴金马、苏联重挽马、富拉基米尔马、阿哈马、莫尔根马、古粗马、爱沙尼亚马、卡拉巴依马、苏高血马以及大量杂种马约 29 个品种。从苏联引进牛品种，有瑞士褐牛、阿拉托乌牛、科斯特罗姆牛、西门塔尔牛、拉脱维亚牛等约 10 个品种。

清末中国引进羊品种很少。民国时期，新疆聘请苏联专家帮助制订地方绵羊改良和新品种培育计划，有规模地从苏联引进细毛羊品种。其中，民国二十三年（1934），新疆由苏联引进卡夫卡孜-兰布里耶羊、泊列考斯羊、卡拉库尔羊等品种的公羊 443 只，分布在伊犁、塔城、巴里坤、乌鲁木齐和喀什等地杂交改良当地哈萨克羊和蒙古羊。[①]民国时期引进苏联细毛羊品种取得一定成效，改良地方品种形成良好的“兰哈羊”杂种群。由于战争影响和政局变化，细毛羊育种计划实施中断。因此，1949 年前中国仍然没有细毛羊品种，纺织用细毛全依赖进口。

新中国成立初期，为发展毛纺工业，中国从苏联大批引进各种细毛羊品种，如高加索细毛羊、阿斯卡尼亚细毛羊、阿尔泰细毛羊、斯达夫羊、苏联美利奴羊等近 10 个品种。引进农牧品种需要考虑纬度相近适应性强的优势，同时也要考虑纬度跨度大遗传物质互补性强的育种优势，即纬度跨度大的区

① 新疆维吾尔自治区地方志编纂委员会：《新疆通志（第 34 卷）·畜牧志》，乌鲁木齐：新疆人民出版社，1996 年，第 94 页。

域生物资源丰富，具有复杂多样，能为农业育种提供丰富多样的遗传物质。中苏两国都具有幅员辽阔、南北地理纬度跨度大，以及各地土壤结构、气候条件、生态系统、生境类型复杂多样等特点。中苏两国既有大量已驯化培育的农牧品种，又有种类丰富的农作物、家畜野生亲缘种。这些是农牧业育种遗传物质的宝贵资源。因此，新中国成立初期引进苏联农牧品种，已经不仅依靠自然的边境优势，而且更多依靠外交优势和文化优势从苏联境内更大范围地选择引进品种，积累了丰富的育种材料和遗传物质资源。20 世纪 50—60 年代，从苏联引进的农牧良种在当时是农牧业生产主要种植和饲养品种，为改良地方品种及提高产量和质量发挥了不可替代的作用。而且，在后来乃至当今新品种培育中，这些引进品种仍然是重要的育种材料和基因来源。

清末中国边境地区引进俄国火犁机型少。民国时期，新疆引进苏联的弗波型、赫特兹型、铁轮 XT3-37 型、ЛТД-20 型等 4 个型号拖拉机。新中国成立初期，毛泽东提出农业的根本出路在于机械化的新论断。国民经济的第一个五年计划要求推动合作化，要结合农业机械化和其他的技术改革。[①]为推动全国农业机械化发展，中国大批引进苏联农业机械。农机具需要配套使用，同时要适应全国各种不同农业自然条件的农田作业需要。因此，中国引进拖拉机近 20 个机型，主要有斯大林-80、克德-35、克德波-35、纳齐、克斯-30、德特-54、斯尔-50 等。耕地整地机具有 M5-35 型牵引五铧犁、双轮双铧犁、双轮一铧犁、单铧犁、圆盘耙、重型钉齿耙、中型钉齿耙、弹齿耙、镇压器、牵引式开渠筑埂机等 10 多个机型；播种机具有 10 行播种机、甜菜播种机、12 行播种机、棉花播种机、谷物牧草播种机、24 行谷物播种机、48 行窄行谷物播种机、方形点播机等 20 多个机型；收割机具有半机械化摇臂式收割机、半机械化玉米收割机和机引 C6 型康拜因、斯 4 莫、斯克 3、斯克 4 联合收割机、采棉机 CXM-48M、玉米联合收割机 КУ-2、甜菜联合收割机

① 《中华人民共和国发展国民经济的第一个五年计划（1953—1957）》，1955 年 7 月 30 日第一届全国人民代表大会第二次会议通过，JD220/5455（6），载中国社会科学院、中央档案馆：《1953—1957 中华人民共和国经济档案资料选编·农业卷》，北京：中国物价出版社，1998 年，第 7 页。

CKEM-2 等 30 多个机型。这不仅为推广应用提供多样机型和配套方式，同时为仿制和新产品开发提供了更大选择空间和参考借鉴。

二、引进俄苏农业技术规模不断扩大

民国时期，在中国引进俄苏农作物品种中，新疆引进苏联棉种规模较大。民国二十九至三十一年（1940—1942），新疆省政府引进苏棉舍列迭列 8517-36 号棉种 20 万斤，分配在迪化、阿克苏、喀什三地区种植推广。[①]20 世纪 50 年代，中国很多省区种植苏联早熟的斯 3173 棉花品种。就棉种而言，大多是从苏联哈萨克斯坦、塔吉克斯坦、土库曼斯坦、乌兹别克斯坦、吉尔吉斯斯坦等加盟共和国进口。新疆进口苏联棉种，有相当一部分供应给内地省区种植。1950 年，甘肃省从新疆引入苏联早熟的斯 3173 品种，在敦煌、民勤等县试种；1952 年敦煌县试种成功，较原种植的黑籽棉增产 145.2%；1955 年，推广种植 5.4 万亩，平均亩产 78 斤。甘肃省通过试种和大量比对分析，确认苏联斯 3173 棉种品质优良，于 1956 年一次就从新疆调入苏联棉种 80 万斤；1958 年，又调入苏联棉种 45 万斤，使甘肃全省棉花种植面积的 93%以上种植苏联早熟的斯 3173 品种，总种植面积达 49 万亩。1958 1970 年，甘肃引入苏联棉种 KK-1543 替代斯 3173。经西北农业科学研究所试验，KK-1543 植株性状、棉花品质优于斯 3173，且亩产皮棉比斯 3173 增产 10%以上。1959 年，从苏联调入 KK-1543 种子 100 万斤，1963 年又从新疆调入种子 30 万斤，到 1970 年普及甘肃全省。[②]1955 年，甘肃引进苏联涡及 1 号棉花品种，经 5 年试种，纤维长 23.8 毫米，亩产皮棉 88.1 斤。1958 年，调入苏联涡及 1 号种子 3 万斤。[③]

新中国成立初期，中国大批从苏联进口甜菜种子种植。主要品种有拉蒙

---

① 新疆维吾尔自治区地方志编纂委员会：《新疆通志（第 30 卷）·农业志》，乌鲁木齐：新疆人民出版社，1994 年，第 193 页。

② 甘肃省地方史志编纂委员会：《甘肃省志（第 18 卷）·农业志》，兰州：甘肃文化出版社，1995 年，第 340 页。

③ 甘肃省地方史志编纂委员会：《甘肃省志（第 18 卷）·农业志》，兰州：甘肃文化出版社，1995 年，第 345 页。

1537、拉蒙 06、拉蒙 632 等。当时黑龙江省甜菜制糖业不断发展，甜菜面积种植随之扩大，每年进口苏联拉蒙 1537 号甜菜品种 3000—4000 吨。同样，吉林、甘肃等地也大批从苏联引进甜菜种子。吉林省甜菜生产所用的种子大部分从苏联引进。仅 B020、拉蒙 1537 品种每年进口量就达 1000—1500 吨。①1958—1960 年，甘肃省大量调入苏联拉蒙 1537、B020 甜菜种子，仅 1959 年就从苏联调入 B020 品种 60 万斤。②

中国有规模地引进俄苏绵羊品种始于 20 世纪 30 年代，由新疆省政府从苏联引进。最大规模的一次是在民国二十三年（1934）。当时为改良当地品种新疆引进包括卡夫高加索细毛羊、泊列考斯羊和部分卡拉库尔羊共 443 只。③新中国成立初期，中国大力引进苏联细毛羊品种，聘请苏联专家帮助培育细毛羊品种。1950—1966 年，仅新疆、吉林、黑龙江、甘肃就引进苏联高加索细毛羊、阿斯卡尼亚细毛羊、阿尔泰细毛羊、斯达夫细毛羊、美利奴细毛羊五个品种细毛羊 3476 只（表 5-7）。自 1954 年起，先后育成新疆细毛羊、军垦细毛羊、东北细毛羊、甘肃高山细毛羊等新品种，改变了毛纺工业原料毛全依赖进口的局面。

表 5-7　1950—1966 年新疆、吉林、黑龙江、甘肃从苏联引进羊品种和数量

单位：只

细毛羊品种名称	新疆地方及生产建设兵团引进数量及分布	吉林	黑龙江	甘肃	合计
高加索细毛羊	411（其中新疆地方 263、兵团 148）	340	70	552	1373
阿斯卡尼亚细毛羊	353（其中新疆地方 280、兵团 73）	190	45		588
阿尔泰细毛羊	637（其中新疆地方 537、兵团 100）			149	786
斯达夫细毛羊		368	75		443
美利奴细毛羊			160	126	286
合计	1401	898	350	827	3476

资料来源：新疆、黑龙江、吉林、甘肃等相关畜牧志数据统计结果

① 吉林省地方志编纂委员会：《吉林省志（第 16 卷）·农业志》，长春：吉林人民出版社，1993 年，第 121—122 页。

② 甘肃省地方史志编纂委员会：《甘肃省志（第 18 卷）·农业志》，兰州：甘肃文化出版社，1995 年，第 353 页。

③ 新疆维吾尔自治区地方志编纂委员会：《新疆通志（第 34 卷）·畜牧志》，乌鲁木齐：新疆人民出版社，1996 年，第 94 页。

清末引进俄苏农机具多为边民、侨民引进自用，数量规模小，区域性强，仅局限于中俄边境地区的一些种田大户使用，引进品种仅包括割草机、搂草机、铡草机、脱谷机等半机械化农具。起初，黑龙江将军程德全出面购进2台火犁，官民合办火犁公司。由于火犁价格昂贵，每台1.1万两白银，配套机具少，只用于耕地，利用率低。因此，后来兴办火犁公司，购买火犁和牵引机具数量都很少。民国时期，东北个体农场一般拥有拖拉机 1—3 台。[①]在绥滨、富锦的三角地带，汤原、佳木斯、依兰的松花江流域，甘南、讷河、嫩江、黑河平原一带，少数个人办的农场购进拖拉机多者有10台左右，如1925年在绥滨县内的东北农具垦殖公司拥有11台拖拉机。[②]民国时期，新疆引进苏联农机具最多，但主要是畜力农具。引进的拖拉机仅弗波型、赫特兹型、ЛТД-20型等型号，共20余台。

新中国成立初期，仅1951—1958年国家就拿出4.06亿元从苏联等国引进了2.8万多台拖拉机，供东北、新疆等地国营农场使用。另外，新疆生产建设兵团对外贸易公司从苏联进口大批拖拉机和各种机引农业机械。1950年，根据朱德总司令的指示，新疆军区成立新疆贸易公司，从苏联进口拖拉机26台。1951年，新疆军区二十二兵团拖拉机实习农场、步兵六师机械实习农场成立。1953年，新疆军区为继续发展机耕，又引进苏联拖拉机及联合收割机。至1955年，累计引进拖拉机7种共376台及推土机5台（表5-8）。[③]新疆生产建设兵团农机装备的另一个重要来源是农垦部直供。1956年，新疆生产建设兵团装备农业机械来由新疆地方贸易进口改为由新成立的中央农垦部直供。1956—1960年，直供仍以苏联农业机械为主。这期间，新疆生产建设兵团新增苏联产拖拉机12个机型，共956台。

---

① 黑龙江省地方志编纂委员会：《黑龙江省志（第13卷）·农机志》，哈尔滨：黑龙江人民出版社，1996年，第16—17页。

② 黑龙江省地方志编纂委员会：《黑龙江省志（第13卷）·农机志》，哈尔滨：黑龙江人民出版社，1996年，第16页。

③ 新疆生产建设兵团史志编纂委员会、新疆生产建设兵团农业机械志编纂委员会：《新疆生产建设兵团农业机械志》，乌鲁木齐：新疆人民出版社，2004年，第49—50页。

表 5-8　1955 年新疆生产建设兵团从苏联引进拖拉机及推土机的机型和数量　　单位：台

机型	ХТЗ-ПАТИ	С-80	КДП-35	КД-35	ДТ-54	铁轮 У1	铁轮 У2	推土机 Д159	合计
数量	79	79	21	67	83	24	23	5	381

资料来源：新疆生产建设兵团史志编纂委员会、新疆生产建设兵团农业机械志编纂委员会：《新疆生产建设兵团农业机械志》，乌鲁木齐：新疆人民出版社，2004 年，第 50 页

1950—1955 年，新疆生产建设兵团通过易货贸易和新疆地方贸易，在引进苏联拖拉机的同时，引进配套的农牧机具 27 种、2231 台（架）。其中，机引犁 5 种，726 台；机引耙 6 种，636 架；播种机 2 种，35 台；中耕机 3 种，155 台；选种机具 2 种，121 台；植保机具 1 种，4 台；场上作业机具 1 种，70 台；畜牧机具 2 种，209 台；其他机引农机 5 种，275 架。这时期引进的机引农牧机具，犁和耙型号和数量最多（表 5-9）。[①]

表 5-9　1950—1955 年新疆生产建设兵团从苏联引进的机引主要农业机械数量　　单位：台（架）

名称	悬挂三铧犁	牵引四铧犁	牵引五铧犁	灌木犁	园艺单体犁	机引钉齿耙	轻型圆盘耙	轻型圆盘耙	重型缺口耙	圆盘灭茬耙	宽幅灭茬耙
型号	ПН3-35Р	П4-30	П5-35	ПКБ2-54	ПКБ56	ЗДЗТУ1	БД3.4	БДТ2.0	БДТ2.2	ЛДТ4.5	ЛД16.6
数量	240	66	362	51	7	347	43	50	75	116	4

资料来源：新疆生产建设兵团史志编纂委员会、新疆生产建设兵团农业机械志编纂委员会：《新疆生产建设兵团农业机械志》，乌鲁木齐：新疆人民出版社，2004 年，第 61 页

三、引进俄苏农业技术推广范围扩大

清末中国引进俄国农牧品种和农机具应用的区域性强，主要在哈尔滨及中东铁路沿线地区和新疆伊犁、塔城等地，且以自种、自养、自用为主。民国时期，新疆省政府引进苏联农机具和农牧良种应用范围在伊犁、塔城、巴里坤、阿克苏、乌鲁木齐和喀什等地区，东北仍主要在中东铁路沿线地区扩散。新中国成立初期引进苏联农业技术，在若干省区甚至全国推广。

20 世纪初，俄侨迁入新疆伊犁、塔城等地时带进不少瑞士褐牛及其他杂

---

① 新疆生产建设兵团史志编纂委员会、新疆生产建设兵团农业机械志编纂委员会：《新疆生产建设兵团农业机械志》，乌鲁木齐：新疆人民出版社，2004 年，第 61 页。

种牛。民国时期，引进农牧品种和农具主要是自种、自养、自用，或在边境地区扩散。新中国成立初期，根据全国农业发展和各地农业生产需要引进苏联农牧品种和农机具，并采取有效措施推广应用。譬如，甘肃省于1958年引入苏联棉种KK-1543推广种植。1959年、1963年两次引进苏联KK-1543种子130万斤，到1970年普及甘肃全省。①同样，农业部、外贸部从苏联引进畜牧品种是供给全国各地用于家畜改良和育种。1950年，贸易部从苏联购入1125匹优良种马，分配到14个省区饲养（表5-10）。②为充分发挥引进种马改良地方品种作用，中国建立国营种畜场、配种站和马匹配种站扩大配种数量。1953年起，中国从苏联购入奥尔洛夫快步马、顿河马、苏维埃重挽马、拉脱维亚的重挽马等品种100多匹，分配到各地国营种畜场、配种站饲养和繁育后代。至1957年底，中国用这批从苏联引进种繁殖的3000匹马建14个种马场。接着选择优良公马，在10个省建立国营马匹配种站450个。③甘肃省从苏联引进奥尔洛夫快步马55匹、卡拉巴依马38匹、顿河马19匹、卡巴金马4匹、摩尔根马5匹、苏维埃重挽马28匹、富拉基米尔马14匹、阿尔登马24匹，设立华池马场、武都马场、甘谷马场和天祝县马场，在全省各地马场、牧场、家畜良种培育站开展马匹人工授精。至1967年，每年人工授精配民马3000匹以上，历年累计杂交改良马6.84万匹。④

表5-10　1950年中国第一批引进苏联马匹品种和数量　　单位：匹

品种	匹数	分布区域
顿河马	115	黑龙江、河北、内蒙古、山西、甘肃等地
阿尔登马	225	吉林、黑龙江等地
苏纯血马	375	内蒙古、青海、河南、山东、湖北、安徽等地
卡巴金马	148	内蒙古、黑龙江、甘肃、贵州、青海等地

① 甘肃省地方史志编纂委员会：《甘肃省志（第18卷）·农业志》，兰州：甘肃文化出版社，1995年，第340页。

② 中国畜牧兽医学会：《中国近代畜牧兽医史料集》，北京：农业出版社，1992年，第127页；李韬：《苏联对我国畜牧业的巨大援助》，《中国农垦》1957年第5期，第2—3页。

③ 李韬：《苏联对我国畜牧业的巨大援助》，《中国农垦》1957年第5期，第2—3页。

④ 甘肃省地方史志编纂委员会：《甘肃省志（第21卷）·畜牧志》，兰州：甘肃人民出版社，1991年，第82—83页。

续表

品种	匹数	分布区域
富拉基米尔马	38（35）	吉林、黑龙江等地
阿哈马	52	黑龙江、内蒙古等地
古粗马	76	山西
卡拉巴依马	96	甘肃、陕西等地
合计	1125（1122）	内蒙古、吉林、黑龙江、甘肃、河北、云南、贵州、青海等地

资料来源：中国畜牧兽医学会：《中国近代畜牧兽医史料集》，北京：农业出版社，1992年，第127页

清末和民国时期，俄侨引入的苏白猪都用于自家饲养。中国从1949年开始大批引进苏白猪，分配到吉林、黑龙江等地饲养繁育，用于改良地方品种。1950年，国家从满洲里站进口苏白猪50头，在辽宁铁岭种畜场饲养繁育并向外省供应种猪。1958—1966年，黑龙江省从苏联引入近500头苏白猪，母猪在国营农场饲养作纯繁，公猪则用于改良本地猪。①甘肃省从1950年开始引进苏白猪，至1957年，全省苏白猪发展到1.49万头。1958年，又从苏联直接进口苏白公猪120头，用于改良地方品种。②

就农机具而言，早在1903年，迁入额尔古纳右旗三河地区和岭西铁路沿线地区的俄国侨民从俄国带来马拉播种机、铁犁、摇臂式收割机，以及少量的火犁、火磨、水磨。③这些农机具主要是自用开荒种地。至民国时期，俄国十月革命后，白俄富农及官兵携带大量新式犁、耙、播种机、收割机等，在伊犁、塔城、阿山边境一带开荒种地，也主要是自用。但有些白俄富农带来农机具较多，有一部分是卖给当地富商、地主的。民国时期，新疆省政府曾大批引进苏联农机具分给各区推广应用，是1949年前中国引进和推广应用农机具范围最大的省区。全新疆农机具拥有各种新式机具量最多达70个

① 黑龙江省地方志编纂委员会：《黑龙江省志（第10卷）·畜牧志》，哈尔滨：黑龙江人民出版社，1993年，第149—151页。

② 甘肃省地方史志编纂委员会：《甘肃省志（第21卷）·畜牧志》，兰州：甘肃人民出版社，1991年，第132页。

③ 呼伦贝尔盟农业局：《呼伦贝尔盟农业志》，呼伦贝尔：内蒙古文化出版社，1994年，第148页。

品种，10.5 万架左右。[①]由于政府采取一些政策措施推进“农业机械化”，引进苏联农机具取得一定成效。至 20 世纪 30 年代末，在北疆特克斯县、绥定县、伊宁县、巩留县、察布查尔锡伯县、霍城县等，一般农户都采用新式农机具耕种，富裕户则购买大型畜力播种机、收禾机、打粮机等农机具。伊宁县、察布查尔锡伯县、尼勒克县的个别富裕农户还购买拖拉机和三铧犁等机引大型农机。[②]新中国成立初期，中国把农业机械化视为农业发展的根本出路和重要动力，并以此引导农民进行社会主义改造走合作化、集体化道路。根据先半机械化、后机械化方针[③]，采取国营机械化农场示范农业机械化、试办国营农业机器拖拉机站代耕等措施，大批引进和全面推广农业机械化。1956 年，全国共增建拖拉机站 188 个，新增拖拉机 7487 标准台。至 1957 年，全国已有拖拉机站 390 个，拥有拖拉机 1.2 万台（标准台），机耕面积达 2754 万亩，远超过“一五”计划规定指标。除西藏外，各省（自治区、直辖市）都有拖拉机站。平原旱作地区建设拖拉机站密度较大，如河北省建有拖拉机站的县占全省所有县数的 50%以上。[④]

第三节　引进俄苏农业技术变迁加快本土化

清末到新中国成立初期，引进俄苏农业技术变迁总体趋势是技术形态、种类、数量和规模增加，并因此加快引进技术本土化。加快引进技术本土化的内在机制是引进技术整体性与对自然环境条件、社会文化环境适应性的增强。引进技术本土化是被选择、利用和改造创新的过程，同时受政策措施、

① 新疆维吾尔自治区地方志编纂委员会：《新疆通志（第 30 卷）·农业志》，乌鲁木齐：新疆人民出版社，1994 年，第 443 页。
② 新疆维吾尔自治区地方志编纂委员会：《新疆通志（第 30 卷）·农业志》，乌鲁木齐：新疆人民出版社，1994 年，第 465 页。
③ 安达市地方志办公室：《安达县志》，哈尔滨：黑龙江人民出版社，1992 年，第 157 页。
④《当代中国》丛书编辑部：《当代中国的农业机械化》，北京：中国社会科学出版社，1991 年，第 25 页。

社会制度、文化传统等人文因素的制约和影响。

一、引进俄苏农作物技术变迁及本土化

引进技术变迁主要是技术结构变迁，而技术结构的变迁首先在于技术要素种类、数量、规模和政策、措施的变迁。从清末至新中国成立初期，引进俄苏作物品种结构变迁及本土化成效表明：引进作物品种数量、规模扩大加快本土化；同时，引进作物品种本土化受种植技术和政策措施的影响。引进作物品种本土化是一种生命运动过程。因此，引进作物品种本土化前提和基础是这个品种必须连续种植或引进，并不断增强对引入地区自然环境条件的适应性。而引进农作物品种本土化一个重要标志是利用这个品种培育出新品种，并大面积种植。因为这种新品种培育成功要利用本土品种对当地环境良好适应性的遗传物质，从而引进品种被改造出具有适应本土环境条件的特性。据此，引进俄苏主要农作物品种数量、规模与本土化成效显示（表 5-11）：引进俄苏棉花、冬小麦、亚麻、甜菜品种，培育成一系列新品种，具有良好本土化成效。其共同特点是：引进品种连续性强，数量、规模和推广种植面积大，其中最典型的就是引进俄苏棉花品种。

表 5-11　清末至新中国成立初期中国从俄苏引进农作物及育成品种结构情况表

类别	清末	民国时期	新中国成立初期	本土化育成品种
棉花	安集延、什乃得尔、那勿罗斯基	什乃得尔、那勿罗斯基、舍列迭列 8517-36 号等 170 多个品种	2ИЗ、ОД1、611-Б、斯 3173、C1306、C460、C3179、C3123、C4744、C1470、1298、8157、108B、KK-15、KK-352、KK-1543、史来德 306、18819、5230B、150B、152B、153B、5904И、斯 2421、涡及 1 号、涡及 3 号等 300 多个品种	胜利 1 号、新海棉、军棉 1 号、新陆 201 号、农垦 5 号、军海 1 号、大铃棉、新海 2 号、路新 202 号、新海 5 号、靖棉 1 号等，共有 40 余个品种
冬麦	乌克兰0246号、乌克兰 83 号、奥德萨 16 号等	乌克兰 0246 号、乌克兰 83 号、奥德萨 16 号、黑穗冬麦	乌克兰 0246 号、乌克兰 83 号、敖德萨 16 号、敖德萨 3 号、乌克兰 84 号、新乌克兰 83 号、留切申斯 62 号、红星、爱里特洛培姆	伊农 7 号、新冬 13 号、新冬 2 号、伊农 9 号
亚麻	贝尔纳 1 号种（裴鲁诺种）、露西亚 1 号	贝尔纳 1 号，选育出哈系 384 和哈系 419	贝尔纳 1 号种和五河林、乐 1120 号种	哈系 384、哈系 419 品种、华光 1 号品种和黑亚 3 号、黑亚 4 号
甜菜	糖用甜菜	糖用甜菜	拉蒙 632、拉蒙 1573、拉蒙 06、B020	双丰 1 号，甜研 1 号、自采 P

续表

类别	清末	民国时期	新中国成立初期引进	本土化育成品种
玉米	白马牙、金皇后、维尔 156 号、维尔 42 号	白马牙、金皇后、维尔 156 号、维尔 42 号	白马牙、金皇后、维尔 156 号、维尔 42 号、维尔 1650 号	
饲料作物	猫尾草、红三叶、紫苜蓿、	饲用甜菜	猫尾草、红三叶、紫苜蓿、饲用甜菜	
蔬菜	甘蓝、金瓜	“集体农庄女庄员”甜瓜	思伊涛沙、伊白里亚等品种西瓜	
油葵	“先进工作者”油葵	维尔 1650 号、“先进工作者”	“先进工作者”，夫尼姆克，列克尔德，苏联 1、2、3、4、10 号	
油菜	奥罗	奥罗	奥罗	
燕麦		苏鲁		
苹果	紫太平、阿波尔特、夏力蒙			

资料来源：黑龙江、新疆、吉林、甘肃、内蒙古等省区农业志、科学技术志

早在 20 世纪初，新疆吐鲁番一带就引进和种植从俄国安集延引进的棉花品种。时至 20 世纪 30 年代，新疆省已经大批从苏联中亚引进什乃得尔、那勿罗斯基等美棉品种，仅从苏联加盟共和国乌兹别克斯坦所辖的费尔干纳就引进棉花品种 169 个。这些棉种在吐鲁番试种后，推广到南疆各地栽培。民国二十九至三十一年（1940—1942），盛世才主政时引进苏联舍列迭列 8517-36 号棉种 100 吨，分发到迪化、阿克苏、喀什三地区推广，其品种特点被棉农掌握，取得良好成效。20 世纪 50 年代中国继续大规模引种工作，从苏联引进 100 余个品种试种并成功推广。[①]新疆引进 611-Б、КК-1543 等苏联棉种在北疆推广。1955 年，开始棉花育种工作。农一师沙井子试验站从胜利一场种植苏联品种 2и3 长绒棉田中选出优异单株，经数年比较选择，于 1959—1963 年区试后，定名为胜利 1 号新品种。以后，相继育成了胜利 1 号、新海棉、军棉 1 号、新陆 201、农垦 5 号、军海 1 号、大铃棉、新海 2 号、路新 202、新海 5 号等 30 余个品种和品系。[②]

① 新疆维吾尔自治区地方志编纂委员会：《新疆通志（第 30 卷）·农业志》，乌鲁木齐：新疆人民出版社，1994 年，第 193 页。

② 新疆维吾尔自治区地方志编纂委员会：《新疆通志（第 30 卷）·农业志》，乌鲁木齐：新疆人民出版社，1994 年，第 194 页。

高产植棉技术引进是引进苏联棉种大面积推广种植的关键。1953 年起，新疆生产建设兵团在苏联专家 B. И. 迪托夫的指导和八一农学院的协助下，开始全面采用 B. И. 迪托夫教授提供的技术和经验，采用苏联斯 3173、611-Б 两个早熟、丰产、枝株紧凑的良种，当年 3 万亩棉田平均亩产量达到 355.6 斤，其中 2 万亩平均产量达 402 斤。[①]农业部高度重视 B. И. 迪托夫的棉花高产栽培技术，组织召开会议，在全国范围进行推广斯 3173、611-Б 等棉种连同 B. И. 迪托夫教授的植棉技术。[②] 611-Б 棉种系苏联新区棉作科学研究所在 1945 年育成的，为 12827 和 1238 的杂交种。1956 年，新疆五星农业社播种苏联长绒棉品种 2И3，平均亩产量达到 264 斤。[③]植棉技术与棉种一起引进，应用成效是二者协同作用的结果。技术是以系统形式存在的，引进技术整体性越强，消化吸收本土化越快，成效越高。相反，引进技术单一，缺乏相关技术配套协同，不仅难以本土化，甚至无法利用和存在。

20 世纪 50 年代，新疆生产建设兵团种植棉花主要采用进口苏联棉种。1952 年，新疆军区生产办公室从苏联引进斯字棉品种斯 3173/1306 在南北疆部队农场试种。1955 年，新疆军区生产办公室从苏联引进 611-Б、108B、KK-1543 等 3 个品种 300 多吨种子，分配给南疆垦区的以 108B 为主，KK-1543 为辅；分配给北疆的以 KK-1543 为主，611-Б 为辅，同时进行试验、示范、推广。至 1959 年，108B 已在南疆推广 1.3 万公顷，611-Б 已在北疆推广 2.2 万公顷，KK-1543 被推广数也呈现上升趋势。以 KK-1543 为代表的第一代主栽品种群体投入大田生产，利用年限长达 28 年，是新疆生产建设兵团棉花生产中利用年代最久的国外引进棉种。[④]随后，新疆生产建设兵团又引进斯 6022/5904 依、8763 依等品种，1956—1959 年继续引进苏联长绒棉品种 910 依、10964、5476 依、8704 依、5904 依、8763 依、504 波等在各农

① 程照轩：《新疆棉花大面积丰产的主要经验》，《农业科学通讯》1956 年第 2 期，第 77 页。

② 涂治：《新疆省玛纳斯河流域棉花增产经验》，《中国农报》1954 年第 3 期，第 26—28 页。

③ 新疆维吾尔自治区农业厅：《新疆吐鲁番五星农业社 1956 年棉花丰产总结》，《农业科学通讯》1957 年第 2 期，第 82 页。

④ 新疆生产建设兵团史志编纂委员会、新疆生产建设兵团农业志编纂委员会：《新疆生产建设兵团农业志》，五家渠：新疆生产建设兵团出版社，2009 年，第 323 页。

业试验站进行品种比较试验和种植。[①]这些品种的种植，对新疆生产建设兵团长绒棉品种的选育、生产的发展均起到了促进和推动作用。[②]

引进苏联棉种在内地省区大面积推广种植。新中国成立后，中国从苏联引进的 5230 夫、斯 6022/5904 依、8763 依等长绒棉品种在甘肃、山东、河北等省区播种都获得成功。苏联棉种 611-Б 棉种引入新疆后表现很好，于 1956 年引入晋中地区种植。1956—1958 年参加全国棉花品种区域试验，由于产量比原种植品种金子棉高 20.87%，且纤维长度等质量指标优越，播种面积不断扩大。至 1958 年，全区播种 611-Б 共 19.85 万亩，占总面积的 23.3%。[③]1950 年，甘肃省从新疆引入苏联早熟的斯 3173 品种，在敦煌、民勤等县试种；1952 年敦煌县试种成功。1958 年，又调入苏联棉种 45 万斤，种于酒泉、张掖、武威。至此，甘肃全省种植苏联早熟的斯 3173 品种已达 48.87 万亩，占全省棉花种植面积的 93.15%。[④]

苏联援建哈尔滨亚麻纺织厂项目的建成和生产经营，有助于引进苏联亚麻本土化。中国东北种植纤维用亚麻始于 1905 年。亚麻品种以产地命名，如“俄国种也叫 1 号种或裴鲁诺种”。另外，内蒙古“亚麻种子主要是由苏联及荷兰供应”。[⑤]黑龙江省于 1913 年引入亚麻，在中东铁路哈尔滨香坊农事试场试种。1926 年进行纤维制线生产，产品主要销往日本，1936 年亚麻种植面积为 8 万亩，到 1945 年增加到 77.3 万亩，10 年间增长了 866.25%。[⑥]新中国成立前，黑龙江省种植的亚麻品种是 1931 年引进的苏联贝尔纳 1 号及美国 1 号。

---

① 新疆维吾尔自治区地方志编纂委员会：《新疆通志（第 30 卷）·农业志》，乌鲁木齐：新疆人民出版社，1994 年，第 186 页。

② 新疆生产建设兵团史志编纂委员会、新疆生产建设兵团农业志编纂委员会：《新疆生产建设兵团农业志》，五家渠：新疆生产建设兵团出版社，2009 年，第 323 页。

③ 王道均：《611-Б 棉种在晋中棉区的展望》，《新疆农业科学》1960 年第 1 期，第 8—9 页。

④ 甘肃省地方史志编纂委员会：《甘肃省志（第 18 卷）·农业志》，兰州：甘肃文化出版社，1995 年，第 340 页。

⑤《内蒙古自治区志·农业志》编委会：《内蒙古自治区志·农业志》，呼和浩特：内蒙古人民出版社，2000 年，第 331—332 页。

⑥ 黑龙江省地方志编纂委员会：《黑龙江省志（第 7 卷）·农业志》，哈尔滨：黑龙江人民出版社，1993 年，第 225 页。

中国引入苏联的贝尔纳 1 号、五河林、乐 1120 等亚麻品种，不仅大面积推广种植，而且培育出华光 1 号品种，哈系 384、哈系 419 品种和黑亚 3 号、黑亚 4 号等新品种。其中，苏联品种贝尔纳 1 号中选育出哈系 384 和哈系 419 品种，在双城、呼兰、拜泉、依兰、哈尔滨市郊区、克山、绥化、海伦等地推广。吉林省于 1914 年引进俄国贝尔纳、露西亚 1 号亚麻品种，其中俄国贝尔纳品种一直到 1955 年前都是吉林省、黑龙江省亚麻主栽品种。1948 年及 1949 年，由苏联引进贝尔纳亚麻种子经过试种增产显著，扩大种植，已在黑龙江省全省推广。东北农业科学研究所从贝尔纳品种中选育出华光 1 号及华光 2 号两个品种，经过区域试验和大面积生产示范，华光 2 号在吉林省种植增产显著，已经成为吉林省的主栽品种，1956 年在黑龙江省阿城、呼兰、巴彦、延寿、拜泉等县推广种植。这是当时较好的品种，推广面积达 40 万亩，占全省亚麻面积的 60%。[①]1957 年，黑龙江省又引进乐 1120 苏联品种。到 20 世纪 60 年代中期推广面积达到 30 万亩。

苏联援建哈尔滨亚麻纺织厂投产不仅带动了亚麻种植业发展，而且推动了亚麻品种应用。1952 年，苏联援建哈尔滨亚麻纺织厂投产。该厂所需亚麻量占黑龙江省亚麻总产量的 80%以上。1953 年亚麻种植面积增加到 41.9 万亩，总产量 3.5 万吨。由于种植亚麻经济效益好，农民生产积极性很高，到 1959 年种植面积扩大到 75.4 万亩，是 1949 年的 3.8 倍，总产量增加到 8 万吨，是 1949 年的 6.1 倍。[②]黑龙江省尤其是哈尔滨地区，非常重视对亚麻新品种的引进和推广应用。黑龙江省纺织工业部门直接负责亚麻种子的优选和推广工作，有力地促进了亚麻品种的更替和原料生产。[③]20 世纪 50 年代，黑龙江省推广华光 1 号、华光 2 号和从苏联引进的亚麻品种，更换已经混杂退化的苏联品种贝尔纳 1 号和哈系 384、哈系 419 等品种。20 世纪

---

① 吉林省地方志编纂委员会：《吉林省志（第 16 卷）·农业志》，长春：吉林人民出版社，1993 年，第 354 页。

② 黑龙江省地方志编纂委员会：《黑龙江省志（第 7 卷）·农业志》，哈尔滨：黑龙江人民出版社，1993 年，第 225—226 页。

③《当代中国》丛书编辑部：《当代中国的纺织工业》，北京：中国社会科学出版社，1984 年，第 208—212 页。

60年代又用抗倒伏力强、苗期病虫害轻的51-1120良种。[①]1952—1981年，由于更换品种，30年间，亩产量提高了1倍多，总产量增加了360%。

引进苏联农业品种育成新品种和本土化对引进俄苏种质资源保存和利用起到了重要作用。种质资源是农业育种的物质基础。种质系指亲代传递给子代的遗传物质。种质资源是作物基因资源的载体。地方品种、新培育品种、遗传材料及近缘野生植物等都是作物的种质资源。苏联于1930年成立全苏植物栽培研究所，搜集、研究和利用世界各地栽培植物及近缘野生植物种质资源。[②]在中苏农业科学技术合作期间，特别是1953—1955年，苏联专家多次建议中国重视科学保护和利用农业品种资源，尽快建立种子管理机构，负责良种收购、调配、繁育、推广和鉴定等工作。[③]1956年，根据中苏科技合作委员会会议第3422号决议，苏联先后派遣35名专家来华考察农业。其中，E. A 马留根率全苏植物栽培研究所15名专家，在华进行了为期2个月的作物栽培考察，搜集植物品种。农业部派专家与苏联专家共同搜集，在中国西北、西南、华中及青海、甘肃、湖北、山东、四川、陕西等全国各地考察植物品种，搜集到的育种材料，中苏各保存一份（这次苏联专家带走2000多个品种）。[④]这是中国首次全面系统地搜集、保存、整理和研究植物种质资源。

根据农业部要求，各相关省（自治区、直辖市）安排农业专家、技术人员与苏联专家一起工作，学习种质搜集、保存技术、经验和研究方法。每到一处，考察结束前一天，分别组织小范围座谈会或举行大范围报告会，由苏联专家分层次、系统地讲解种质资源的搜集、保存意义、方法和经验，解答

---

① 《当代中国》丛书编辑部：《当代中国的农作物业》，北京：中国社会科学出版社，1988年，第282页。

② 〔苏〕塞夫楚克：《世界植物资源在苏联谷物生产中的意义》，载农业部办公厅国际技术合作局：《根据中苏科技合作会议第3422号决议接待苏联伊万诺娃、塞夫楚克两专家在华考察期间所作报告汇总》，1955年至1957年，中华人民共和国农业部档案处档案，案卷-1957-永久-27，第27页。

③ 农业部办公厅专家室：《本部关于一九五五年苏联专家建议（登记卡编号1-17）》，1953年1月至1954年4月，中华人民共和国农业部档案处档案，案卷-1955-长期-4，第15—23页。

④ 农业部办公厅国际合作处：《李副总理接见苏联科技代表团谈话纪要、中苏科技合作第1、2、3、4、5、6届会议总结报告及扩大中苏科技合作意见》，1955年2月至1957年8月，中华人民共和国农业部档案处档案，案卷-1957-永久-14，第29页。

中国农业专家和技术人员提出的问题。最后，农业部还组织把苏联专家在各地的会谈、报告、答疑和赠送的资料进行整理、汇编、印刷，分发给各地有关农业科研、教育和农技部门作为学习研究参考。①

根据苏联种质资源收集保存的技术和经验，同时结合中国实际，20 世纪下半叶，中国开展了两次全国范围的种质资源调查，全面搜集保存地方品种及引进品种资源。至 20 世纪 80 年代末，中国搜集保存的植物种质资源数量仅少于苏联、美国，居世界第三位，其中作物品种资源材料就达 35 万份。②这些种质资源的搜集和保存是以后新品种培育的重要遗传物质来源。

中国本土农作物种质资源丰富，耐贫瘠、耐干旱，且抗病害、抗逆性强，适应性强。但中国本地品种普遍生长期长、产量低，引进品种却往往产量高、适应性差。因此，农作物育种需要同时利用适应性强的地方品种和产量高的引进品种。从清末至新中国成立初期，中国引进俄苏农业品种不仅在当时改良了地方品种，而且还积累了遗传物质，为新品种的培育提供了种质资源。

引进俄苏农作物品种和种植技术本土化也是文化融合。苏联植棉专家 B. И. 迪托夫的植棉技术方法正契合农业“八字宪法”。在农业“八字宪法”中，“种”是种植良种；“土”强调深耕；“肥”强调多积肥、多施肥；“密”即密植；“保”即中耕保墒；“管”即田间管理等，这些原则要求是中国传统农业生产技术方法、经验的高度概括。B. И. 迪托夫的植棉技术实施前，他总是向新疆生产建设兵团的官兵或农业基层干部、技术人员、农民群众强调种子优、深耕、多施肥、加强田间管理技术要点，并要求采用苏联 108Ф、斯 3173 等苏联优良棉种。1954 年 1 月，《农业部党组关于棉产工作会议的报告》指出：提高棉花单位面积产量的措施，需要掌握适当增施肥料、防治病虫害、改进栽培技术等主要环节。就改进栽培技术而言，“带有普遍性的增产环节是：扩大秋耕面积，逐步加深耕层，保苗、匀苗、适当密植，

① 《苏联植物栽培考察组合作介绍》，载农业部办公厅国际技术合作局：《根据中苏科技合作会议第 3422 号决议接待苏联伊万诺娃、塞夫楚克两专家在华考察期间所作报告汇总》，1955 年至 1957 年，中华人民共和国农业部档案处档案，案卷-1957-永久-27，第 206—215 页。

② 农业部科学技术委员会、农业部科学技术司：《中国农业科技工作四十年（1949—1989）》，北京：中国科学技术出版社，1989 年，第 56—192 页。

抗旱抗涝；实施整枝、中耕以提早成熟，增加产量等”。[①]由此可见，苏联专家B. И. 迪托夫的植棉技术方法与中国传统农业技术及当时农业科技政策是高度契合的。同时表明，引进技术消化利用本土化，政策推动是重要条件之一。

引进俄苏棉种及种植技术应用推广本土化对中国棉花增产和新品种培育影响深远。自清末至新中国成立初期，在长达一个多世纪的时间里，中国引进俄苏棉种基本没有间断。先后引进推广品种 300 多个，培育新品种 40 个。棉花是中国重要的出口创汇产品和战略物资。引进俄苏棉种的应用推广，提高了中国棉花的产量和质量，增加了出口创汇。新疆是中国重要的产棉区和出口棉制品加工区，引进品种、培育新品种和本土化显得尤其重要。新疆采用苏联棉种最多，培育新品种也多，不仅满足新疆自用，还向内地省份长期提供优良棉种。新中国成立后，在新的制度和政策环境下，新疆棉花生产迅速发展。通过引进推广苏联棉种和先进种植技术，1959 年，全疆 260 万亩棉田播种全部采用良种，实现了良种化。推广应用苏联棉种和种植技术之前，产量最高年景平均单产仅 10.4 千克；1959 年，单产提高到 30 千克，增长了 188%。[②]1959 年，新疆对苏出口棉花 2 万吨，价值 0.57 亿卢布，有力地支援了国家的经济建设。同时，引进俄苏棉种，不仅是当时的主体品种，而且还育成大批新品种。[③]

苏联帮助建设原子能农业利用科研机构，为农业新品种培育提供新技术手段。20 世纪 50 年代初，苏联在同位素应用于植物选种、育种领域世界领先。“一五”计划期间，“原子能和平利用的研究”是中国科学院的 10 项重点研究项目之一。当时中国原子能农业应用技术尚处于空白阶段。为尽快引进这项技术，农业部派遣徐维英、郑丕留等 7 人到苏联科学院生物物理研究所进修，学习理论、实验技术等[④]；并派遣 6 名留学生留苏，攻读该专业

① 《农业部党组关于棉产工作会议的报告》，1954 年 1 月 23 日，Z44-1954（2），载中国社会科学院、中央档案馆：《1953—1957 中华人民共和国经济档案资料选编 • 农业卷》，北京：中国物价出版社，1998 年，第 779 页。

② 涂治：《新疆十年来的农业科学研究成就》，《新疆农业科学》1959 年第 10 期，第 375 页。

③ 王献礼、郎红忠、贺美球，等：《新疆长绒棉品种系谱分析》，《中国种业》2002 年第 12 期，第 20 页。

④ 郑丕留、徐维英、陈兆畦，等：《农业和生物原子能和平利用学习组学习总结》，1956 年 11 月，载农业部对外联络局：《我部派赴苏联学习放射性同位素总结报告》，1956 年 7 月至 1957 年 1 月，中华人民共和国农业部档案处档案，案卷-1957-长期-31，第 8—9 页。

副博士学位。同时，苏联成套援助建设实验室，赠送全套原子能利用研究所需仪器设备，派遣全苏列宁农业科学院、苏联生物研究所专家来华学术出差，工作 3 个月，指导仪器操作利用和研究实验。[①]C. П. 泽利舍夫系来华帮助建立原子能农业应用的苏联专家之一。在他的指导下，中国工作人员基本掌握了 15 种主要仪器操作技术。C. П. 泽利舍夫为举办全国原子能农业利用培训班编写教材，传授仪器操作技术的理论和方法。1957—1960 年，中国农业科学院举办了 5 期全国同位素与辐射技术应用培训班，培训学员 200 名。同样，这些学员回到工作单位也举办培训班，进一步传播扩散技术。[②]另外，苏联还在北京、上海举办原子能应用技术展览会，展示放射性同位素应用于农业育种技术成果。展览期间，苏联专家举办讲习班，不少学员成为原子能利用领域学术带头人。核农学家陈子元，系中国科学院院士。1958 年，陈子元参加该讲习班，同年在浙江农学院开始筹建中国农业高校第一个放射性同位素实验室。[③]中国农业科学院原子能农业利用研究室为全国各地培养和输送技术人才，并在辐射诱变育种等方面取得大批科研成果。目前，中国利用 40 多种植物培育新品种 500 多个，占世界辐射诱变育成品种的 25%以上，获得了国际原子能机构的高度认可和赞誉。[④]

引进俄苏作物品种和种植技术本土化是一个复杂适应性系统演化过程，影响因素和条件主要与引进品种和技术数量规模、形态结构、连续性，以及本土品种、技术异质性相关。清末至民国时期，引进俄苏农业品种长达 100 多年，如棉花品种数量多、规模大、有连续性，但几乎没有育成新品种，原因在于引进技术主要是实体形态技术，但缺乏经验形态和知识形态技术，更缺乏技术创新的人才、制度政策和稳定的社会环境。新中国成立初期，引进农作物品种数量规模扩大，以多种途径和方式引进经验形态和知识形

① 农业部对外联络局：《有关中苏科学技术合作“122 项”的一九五八年来往文件》，1958 年 3 月至 1958 年 12 月，中华人民共和国农业部档案处档案，案卷-1958-永久-45，第 88 页。

② 农业部对外联络局：《C. П. 泽利舍夫同志工作简报》《我部一九六〇年聘请原子能专家、乳品专家、畜牧专家、土壤物理专家在华工作的有关文件》，1960 年 1 月至 1960 年 11 月，中华人民共和国农业部档案处档案，案卷-1960-永久-3，第 17、25—29 页。

③《中国核农学的开拓者——记陈子元教授》，http：//validate.sst.org.cn/iexpress/，2019 年 5 月 9 日。

④《中国核农业进入成熟阶段，年创社会经济效益近六十亿元》，《宁夏教育》2000 年第 6 期。

态技术，进行科研合作共同创新技术。同时，发展教育培养人才，加强科研机构建设和政策支持。

派遣农科留学生到苏联系统学习相关专业知识。1953—1965 年，留苏农科研究生、进修生、科研实习生共 252 人。其中，作物遗传育种专业 20 人、农作物栽培与耕作专业 27 人、作物营养与施肥专业 9 人、原子能农业应用 13 人，分别占总人数的 7.9%、10.7%、3.6%和 5.2%。[①]他们学成回国后成为中国作物栽培与遗传育种科研领域的骨干力量。譬如，董玉琛（女）是中国作物种质资源学科奠基人之一，她于 1959 年获苏联哈尔科夫农学院副博士学位。

农业专家互访与科研合作。1956 年，农业部组织农业技术考察团到苏联考察。重点考察学习苏联棉花品种改良经验、棉花良种繁育制度和原种场繁育良种具体实施办法。1956 年 6 月，李青玉率中国农业技术考察团（23 人）到苏联考察学习 186 天。1956 年 10 月下旬，刘瑞龙率中国农业代表团（10 人）到苏联考察学习 40 天。同时，派遣科学家赴苏考察学习和参加学术会议，1957 年 10 月 10 日—11 月 15 日，杨显东率 6 人到苏联参加苏棉花科学会议并考察参观，为期 36 天。[②]1953 年，新疆长期聘请植棉专家 B. И. 迪托夫传授技术，指导生产。1959 年 10 月，苏联专家马克西勉科来华，在中国农业科学院棉花研究所（安阳）举办全国棉花良种繁育讲习班，全面介绍苏联良种繁育技术和经验。同时，将"提高棉花单位面积产量的综合技术措施的研究"项目列入第二个五年计划期间中苏"122 项"协定的科研合作计划，由中国农业部与苏联农业部共同负责推进和管理，由中国农业科学院棉花研究所、中国农业科学院植物保护研究所与苏联乌兹别克共和国农业科学院、乌兹别克共和国农业科学院棉花研究所共同研究。[③]

① 刘曰仁主编：《中国农科研究生教育（1935—1990）》，沈阳：辽宁科学技术出版社，1991 年，第 121 页。

② 农业部对外联络局：《十年来我国与苏联在农业方面人员来往统计》《农业部关于 1953—1956 年出国、来华活动和国际合作总结》，1959 年 2 月 20 日至 1959 年 9 月 3 日，中华人民共和国农业部档案处档案，案卷-1959-永久-1，第 32—33 页。

③ 农业部对外联络局：《有关中苏科技合作 122 项的一九五八年的来往文件》，1958 年 3 月至 1958 年 12 月，中华人民共和国农业部档案处档案，案卷-58-永久-45，第 17—29 页。

发展机械化和加强政策支持。一方面，发展机耕。除国营拖拉机站代耕外，中央农业部要求国营农场以增产棉花为主，以创造机械耕作和管理的经验。另一方面，引进苏联棉花中耕机和采棉机。机器中耕…伤苗较少，并提高保墒效果。采用机械采棉损失较少，更好地避免了籽棉落地从而保证了质量。①民国时期推广新品种实行一些鼓励和支持政策，但缺乏连续性，时局变化导致计划和政策执行中断。新中国成立初期，党和国家采取一系列政策措施推动新品种应用和繁育，如中央农业部于 1950 年 11 月发布《建立棉种选育繁殖推广制度及五年普及良种计划（草案）》；贸易部和农业部鼓励繁育良种，实施加价 4%收购良种子棉政策；随着良种推广，在棉区建立棉花良种繁育区。②

苏联援建国营友谊农场，中国引进土地整理技术和农场规划设计技术本土化，是对外援助的重要技术来源。援助成套项目综合性强，子项目多。既要帮助项目建设，提供全套技术、设备器材；同时又要培训人员教会技术，派出专家指导生产。③例如，中国对越南援建 8 个农场和 1 所农业学校。1960 年 3 月 28 日，中越两国政府签署《关于中华人民共和国政府援助越南民主共和国政府建设八个农场和一所中等农业技术学校的议定书》。其中，8 个农场成套项目包括 37 个附属加工厂和 5 个气候站、5 个农业实验站、3 个水文站、8 个综合人工授精站等配套项目，援助资金共 4000 万元。中方承担勘测规划、设计总面积 3.8 万公顷的农场 8 个、容纳 600 名学生的中等农业学校 1 所，以及各农场附属加工厂的工艺、土建、动力等；提供各种机械设备、农牧良种、技术培训，派员指导建设和生产。④中国以农垦部为筹建单位，从农垦部设计院、新疆生产建设兵团、广东农垦局等单位抽调人员，组建农垦专

① 《农业部党组关于棉产工作会议的报告》，1954 年 1 月 23 日，Z44-1954（2），载中国社会科学院、中央档案馆：《1953—1957 中华人民共和国经济档案资料选编·农业卷》，北京：中国物价出版社，1998 年，第 778 页。

② 《当代中国》丛书编辑部：《当代中国的农作物业》，北京：中国社会科学出版社，1988 年，第 214—215 页。

③ 宋超、许婧：《中国对越南农业技术援助初探（1950—1978）》，《中国农史》2018 年第 4 期，第 34—45 页。

④ 新疆生产建设兵团党委党史研究室：《新疆生产建设兵团史料选辑》（25），乌鲁木齐：新疆人民出版社，2015 年，第 21—22 页。

家组援助越南。

综上可见，引进作物品种育成新品种本土化既需要引进品种具有数量规模、连续性，又需要科学研究、技术推广服务。因为清末引进主要是实体形态技术，民国时期引进主要是实体形态技术及部分经验形态、知识形态技术，且缺乏科研支撑和稳定政策，故引进俄苏作物品种难以育成新品种。

二、引进俄苏畜牧品种和畜牧兽医技术变迁及本土化

清末、民国及新中国成立初期三个历史时期，引进俄苏畜牧品种数量规模和结构不同。19 世纪末 20 世纪初，中东铁路开始修建，大批俄侨和铁路员工把马、牛、猪等牧畜引入哈尔滨、中东铁路沿线和新疆伊犁等边境地区自养、自用。1917 年俄国十月革命前后，大批俄籍商人、员工、地主、资本家逃亡到哈尔滨、中东铁路沿线及新疆伊犁等边境地区，引入大批马、牛、猪等畜牧品种自养、自用。1936—1945 年，新疆省政府大批引进苏联马、牛、羊、猪等畜牧品种，并通过聘请苏联专家、派遣留学生从苏联引进西兽医与家畜人工授精技术。新中国成立初期，中央政府外贸部、农业部制订计划从苏联大批引进马、牛、羊、猪等品种，分到各省区繁育，并通过多种途径和方式引进畜牧兽医技术和科学知识。畜牧育种时间短则十多年，长则几十年。旧中国引进俄苏畜牧品种长达 100 多年，虽没有育成一个新品种，但在这个历史过程中引进畜牧品种与本土品种杂交形成一批品质良好的杂种畜群，为新中国成立初期培育新品种奠定了基础。民国时期，新疆省政府在苏联专家的帮助下有计划地进行细毛羊品种培育，虽然育种计划实施因政局变化而中断，但也取得了一定阶段性成果。新中国成立初期，新疆自治区政府利用近代形成优良杂种畜群和引进苏联马、牛、羊、猪等种畜，有计划地进行定向培育，先后育成新疆细毛羊、军垦细毛羊、东北细毛羊、三河马、伊犁马、三河牛、新疆白猪、伊犁白猪、新疆黑猪、哈尔滨白猪、上海白猪、汉中白猪、湖北白猪等大批新品种（表 5-12）。

表 5-12　清末至新中国成立初期中国从俄苏引进畜牧品种结构情况表

类别	清末	民国时期	新中国成立初期	本土化育成新品种
马	贝加尔马、奥尔洛夫、布琼尼、顿河马、英纯血马、卡巴金马，阿尔登马、西伯利亚半血种马、比丘克马	奥尔洛夫马、奥尔洛夫半纯血马、布琼尼马、顿河马、英纯血种、盎格鲁阿拉伯、盎格鲁阿拉伯杂种	顿河马、阿尔登马、卡巴金、苏联重挽马、富拉基米尔马、阿哈马、莫尔根马、古粗马、爱沙尼亚马、卡拉巴依马、苏高血马	黑河马（乘挽和挽乘 2 个兼用型）、三河马（挽乘兼用）、伊犁马（挽乘兼用）、鄂伦春马、黑龙江马、吉林马、关中马、渤海马、铁岭挽马
牛	黑白花奶牛、西门塔尔牛、后贝加尔牛、西伯利亚牛	西伯利亚牛、后贝加尔牛、西门塔尔牛、塔吉尔牛、雅罗斯拉牛夫牛、基罗里夫牛、霍尔曼格尔牛、瑞士褐牛	瑞士褐牛、阿拉托乌牛、科斯特罗姆牛、西门塔尔牛、拉脱维亚牛	三河牛（乳肉兼用）、新疆褐牛（乳肉兼用）
羊		高加索细毛羊、泊列考斯羊、普瑞考斯羊、卡拉库尔羊	高加索细毛羊、阿斯卡尼亚细毛羊、阿尔泰细毛羊、斯达夫羊、苏联美利奴羊	新疆细毛羊、军垦细毛羊、东北细毛羊、甘肃高山细毛羊、新疆羔皮羊、三北羊
猪	俄国白猪、乌克兰大白猪	苏联大白猪、乌克兰大白猪	苏联大白猪、巴克夏猪、克米洛夫猪	新疆白猪、伊犁白猪、新疆黑猪、哈尔滨白猪、上海白猪、汉中白猪、湖北白猪
蜜蜂	高加索黑蜂、远东黑蜂	高加索黑蜂、远东黑蜂		东北黑蜂、新疆黑蜂
家蚕		报达、阿斯科里、吉伯雷德、巴格达德	乌克兰 1 号、乌克兰 3 号、胜利、格各吉亚、中亚细亚 5 号	

引进农牧品种育成新品种本土化是自然选择和人工选择相互作用的结果。人工选择需要同时考虑畜牧育成品种自然适应性与经济性能状况，即产量、质量同设计指标符合程度；而自然适应性是经济性状选择和控制的基础。培养新品种过程是改造原品种，即强化一些方面性状、弱化另一些方面性状过程。因此，畜牧原品种血液结构状态达到培育新品种的设定状态，需要一个长期积累和固化的过程，其时间长短取决于引进品种自然适应性和被改造程度。上述引进畜牧品种育成新品种过程具有以下两方面特点。

（一）近代引进俄苏畜牧品种形成一批品质良好杂种群

中国引进俄苏畜牧品种，尤其是马、牛、猪等品种是从 19 世纪末 20 世纪初开始的，并在民国时期和新中国成立初期继续引进，与本土品种杂交具有连续性和积累性。1898—1903 年，中东铁路沿线的俄籍商人、员工和俄国十月革命前后逃来的资本家、地主共引入黑白花奶牛 4000 多头，俄国白猪

1375头，贝加尔马、奥尔洛夫马等665匹，另外还有一些蜜蜂等畜牧品种。起初，这些被引入的畜牧品种主要饲养在中东铁路沿线；后来，在齐齐哈尔、阿城、绥芬河、一面坡、安达等地也开始饲养，且对当地畜牧品种杂交和改良发挥了重要作用。①

引进俄苏种马进行品种改良起步早。1900年，沙俄入侵骑兵将一部分马匹卖给黑河居民。1905年，日俄战争后俄军将部分马匹卖到哈尔滨地区。其中，奥尔洛夫马和当地杂种马杂交形成一些品种良好的杂种马群，为成功培育黑河马和鄂伦春马奠定了基础。②民国十八年（1929），辽源军牧场引进奥尔洛夫半血种牡马和牝马改良地方品种，繁殖军马。私人饲养奥尔洛夫马也有一定影响。黑龙江督军吴俊升在其卜奎私邸饲养奥尔洛夫马数十匹，这些马除骑乘用外，还进行纯种繁殖，形成混有奥尔洛夫马血统的大批杂种马。到1931年，黑龙江省共有马匹88.7万匹③，但就在这年，这些马匹被日军侵夺，地方品种改良告终。④民国二十五年，新疆省农矿厅从苏联引入奥尔洛夫纯种马5匹、布琼尼公马3匹及奥尔洛夫混血种马42匹，在伊犁、迪化、焉耆等各区农牧场畜牧分局及交配所饲养，用于地方马匹改良。新疆引入奥尔洛夫马种时间较长，杂交改良伊犁马、焉耆马及哈萨克马等地方品种为育成伊犁马、焉耆马奠定基础。⑤民国三十年，伊犁种马场成立，种马以奥尔洛夫、美利坚混血种和英顿为主，进行伊犁马育种。至新疆和平解放前夕，已初步形成一个有相当数量和质量较好的伊犁马雏形。⑥1951—1957年，从苏联引入21匹奥尔洛夫纯种公马及4匹布琼尼公马，分配给昭苏种马场

① 黑龙江省地方志编纂委员会：《黑龙江省志（第10卷）·畜牧志》，哈尔滨：黑龙江人民出版社，1993年，第5页。

② 中国农业博物馆：《中国近代农业科技史稿》，北京：中国农业科技出版社，1996年，第245页。

③ 黑龙江省地方志编纂委员会：《黑龙江省志（第10卷）·畜牧志》，哈尔滨：黑龙江人民出版社，1993年，第66页。

④ 吉林省地方志编纂委员会：《吉林省志（第16卷）·农业志·畜牧》，长春：吉林人民出版社，1994年，第203页。

⑤ 新疆维吾尔自治区地方志编纂委员会：《新疆通志（第34卷）·畜牧志》，乌鲁木齐：新疆人民出版社，1996年，第90页。

⑥ 新疆维吾尔自治区地方志编纂委员会：《新疆通志（第72卷上）·科学技术志》，乌鲁木齐：新疆人民出版社，2000年，第275页。

和新疆生产建设兵团农四师种马场繁育和杂交改良哈萨克马，成效显著，对伊犁马前期育种影响较大。①

新疆自 20 世纪初由俄侨引入乳、肉、役兼用型瑞士褐牛，在疆伊犁、塔城等地饲养。民国二十五至二十九年（1936—1940），新疆省农矿厅引进苏联瑞士褐牛 44 头，在农牧场和交配站饲养繁育，采用级进杂交改良民间黄牛，培养新疆褐牛。这对新中国成立后新疆褐牛的培育成功起到重要的基础作用。②

黑龙江引进俄苏奶牛品种杂交改良地方品种形成良好杂种群并带动乳品加工业发展，改变了区域生产生活方式。中国东北引进俄苏奶牛品种始于 1898 年。当时沙俄修筑中东铁路员工带来少量奶牛。1905 年前后，有些俄国人把牛群带入三河一带，打草越冬。1917 年后，越国境白俄定居于三河一带，带来一些奶牛，其中多数是俄国改良牛、西伯利亚牛、后贝加尔牛、西门塔尔牛，还有少量雅罗斯拉夫牛、基罗里夫牛、瑞士褐牛等。这些从俄苏引进牛品种数量多，仅奶牛就达 4000 多头。这些品种的引入和繁育，使黑龙江地区奶牛数量不断增多。至 1923 年，黑龙江奶牛数达到 7136 头；1940 年，黑龙江全境奶牛共有 8254 头。③这些引进奶牛杂交改良当地蒙古牛，形成良好杂种群。④同时，带动乳品加工业发展，引起区域生产生活方式变迁。起初，俄人是为了自己食用牛奶需要而带来奶牛饲养。后来，由于俄人自用有余日益增多，带动了消毒牛奶、炼乳等乳品加工业发展。1935 年，黑龙江全境生产牛奶 1500 万瓶，其中 35%以上加工成奶粉、炼乳等产品。新中国成立后，奶牛业进一步发展。1952 年，黑龙江地区牛奶产量达 1.34 万吨，年

---

① 新疆维吾尔自治区地方志编纂委员会：《新疆通志（第 34 卷）·畜牧志》，乌鲁木齐：新疆人民出版社，1996 年，第 90—91 页。

② 新疆维吾尔自治区地方志编纂委员会：《新疆通志（第 72 卷上）·科学技术志》，乌鲁木齐：新疆人民出版社，2000 年，第 274 页。

③ 黑龙江省地方志编纂委员会：《黑龙江省志（第 10 卷）·畜牧志》，哈尔滨：黑龙江人民出版社，1993 年，第 24 页。

④ 呼伦贝尔盟畜牧业志编纂委员会：《呼伦贝尔盟畜牧业志》，呼伦贝尔：内蒙古文化出版社，1992 年，第 120 页。

人均消费鲜奶 1.2 千克。1978 年，牛奶产量达 12.8 万吨，年人均消费 4.1 千克。[①]引进技术本土化是技术与技术环境双向改造的过程。外部人文因素、自然因素包括地方品种牛，都是引进俄苏奶牛品种的环境。引进俄苏奶牛改造地方品种，同时自身也被改造。为了生产生活改造奶牛、发展奶牛业和牛奶加工业，自然区域生产生活方式也在发生变迁。正如奶牛饲养、牛奶加工生产和奶制品消费习惯，都从近代因国外奶牛品种和牛奶加工技术传入才开始兴起。因此，作为一种文化要素，引进技术本土化，实质是这种文化要素被引入、被改造融合于一个本土文化系统的过程。

民国时期引进苏联细毛羊品种与家畜新品种培育设计、家畜人工授精等技术，成功培育哈兰羊。民国二十三年（1934），新疆引进苏联高加索细毛羊、泊列考斯羊、卡拉库尔羊等品种的公羊 443 只，分布在迪化、巴里坤、伊犁、塔城和喀什等地杂交改良当地哈萨克羊和蒙古羊。[②]在迪化种畜场，苏联专家毛契诺夫帮助制订并指导实施育种计划。从苏联引进高加索细毛羊公羊和泊列考斯公羊 137 只。这两个品种公羊作为父本，与当地哈萨克母羊及少量蒙古母羊采用人工授精方式杂交。[③]民国二十四年，新疆省政府农矿厅先后在迪化、伊犁、塔城、阿山、哈密等地建农牧场，场内设牧畜兽医院、种畜场，聘苏联专家培训畜牧兽医技术人员，传授家畜人工授精等技术，指导绵羊改良育种。[④]1935 年，产生一代杂种，根据性质表现，淘汰蒙古母羊，保留哈萨克羊母羊和新一代杂种母羊供继续杂交育种。民国二十八年，绵羊育种工作由南山种畜场迁至伊犁种巩乃斯种羊场，从南山种畜场挑选 2 个杂交父系母羊 1675 只；同年，又从苏联引进高 42 只加索公羊，90 只泊列考斯

---

① 黑龙江省地方志编纂委员会：《黑龙江省志（第 10 卷）·畜牧志》，哈尔滨：黑龙江人民出版社，1993 年，第 24 页。

② 新疆维吾尔自治区地方志编纂委员会：《新疆通志（第 34 卷）·畜牧志》，乌鲁木齐：新疆人民出版社，1996 年，第 94 页。

③ 新疆维吾尔自治区地方志编纂委员会：《新疆通志（第 34 卷）·畜牧志》，乌鲁木齐：新疆人民出版社，1996 年，第 497 页。

④ 新疆维吾尔自治区地方志编纂委员会：《新疆通志（第 72 卷上）·科学技术志》，乌鲁木齐：新疆人民出版社，2000 年，第 269 页。

公羊。1940 年，利用 1939 年转到巩乃斯种羊场母羊基础群，继续与高加索、普瑞考斯两支父系级进杂交，横交固定扩群。1942 年起，由苏联专家 И. В. 特罗依茨基主持育种技术。1944—1945 年，大部分育种母羊进入横交。级进杂交持续到 1947 年，最高为级进六代。级进高代公羊和横交后代公羊即开始民间推广，以改良哈萨克羊和蒙古羊。其中改良用公羊主要是以四代杂交种为标准，当时称之为哈兰羊。至 1949 年，累计推广哈兰羊 3894 只，杂交改良土种母羊。①

新中国成立后，以哈兰羊为基础育成中国第一个细毛羊品种。1950—1953 年，继续聘请苏联专家 И. В. 特罗依茨基来华指导，培育并鉴定新疆细毛羊。通过对巩乃斯种羊场四代杂种自交群进行选种、选配，淘汰品质差个体，羊群个体性状趋于整齐。1953 年，农业部组织专家鉴定，认为巩乃斯种羊场羊群已达到绵羊品种基本条件，于 1954 年被正式命名为“新疆细毛羊”。②

民国时期引进畜牧兽医技术加快引进细毛羊品种本土化。动物生命运动比植物更高级、更复杂。相对引进农作物品种本土化而言，引进畜牧品种本土化更复杂。哈兰羊尽管不是一个新品种，但它是新疆细毛羊品种的雏形，也是引进苏联高加索细毛羊等品种本土化的一个重要标志。而哈兰羊培育始于民国二十三年（1934），杂交选育历时约 10 年，相对速度是比较快的。在这过程中聘请苏联专家制订培育计划，传授并推广人工授精技术，加快哈兰羊杂交育成。在哈兰羊杂交选育过程中，家畜新品种培育设计技术、人工授精技术被应用推广并实现本土化。因此，引进俄苏绵羊等畜牧品种与引进家畜新品种培育设计技术、人工授精等畜牧兽医技术，二者本土化具有整体性效应（“1+1＞2”效应），即二者“打包”引进、“抱团”适应本土环境条件，加快引进绵羊品种育成新品种和引进人工授精等技术应用推广进程。这种整体性效应实质是引进实体形态技术与引进经验形态技术、知识形态技术之间协同形成的整体性效应。

---

① 中国农业博物馆：《中国近代农业科技史稿》，北京：中国农业科技出版社，1996 年，第 256 页。

② 新疆维吾尔自治区地方志编纂委员会：《新疆通志（第 34 卷）·畜牧志》，乌鲁木齐：新疆人民出版社，1996 年，第 136—137 页。

（二）新中国成立初期引进苏联畜牧品种和技术育成一批新品种

清末，引入大批马、牛、猪等畜牧品种，与地方品种杂交形成品质优良杂种畜群。新中国成立后，利用这些杂种畜群，先后培育出一批新品种。其中，20 世纪 30 年代，开始引进苏联高加索细毛羊、普瑞考斯羊和卡拉库尔羊；新中国成立后，先后培育成新疆细毛羊、军垦细毛羊、东北细毛羊、甘肃高山细毛羊、新疆羔皮羊、三北羊。19 世纪末，开始引进俄国白猪；新中国成立后，先后培育成伊犁白猪、哈白猪、上海白猪、汉中白猪、湖北白猪等（表 5-13）。这些引进苏联畜牧品种本土化成效主要在于育种技术和育成新品种应用推广，培育更多新品种，饲养量大，影响深。譬如，引进高加索细毛羊和普瑞考斯羊育成的新疆细毛羊，是中国第一个细毛羊品种，通过了农业部于 1953 年 11 月组织的技术鉴定。1952—1955 年，全疆各地利用新疆细毛羊杂交 100 万头土绵羊，对全疆畜牧业发展、增加农牧民收入和出口创汇产生重大影响。[①]而且，新疆成为种羊基地，向全国各地供应细毛羊品种。至 20 世纪 80 年代末，新疆细毛羊饲养量已达 1100 万只，向外省市提供种羊 30 万只（含部分出口），在全国 20 多个省、市“安营扎寨”，生产细羊毛达 100 万吨。[②]同时，结束了中国没有细毛羊的历史，有力地拉动了中国毛纺业发展。新疆细毛羊品种优良，在世界细毛羊品种繁育和饲养中具有较高地位。[③]中国引进俄苏农业技术消化吸收、创新发展和本土化，是中国对外农业援助重要技术来源。中国对外农业技术援助从 20 世纪 50 年代初就已经开始。起初，主要提供种子、农机具等实体形态农业技术。1955 年之后，开始派出援助专家和接受留学生、实习生和国外专家来华学习考察。[④]1960—1966 年，中国援助越南建设 8 个农场期间，

---

① 梁达新主编：《新疆维吾尔自治区的畜牧业》，南京：畜牧兽医图书出版社，1958 年，第 120—122 页。

② 陈开阳、苗启华、王际华：《新疆细毛羊业的现状特点及发展措施》，《草食家畜》（增刊）2001 年第 S1 期，第 12—13 页。

③ 新疆维吾尔自治区档案（局）馆供稿：《新疆细毛羊是如何育成的》，2005 年 8 月 30 日，http://www.xjrb.com.cn/ztbd /xjdaxj/ default.shtm，2009 年 10 月 20 日。

④ 宋超、许婧：《中国对越南农业技术援助初探（1950—1978）》，《中国农史》2018 年第 4 期，第 34—45 页。

向越南提供大批畜牧品种，其中新疆细毛羊最多，达4000只（母羊3970只、种公羊30只）。其他品种较少，如奶牛共300头（幼龄牛200头、种公牛20头、成年母牛80头）、种马共60匹（种公马10匹、成年母马50匹）、种猪共120头（母猪95头、种公猪25头）、奶羊共50只（母羊45只、种公羊5只）。[①]

表5-13　清末引进俄苏畜牧品种在新中国成立后育成新品种情况表

从俄苏引入品种	早期引入时间	育成品种	育成或鉴定时间及分布
高加索细毛羊和普瑞考斯羊	1935年	新疆细毛羊（毛肉兼用），东北细毛羊、军垦细毛羊	1953年11月鉴定，分布在全国20多个省市
西门塔尔、后贝加尔及西伯利亚种牛	1917年	三河牛（乳肉兼用）	1986年9月鉴定，20世纪80年代末在呼伦贝尔盟达10万头
阿拉托乌牛、科斯特罗姆牛	1935—1936年	新疆褐牛（乳肉兼用）	1983年鉴定，分布在全疆天山南北，目前约45万头
贝加尔马及其杂种马	1904年前后	三河马（挽乘兼用）	分布在呼伦贝尔盟三条河流地区，1987年底约2万匹
奥尔洛夫、卡巴金与阿尔登等种马	1917年	黑河马（乘挽和挽乘2个兼用型）	分布于以黑河市为中心的各县，1980年有1.1万匹
顿河、奥尔洛夫与布琼尼等种马	19世纪20年代	伊犁马（挽乘兼用）	1957年鉴定，分布于伊犁哈萨克自治州
俄国白猪、苏联大白猪（苏白猪）、乌克兰大白猪	始于1896年，集中在1910—1951年形成亲本杂种群	哈白猪、伊犁白猪、新疆白猪、新疆黑猪、上海白猪、汉中白猪、湖北白猪等	伊犁白猪、哈白猪、上海白猪育、汉中白猪、湖北白猪分别于1958年、1975年、1979年、1982年、1986年通过鉴定
高加索蜜蜂（又称俄国黑蜂、黑蜂）	1900—1912年	新疆黑蜂	1949年全疆2000群产蜜40吨，1957年9000群产蜜205吨
高加索蜜蜂	1896年	东北黑蜂（1979年正式命名）	1979年原种6000群，饶河县养蜂8046箱产蜜320吨
卡拉库尔羊	1937年	新疆羔皮羊、三北羊	1975年，新疆羔皮羊达3万只

注：此表系笔者根据黑龙江、吉林、内蒙古、新疆等省区地方志整理

新中国成立后，利用大批引进俄苏畜牧品种陆续培育成一系列新品种，重要基础在于近代引进相关畜牧品种与地方品种杂交形成优良杂种畜群。但是，引进苏联畜牧兽医技术本土化是关键性的促成条件，这也正是近代没有育成新品种缺少的关键条件。具体而言，就是民国时期引进苏联畜牧兽医技

① 新疆生产建设兵团《外事志、外贸志》编辑组：《新疆生产建设兵团外事志、外贸志》，乌鲁木齐：新疆人民出版社，1999年，第142页。

术尚未本土化。

民国时期，家畜育种技术引进主要是以通过聘请苏联专家帮助制订并指导实施细毛羊新品种培育的方式进行的。中国先后聘请苏联专家毛契诺夫、И. В. 特罗依茨设计和指导细毛羊育种计划，但因故计划实施中断，培育过程技术资料丧失。1944—1945 年，按计划大部分育种母羊进入横交。1944 年 9 月，在新疆伊犁、阿山、塔城三地区发生大规模武装暴动，И. В. 特罗依茨回国，导致育种计划实施中断，过去记录全部丧失。因此，育种工作陷入混乱状态，缺乏计划性和完整性。由于育种计划未能完全实施，所有育种技术引进不完整，更谈不上实现本土化。

新中国成立后，采取多种途径及方式引进苏联畜牧兽医技术，尤其是绵羊育种技术。一是聘请苏联专家，在育种实践、科研和教学中系统学习。1950—1953 年，再次聘请 И. В. 特罗依茨到新疆指导细毛羊育种和新品种技术鉴定。而且在 20 世纪 50 年代，先后聘请 С. Л. 波波柯夫、А. И. 采里舍夫、А. И. 乌连捷也夫、К. А. 卡迪柯、Н. И. 尼古拉思柯、Е. Н. 巴甫洛夫斯基、И. Ф. 伊凡诺夫、С. Н. 拉斯托契金、А. Ф. 伊万诺夫、П. Ф. 加钦科、К. А. 阿尔洛大、И. В. 特洛易斯基、П. С. 巴列金、М. М. 依凡诺夫、В. П. 班达林科、А. П. 依凡诺夫、Н. А. 阿林柯维奇、И. А. 列别节夫、Г. К. 兹洛尼柯夫等 20 多位家畜繁育学等畜牧兽医专业苏联专家来华，在教学、科研和生产中系统传授技术知识和经验。[①]二是派遣留学生到苏联系统学习畜牧兽医专业知识。1953—1965 年，留苏农科留学生共 252 人，其中畜牧兽医专业 45 人（畜牧学 14 人，兽医学 31 人），占总人数的 17.9%。[②]三是派遣畜牧兽医工作人员到苏联考察学习畜牧兽医技术，尤其是绵羊改良技术。1955 年 10 月 14 日至 1956 年 1 月初，王恩茂率中国畜牧代表团（41 人）在苏联进行为期 83 天的

① 农业部办公厅对外联络处：《农业部关于聘请苏联专家统计表》，1960 年 1 月 11 日至 1960 年 7 月 16 日，中华人民共和国农业部档案处档案：案卷-1960-长期-45，第 26—28 页；农业部办公厅对外联络处：《北京农业大学应聘来校讲学的苏联专家名单》，1963 年 3 月 8 日，中华人民共和国农业部档案处档案，案卷-1963-长期-12，第 8 页；农业部办公厅对外联络处：《1963 年我部清理苏联单方毁约卷》，1963 年 3 月至 1963 年 7 月，中华人民共和国农业部档案处档案，案卷-1963-长期-12，第 8 页。

② 刘曰仁主编：《中国农科研究生教育（1935—1990）》，沈阳：辽宁科学技术出版社，1991 年，第 121 页。

参观学习。1957 年 9 月 25 日—12 月 30 日，徐矶率领绵羊改良考察团共 3 人，赴苏考察学习绵羊改良育种技术和经验，为期 95 天。[①]四是把绵羊育种等技术问题列入中苏“122 项”协定。如“绵羊改良的研究”是中苏“122 项”协定的科研合作计划，由中国农业部与苏联农业部负责，由中国农业科学院、中国农业科学院畜牧研究所、中国农业科学院西北畜牧兽医所、东北农业科学研究所、新疆农林科学研究所，与全苏列宁农业科学院、全苏畜牧科学研究所、全苏绵羊及山羊研究所、全苏饲料科学研究所、乌兹别克共和国农业科学院卡拉库尔羊业科学研究所共同进行研究。

引进苏联兽医生物药品制造技术本土化，并应用于对外技术援助。旧中国时期，家畜疫病防治主要采用中兽医。民国时期新疆引进苏联西兽医药技术。新中国成立初期，通过引进苏联西兽医药技术和管理体制，开始全国推广应用西兽医药防治家畜疫病。援助成套项目综合性强，含子项目多，既要帮助项目建设，又要教会技术，主要通过提供全套技术、设备器材和人员培训，专家指导试车生产。[②]1959 年 2 月 28 日，中国与越南两国政府签署一系列经济技术援助协议和议定书，其中包括中国对越南援助成套兽药项目。该项目由中国无偿援助人民币 560 余万元兴建，中国提供全套技术设备，派出专家 11 人赴越南帮助工作，接受越南畜牧兽医实习生 40 多人来华学习。1963 年 7 月，中国援建河内兽医生物药品制造厂正式投产，生产各种兽医生物药品 24 种，年产量 1 亿毫升，产品质量和产量均达到或超过原设计任务书规定指标。[③]

总之，新中国成立初期引进苏联畜牧兽医技术是有计划的、有规模的、系统的、多层次的。引进畜牧品种，与引进技术经验、方法、知识是一个整体，适应性强，本土化进程快。相反，民国时期引进技术相对缺乏系统性与适应性，本土化进程慢。

---

① 农业部对外联络局：《十年来我国与苏联在农业方面人员来往统计》《农业部关于 1953—1956 年出国、来华活动和国际合作总结》，1959 年 2 月 20 日至 1959 年 9 月 3 日，中华人民共和国农业部档案处档案，案卷-1959-永久-1，第 32—33 页。

② 宋超、许婧：《中国对越南农业技术援助初探（1950—1978）》，《中国农史》2018 年第 4 期，第 34—45 页。

③ 徐矶、李易方主编：《当代中国的畜牧业》，北京：当代中国出版社，1991 年，第 510—511 页。

三、引进俄苏农业机械技术变迁及本土化

清末引进的俄国农机具主要有火犁、三马镣子、戈竹犁、畜力条播机、打场“马神”、割草机、搂草机、铡草机等，且这些农机具往往机型很少，或者一类作业机械就一种机型，不分机型。如播种机械是马拉的条播机，场上机械是打场“马神”，加工牧草的是铡草机。民国时期引进农业机械一般都有机型之分，如耕地整地机具，有马拉4铧犁、OK单铧犁、KCY单铧犁等单铧犁7种，2H-6双轮双铧犁1种，钉齿耙、圆片耙、弹簧耙等；播种机具，有10行播种机、棉花播种机、玉米播种机，小麦、棉花播种机共5种。新中国成立后，党和政府大力鼓励支持新式农具试制生产，引进部分畜力农具，重点引进拖拉机和机引犁、耙、播种机、中耕机、收割机等，机械化农机具品种和机型数量增多（表5-14）。

表5-14　清末至新中国成立初期中国从俄苏引进农机具品种结构情况表

类别	清末	民国时期	新中国成立初期	本土化创新产品
动力机械	火犁、锅驼机	弗波型、赫特兹型、铁轮XT337型、ЛТД20型等约20台	斯大林-80、纳齐、德特54、克德-35、克德波-35、克斯-30、斯尔-50	东方红54、东方红75、红旗80、红旗100
耕地整地机具	三马镣子、戈竹犁、钉齿耙、圆盘耙	马拉4铧犁、OK单铧犁、KCY单铧犁等单铧犁7种，2H-6双轮双铧犁1种，钉齿耙、圆片耙、弹簧耙等	双轮一铧犁、双轮双铧犁、单铧犁、重型钉齿耙、中型钉齿耙、圆盘耙、弹齿耙、镇压器、牵引式开渠筑埂机、M5-35型牵引五铧犁	双轮一铧犁、双轮双铧犁、圆盘耙、双列V型镇压器、牵引式开渠筑埂机、L5-35型牵引五铧犁、3PZD1.0型钉齿耙、3PZDB1.0型钉齿耙、PY3.4型41片圆盘轻耙、PZY2.5型24片重型圆盘耙、PZQ2.2型20片、PQZ2.5型和24片重型缺口耙
播种机具	半机械化条播机（播种机）	10行播种机、棉花播种机、玉米播种机，小麦、棉花播种机共5种	10行播种机、甜菜播种机、12行播种机、棉花播种机、谷物牧草播种机、24行谷物播种机、48行窄行谷物播种机、方形点播机	10行播种机、24行谷物播种机、48行窄行谷物播种机
中耕机具		中耕机、14号中耕器、培土犁和畜力中耕机共4种	畜力中耕机、机引中耕机、万能中耕除草机、悬挂式中耕追肥机	畜力中耕机、ZW4.2型万能中排除草机、Z7型悬挂中耕机
收割机具		摇臂式收割机	摇臂式收割机，畜力割禾器，畜力玉米收割机，C-6型康拜因，C-4M、CK-3、CK-4联合收割机，玉米联合收割机KY-2，甜菜联合收割机CKEM-2，采棉机CXM-48M，垂直纺锭采棉机XBC-1.2	摇臂式收割机、畜力玉米脱粒机、云-4.9牵引式联合收割机、ZKB-3型自走式联合收割机、GT-4.0谷物联合收割机、GT-4.9谷物联合收割机、丰收-3.0型、东风ZKBD-5自走式和GT-3.6型牵引式谷物联合收割机

续表

类别	清末	民国时期	新中国成立初期	本土化创新产品
场上机具	打场“马神”	移动式风车、5 号风车、34 号打粮机	选种机、进 MK-1100 及 MCA-1100 脱粒机	精选分级机、TFD-1100 自喂式脱粒机、TF-1100 自喂式脱粒机
畜牧机械	半机械化割草机、搂草机、铡草机	马拉割草机、人拔割麦机、自拔割麦机、搂草机、铡草机、手摇铡草机	畜力割草机、搂草机、捆草机；牵引青饲料收割机、悬挂三刀割草机、Д20 专用割草机、自走割草机、侧向搂草机、横向搂草机、悬挂堆草机、牵引干草压捆机	畜力割草机、搂草机、捆草机、9L9.0 型横向搂草机
植保器械		喷雾器	人力喷雾器	

（一）新式农具仿制创新与本土化

20 世纪 50 年代，引进苏联及其他国家新式农具已经仿制生产，并大范围推广应用。新中国成立初期，对于引进苏联农业机械，本着结合中国实际“选、改、创”的原则，进行引进、应用和创制。在农业生产中，耕地农具最为重要。深耕不仅是中国传统农业增产的重要措施，也是农业“八字宪法”之一。因而当时重点开发新式畜力犁，仿制引进苏联等国的双轮一铧犁、双轮双铧犁和机引犁，在选型、仿制的基础上，改进和创制适于中国特点的新式犁。因而可以说，1949—1964 年是中国农业机械仿制与开发阶段。①1950 年 5 月，根据毛泽东倡议，政务院主持举办中南海新式农具展览，各级领导参观展览后更新认识，大力推动新式农具仿制、生产和应用。当年全国各地改建、新建一批农机厂，兴办新式农具推广站 44 个。同年 5 月，东北区人民政府农林局做出推广新式农具的决定，组织示范推广从苏联引进的成套马拉农具。由于有些新式农具引进中国东北边境地区应用已有 100 多年，加之机械原理和结构相对比较简单，因此东北地区很快便成功仿制生产了双轮双铧犁。1952 年，灵山农具厂（鞍山红旗拖拉机制造厂前身，1952 年由东北区人民政府农林部接管），黑龙江省第一机械厂等企业仿制生产大、中型双轮一铧犁、双轮双铧犁、马拉摇臂式收割机等新式农具。②1951—1953 年，华北

① 邱梅贞主编：《中国农业机械技术发展史》，北京：机械工业出版社，1993 年，第 48 页。

② 鞍山红旗拖拉机制造厂志编纂委员会：《鞍拖厂志（1949—1984）》，《当代中国的重型矿山机械工业》编纂委员会出版（统一编号：第 64 卷），1985 年，第 4 页。

农业机械总厂、山东济南农具厂等企业陆续仿制、试制和生产中型双轮单铧犁、双轮双铧犁，推广示范效果较好。1954年，国务院把双轮单铧犁、双轮双铧犁列为“一五”计划期间主要产品，由一机部组织协调落实生产。1953—1957年，全国共生产双轮单铧犁、双轮双铧犁252万架，生产各种新式犁共445万架。双轮双铧犁耕得深、效率高，棉花、小麦可增产20%左右，迅速得到推广，仅华北地区就推广150万架，南方地区亦有部分推广。

新疆生产建设兵团引进和推广苏联新式农具量大、品种机型配套，1950—1955年引进苏联双轮双铧犁达5998架、单轮双铧犁达1468架。①生产部队应用苏联畜力新式农具后，就着手探索性地仿制。1951年，二十二兵团九军二十六师（现二十九团）仿制了畜力中耕器；二十二兵团九军二十五师（现农七师）也仿制了畜力中耕器。新疆生产建设兵团建立后，于1956年开始安排拖拉机大修厂批量生产畜力农具和改良农具，当年生产287部。1958年，提高到798部。1965年，畜力及改良、仿制半机械化农具达6.6万台（架），其中畜力耕作农具2.6万台（架），畜力收获农具1648台（架）（表5-15）②

表5-15　1959—1965年新疆生产建设兵团改进及仿制半机械化农具保有量　　单位：台（架）

农机具名称 \ 年份	1959	1960	1961	1962	1963	1964	1965
合计	23 611	23 654	30 341	31 860	34 014	36 871	65 684
一、耕作机具	15 232	15 504	18 807	19 100	21 905	23 473	25 595
1. 畜力犁	5 154	5 191	5 599	5 318	5 057	3 416	3 263
2. 畜力耙	4 650	4 893	7 601	8 130	10 644	13 400	13 694
3. 畜力播种机	710	697	636	684	1 059	1 111	1 120
4. 畜力中耕机	4 718	4 718	4 963	4 848	4 919	5 188	7 160
5. 畜力镇压器		5	8	120	226	358	358
二、收获农具	1 647	1 736	1 654	1 647	1 719	1 727	1 648
1. 畜力收割机	696	752	706	659	642	651	542

① 新疆生产建设兵团史志编纂委员会、新疆生产建设兵团农业机械志编纂委员会：《新疆生产建设兵团农业机械志》，乌鲁木齐：新疆人民出版社，2004年，第43页。

② 新疆生产建设兵团史志编纂委员会、新疆生产建设兵团农业机械志编纂委员会：《新疆生产建设兵团农业机械志》，乌鲁木齐：新疆人民出版社，2004年，第45—46页。

续表

年份 / 农机具名称	1959	1960	1961	1962	1963	1964	1965
2. 玉米脱粒机	99	97	76	76	83	85	115
3. 精选分级机	136	136	124	120	120	120	120
4. 畜力割草机	435	450	449	486	570	570	570
5. 畜力搂草机	271	291	292	299	299	299	299
6. 畜力捆草机	10	10	7	7	5	2	2
三、其他农具	841	920	1 220	512	692	708	5 466
1. 喷雾喷粉器	353	353	665				4 716
2. 铡草机、粉草机			67	67	247	263	263
3. 水车			25	25	25	25	67
4. 磨刀机	488	488	463	420	420	420	420
5. 切片机		79					
四、运输工具	5 891	5 494	8 660	10 601	9 698	10 963	32 975
1. 胶轮大车	1 020	1 020	1 029	2 195	2 068	3 059	3 832
2. 手推胶轮车	2 322	2 492	3 420	3 804	3 289	3 435	22 153
3. 铁木轮大车	2 549	1 982	4 211	4 602	4 341	4 469	6 990

资料来源：新疆生产建设兵团史志编纂委员会、新疆生产建设兵团农业机械志编纂委员会：《新疆生产建设兵团农业机械志》，乌鲁木齐：新疆人民出版社，2004 年，第 46 页

（二）机引犁仿制创新与本土化

“一五”计划期间，各地陆续建立国营拖拉机站和国营农场，从苏联及东欧国家引进拖拉机越来越多，配套机引农具需求量不断增加。1953 年全国农业工作会议强调，继续试办机器拖拉机站，促进农业合作化。①1953 年起，灵山农具厂、齐齐哈尔机械厂等企业先后成功仿制苏联机引铧式犁、开荒型五铧犁、熟地型五铧犁。其中重型五铧犁于 1957 年投产，于 1964 年被国家定型为 L-5-35 重型五铧犁。1954 年，L-5-35 重型五铧犁生产 3 台；1960 年，产量猛增到 2.2 万台。②该犁在全国保有量很大。1956—1960 年，济南农具厂仿制生产苏联式的机引三铧犁和悬挂式三铧犁、二铧犁。这些仿制机引犁对中国农业生产发挥重要作用，有些犁机型至今仍生产和使用。为更好地适

① 吉林省地方志编纂委员会：《吉林省志（第 16 卷）·农业志·农业机械化》，长春：吉林人民出版社，1993 年，第 70 页。

② 邱梅贞主编：《中国农业机械技术发展史》，北京：机械工业出版社，1993 年，第 50 页。

应农业生产实际需要，各地不断改进机引五铧犁。正是这种在仿制引进产品基础上的改进中推进引进产品本土化。因为引进农机具本土化就是为了更适应当地耕作实际需要，不断改进设计生产新产品，并因此形成多系列铧犁产品。

（三）排灌机械仿制创新与本土化

引进仿制苏联的排灌机械大多于20世纪50年代通过改进创新实现国产化，喷灌机械于20世纪60年代实现国产化。1953年，从苏联引进适合中国需要的中小型水泵。1953年，仿制苏联Д型和НД型系列单级、双吸离心泵共30多个机型。1953—1955年，长沙水泵厂、沈阳水泵厂改进创新生产НД型和6Д型单级双离心泵（以改进成S型）系列产品。1953年，一机部引进苏联K型水泵图纸，研制出混流泵、小型离心泵等机型的系列产品，并于20世纪50年代末改进为X型泵，形成B型泵、BA型泵等系列，20世纪80年代改进创新形成ⅠB型系列水泵。[①]1953—1957年，仿制苏联农田喷灌机具。1953年，水利部、农业部所属科研机构所仿制苏联KДУ式喷灌系统。这是中国第一代喷灌设备。1954年10月，利用这套喷灌设备在上海建成半固定式蔬菜喷灌工程，面积350亩。北京展览馆于1956年展出苏制喷灌设备，随后上海、北京、武汉等地陆续改进生产CДУ型中射程喷灌机、ДДУ型远射程喷灌机等产品。1961—1965年，进一步改进和再创新，湖南、湖北、辽宁、福建、广东等省陆续设计制造一批适应各地实际需要的喷灌机，广泛应用于甘蔗、蔬菜等大田作物喷灌。[②]

中国引进苏联农机具本土化一个重要特点是一旦仿制成功或改进成功，技术就迅速扩散，向全国各地生产和推广应用。然后，各地根据当地使用情况进一步改进设计，生产更适合本地需要的机型，因此形成多系列产品，具有更多本土特色和更大推广应用空间，如排灌机械，1959年全国229家工厂共生产排灌机169万马力，使全国水泵拥有量达14.6万台。[③]

---

① 邱梅贞主编：《中国农业机械技术发展史》，北京：机械工业出版社，1993年，第90页。

② 邱梅贞主编：《中国农业机械技术发展史》，北京：机械工业出版社，1993年，第107页。

③《当代中国》丛书编辑部：《当代中国的农业机械工业》，北京：中国社会科学出版社，1988年，第351页。

（四）播种机械仿制创新与本土化

新中国成立后，中国大力发展粮食生产。自20世纪50年代起，为适应农业生产需要，沈阳农具厂、华北农机总厂、西北农具所等仿制苏联СД10、СА-12半机械化条播机。1954年一机部标定后，由哈尔滨农机厂、辽宁农具厂生产。1959年，沈阳农机厂仿制了苏联СК-24、Т8-2А两种机引24行谷物播种机。鉴定后，BG-24牵引式24行谷物播种机，由哈尔滨、西安、石家庄等地农机厂批量生产。为使播种与施肥同机进行，西安农机厂改进了有些机型的设计，如机型为2BF-24A的牵引式24行谷物施肥播种机。此期间，改进设计的机型还有BGF-24型、BGF-24A型等。这些24行播种机迄今仍在批量生产。东北地区仿制和使用苏联农机具机型较多。因为东北地区引进使用苏联农机具早，农业自然条件和耕作制度相近。引进苏联24行播种机仿制多种机型，共生产10万台以上。[①]有些机型至今仍批量生产，是农业生产的主要机型。至1984年，仅在黑龙江省推广使用BGF-48行谷物施肥播种机就达19 905台。[②]

1959年，哈尔滨农机厂仿制苏联СУБ-48型牵引式48行小麦窄行播种机，定型为BGZ-48型批量生产。该机型广泛适应东北地区窄行密植播种，加上科学管理，能使小麦增产10%以上。BGZ-48型进一步改进设计，生产2BF-48型创新产品。1986年，2BF-48型小麦播种机已生产销售2万多台，并被评为部优产品。1955年，湖南农机厂仿制生产苏联ССК-4型棉花播种机。该机型于1953年大批引进，适应范围广。1956年，西安农具所与西安农机厂在苏联ССК-4型基础上改进设计，生产适应多种作物播种需要的新产品。除播种棉籽外，还能够条播大豆、玉米、蓖麻等作物。该机型于1957年鉴定，由西安、石家庄、安阳三家农机厂生产，产量一万多台。1957年，沈阳农机厂成功仿制苏联СКГК-6方形点播机。1958—1959年，农机部农机院在苏联СКГК-6型基础上，改进设计适应播种玉米的BDS-6型悬挂式点播

---

① 邱梅贞主编：《中国农业机械技术发展史》，北京：机械工业出版社，1993年，第70页。

② 黑龙江省地方志编纂委员会：《黑龙江省志（第13卷）·农机志》，哈尔滨：黑龙江人民出版社，1996年，第44页。

机。1962 年，中国农机院、新疆生产建设兵团农机所和新疆机械所等科研机构根据棉花播种需要，共同研究改进苏联 CKГK-6 型方形点播机，设计 MBJ-6 棉花播种机。通过试制、生产应用后，又改进设计为同时适合播种棉花、玉米的 MYBJ-6 播种机，并于 1965 年通过鉴定。

（五）收割机械仿制创新与本土化

苏联收割机械是引进中国最早的一种农业机械。由于选择引进机型时已经具有长期使用经验，所以在新中国成立初期，有些机型引进就是为了反求结构原理进而仿制与改进创新，或者说引进应用与仿制改进几乎同步进行，因而本土化进程比较快。譬如 KOKC-0.7 畜力中耕机，相对结构简单，1949 年从苏联引进后就由北京农具厂开始仿制生产。1950 年，开始对畜力中耕机改进设计，生产新式具有本土特色的解放式耘锄。这种耘锄利用苏联畜力中耕机主体结构，赋予中国传统锄轻便灵巧特点，不仅中耕深浅易掌握，使用省费，而且效率高。旧中国时期主要引进俄苏畜力中耕机，几乎没有仿制生产。新中国成立后，这种结构相对简单的半机械化农具很快实现国产化和本土化，有些地方至今还制造使用。

20 世纪 50 年代初，开始引进牵引式中耕机。至 1960 年，引进苏联机引中耕机有多种机型仿制成功并大批量生产，全国中耕机械保有量达 2.3 万台。1953 年，黑龙江省农机厂仿制苏联 ZW-4.2 牵引式万能中耕机，1956 年产量达到 3000 台左右。1964 年改进机架结构，杭州通用机械厂、鞍山农机厂、吉林辽源中耕机厂也少量生产仿制苏联 ZW-4.2 牵引式万能中耕机，多利用东方红 54/75 履带拖拉机牵引作业。苏联 MK-1100 大型脱粒机仿制和改进创新，生产多种机型新产品。20 世纪 50 年代广泛使用的丰收-700 型、TZ-700 型，是在苏联 MK-1100 机型脱粒上改进生产的。湖北研制生产的 56K 型畜力脱粒机，是改进苏联 EP-23 型畜力脱粒机的创新产品。苏联 MK-1100 大型脱粒机在黑龙江省引进使用和仿制生产较早。20 世纪 50 年代初，黑龙江省引进苏联脱粒机有 MK-1100 型和 MCA-110 型。佳木斯农机厂综合这两种机型特点，经改进设计，1957年定型为TPD-1100型大型脱粒机，并投入批量生产。1964年，该厂又改进定型并批量生产TF-1100型自喂式脱粒机，在全国各地尤其是东北、西北、华北地区广泛应用。1967年，又改进定型和生产丰收-1100型脱粒机，至今仍生产。①

谷物联合收割机先是引进多个机型的样机和图纸资料进行试验、仿制、试用，然后比较选型批量生产。仿制机型包括苏联C-6、CK-3、ПК-2克拉斯等。1956年，仿制成功并定型为GT-4.9牵引式联合收割机，先是由北京农业机械厂生产，后来由开封联合收割机厂生产。谷物联合收割机结构更复杂，20世纪50年代尚处于试验研究及仿制改进准备阶段。1965年，仿苏CKПP-3型（CK-3系列中的变形）取得成功，定型为东风ZKBD-3型，在吉林四平联合收割机厂（吉林省农业机械厂前身）投入批量生产。当时这种自走式联合收割机主要用于装备农场。引进苏联农业机械产品和图纸等技术资料，对于中国农业机械制造业发展起步发挥重要作用。国产GT-4.9牵引式联合收割机和东风ZKBD-3型自走式联合收割机是长期定型生产机型。这两种机器均是根据苏联产品实物和引进图纸仿制生产。在这期间，国内有些科研机构及农机厂结合中国实际自行设计研制了一些小型谷物联合收割机，如北京农业机械研制的悬装式联合收割机，一机部农机所研制的牵引式联合收割机和K-1.5型小型自走式联合收割机等，但均未获得成功。②

企业合作解决自走式联合收割机国产化难题。自走式联合收割机自行开道收割，保证收割效率和质量，关键是转移方便、作业灵活。20世纪50年代，沈阳农具厂试制ZK-4.1型、北京农机厂研发ZK-330型等自走式联合收割机，因条件限制都未成功。至20世纪60年代，国营农场快速发展，亟须装备自走式联合收割机。对此国家高度重视，农机部组织力量加强对引进苏联CK-3型联合收割机图纸等技术资料研究和试验工作。农机部直接组织协调四平、开封两个联合收割机厂与北京内燃机厂（北京农业机械厂前身）合作，于1964年

① 邱梅贞主编：《中国农业机械技术发展史》，北京：机械工业出版社，1993年，第138页。

② 邱梅贞主编：《中国农业机械技术发展史》，北京：机械工业出版社，1993年，第141页。

试制成东风 ZKBD-3 型样机，于 1965 年小批量生产。1970 年前，新疆所用收割机大多从苏联引进。1970 年后，新疆自行研制并批量制造收割机具。[①]合作基础是分工和优势互补。中国自走式联合收割机国产化是多厂合作实现的。在研发和生产中，北京内燃机厂发挥在动力系统方面技术优势，开封联合收割机厂发挥收割机平台制造技术优势；同时，四平及开封联合收割机厂能够利用生产牵引式联合收割机积累的技术和经验。20 世纪 60 年代中叶，东风 ZKBD-3 型自走式联合收割机算是一种先进大型、高效机型。这种较为复杂的农业机械，在当时经济困难、技术比较落后的条件下，国家有关部门组织协调多家企业进行技术合作以实现国产化，彰显社会主义集中力量办大事的制度优势。

（六）引进拖拉机制造技术再创新与本土化

新中国成立初期，大规模引进苏联技术设备坚持自力更生为主、争取外援为辅原则。在当时中国机械技术和制造业水平下，拖拉机仅仅依靠引进和仿制难以适应农业恢复发展的需要。1950—1958 年，中国先后仿制及试制出 155 种拖拉机，虽然开始时多数为仿制产品，但也反映中国拖拉机科技发展迈出重要一步。其中，灵山农具厂是仿制苏联拖拉机比较成功和生产规模比较大的企业。1958 年，灵山农具厂全厂 4000 多名职工克服了设备不足、技术水平低的困难，连续奋战了 6 个多月，终于在 1958 年 6 月 14 日试制成功了中国第一台大马力履带式拖拉机，即红旗-80 拖拉机，从而结束了中国不能自己制造大马力重型拖拉机的历史。[②]红旗-80 拖拉机是斯大林-80 履带式拖拉机的仿制产品。至 1965 年，这种拖拉机共生产 522 台。[③]红旗-80 拖拉机为工、农业兼用型，后改型为红旗-100 型、红旗-120 型。1983 年后，又改型为 Л110B 型，多为工业用。为发展林业机械化，鞍山红旗拖拉机厂于 1964 年 5 月引进了苏

---

① 新疆维吾尔自治区地方志编纂委员会：《新疆通志（第 72 卷上）·科学技术志》，乌鲁木齐：新疆人民出版社，2000 年，第 360 页。

② 鞍山红旗拖拉机制造厂志编纂委员会：《鞍拖厂志（1949—1984）》，《当代中国的重型矿山机械工业》编纂委员会出版（统一编号：第 64 卷），1985 年，第 5 页。

③ 鞍山红旗拖拉机制造厂志编纂委员会：《鞍拖厂志（1949—1984）》，《当代中国的重型矿山机械工业》编纂委员会出版（统一编号：第 64 卷），1985 年，第 20 页。

联 TДT40M 履带拖拉机制造技术。1965 年，经消化吸收与创新试制生产集材-50 型拖拉机，并于 1966 年 3 月通过鉴定。1983 年，改型为集材-50A 型。

一拖是“一五”计划期间苏联成套援建“156 项”重点工程之一，是中国农机行业骨干企业。一拖于 1953 年开始筹备，1959 年基本建成并投入生产。一拖建设把引进技术消化吸收与新产品设计开发相结合。原引进成套项目生产东方红-54 型履带式拖拉机。20 世纪 60 年代，改进设计变形产品东方红-75 型履带式拖拉机、东方红-54 型推土机。同时，自主研发并批量生产 40 型轮式拖拉机、665 型载重汽车，东方红拖拉机占全国拥有量的 65%以上。当时，一拖发展成为农业装备研发生产特大型企业集团，拖拉机社会保有量稳居全国首位，产品出口近 100 个国家和地区。1964 年底，一拖基本形成项目设计任务书中规定的年产 1.6 万台东方红-54 型履带式拖拉机的生产能力。①

1959 年以来，一拖设计、试制 75 型履带式拖拉机、54/75 型履带式液压悬挂拖拉机、75 型履带式简易液压拖拉机、160 马力工业用履带式拖拉机、60T/60/TJ 履带式推土机、54 型宽/窄 54G/75G 排灌机、150 型轮式拖拉机、40 型轮式拖拉机。至 1984 年底，一拖产品由原设计单一产品发展为 5 大系列 14 个品种。在研究采用新技术、新工艺、新材料方面，共获国家发明奖 2 项，获全国科学大会颁发的科技成果奖 5 项，获农机部、机械工业部等部级科技成果奖 13 项。1959 年投产以来，生产规模不断扩大。至 1984 年，共生产各种拖拉机 33.3 万台、发动机组 2.5 万台、排灌机 1.13 万台、拖拉机配件 4.38 亿件。一拖生产的拖拉机遍布全国 29 个省（自治区、直辖市），在全国范围内建立 30 个“三包”维修服务点。1959—1984 年，一拖为贵阳铸造厂、青海锻造厂等企业制造设备 997 套。为包头 617 厂、第二汽车制造厂、济南汽车厂等 12 个省份的 80 多个企业制造工艺装备 13 万多种 58 万多套（件）。到 1984 年，为全国企事业单位输送专业技术干部 1917 人、干部 3574 人（其中处级以上干部 151 人，科级干部 519 人）；支援各地工人 1.112 万人，为全国厂矿培训职工 5755 人，为大专院校代培实习生 2.34 万

① 宋超：《新中国初期对苏联农业机械技术引进特点与绩效》，《中国经济史研究》2009 年第 4 期，第 83—90 页。

人。①一拖引进拖拉机制造技术伴随着大批产品、人才输出服务社会，本土化形成深远影响（表5-16）。

表5-16 引进苏联农业机械仿制生产机型与改进创新生产机型情况表

引进苏联机引作业机械机型	仿制国产机型	仿制时间	仿制单位	改进和创新机型	改进和创新完成单位
M-5-35型牵引五铧犁	L-5-35重型国产引重型五铧犁	1954	灵山农具厂	无壁铧犁LW-3-35型	黑龙江省农业机械厂
CK-24牵引式24行谷物播种机	BG-24牵引式24行谷物播种机	1959	沈阳农机厂	2BF-24A型、BGF-24型、BGF-24A型	西安农机厂、石家庄农机厂
CYБ-48牵引式48行谷物窄行播种机	BGZ-48牵引式48行谷物窄行播种机	1959	哈尔滨农机厂	2BF-48型	哈尔滨农机厂
CCK-4型棉花播种机		1955	湖南农机厂	四行棉花播种机，兼播玉米、大豆等	西安农具所与西安农机厂
CKГK-6方形点播机		1957	沈阳农机厂	BDS-6、MBJ-6、MYBJ-6	中国农机院、新疆机械所、兵团农机所
ZW-4.2牵引式万能中耕机		1953	黑龙江省农机厂	改进机架，机型未变	黑龙江省农机厂
EP-23型畜力脱粒机				56K型畜力脱粒机	湖北农业机械厂
MK-1100大型脱粒机				1957年改进定型为TPD-1100型；再创新产品为TF-1100型、丰收-1100	黑龙江佳木斯农业机械厂
C-6型、CK-3型、ПK-2型牵引式或自走式联合收割机	GT-4.9牵引式联合收割机	1956	农机厂及科研机构	GT-4.9B、GT-3.6牵引式联合收割机	四平联合收割机厂、开封联合收割机厂
CK-3系列中的CKПP-3型	ZKBD-3型自走式联合收割机	1965	农机厂及科研机构	ZKB-5型、LZ-5型自走式联合收割机	四平联合收割机厂
Д型和НД型水泵		1953		НД型、6Д型、S型	长沙水泵厂、沈阳水泵厂
斯大林-80履带式拖拉机	红旗-80履带式拖拉机	1958	灵山农具厂	红旗-100型、红旗-120型、L110B型	鞍山红旗拖拉机厂
ТДТ40М履带式拖拉机				集材-50型、集材-50A型拖拉机	鞍山红旗拖拉机厂
ДТ54型履带式拖拉机	东方红-54型履带式拖拉机	1958	一拖	54/75/160型履带式、轮式拖拉机、推土机10多个机型	一拖

资料来源：根据各省农业机械志及相关史志资料整理

① 第一拖拉机制造厂厂志总编室：《一拖厂志（1953—1984）》下册（内部发行），1985年，第49页。

引进技术本土化是引进与应用的互动过程。引进技术往往不是一次就能适应本土需要而发展下去的。一方面，引进技术本土化需要一定数量规模和重建过程。因为引进技术是从它所在技术系统中分离出来被引进来的，在本土技术吸引和文化环境中存在发展，它需要重建原来那种技术结构。域外引进技术本土化是两种文明接触融合过程。汤因比把这种过程视为进攻、重建、被侵略和抵抗过程。引进技术慢慢地渗透、被本土技术和文化接纳，这种重建确立自己地位的努力就不得不与本土技术、文化的抵制倾向做斗争。①另一方面，引进技术需要被本土技术和文化逐步接纳，即被推广应用和创新发展需要一个过程。而引进技术被接纳，意味着旧的技术系统和生产方式变迁，这是一种创新发展的过程。所有变迁的终极来源都是创新，创新是指在一个群体内部得到广泛接受的任何新的做法、工具或原理。②

清末和民国时期引进应用推广俄苏农机具，在广大农民群众中形成了一定认识和了解，积累了使用经验，为新中国成立初期引进与应用推广苏联农业机械奠定了基础。传统农业生产方式、习惯排斥和抵抗更新现有技术。引进俄苏农机具意味着要打破人们习以为常的生产方式。引入一种新生产要素的风险性的一个重要来源就是改变传统生产方式的阻力。③马克思指出："一切已死的先辈们的传统，像梦魔一样纠缠着活人的头脑。"④20 世纪 50 年代初，中国大批引进苏联拖拉机和作业机械，设立国营拖拉机站为农民代耕，示范农业机械化。当时遇到的阻力是人们对农机作业认识问题，即：洋机器能否替代几千年来中国传统耕作方式？吉林榆树拖拉机站建站时，农民兴奋地迎接拖拉机开进村，给它披红戴花。但是，"当拖拉机开进农田要开始翻地时，有些农民产生怀疑，指着苏联斯大林-80 履带式拖拉机说，这个大铁

---

①〔英〕阿诺德·汤因比：《历史研究》，刘北成、郭小凌译，上海：上海人民出版社，2005 年，第 375 页。

②〔美〕威廉·A. 哈维兰：《文化人类学》，瞿铁鹏、张钰译，上海：上海社会科学院出版社，2006 年，第 457 页。

③〔美〕西奥多·W. 舒尔茨：《改造传统农业》，梁小民译，北京：商务印书馆，1987 年，第 26 页。

④〔德〕马克思、恩格斯：《马克思恩格斯选集》第 1 卷，中共中央马克思恩格斯列宁斯大林著作编译局编译，北京：人民出版社，1995 年，第 585 页。

块子能种地？不把地给压硬了。甚至叫号说，如果用拖拉机种地能打粮，我用人民币添‘秤’。一位老太太在自己的田头拦着拖拉机对拖拉机手说，要开进我的田地，除非从我的身上压过去”①。新式农具在东北、新疆和内蒙古等地的应用形成了一定认识基础、技术条件，积累了使用经验，在新中国成立初期推广应用阻力较小。但在其他省区，由于干部群众对新式农具缺乏基本认识和使用经验，推广难度大。1950 年夏，政务院在中南海举办新式农具展，让各级领导参观。此后，新式农具推广计划加快实施。1952 年 8 月，农业部召开座谈会总结上半年新式农具推广计划完成情况，多数省区仅完成全年计划的 10%—25%，而东北区与察哈尔省完成全年计划的 50%。②

综上可见，从清末至新中国成立初期，引进俄苏农业技术途径与方式拓展，实质是引进俄苏农业技术主体结构变迁，即清末民间个体行为作用至少占据“半壁江山”，政府出面参与是偶然性的、区域性的和单一的。民国时期，新疆省政府组织引进苏联农业技术历时 10 多年。就新疆而言，对当地农业发展产生较大影响，引进农业技术的规模、技术本身的先进性和实用性在当时中国是非常少有的；但就整个中国而言，这段历史引进农业技术扩散和影响是十分有限的。新中国成立初期引进苏联农业技术作为一种国家战略，是中苏经济技术合作的有机组成部分。从双方主体关系看，清末和民国时期是单项引进，缺乏互动；新中国成立初期，引进苏联农业技术是在双方交流与合作中实现的，因而引进技术种类、数量规模和形态不同。清末引进技术种类、数量规模最小，且主要是实体形态农业技术；民国时期引进技术区域性的种类、规模扩大，且引进一定数量规模经验形态及知识形态技术；新中国成立初期不仅引进实体形态农业种类、数量规模增多，而且还以派遣留学生、专家互访、科研合作等形式引进经验形态、知识形态技术和共同创造新技术。引进俄苏技术种类、数量规模和形态结构变迁是加快引进技术本土化的根本原因。

---

① 长春市地方志编纂委员会：《长春市志·农业机械化志》，长春：吉林文史出版社，1993 年，第 108 页。

② 刘安定：《新式农具推广工作座谈会总结》，《中国农报》1952 年第 20 期。

总 结

清末、民国时期、新中国成立初期这三个时期中国引进俄苏农业技术及本土化是一个有机整体，也是一个不断发展的过程。在这一发展过程中，引进技术主体从以民间为主发展到以官方为主。引进技术目的、动因从不自觉、被动，发展到国家战略有目标、有计划、有规模、有步骤地组织和推动实施；引进技术途径与方式由通过边贸交换实物、边民往来携带实物引入，发展到通过科研合作共同研发新技术；引进技术形态结构由单一实体形态技术为主，发展到实体形态、经验形态、知识形态三个层次技术全面系统引进，并在后期以知识形态技术为主；引进技术推广应用范围由少数边境地区发展到单个省区，再发展到全国大部分省（自治区、直辖市）。清末至新中国成立初期引进俄苏农业技术，对区域农业近代化发展和中国农业现代化起步发挥重要推动作用。同时，新中国成立初期引进技术本土化成果，在对外农业技术援助中发挥重要作用。

一、中国引进俄苏农业技术的优势条件与历史必然性

中国与俄罗斯（苏联）文化交流与经济往来由来已久，早在沙皇俄国时期就已经开始。清末至新中国成立初期中国引进俄苏农业技术具有自然和人文的双重优势。自然优势包括边界优势，同纬度引种适应性强易于本土化、跨纬度引种杂交优势强及两国农业种质资源丰富互补性强等；人文优势包括中俄（苏）文化异质性弱、两国友好政治结盟和农业交往不断发展等方面。自然优势是人文优势的基础，而人文优势为自然优势潜能发挥赋予形式和创造条件。

清末至新中国成立初期，俄苏农业科技相对先进，农业育种、植物保护、

畜牧品种培育、兽医生物药品制造、土地规划整理、农业机械等技术世界领先。明清之后，因封建政府闭关自守、轻视科技，加之西方列强侵略掠夺和长期战乱，中国农业科技日渐落后。新中国成立初期，中国为恢复农业生产面临缺乏种子、农机具、耕畜和技术人才等困难。而以美国为首的西方资本主义国家对华实行封锁禁运政策，中国不得不采取“一边倒”政策，同苏联开展经济技术合作。因此，清末至新中国成立初期中国引进俄苏农业技术及本土化，符合技术流动差势规律，是自然因素和人文因素相互作用结果，有一定的历史必然性。

二、中国引进俄苏农业技术主体、目的及计划性的变迁

清末至新中国成立初期中国引进俄苏农业技术动因、目的经历了从不自觉、无计划性到有目的、高度计划性的嬗变。中国引进俄苏农业技术起源于边民、侨民往来与边境贸易。清末及民国时期在中国引进俄苏农业技术中，边民、侨民从俄苏境内引进中国边境地区农业技术占较大比重，引进农牧品种、农机具和农业生产方法等目的是自用。但边民、侨民没有引进技术和推动引进技术扩散应用本土化的动机、目的和计划。如引进农牧品种没有用作繁育新品种的动机、目的和计划，引入农机具也没有仿制生产的动机、目的和计划。所以说，边民、侨民引进承载着技术的农牧良种和农机具，没有推广应用本土化的动机、目的和计划。商人以贸易途径引进俄苏农牧品种，客观上引进实体形态农业技术，但目的仅仅是通过交易获得利润，没有把引进农牧品种用于新品种培育和本土化的动机、目的和计划。清末地方政府出面和参与通过贸易途径引进农牧品种和农机虽偶然性、区域性强，但有目的性和一定的计划性。如从1909年起，吉林省农事试验场引进俄国甘蓝、金瓜、青豌豆、白菜豆等蔬菜品种试种；清政府奉天官牧场和马政机关分别于1906年、1909年引入俄国种马，用于改良地方马。1908年前后，黑龙江地方官员出面引进火犁和机引农具，政府参股经营火犁公司，聘请洋匠驾驶，低价为农户开荒代耕，使齐齐哈尔、讷河一带农民较早地了解和使用拖拉机耕田。

民国时期，东北军和新疆省政府引进俄苏农牧品种及农机具有目的、有计划、有规模地进行了推广应用，对本土化影响较深。1928 年，东北陆军收购俄国人的奥尔洛夫马，兴办军牧场，繁殖军马。至 1929 年，马匹增到 1800 匹，产新驹 280 余匹。民国二十五年（1936），新疆省农矿厅从苏联引入奥尔洛夫马、顿河马、布琼尼马等种马，分发到各区农牧场畜牧分局及交配所，采用人工授精技术进行马匹改良。1934 年，新疆省政府由苏联引进高加索、泊列考斯、卡拉库尔等品种的公羊 443 只，分发到 5 个地区用于杂交改良当地哈萨克羊和蒙古羊。1934 年，新疆省政府又从苏联引进高加索细毛羊公羊和泊列考斯公羊 137 只，聘请苏联专家制订计划并主持、指导绵羊地方品种改良，培育成过渡品种“哈兰羊”。这一时期有些地区还有计划性地推广应用西兽医技术。在中国较早建成较大规模的兽医生物药品厂，生产牛炭疽芽孢苗、炭疽血清、猪瘟疫苗等，用于农牧区家畜疫病防治。1946—1949 年，生产各种生物药品共 29 万毫升。

新中国成立初期，中国引进苏联农业技术的主体是国家，“全国一盘棋”在国家层面安排计划和组织实施，具有高度计划性。一方面，中国通过贸易途径从苏联引进种畜、种子、农机具、仪器、试验材料。外贸部根据国家发展规划和全国各省市申报计划研究安排引进品种类别、规格和数量，以贷款或其他方式进行结算。引进农作物品种既用于种植，又进行新品种培育；引进种畜用来改良地方品种和新品种培育，具有明确目的和高度计划性；大规模引进农机具，其中一个重要目的就是仿制生产，具有明确目的和计划。另一方面，中国通过中苏科学技术合作委员会、中苏“122 项”协定和中苏农业相关机构直接联系，聘请苏联专家、派遣留学生、交换科研情报和试验材料等。

总体上，清末至新中国成立初期中国引进俄苏农业技术，清末以边民、侨民往来等民间引进为主，政府出面和参与带有官方行为性质的引进较少；民国时期，民间引进与地方政府出面或参与引进都占有较大比重；新中国成立初期，主要是政府计划安排和组织实施，因而引进俄苏农业技术目的性、计划性呈现从弱到强的变化趋势。

三、中国引进俄苏农业技术途径、方式、规模及结构的变迁

清末中国引进俄国农业技术，主要通过边民和侨民来华、边境贸易、俄商在华兴办农产品加工厂引入，地方政府官员出面和农业试验场引进以农牧品种、农机具等实体形态技术为主；经验形态和知识形态技术比较少，仅在农产品加工机器设备操作、生产工艺、质量控制，以及蜜蜂箱养越冬方法等方面。民国时期中国引进俄苏农业技术，通过边民、侨民来华、边境贸易引入、俄商在华投资兴办乳品加工等企业引进和地方政府组织引进等。由于 1917 年俄国十月革命影响，大批俄国人逃亡到哈尔滨及中东铁路沿线，带来大批奶牛、马和农机具。新疆省政府尤其是盛世才主政期间加强与苏联经贸合作，农牧产品贸易发展加快。通过贸易途径新疆大批引进农牧品种、农机具等实体形态农业技术，以聘请苏联专家、派遣留苏学生等形式引进种植、养殖、西兽医兽药、植保、农业机械、兽医生物医品制造等经验形态和知识形态农业技术。新中国成立初期中国引进苏联农业技术，主要通过两国政府间贸易、执行中苏科学技术合作委员会计划、执行中苏“122 项”协定科研合作、中苏两国相关机构直接联系等途径，以引进农牧良种、农机具、聘请苏联专家、派遣留苏学生、接受成套技术援助等形式，引进实体形态、经验形态和知识形态农业技术。1949—1954 年，引进农牧品种和农机具等实体形态技术比重较大；1955—1966 年，随着引进农机具全部国产化和新疆细毛羊等畜牧品种育成，主要通过派遣留学生、实习生、进修生，专家互访，执行科技合作计划等形式，引进经验形态和知识形态农业技术。

清末至新中国成立初期，随着引进技术途径、方式不断拓展，中国引进技术数量、规模和形态结构不断向更高层次跃迁。清末通过贸易途径以引进农牧品种、农机具等实体形态农业技术为主；而且，技术应用比较局限，主

要在中俄边境地区。俄商在华兴办面粉厂、砖茶加工厂引进的主要是以蒸汽制茶、火磨制粉等机器设备为代表的实体形态技术。俄商聘用中国工人和技术人员掌握机器操作、生产工艺、质量控制、管理等经验形态及知识形态技术。这些工人和技术人员是引进技术传播的主要载体，也是推动引进技术本土化的主体力量。民国时期中国引进俄苏农业技术仍然是通过贸易途径，但政府间官方贸易占据主要地位；而且，已经开始采取聘请苏联专家、派遣留学生的方式引进经验形态和知识形态农业技术。新中国成立初期中国引进苏联农业技术，包括实体形态、经验形态和知识形态三个层次，但总体上是以知识形态农业技术为主。通过引进成套技术、派遣留学生、科技合作不仅系统引进知识形态技术，而且通过科学研究创造新技术知识。引进技术途径与方式决定引进技术的种类、数量、规模和形态结构。由于清末、民国时期、新中国成立初期三个阶段中国引进苏联农业技术途径与方式不断拓展，引进技术的种类、数量、规模和形态结构发生跳跃性变迁。

四、中国引进俄苏技术积累的连续性与本土化成果的涌现性

俄国实体形态农业技术从清末就已经引进中国边境地区应用；民国时期继续批量引进；新中国成立初期中国又继续从苏联大批引进各种形态农业技术并推广应用，培育成一批新品种。例如：①棉花品种。清末引进的安集延、什乃得尔、那勿罗斯基等棉花品种；民国时期引进的什乃得尔、那勿罗斯基、舍列迭列 8517-36 号等 170 多个品种；新中国成立初期引进的 2И3、斯 3173、C2421、涡及 1 号、涡及 3 号等 300 多个品种，培育成胜利 1 号、新海棉、军棉 1 号、新陆 201、农垦 5 号、军海 1 号、大铃棉、新海 2 号、路新 202、新海 5 号、靖棉 1 号等，共 40 多个品种。②冬麦品种。清末引进乌克兰 0246 号、乌克兰 83 号、奥德萨 16 号等冬麦品种；民国时期、新中国成立初期继续大批引进，并育成伊农 7 号、新冬 13 号、新冬 2 号、伊农 9 号等新品种。③亚麻品种。清末引进亚麻贝尔纳 1 号种、露西亚 1 号两个品种；民国时期继续引进亚麻

贝尔纳 1 号种，选育出哈系 384 和哈系 419 新品种；新中国成立初期，引进贝尔纳 1 号、五河林、乐 1120 号等亚麻品种，并育成华光 1 号品种和黑亚 3 号、黑亚 4 号等新品种。

总之，清末至新中国成立初期，中国连续引进俄苏棉花、亚麻等农作物品种是当时主栽品种，并在新中国成立初期育成一批新品种。这三个时期连续引进俄苏农作物品种，为培育新品种积累了遗传物质、适应性和种植经验。在持续引进俄苏农作物品种中，清末没有选育成一个新品种；民国时期，选育出亚麻哈系 384、哈系 419 两个新品种；新中国成立初期，棉花、冬麦、亚麻、甜菜等连续引进品种，育成一批新品种，呈现积累连续性和本土化成果涌现性的特点。

同样，清末和民国时期中国连续从俄苏引进马、牛、猪等畜牧品种，与地方品种杂交形成一些优良杂种畜群；新中国成立初期，以这些杂种畜群为基础，继续从苏联大批引进相关种畜，定向培育，育成一批新品种，具有积累连续性和本土化成果涌现性的特点。例如，育成新品种包括黑河马、三河马、伊犁马、鄂伦春马，三河牛、新疆白猪、伊犁白猪、新疆黑猪、哈尔滨白猪、上海白猪、汉中白猪、湖北白猪、东北黑蜂、新疆黑蜂等新品种。羊品种的培育从民国时期开始，在新中国成立初期才先后育成新疆细毛羊、军垦细毛羊、东北细毛羊、新疆羔皮羊等新品种。

清末中国引进俄苏畜力半机械化农具，在边境地区应用。由于清末引进这些半机械化农具应用积累了一定的经验，形成群众认识的基础和社会影响，民国时期继续大批引进，尤其是新疆引进数量最多，但没有仿制生产。引进技术应用既是本土化的过程，也是选择淘汰的过程。根据清末和民国时期中国引进俄苏农机具应用情况，新中国成立初期继续大批引进和推广半机械化农具和机械化农具。半机械化农具通过仿制或改进于 1953 年实现国产化，机械化农具于 1966 年全部实现国产化，具有积累连续性和本土化成果涌现性特点。涌现指称解蔽、露面，呈现其自身整体。[①]涌现是部分交互作

①〔德〕马丁•海德格尔：《林中路》，孙周兴译，上海：上海译文出版社，2004 年，第 28 页。

用协同创生新层次的整体行为，特点是会一而再，再而三地出现。引进俄苏各种农机具有共性，有些构造原理、部件都相同。仿制成功一种农机具，就会一而再，再而三地仿制成功其他各种机种。

引进俄苏农业技术本土化是引进技术在本土技术系统和文化环境中受限改造和演化的过程。其机制是输入产生输出的行为，引进技术结构与“本土农业技术结构”“体制”“政策”“制度”“文化”等因素关系决定本土化机制状态。机制状态转换导致引进俄苏农业技术本土化成果集中涌现。机制状态与转换函数密切相关。所以，定义机制状态集合为$S=\{s_1, s_2, s_3, \cdots\}$，则转换函数可以定义为$f: I \times S = S \rightarrow S$，即$S(t+1) = f(I_1(t), I_2(t), I_3(t), \cdots, I_k(t), I_l(t))$。也就是说，引进俄苏农业技术的数量、规模、形态结构与本土农业的技术、政策、制度、文化等因素相互作用引起机制状态转换，形成整体性行为——本土化成果集中涌现。

五、中国引进俄苏农业技术结构变迁及本土化的成效

实体形态技术、经验形态技术、知识形态技术是不同层次的技术。技术形态结构决定技术性质和功能。技术本土化进程和成效根本决定于技术结构。技术以系统形式存在。整体性是系统的基本特征。系统要素协同形成整体性效应（“1+1＞2”效应）。引进技术本土化根本途径在于应用，引进技术通过应用被改造并融入本土技术系统。而引进技术应用需要实体形态技术、经验形态技术、知识形态技术协同作用。如推广应用实体形态技术需要经验形态和知识形态技术引领指导；同样，经验形态和知识形态技术应用离不开实体形态技术支撑。引进某种技术的一个方面或一个层次的要素，在应用中必然需要与其他方面、其他层次技术要素相互作用。就这种引进技术要素本身而言，它作为技术系统的一部分是被分离出来的，但它往往通过把传播过程中已经分离的技术构成因素加以汇集、重组和再系统化。当然，这种重新组合的努力会遭到本土技术和文化的抵制。[①]

① 〔英〕阿诺德·汤因比：《历史研究》，刘北成、郭小凌译，上海：上海人民出版社，2005 年，第 375 页。

清末和民国时期中国引进俄苏马、牛、猪等许多家畜品种，已经形成优良杂种畜群，但未育成一个新品种。而20世纪30年代新疆省政府引进细毛羊品种，同时聘请苏联专家帮助制订并指导实施培育计划，举办讲习班培养畜牧兽医技术人员，传授相关经验和知识，在20世纪40年代就育成过渡品种“哈兰羊”。新中国成立后，中国继续聘请苏联专家指导，利用过渡品种“哈兰羊”于1953年育成中国第一个细毛羊品种——新疆细毛羊。这表明，新品种培育不仅需要良种，还需要育种经验和知识。20世纪初，在中国茶树引到俄国大面积成功种植和育成新品种的过程中，俄商从中国引进茶树、茶种，聘请中国10名懂技术、有经验的茶工，并有植物学、化学等专业院士、教授参与。

援助成套项目综合性强，既要指导项目建设，又要传授技术，提供全套技术、设备器材和人员培训，派遣专家指导试车生产。新中国成立初期，中国引进苏联援建的一拖、国营友谊农场、哈尔滨亚麻纺织厂等成套项目，不仅消化吸收引进成套技术，顺利建成投产，而且都在投产不久创造出新技术、新工艺、新产品。这三个项目的共同特点是：不仅引进成套机器设备、仪器等实体形态技术，而且通过聘请苏联专家指导项目建设、培训工人，选派人员到苏联实习培训，引进经验形态和知识形态技术。引进成套项目实际是引进成套技术，包括项目各工序、各层次的技术——实体形态、经验形态、知识形态三个层次技术。

引进技术本土化作为三种形态技术协同作用的结果，其完整性强能够加快本土化。清末至新中国成立初期，中国引进俄苏农业技术形态结构不断趋于完整齐全，整体性不断增强。清末中国从俄国主要引进农牧品种、农机具等实体形态农业技术，形态结构单一，缺乏整体性，本土化成效最差。民国时期，中国从俄苏引进农牧品种、农机具等实体形态农业技术，同时也通过聘请苏联专家、派遣留学生引进经验形态和知识形态技术。新中国成立初期，中国通过外贸引进农牧品种、农机具等实体形态农业技术，也通过接受成套项目援助、派遣留学生、专家互访、科研合作等形式综合引进三种形态农业技术；而且，1954 年之后主要引进知识形态及经验形态农业技术。因此，新中国成立初期中国引进苏联技术形态结构完整，整体性强，本土化进程快，成果集中涌现（表 5-17）。

表 5-17　清末至新中国成立初期中国引进俄苏农业技术途径、方式及本土化成效

类别	清末	民国时期	新中国成立初期
引进技术途径	边民、侨民从俄来华带入；民间贸易、官方贸易购入	边民、侨民从俄来华带入，民间贸易、官方贸易购入；俄商兴建农产品加工厂	中苏贸易；苏联经济技术援助；中苏科学技术合作委员会、中苏“122 项”协定，中苏科研机构直接联系
引进技术方式	实物交换，携带实物随人带入，获取技艺赛珍会资料	实物交换，携带实物随人带入；聘请专家、派留学生；俄商建厂采用俄苏技术设备	进口实物；苏联援建成套项目，聘请苏联专家、中国专家赴苏考察、派遣留学生；交换科研情报、资料，共同科研
引进技术形态结构	主要是农牧品种、农机具等物化技术，以及个别零散的验形态技术	主要是农牧品种、农机具等物化形态技术，以及较部分系统的、有规模的经验形态技术和知识形态技术	农牧品种、农业机械等物质形态技术，全面、系统、有规模的经验形态技术和知识形态技术；1949—1954 年实体形态技术比重较大；1954 年后以知识形态技术为主
引进技术本土化进程及成效	在中俄边境和中东铁路沿线地区，引进俄国农牧良种成为种植、养殖主要品种；边界大粮户使用引进俄国农具；华人购买经营俄商部分面粉厂等农产加工厂	在新疆、东三省、内蒙古的中俄（苏）部分地区，引进俄（苏）棉农牧良种成为种植、养殖主要品种，成功选育两个亚麻品种和细毛羊过渡品种“哈兰羊”。新疆推广应用西兽医药、农机具及东北部分地区推广应用农机具取得较好成效。农产加工技术完全本土化	在多个省甚至全国，引进俄（苏）棉农牧良种成为种植、养殖主要品种，育成一批农牧新品种；引进农业机械全部国产化，并创新发展形成满足中国精耕细作需要的新一代产品；西兽医、人工授精、航空灭蝗、土地规划、农场设计等技术推广全国；农业科研、教育和农业技术、农业机械化推广服务体系建成运行，有些技术援助越南等国成效良好

中国引进俄苏农业技术及本土化受制度、政策、文化等因素的作用和影响。清末，封建统治者轻视科技，只是个别地方政府在某一方面采取一定政策措施，推动引进应用俄国农业技术。民国时期，新疆省政府有计划、有规模地引进苏联农业技术，采取设立技术服务机构、实施奖励政策、派遣留苏学生等措施学习吸收和推广应用引进技术，但制度存在缺陷，计划和政策实施受政治因素影响大。新中国成立初期，中国全国学习苏联经验，引进苏联农业技术是中苏经济技术合作的一个组成部分。农业科研机构、农业院校、农业技术推广机构、国营农场、拖拉机站都是学习吸收和推广苏联农业技术的重要机构。引进农牧品种、农机具和聘请苏联专家，由国家职能部门统一协调安

排。在技术力量上，各地相互援助支持。可以说，新中国成立初期中国引进苏联农业技术本土化加快和成果集中涌现，在很大程度上取决于制度的优势。

六、中国引进俄苏农业技术本土化的积极影响及缺憾

清末到新中国成立初期，中国引进俄苏农业技术及本土化，对推动区域农业近代化和启动中国农业现代化发挥了重要作用。清末和民国时期中国引进俄苏农业技术推广应用及本土化，加快了区域农业机械化、商品化和近代化发展。新中国成立初期中国引进苏联农业技术，对农业恢复发展和农业现代化发挥重要作用。清末中国引进俄苏农作物品种并推广种植本土化，实现增产增收的同时丰富了农作物种质资源。引进俄苏棉花、冬小麦、甜菜、亚麻等作物品种，是当时主栽品种。而且，育成一批新品种，这些作物至今仍然是育种的重要遗传物质来源。种植业发展带动面粉等农产品加工业发展。引进亚麻、甜菜等经济作物品种推广种植，催生甜菜制糖、亚麻纺织等新产业。引进畜牧品种，改良地方品种提高畜群质量，促进畜牧业发展，形成一些优良杂种畜群，在新中国成立初期育成一批新品种。畜牧业发展带动畜产加工业发展。引进奶牛品种，催生乳品加工新产业。近代新疆、内蒙古和东北等地区引进俄苏农业机械，加快了当地农业的发展，为新中国成立初期大批引进推广农业机械奠定了基础。新中国成立初期引进苏联农业机械和拖拉机制造技术，促进了农业和农机制造业发展。引进俄苏农业技术本土化在种植、养殖、植保、畜牧兽医、农业机械、农田水利和农业教育、科研、技术推广机构建设等方面形成深远影响。

引入俄苏农业技术本土化引起生产生活方式变迁。引进技术的推广应用和本土化是一个创新过程。所有变迁的终极来源都是创新，创新是指在一个群体内部得到广泛接受的任何新的做法、工具或原理。[①]近代大批俄苏侨民

---

①〔美〕威廉·A. 哈维兰：《文化人类学》，瞿铁鹏、张钰译，上海：上海社会科学院出版社，2006 年，第 457 页。

越境在呼伦贝尔盟地区垦荒经营农业，带来先进生产技术，引起区域生产生活方式变迁。1910 年，呼伦贝尔盟人口 5.6 万，其中俄侨 1.7 万人，占总人口的 30.4%。1918—1932 年，大批苏侨越境聚居于三河地区及海拉尔、满洲里、牙克石、免渡河一带。[①]苏侨大部分从事农牧业生产，成了岭西地区继边垦之后的主要垦耕者。[②]他们凭借火犁、马拉或机引播种机、打草机、割麦机、捆麦机、打麦机等先进生产工具开发农田，采取轮歇地耕作制种植大麦、小麦、铃铛麦、莜麦、老羌菜、马铃薯、甜菜等作物并饲养牲畜。同时，以打草圈养模式经营牧畜业。俄苏侨民的越境开发农田所带来农牧品种、农机具和种植、养殖技术的传播应用产生了深刻的影响。譬如，打草机械和圈养方法的应用改变了当地牧民单一游牧生活方式。俄侨拥有的打草机械用于经营干草，也出租给蒙古人打草。按照技术导向的社会科学的看法，技术决定着生活方式和人的活动世界。在技术与文化的条件关系中，技术的发展是自变量，而社会文化的发展是因变量。从技术的格局来看，人与社会都被“技术形态化”。[③]世代习惯游牧的蒙古人，受俄侨影响逐渐自己打草和建圈饲养牧畜，开始从事农业劳动和定居生活。至 20 世纪末，在鄂温克旗、陈巴尔虎旗和海拉尔地区仍有居民使用引进自苏联的农牧机械，以定居游牧结合的方式生产生活。[④]

俄国箱式养蜂方法随着黑蜂一起被引入中国，改变了中国的传统木桶养蜂方法，对中国的养蜂技术有很深的影响。新疆伊犁地区使用桶养蜜蜂历史悠久，但蜂群安全越冬问题长期没有解决。1910—1912 年，伊犁地区部分县的俄苏侨民带来黑色高加索蜂，采用箱养越冬较安全。后来当地蜂农掌握了

---

① 宋超：《近代中国从俄苏引进农业技术及其影响考论》，《中国社会经济史研究》2011 年第 1 期，第 33—34 页。

② 呼伦贝尔盟农业局：《呼伦贝尔盟农业志》，呼伦贝尔：内蒙古文化出版社，1994 年，第 67 页。

③〔德〕彼得·科斯洛夫斯基：《后现代文化：技术发展的社会文化后果》，毛怡红译，北京：中央编译出版社，2011 年，第 1 页。

④ 内蒙古自治区科学技术志编纂委员会：《内蒙古自治区科学技术志》，呼和浩特：内蒙古人民出版社，1997 年，第 241 页。

箱养蜜蜂的安全越冬方法，也大量饲养黑色高加索蜂。[①]1927 年后，中东铁路沿线俄国人带来俄式箱养方法。吉林蜂农很便捷地从俄人那里学习到了西方养蜂方法，开始由桶养改为标准箱或俄式箱的箱养，由固定巢脾改为活框巢脾，产蜜量提高 40%以上。1931 年吉林商人邓芷苓，经民国政府批准，在吉林组建大生养蜂工场，举办养蜂讲习所，培训养蜂技术人员，推广箱养方法。[②]后来，箱养法几乎在全国范围内取代了桶养法。

引进和推广应用农业机械，推动农业机械化和“无垄”式农业向垄作发展。新疆利用引进苏联农业机械建设农场，推动区域农业机械化。1934 年，阿尔泰行政长沙里甫汗出面引进列宁格勒产 20 马力 ЛТД-20 型拖拉机及三铧犁、播种机、收割机、脱粒机建设农场。1936 年，迪化、塔城、阿山、伊犁等区大部分农场用拖拉机垦荒耕种。1947 年，新疆军垦处用拖拉机在迪化西郊开荒近万亩。生产方式变革可以实现增产增收，农民亦积极购置农业机械。20 世纪 30 年代末，伊宁、霍城、巩留、特克斯等县农户普遍有新式犁，稍富裕户有播种机、收禾机、打粮机等畜力机具，个别富裕农民购置了拖拉机。新疆地广人稀，20 世纪 30 年代初仍主要是“无垄式”的农业。随着农机具的推广应用，垄作逐步发展起来。

俄国在华投资兴办农产品加工企业，转移制粉、榨油、乳品加工等技术，促进区域农业商品化和近代化，引起消费结构和生活方式变化。技术让某些先前遮蔽的东西显现出来，创造新的生产生活方式。清末俄商兴办企业，至民国初期大部分已经转卖给当地华人，技术扩散使华资企业迅速发展起来。民国时期，哈尔滨民族资本兴办粮油加工厂达 128 家，其中面粉厂 42 家、制油厂 54 家、挂面厂 11 家、米厂 21 家。中国乳品加工业兴起于 20 世纪初，最初西人设坊加工消毒奶自用。1920 年，哈尔滨及中东铁路沿线始有乳品厂，

---

① 新疆维吾尔自治区地方志编纂委员会：《新疆通志（第 72 卷上）·科学技术志》，乌鲁木齐：新疆人民出版社，2000 年，第 351 页。

② 吉林省地方志编纂委员会：《吉林省志（第 38 卷）·科学技术志·科技》，长春：吉林人民出版社，1997 年，第 299 页。

生产消毒奶、酸奶、奶酪等产品，当地人开始逐渐习惯食用消毒奶等乳制品。1920—1924 年，俄人科斯特罗姆、雷贝奇、沃伦佐夫和梅里尼契夫在哈尔滨投资建成 4 家消毒奶加工厂，年产量为 12 万—20 万瓶。1949 年，哈尔滨本土企业已发展起来，但仍有部分苏侨企业。1948 年 12 月，哈尔滨共苏侨企业 67 家，其中牧场 2 家、牛奶业 14 家、酒业 20 家。1949 年，哈尔滨农产加工厂发展到 500 多家，产值占工业总产值的 43.6%。1956 年这些企业经过社会主义改造，扩建成国营企业，当年总产值是 1949 年的 2.2 倍。

清末和民国时期中国引进应用推广俄苏农机具，为新中国成立初期引进与应用推广苏联农业机械奠定了一定的群众认识基础、技术基础，以及积累了一定经验。传统农业生产方式和习惯排斥和抵抗对现有技术的更新。引进俄苏农机具就意味着必须打破传统的生产方式。而引入新生产要素的风险性恰恰主要源自改变传统生产方式所遇到的各种阻力。[①]其中，传统观念的纠缠和影响很难短期消除，需要通过宣传、教育、引导和示范等多种方式进行改造。[②]20 世纪 50 年代初，引进苏联拖拉机和作业机械的推广应用遇到的阻力主要是农民群众对机械作业了解少，缺乏科学认识。吉林榆树拖拉机站建站时，农民兴奋地迎接拖拉机开进村，给它披红戴花。但是，“当拖拉机开进农田要开始翻地时，有些农民产生怀疑，指着苏联斯大林-80 履带式拖拉机说，这个大铁块子能种地？不把地给压硬了。甚至叫号说，如果用拖拉机种地能打粮，我用人民币添‘秤’。一位老太太在自己的田头拦着拖拉机对拖拉机手说，要开进我的田地，除非从我的身上压过去”。“为解决农民的怀疑，不信任，当时采取的措施，一是积极宣传农机作业的好处，二是搞示范作业，搞机耕与畜耕地块的对比。当年秋季收获之后，机耕地块一般都比畜耕地块增产 20% 以上。这有力地说服了农民群众，他们的疑虑开始消除了。”[③]近代引进俄苏新式农具在东北、新疆和内蒙古等地应用形成一定认识基础、技

① 〔美〕西奥多·W. 舒尔茨：《改造传统农业》，梁小民译，北京：商务印书馆，1987 年，第 26 页。

② 〔德〕马克思、恩格斯：《马克思恩格斯选集》第 1 卷，中共中央马克思恩格斯列宁斯大林著作编译局编译，北京：人民出版社，1995 年，第 603 页。

③ 长春市地方志编纂委员会：《长春市志·农业机械化志》，长春：吉林文史出版社，1993 年，第 108 页。

术条件和使用经验，在新中国成立初期推广应用阻力较小。但在其他省区，由于干部群众对新式农具缺乏基本认识和使用经验，推广难度大。1950 年夏，政务院在中南海举办新式农具展让各级领导参观，此后新式农具推广计划的实施进度加快了。1952 年 8 月，农业部召开座谈会总结上半年新式农具推广计划完成情况，多数省区仅完成全年计划的 10%—25%，而东北区与察哈尔省完成全年计划的 50%。①

民国时期新疆引进苏联农业技术，新中国成立初期继续引进在全国推广应用。1942—1944 年，苏联专家 И. В. 特罗依茨基主持伊犁种羊场育种技术工作，通过举办培训班和实际指导操作应用，传授家畜人工授精技术，培育了过渡品种“哈兰羊”。1950—1953 年，新疆再次聘请 И. В. 特罗依茨基来华指导，大力推广绵羊授精技术，培育并鉴定新疆细毛羊品种。②1933—1944 年，新疆各区设农牧场，场内设种畜场、兽医院，苏联专家培训技术人员学习西兽医药技术。于大新等留苏学生系统学习西兽医技术回国后发挥重要作用。1941—1942 年，阿克苏、塔城、伊犁流行口蹄疫，于大新等配合苏联专家拉特聂尔率领的口蹄疫防治队，采用氢氧化铝甲醛疫苗、高免血清、口蹄疫皂苷疫苗等生化药品扑灭疫情，并于 1944 年建成新疆首座兽医生物药品制造厂，生产牛瘟疫苗、炭疽疫苗等生物药品。③

新中国成立初期，苏联顾问组长 П. С. 巴列金建议建立农技推广服务体系。1956 年，全国建成拖拉机站 326 个、农业技术推广站 1.4 万个、新式农具站 207 个、畜牧兽医站 2257 个、牲畜配种站 545 个。④В. П. 班达林科建议建立兽医法规，草拟中国第一部《兽医法》。⑤1952 年 3 月，根据生物药品制造专家 М. М. 伊凡诺夫、В. П. 班达林科等苏联专家的建议，中国成立中

① 刘安定：《新式农具推广工作座谈会总结》，《中国农报》1952 年第 20 期。

② 新疆维吾尔自治区地方志编纂委员会：《新疆通志（第 34 卷）·畜牧志》，乌鲁木齐：新疆人民出版社，1996 年，第 136—137 页。

③ 新疆维吾尔自治区地方志编纂委员会：《新疆通志（第 72 卷上）·科学技术志》，乌鲁木齐：新疆人民出版社，2000 年，第 290 页。

④《国务院关于加强民间兽医工作的指示》，《中国农报》1956 年第 5 期，第 2 页。

⑤ 农业部办公厅专家室：《本部关于一九五五年苏联专家建议（登记卡编号 1-17）》，1953 年 1 月至 1954 年 4 月，中华人民共和国农业部档案处档案，案卷-1955-长期-4，第 15—23 页。

央生物药品监察所，生物药品制造厂设立驻厂监察室，建立生物药品监察制度。[①]1951 年，新疆等 9 个省暴发口蹄疫，B. П. 班达林科拟定防治方案，制造痊愈血清，入口接种有效控制口蹄疫蔓延。[②]1958 年，苏联专家协助试产成功口蹄疫氢氧化铝甲醛疫苗，为防治口蹄疫发挥重要作用。1959 年，又研制成牛肺疫兔化绵羊适应菌苗，使牛肺疫在中国于 1996 年宣告被彻底消灭。家畜人工授精技术从 20 世纪 30 年代开始在新疆应用于生产，至新中国成立前历经 20 多年仍未能在全国推广。新中国成立后，不到 10 年就在全国得到普及。[③]在植保方面，1941 年，新疆在苏联帮助下，采用飞机灭蝗 70 多万公顷耕地和草场上，蝗虫在旬日之内消灭净尽。这是中国历史上首次采用飞机撒药治蝗。1953—1955 年，苏联派出治蝗人员共 87 人次、飞机 33 架次来疆，防治面积 240 万亩[④]；后中国引进苏 AH-8 飞机发展农用航空。1960 年，全国航空治蝗面积达总耕地面积的 70%。

苏联专家和留学生是技术传播主要载体，对引进苏联农业技术应用推广本土化作用最大、影响最深。聘请苏联专家主要是为了发展高、精、尖、新的农业科技，不仅指导应用新技术，而且帮助进行学科建设，培养科研人员和高校师资。苏联专家在农业生产、教育、科研方面发挥重要作用。科技发展的关键在于开放。中苏专家互访交流与科研合作，促进中苏双方农业科技发展。留苏学生主要在苏联几所农业水平高校及研究机构学习，专业侧重农业基础科学、新兴学科。他们学成回国后是农业技术推广应用、教育骨干力量和学术队伍的带头人。在苏联专家和中国科技工作者的共同努力下，中国引进苏联农业技术得以消化、吸收和创新，实现农牧业增产；

---

① 农业部办公厅专家室：《农业部关于 1949—1957 年苏联专家工作、贡献简述》，中华人民共和国农业部档案处档案，案卷-1957-永久-2，第 23 页。

② 薄一波：《在北京各界庆祝中苏友好同盟互助条约签订三周年大会上的讲话》（1953 年 2 月 14 日），《人民日报》1953 年 2 月 16 日，第 1—2 版。

③ 蔡子伟：《十年来畜牧业的成就》，《中国畜牧学杂志》1959 年第 10 期，第 9 页。

④ 农业部植物保护司：《农业部关于请苏联灭蝗团协助灭蝗》，1953 年 1 月 3 日至 1953 年 8 月 23 日，中华人民共和国农业部档案处档案，案卷-1953-永久-13，第 1—35 页；农业部农政总局：《农业部、外交部关于聘请苏联专家来我国帮助新疆灭蝗的函》，1954 年 1 月 19 日至 1954 年 12 月 31 日，中华人民共和国农业部档案处档案，案卷-1954-永久-23，第 1—23 页。

及时有效防治植物病虫害、牧畜疫病；农业机械技术消化吸收后实现了国产化，并改进再创新，生产具有通用化、系列化、标准化和精耕细作本土特点的新一代农机具。由苏联援建一拖、哈尔滨亚麻纺织厂、国营友谊农场等成套项目，出产品、出技术、出人才，对推动中国农业现代化发挥重要作用。

中国引进俄苏农业技术的消化吸收、创新发展和本土化，是中国对外农业援助重要技术来源。[①]新中国成立前，家畜疫病防治主要采用中兽医；民国时期新疆引进苏联西兽医药技术；新中国成立初期，通过引进苏联西兽医药技术和管理体制，开始全国推广应用西兽医药防治家畜疫病。1959 年 2 月 28 日，中国与越南两国政府签署一系列经济技术援助协议和议定书，其中包括中国对越南援助成套兽药项目。该项目由中国无偿援助人民币 560 余万元兴建，中国提供全套技术设备，派出专家 11 人赴越南帮助工作，接受越南畜牧兽医实习生 40 多人来华学习。1963 年 7 月，中国援建河内兽医生物药品制造厂正式投产，生产各种兽医生物药品 24 种，年产量 1 亿毫升，产品质量和产量均达到或超过原设计任务书规定指标。[②]20 世纪 50 年代，苏联援建国营友谊农场，中国消化吸收土地整理、大型机械化农场设计建设技术和经验。1960 年 3 月 28 日，中越两国政府签署《关于中华人民共和国政府援助越南民主共和国政府建设八个农场和一所中等农业技术学校的议定书》规定，8 个农场成套项目包括 37 个附属加工厂和 8 个综合人工授精站、5 个农业试验站、5 个气候站、3 个水文站等配套项目，援助资金共 4000 万；中方承担总面积 3.8 万公顷的 8 个农场勘测规划，提供各种农牧机械、种畜、种子、种苗，派遣技术人员指导项目建设，培训技术人员。[③]中国以农垦部为筹建单位，从农垦部设计院、新疆生产建设兵团、广东农垦局等单位抽调专

---

① 宋超、许婧：《中国对越南农业技术援助初探（1950—1978）》，《中国农史》2018 年第 4 期，第 34—45 页。

② 徐矶、李易方主编：《当代中国的畜牧业》，北京：当代中国出版社，1991 年，第 510—511 页。

③ 新疆生产建设兵团党委党史研究室：《新疆生产建设兵团史料选辑》（25），乌鲁木齐：新疆人民出版社，2015 年，第 21—22 页。

业技术人员，组建包括 48 人的援助越南农垦工作组。1966 年，8 个农场及附属工厂全部建成运行，移交越方。援助越南建设 8 个农场提供技术，主要是引进苏联技术消化吸收与本土化成果，包括土地整理技术、农场规划设计技术、新疆生产建设兵团提供的植棉技术、一拖生产的拖拉机，以及新疆细毛羊、大白猪、棉花等农牧品种。①

引进苏联土地整理技术消化利用本土化不仅在中国国营农场建设中发挥重要作用，而且用于援助多个国家建设农场。严以绥是中国最早学习苏联土地整理技术的农业工程技术人员之一。苏联专家援建国营友谊农场期间，土地整理专家马斯洛夫等专家在哈尔滨、北京等地举办土地整理讲习班，培养干部数百名。严以绥等学员大部分是从农业院校抽调的应届毕业生。参加培训后，严以绥被分到农垦部荒地勘测设计院，成为农垦部部长王震的得力尖兵。当年王震率部开发北大荒，选点尖兵只有两个人，一个是严以绥，另一个是新疆生产建设兵团土地管理局的何天山。1963—1970 年，严以绥受国家委派赴坦桑尼亚、索马里、加纳、乌干达等国家执行援外任务，规划建设农场，并担任中国援非专家组副组长。②

清末至新中国成立初期，中国引进俄苏农业技术及本土化存在不少缺憾。清末，封建统治阶级轻视科技，缺乏政策措施来指导并保障俄国农牧良种和农机具的引进和推广。尤其东北地广人稀，农民对半机械化农具需要迫切，仅边境地区农民才有可能购进使用俄国农具。民国时期虽然新疆有计划、有规模地引进推广苏联农业技术，但因制度缺陷和政局影响，计划实施中断。引进大批农机具应用一个时期，由于缺乏零部件维修，只能成为废铁。同时，民国时期缺乏国家层面政策措施来保障在更多省区推广应用俄苏农业技术，结果只能是大批引进俄苏作物品种，仅选育出两个亚

---

① 新疆生产建设兵团《外事志、外贸志》编辑组：《新疆生产建设兵团外事志、外贸志》，乌鲁木齐：新疆人民出版社，1999 年，第 142 页。

② 新疆生产建设兵团党委党史研究室：《新疆生产建设兵团史料选辑》（25），乌鲁木齐：新疆人民出版社，2015 年，第 184—186 页。

麻品种；大批引进俄苏畜牧品种，聘请苏联专家指导改良地方品种和培育细毛羊品种，仅培育成过渡品种“哈兰羊”，没有把育种技术消化吸收和扩大应用。尽管已经形成一些优良杂种畜群，但没有用于定向培育新品种。民国时期开始引进苏联西兽医和兽医生物药品制造技术，仅在新疆应用，没有向更大区域范围推广应用。另外，苏联兽药生产和应用监察制度健全，严格控制兽药滥用。这方面当时中国学习吸收和应用不够，至今仍有借鉴意义。新中国成立初期中国引进苏联农业技术吸收和利用也走过弯路，如“电犁”技术，试制、试用没有推广价值；过度重视“米丘林学说”，排斥孟德尔遗传理论，对农业育种理论研究和新品种培育工作产生较大负面影响。

参考文献

一、档案资料

《东北人民政府关于推广新农具的决定》，1950 年 8 月 30 日，G5-37-20，载中国社会科学院、中央档案馆：《1949—1952 中华人民共和国经济档案资料选编·农业卷》，北京：社会科学文献出版社，1991 年。

《农业部党组关于棉产工作会议的报告》，1954 年 1 月 23 日，Z44-1954（2），载中国社会科学院、中央档案馆：《1953—1957 中华人民共和国经济档案资料选编·农业卷》，北京：中国物价出版社，1998 年。

《农业部关于全国农业生产报告》，1949 年 12 月 23 日，CA42-7，载中国社会科学院、中央档案馆：《1949—1952 中华人民共和国经济档案资料选编·农业卷》，北京：社会科学文献出版社，1991 年。

《苏联植物栽培考察组合作介绍》，载农业部办公厅国际技术合作局：《根据中苏科技合作会议第 3422 号决议接待苏联伊万诺娃、塞夫楚克两专家在华考察期间所作报告汇总》，1955 年至 1957 年，中华人民共和国农业部档案处档案，案卷-1957-永久-27。

《苏维埃社会主义共和国联盟政府与中华人民共和国中央人民政府关于农作物检疫与防治病虫害之协定草案》，载农业部农政总局：《中国与苏联一九五四年签订关于农作物检疫和防治病虫害的协议》，1954 年 5 月至 1955 年 1 月，中华人民共和国农业部档案处档案，案卷-1955-永久-31。

《在交流工作经验方面建立联系的中苏科学研究机构和设计机构清单》，载对外联络局：《中苏科学技术合作第六届会议决议书所列各项决议》，1957 年 8 月至 1957 年×月，中华人民共和国农业部档案处档案，案卷-1957-长期-17。

《中共中央关于转发各大行政区贸易部长及各专业总公司经理联席会议要点的决定》，1951 年 1 月 1 日，Z1951-468（1），载中国社会科学院、中央档案馆：《1949—1952 中华人民共和国经济档案资料选编·对外贸易卷》，北京：经济管理出版社，1994 年。

《中华人民共和国发展国民经济的第一个五年计划（1953—1957）》，1955 年 7 月 30 日第一届全国人民代表大会第二次会议通过，JD220/5455（6），载中国社会科学院、中央档案馆：《1953—1957 中华人民共和国经济档案资料选编·农业卷》，北京：中国物价出版社，1998 年。

国务院外国专家局：《专家工作通讯》（总第 35 期），1956 年 1 月至 1956 年 6 月，中华人民共和国农业部档案处档案，案卷-1956-长期-2。

农业部：《关于苏联植保考察团在华工作情况简报》，1955 年 1 月 12 日；农业部专家室：《本部报国务院关于苏联植保考察团在华工作情况简报》，1955 年 1 月，中华人民共和国农业部档案处档案，案卷-1955-永久-4。

农业部办公厅对外联络处：《农业部关于聘请苏联专家统计表》，1960 年 1 月 11 日至 1960 年 7 月 16 日，中华人民共和国农业部档案处档案，案卷-1960-长期-45。

农业部办公厅国际合作处：《参加第五届中苏科学技术合作的意见》《中苏科学技术委员会第五届会议总结报告》，1955 年 2 月至 1957 年 8 月，中华人民共和国农业部档案处档案，案卷-1957-永久-14。

农业部办公厅国际合作处：《参加中苏科学技术合作委员会第三届会议关于农业方面的总结报告》，1955 年 2 月至 1957 年 8 月，中华人民共和国农业部档案处档案，案卷-1957-永久-14。

农业部办公厅国际合作处：《李副总理接见苏联科技代表团谈话纪要、中苏科技合作第 1、2、3、4、5、6 届会议总结报告及扩大中苏科技合作意见》，1955 年 2 月至 1957 年 8 月，中华人民共和国农业部档案处档案，案卷-1957-永久-14。

农业部办公厅国际技术合作处：《中国与苏、波、德、捷、越南国际科技合作协定》，1954 年 2 月至 1954 年 12 月，中华人民共和国农业部档案处档案，案卷-1954-永久-5。

农业部办公厅外事处：《1963 年我部清理向苏联申请的科技合作项目》，1963 年 8 月至 1964 年 1 月，中华人民共和国农业部档案处档案，案卷-1963-长期-13。

农业部办公厅外事处：《农业部关于向苏联申请技术项目的情况和部领导谈话记录》，1955 年 1 月至 1955 年 7 月 21 日，中华人民共和国农业部档案处档案，案卷-1955-永久-8。

农业部办公厅专家室：《本部关于一九五五年苏联专家建议（登记卡编号 1-17）》，1953 年 1 月至 1954 年 4 月，中华人民共和国农业部档案处档案，案卷-1955-长期-4。

农业部办公厅专家室：《刘部长致亚历商斯基同志归国感谢信》《本部刘副部长致苏联专家亚历商斯基同志及巴申柯夫同志归国感谢信》，1957 年 4 月至 1957 年 5 月，中华人民共和国农业部档案处档案，案卷-1957-长期-16。

农业部办公厅专家室：《刘瑞龙副局长、苏联植棉专家关于棉花增产座谈会发言》，1955 年 10 月 7 日至 1955 年 10 月 28 日，中华人民共和国农业部档案处档案，案卷-1955-永久-7。

农业部办公厅专家室：《农业部关于 1945—1957 年苏联专家工作、贡献简述》，中华人民共和国农业部档案处档案，案卷-1957-永久-2。

农业部办公厅对外联络处：《北京农业大学应聘来校讲学的苏联专家名单》，1963 年 3 月 8 日；《1963 年我部清理苏联单方毁约卷》，1963 年 3 月至 1963 年 7 月，中华人民共和国农业部档案处档案，案卷-1963-长期-12。

农业部对外联络局：《С. П. 泽利舍夫同志工作简报》《我部一九六〇年聘请原子能专家、乳品专家、畜牧专家、土壤物理专家在华工作的有关文件》，1960 年 1 月至 1960 年

11月，中华人民共和国农业部档案处档案，案卷-1960-永久-3。

农业部对外联络局：《国务院外国专家局关于 1961 年聘请苏联专家有关事项的通知及各单位拟聘请的专家上报材料》，1960年5月至1960年8月，中华人民共和国农业部档案处档案，案卷-1960-永久-1。

农业部对外联络局：《农业部关于1953—1956年出国、来华活动和国际合作总结》，1959年2月20日至1959年9月3日，中华人民共和国农业部档案处档案，案卷-1959-永久-1。

农业部对外联络局：《十年来我国与苏联在农业方面人员来往统计》，1959 年 2 月 20日至1959年9月3日，中华人民共和国农业部档案处档案，案卷-1959-永久-1。

农业部对外联络局：《苏联农业部及中华人民共和国农业部科学技术合作计划(草案)》《我部与苏联农业部建立科学技术合作直接联系卷》，1958年5月，中华人民共和国农业部档案处档案，案卷-1958-永久-43。

农业部对外联络局：《谈中苏“122项”问题——范长江》，1959年1月至1960年8月，中华人民共和国农业部档案处档案，案卷-1960-永久-6。

农业部对外联络局：《我部通过中苏“122 项”规定一九五九年及一九六〇年派往苏联实习生卷》，1959年4月至1960年1月，中华人民共和国农业部档案处档案，案卷-1960-长期-4。

农业部对外联络局：《我部一九六〇年清理历年中苏两国科技合作问题》，1960 年11月至1960年12月，中华人民共和国农业部档案处档案，案卷-1960-长期-49。

农业部对外联络局：《有关中苏科学技术合作122项的一九五八年来往文件》，1958年3月至1958年12月，中华人民共和国农业部档案处档案，案卷-1958-永久-45。

农业部对外联络局：《中国农业科学院与全苏列宁农业科学院（列宁功勋获得者）科技合作议定书》《中国农业科学院与全苏列宁农业科学院签订科学合作议定书》，1957年1月2日至1958年1月27日，中华人民共和国农业部档案处档案，案卷-1958-永久-44。

农业部对外联络局：《中华人民共和国科学技术委员会关于编制1960年中苏科学技术合作进行和苏联帮助中国进行的122项科学技术合作项目的非商品订货卡需要注意的几个问题》，1959年1月至1960年8月，中华人民共和国农业部档案处档案，案卷-1960-永久-6。

农业部对外联络局：《中苏“122项”一九五九年度合作计划建议草案及有关简报》，1958年8月至1959年1月，中华人民共和国农业部档案处档案，案卷-1959-永久-48。

农业部对外联络局：《中苏122项重大科学技术研究项目1960年合作计划的编制》，1959年1月—1960年8月，中华人民共和国农业部档案处档案，案卷-1960-永久-6。

农业部国际技术合作处：《苏联植物检疫和植物保护科学考察组与中华人民共和国学者共同工作计划》，1954年8月至1955年2月；《协助苏联植保考察团在华考察计划》，1954年7月至1955年4月，中华人民共和国农业部档案处档案，案卷-1955-永久-10。

农业部国营农场管理总局：《农管总局与苏联专家去东北进行土地考察的报告》，1954年9月至1954年12月，中华人民共和国农业部档案处档案，案卷-1954-永久-38。

农业部国营农场管理总局：《一九五四年十月十一月来中华人民共和国帮助建立大型谷物国营农场之苏联专家的名单》，1954年11月至1956年6月，中华人民共和国农业部档案处档案，案卷-1956-长期-67。

农业部国营农场管理总局：《友谊农场报送的基建拨款、经济分析总结、参观实习意见、返聘专家名单、机构人员编制等杂件》，1954年11月至1956年6月，农业部档案处藏档案，案卷-1956-长期-67。

农业部农政总局：《农业部、外交部关于聘请苏联专家来我国帮助新疆灭蝗的函》，1954年1月19日至1954年12月31日，中华人民共和国农业部档案处档案，案卷-1954-永久-23。

农业部人事司：《1956年各单位选拔留苏研究生初步对象计划数》《我部报送高教部1955年派赴苏联学习专业计划及同意纪委分配农业系统的出国名额》，1954年11月至1955年12月，中华人民共和国农业部档案处档案，案卷-1955-永久-14。

农业部植物保护司：《农业部关于请苏联灭蝗团协助灭蝗》，1953年1月3日至1953年8月23日，中华人民共和国农业部档案处档案，案卷-1953-永久-13。

郑丕留、徐维英、陈兆畦，等：《农业和生物原子能和平利用学习组学习总结》，1956年11月，载农业部对外联络局：《我部派赴苏联学习放射性同位素总结报告》，1956年7月至1957年1月，中华人民共和国农业部档案处档案，案卷-1957-长期-31。

中国对外贸易部技术合作局：《进一步扩大中苏科学技术合作的意见（草案）》，1955年2月至1957年8月，中华人民共和国农业部档案处档案，案卷-1957-永久-14。

中国科学院地理科学与资源研究所、中国第一历史档案馆：《清代奏折汇编——农业·环境》，北京：商务印书馆，2005年。

中国农业科学院作物所、畜牧研究所、兽医所：《聘请苏联专家说明书》，载农业部对外联络局：《国务院外专局关于聘请苏联专家的有关通知及我方拟聘专家的说明》，1959年3月至1960年2月，中华人民共和国农业部档案处档案，案卷-1960-永久-4。

中央人民政府政务院：《中央人民政府政务院关于清理农业贷款中若干问题的指示》，1952年12月31日，G4-20-4，载中国社会科学院、中央档案馆：《1953—1957中华人民共和国经济档案资料选编·农业卷》，北京：中国物价出版社，1998年。

〔苏〕塞夫楚克：《世界植物资源在苏联谷物生产中的意义》，载农业部办公厅国际技术合作局：《根据中苏科技合作会议第3422号决议接待苏联伊万诺娃、塞夫楚克两专家在华考察期间所作报告汇总》，1955年至1957年，中华人民共和国农业部档案处档案，案卷-1957-永久-27。

二、地方志及史稿、史料集

《哈尔滨亚麻纺织厂志》编纂委员会：《哈尔滨亚麻纺织厂志（1949—1990）》，哈尔滨亚麻纺织厂史志办印刷（内部发行），1992年。

《内蒙古自治区志·农业志》编委会：《内蒙古自治区志·农业志》，呼和浩特：内蒙古人民出版社，2000年。

安达市地方志办公室：《安达县志》，哈尔滨：黑龙江人民出版社，1992年。

鞍山红旗拖拉机制造厂志编纂委员会：《鞍拖厂志（1949—1984）》，《当代中国的重型矿山机械工业》编纂委员会出版（统一编号：第64卷），1985年。

北京农业工程大学四十年编写组：《北京农业工程大学四十年（1952—1992）》，北京：北京邮电学院出版社，1992年。

长春市地方志编纂委员会：《长春市志·农业机械化志》，长春：吉林文史出版社，1993年。

第一拖拉机制造厂厂志总编室：《一拖厂志（1953—1984）》上册（内部发行），1985年。

第一拖拉机制造厂厂志总编室：《一拖厂志（1953—1984）》下册（内部发行），1985年。

甘肃省地方史志编纂委员会：《甘肃省志（第21卷）·畜牧志》，兰州：甘肃人民出版社，1991年。

甘肃省地方史志编纂委员会：《甘肃省志（第18卷）·农业志》，兰州：甘肃文化出版社，1995年。

故宫博物院明清档案部编：《清代中俄关系档案史料选编》第三编（下册），北京：中华书局，1979年。

哈尔滨市地方志编纂委员会：《哈尔滨市志·农业水利》，哈尔滨：黑龙江人民出版社，1998年。

哈尔滨市地方志编纂委员会：《哈尔滨市志·外事·对外贸易》，哈尔滨：黑龙江人民出版社，1998年。

河北省地方志编纂委员会：《河北省志（第18卷）·畜牧志》，保定：河北大学出版社，1993年。

河北省地方志编纂委员会：《河北省志（第16卷）·农业志》，北京：中国农业出版社，1995年。

黑河市地方志编纂委员会：《黑河市地区志》，北京：生活，读书，新知三联书店，1996年

黑龙江省地方志编纂委员会：《黑龙江省志（第14卷）·国营农场志》，哈尔滨：黑龙江人民出版社，1992年。

黑龙江省地方志编纂委员会：《黑龙江省志（第7卷）·农业志》，哈尔滨：黑龙江人民出版社，1993年。

黑龙江省地方志编纂委员会：《黑龙江省志（第10卷）·畜牧志》，哈尔滨：黑龙江人民出版社，1993年。

黑龙江省地方志编纂委员会：《黑龙江省志（第13卷）·农机志》，哈尔滨：黑龙江人民出版社，1996年。

呼伦贝尔盟农业局：《呼伦贝尔盟农业志》，呼伦贝尔：内蒙古文化出版社，1994年。

呼伦贝尔盟史志编纂委员会：《呼伦贝尔盟志》中册，呼伦贝尔：内蒙古文化出版社，1999年。

呼伦贝尔盟畜牧业志编纂委员会：《呼伦贝尔盟畜牧业志》，呼伦贝尔：内蒙古文化出版社，1992年。

吉林省档案馆：《清代民国吉林档案史料选编·涉外经济贸易》下册，长春：吉林文史出版社，1996年。

吉林省地方志编纂委员会：《吉林省志（第16卷）·农业志·农业机械化》，长春：吉林人民出版社，1993年。

吉林省地方志编纂委员会：《吉林省志（第16卷）·农业志·畜牧》，长春：吉林人民出版社，1993年。

吉林省地方志编纂委员会：《吉林省志（第16卷）·农业志·种植》，长春：吉林人民出版社，1993年。

吉林省地方志编纂委员会：《吉林省志（第38卷）·科学技术志·科技》，长春：吉林人民出版社，1997年。

李明滨：《中国与俄苏文化交流志》，上海：上海人民出版社，2010年。

李全民：《新疆生产建设兵团畜牧志》，乌鲁木齐：新疆科技卫生出版社，1996年。

内蒙古自治区科学技术志编纂委员会：《内蒙古自治区科学技术志》，呼和浩特：内蒙古人民出版社，1997年。

内蒙古自治区人民政府外事办公室：《内蒙古自治区志·外事志》，呼和浩特：远方出版社，1983年。

山西省史志研究院：《山西通志（第28卷）·对外贸易志》，北京：中华书局，1999年。

陕西省地方史志编纂委员会：《陕西省志（第11卷）·农牧志》，西安：陕西人民出版社，1993年。

上海市粮食局、上海市工商行政管理局：《中国近代面粉工业史》，北京：中华书局，1987年。

孙毓棠：《中国近代工业史资料》第一辑（1840—1895年）上册，北京：中华书局，1962年。

万福麟监修，张伯英总纂，崔重庆等整理：《黑龙江志稿》下册，哈尔滨：黑龙江人民出版社，1992年。

汪敬虞：《中国近代工业史资料》第二辑（1895—1914年）上册，北京：科学出版社，1957年。

新疆生产建设兵团《外事志、外贸志》编辑组：《新疆生产建设兵团外事志、外贸志》，乌鲁木齐：新疆人民出版社，1999年。

新疆生产建设兵团党委党史研究室：《新疆生产建设兵团史料选辑》（25），乌鲁木齐：新疆人民出版社，2015年。

新疆生产建设兵团史志编纂委员会、新疆生产建设兵团农业机械志编纂委员会：《新疆生产建设兵团农业机械志》，乌鲁木齐：新疆人民出版社，2004年。

新疆生产建设兵团史志编纂委员会、新疆生产建设兵团农业志编纂委员会：《新疆生产建设兵团农业志》，五家渠：新疆生产建设兵团出版社，2009年。

新疆维吾尔自治区档案馆：《新疆与俄苏商业贸易档案史料》，乌鲁木齐：新疆人民出版社，1994年。

新疆维吾尔自治区地方志编纂委员会：《新疆通志（第26卷）·侨务志》，乌鲁木齐：新疆人民出版社，1994年。

新疆维吾尔自治区地方志编纂委员会：《新疆通志（第25卷）·外事志》，乌鲁木齐：新疆人民出版社，1995年。

新疆维吾尔自治区地方志编纂委员会：《新疆通志（第30卷）·农业志》，乌鲁木齐：新疆人民出版社，1996年。

新疆维吾尔自治区地方志编纂委员会：《新疆通志（第34卷）·畜牧志》，乌鲁木齐：新疆人民出版社，1996年。

新疆维吾尔自治区地方志编纂委员会：《新疆通志（第72卷上）·科学技术志》，乌鲁木齐：新疆人民出版社，2000年。

姚贤镐：《中国近代对外贸易史资料（1840—1895）》，北京：中华书局。

友谊农场史编审委员会：《友谊农场史（1954—1984）》，黑龙江省友谊县印刷厂印刷（内部发行），1985年。

政协哈尔滨市委员会文史资料编辑部：《哈尔滨文史资料·经济史料专辑》，哈尔滨：哈尔滨出版社，1991年。

中国第一历史档案馆编：《清代中俄关系档案史料选编》第一编（下册），北京：中华书局，1981年。

中国科学院经济研究所、中央工商行政管理局资本主义经济改造研究室：《旧中国机制面粉工业统计资料》，北京：中华书局，1966年。

中国农业博物馆：《中国近代农业科技史稿》，北京：中国农业科技出版社，1996年。

中国人民政治协商会议黑龙江省黑河市委员会文史资料研究工作委员会：《黑河文史资料第八辑·旅俄华侨史料选》（内部发行），1991年。

中国畜牧兽医学会：《中国近代畜牧兽医史料集》，北京：农业出版社，1992年。

三、著作

（清）程廷恒修，张家璠纂：《呼伦贝尔志略》，呼伦贝尔：内蒙古文化出版社，2003年。

（清）方拱乾，李兴盛、张文玲、方承整理：《方拱乾诗集》，哈尔滨：黑龙江教育出版社，1992年。

（清）方式济撰：《龙沙纪略》，载姜维公、刘立强：《东北边疆》卷八，哈尔滨：

黑龙江教育出版社，2014 年。

（清）和宁撰，孙文杰整理：《回疆通志》，北京：中华书局，2018 年。

（清）宋小濂：《呼伦贝尔边务调查报告书》，载姜维公、刘立强主编：《东北边疆》卷二（上册），哈尔滨：黑龙江教育出版社，2014 年。

（清）西清撰：《黑龙江外记》，载姜维公、刘立强：《东北边疆》卷十，哈尔滨：黑龙江教育出版社，2014 年。

（清）小横香室主人撰：《清朝野史大观》，上海：中华书局，1915 年。

《当代中国》丛书编辑部：《当代中国的纺织工业》，北京：中国社会科学出版社，1984 年。

《当代中国》丛书编辑部：《当代中国的农垦事业》，北京：中国社会科学出版社，1986 年。

《当代中国》丛书编辑部：《当代中国的农业机械工业》，北京：中国社会科学出版社，1988 年。

《当代中国》丛书编辑部：《当代中国的农作物业》，北京：中国社会科学出版社，1988 年。

《当代中国》丛书编辑部：《当代中国外交》，北京：中国社会科学出版社，1988 年。

《当代中国》丛书编辑部：《当代中国的对外经济合作》，北京：中国社会科学出版社，1989 年。

《当代中国》丛书编辑部：《当代中国的农业机械化》，北京：中国社会科学出版社，1991 年。

《当代中国》丛书编辑部：《当代中国的农业》，北京：当代中国出版社，1992 年。

《苏联农业专家卢森科报告选集》，中央人民政府农业部专家工作室编译，北京：财政经济出版社，1954 年。

《中国家畜家禽品种志》委员会、《中国猪品种志》编写组：《中国猪品种志》，上海：上海科学技术出版社，1986 年。

包尔汉：《新疆五十年：包尔汉回忆录》，北京：中国文史出版社，2013 年。

薄一波：《若干重大决策与事件的回顾》上卷，北京：中共中央党校出版社，1991 年。

陈盛禄主编：《中国蜜蜂学》，北京：中国农业出版社，2001 年。

陈之骅主编：《苏联史纲（1917—1937）》，北京：人民出版社，1991 年。

邓小平：《邓小平文选》第 3 卷，北京：人民出版社，1993 年。

东北农学院校史编写组编：《东北农学院校史（1948—1988）》，哈尔滨：黑龙江科学技术出版社，1988 年。

东省铁路经济调查局编：《北满与东省铁路》，哈尔滨：东省铁路经济调查局，1927 年。

郭文韬、曹隆恭主编：《中国近代农业科技史》，北京：中国农业科技出版社，1989 年。

呼伦贝尔盟外事办公室：《呼伦贝尔盟外事志》，呼伦贝尔：呼伦贝尔盟外事办公室编印，1994 年。

黄纪莲：《中苏关系史话》，北京：社会科学文献出版社，2000 年。

黄维翰：《呼兰府志》，民国四年刊行，1983年重印。

黄越川：《东三省畜产志》，上海：中华书局，1940年。

厉声：《新疆对苏（俄）贸易史（1600—1990）》，乌鲁木齐：新疆人民出版社，1993年。

梁达新编著：《新疆维吾尔自治区的畜牧业》，南京：畜牧兽医图书出版社，1958年。

廖纲煊、和宝彩：《苏联当代科技纵览》，北京：中国科学技术出版社，1990年。

刘德喜：《从同盟到伙伴——中俄（苏）关系50年》，北京：中共党史出版社，2005年。

刘国光主编：《中国十个五年计划研究报告》，北京：人民出版社，2006年。

刘伟胜：《文化霸权概论》，石家庄：河北人民出版社，2002年。

刘先蜀编著：《蜜蜂育种技术》，北京：金盾出版社，2002年。

刘仙洲编著：《中国古代农业机械发明史》，北京：科学出版社，1963年。

刘曰仁主编：《中国农科研究生教育（1935—1990）》，沈阳：辽宁科学技术出版社，1991年。

刘再兴、吴郁文、连亦同编著：《中国经济地理概论》，北京：商务印书馆，1983年。

卢明辉：《中俄边境贸易的起源与沿革》，北京：中国经济出版社，1991年。

毛泽东：《毛泽东著作选读》，北京：人民出版社，1986年。

毛泽东：《建国以来毛泽东文稿（一九四九年九月—一九五〇年十二月）》，北京：中央文献出版社，1987年。

毛泽东：《毛泽东选集》第2卷，北京：人民出版社，1991年。

农业部科学技术委员会、农业部科学技术司：《中国农业科技工作四十年（1949—1989）》，北京：中国科学技术出版社，1989年。

邱梅贞主编：《中国农业机械技术发展史》，北京：机械工业出版社，1993年。

沈志华：《苏联专家在中国（1948—1960）》，北京：中国国际广播出版社，2003年。

沈志华、李丹慧：《战后中苏关系若干问题研究——来自中俄双方的档案文献》，北京：人民出版社，2006年。

宋超：《建国初期中苏农业科学技术合作研究》，北京：中国三峡出版社，2009年。

宋子良、王平主编：《科学社会史》，北京：科学技术文献出版社，1991年。

王俊彦：《白俄中国大逃亡纪实》，北京：中国文史出版社，2002年。

王晓菊：《俄国东部移民开发问题研究》，北京：中国社会科学出版社，2003年。

吴承明、董志凯主编：《中华人民共和国经济史（1949—1952）》第一卷，北京：中国财政经济出版社，2001年。

徐矶、李易方主编：《当代中国的畜牧业》，北京：当代中国出版社，1991年。

张凤鸣：《中国东北与俄国（苏联）经济关系史》，北京：中国社会科学出版社，2003年。

赵德馨主编：《中华人民共和国经济史（1949—1966）》，郑州：河南人民出版社，1988年。

赵德馨主编：《中华人民共和国经济史纲要》，武汉：湖北人民出版社，1988年。

中共中央文献研究室：《毛泽东年谱（1949—1976）》第2卷，北京：中央文献出版社，2013年。

中央人民政府农业部畜牧兽医司：《畜牧兽医选辑（六）·兽医生物药品制造》，上海：中华书局，1953年。

周邦任、费旭主编：《中国近代高等农业教育史》，北京：中国农业出版社，1994年。

庄鸿铸、吴福环、厉声，等：《近现代新疆与中亚经济关系史》，乌鲁木齐：新疆大学出版社，2000年。

〔德〕彼得·科斯洛夫斯基：《后现代文化：技术发展的社会文化后果》，毛怡红译，北京：中央编译出版社，2011年。

〔德〕迪特·海茵茨希：《中苏走向联盟的艰难历程：1945—1950年苏联与中共关系研究》，张文武等译，北京：新华出版社，2001年。

〔德〕马丁·海德格尔：《林中路》，孙周兴译，上海：上海译文出版社，2004年。

〔德〕马克思、恩格斯：《马克思恩格斯选集》第1卷，中共中央马克思恩格斯列宁斯大林著作编译局编译，北京：人民出版社，1995年。

〔德〕马克思、恩格斯：《马克思恩格斯全集》第13卷，中共中央马克思恩格斯列宁斯大林著作编译局编译，北京：人民出版社，1998年。

〔德〕马克思、恩格斯：《马克思恩格斯全集》第44卷，中共中央马克思恩格斯列宁斯大林著作编译局编译，北京：人民出版社，2001年。

〔俄〕尼·伊·维谢洛夫斯基编：《俄国驻北京传道团史料》第一册，北京第二外国语学院俄语编译组译，北京：商务印书馆，1978年。

〔法〕皮埃尔-菲利普·库姆斯、蒂里·迈耶、雅克-弗朗索瓦·蒂斯：《经济地理学：区域和国家一体化》，安虎森、颜银根、徐杨，等译，北京：中国人民大学出版社，2011年。

〔古希腊〕亚里士多德著，苗力田主编，《亚里士多德全集》第8卷，北京：中国人民大学出版社，1994年。

〔美〕雷麦：《外人在华投资》，蒋学楷、赵康节译，北京：商务印书馆，1957年。

〔美〕威廉·A. 哈维兰：《文化人类学》，瞿铁鹏、张钰译，上海社会科学出版社，2006年。

〔美〕西奥多·W. 舒尔茨：《改造传统农业》，梁小民译，北京：商务印书馆，1987年。

〔苏〕奥·鲍·鲍里索夫、鲍·特·科洛斯科夫合著：《苏中关系（1945—1980）》，肖东川、谭实译，北京：生活·读书·新知三联书店，1982年。

〔苏〕米·约·斯拉德科夫斯基：《俄国各民族与中国贸易经济关系史（1917年以前）》，宿丰林译，徐昌翰审校，北京：社会科学文献出版社，2008年。

〔苏〕尼·切博克萨罗夫、伊·切博克萨罗娃：《民族·种族·文化》，赵俊智、金天明译，北京：东方出版社，1989年。

〔苏〕B. 阿瓦林：《帝国主义在满洲》，北京对外贸易学院俄语教研室译，北京：商务印书馆，1980年。

〔苏〕C. H. 拉斯托契金：《养马学》，陈洁莲、倪达男译，北京：高等教育出版社，1960年。

〔英〕阿诺德·汤因比：《历史研究》，刘北成、郭小凌译，上海：上海人民出版社，2005 年。

〔英〕泰勒：《原始文化》，蔡江浓编译，杭州：浙江人民出版社，1988 年。

Making Foreign Policy:United State Union and China, Wadsworth Inc, 1990.

Sergei N. Goncharov, John W. Lewis, Xue Litai, Uncertain Partner:Stalin，Mao, and the Korean War, Stanford: Stanford University Press, 1993.

Александов В. А, Трудные горы советский биологий，Знаний-сила, 1987, (10).

А.И.Крушанов. Дальгего Востока СССР19-20вв. Очерки историй.Владивосток,1991г. (39).

Бажанов Е. П, Советство-китайские отношения: уроки прошрого и современность, Новая иНовейшая история, 1989.

Брежнев А. А, Китай: тернистый путь к добрососедству, воспоминания и размышления, Москва, 1998.

булик Б, Китаиский Народная Респупликав Период Становления (1949-1952г.), Проблемы Дальнего востока, 1994г,. No5.

Г. Н. Романова. Экономические отношепня Рассия и Китая на Дальгего Востоке 19-начало 20в.Москва,1987г.

Кейпл Д，Развенчение мифа о советско-китайском монолите 1949-1960гг., Институт Всео-бщей Истории РАН, Холотная война: новые подходы и новые Документы, Москва, 1995г.

Киоелев И. Н. Советско-китайчкие научные связи.Из историйнаучки и техникий в странах востока. Вып.2,1960г.

Кулик Б. Т，Советство-китайский раскол：причны и последсвия，Москва，2000.

Ледовский А. М, Визит в Москву делегации Комуни-стической Партии Китая в июне августе 1949г., Проблемы Даленего Востока, 1996, (4, 5).

Ледовский А. М, Переговоры И·В·Сталина с Мао Цзэдуном вдекабре 1949г. -феврале 1950г., новые архивные документы，Новая и Новейшая история, 1997, (1).

Ледовский А. М, Переписка И.В.Сталина с Мао Цзэдуном в январе 1949г., Новая и Новейшая история, 1994, (4, 5).

М. И. Сладковский, История торгово экономический отношении СССР с Китая, 1917-1974 Москва, 1977.

Мировицкая Р. А, Первые советни из СССР в Китае, ПроблемыДаленего Востока, 1983, (4).

Под общей редакцией М.И.Сладковского.Эканомика КНР: транспорт,торговля и финансы (1949-1975). Москва, 1979г.

Раманин О. Б, к Истории отношении России-СССР с К в XX веке, Москва, 2002.

Рахманий О. Б, Возмиоотношения И.В.Сталина и Мао Цзэдуна глазами очевидца, Новая и Новейшая история, 1988.

Сурин В. И, Промышленость Северной Маньчжурии и Харбина. Харбин. Типогорафия Китайской Восточной железной дороги 1928г.

Филатов Л. В, научно-техникое Сотрудничество между СССР и КНР (1949-1966). Инфор- мационный Бюллетель Советско-китайчкие Отношенния, 1995, (65).

Хрущев Н. С, Воспоминания: Избранныефрагменты, Москва, 1997г.

Чудодеев Ю. В, военные советскии в Китае, 1937-1942гг., ПроблемыДаленего Востока, 1988, (2).

Шубипа С. А Русская П Равославпая Мисся в Китаи（ⅩⅧ-начало XXвв). Ярославский осудаэ Рставеппый Униве Рситёт им. П. Г. Демидова. 1998.

四、期刊、报纸及论文

《国务院关于加强民间兽医工作的指示》，《中国农报》1956 年第 5 期。

《苏联植物保护专家在中国》，《中国农报》1955 年第 2 期。

《中华人民共和国农业部关于一九五六年棉花增产的主要措施》，《中国农报》1955 年第 24 期。

《中苏关于签订科学技术合作协定的联合公报》，《中华人民共和国国务院公报》1954 年第 1 期。

《中央人民政府农业部指示》，《中国农报》（创刊号）1950 年 5 月。

薄一波：《在北京各界庆祝中苏友好同盟互助条约签订三周年大会上的讲话》（1953 年 2 月 14 日），《人民日报》1953 年第 2 月 16 日，第 1、2 版。

蔡子伟：《十年来畜牧业的成就》，《中国畜牧学杂志》1959 年第 10 期。

陈海秋：《建国以来农村土地制度的历史变迁》，《南都学坛（南阳师范学院人文社会科学学报）》2002 年第 5 期。

陈健源：《北疆棉种 KK-1543、611-Б 的变异及其利用》，《新疆农业科学》1964 年第 10 期。

陈开阳、苗启华、王际华：《新疆细毛羊业的现状特点及发展措施》，《草食家畜》（增刊）2001 年第 S1 期。

程照轩：《新疆棉花大面积丰产的主要经验》，《农业科学通讯》1956 年第 2 期。

丁颖：《我对苏联专家的印象和感想》，《中国农业科学》1952 年第 9 期。

方端第、金作华、张俊弟：《棉花新品种——KK-1543 的简要介绍》，《中国棉花》1960 年第 2 期。

谷茂、马慧英、薛世明：《中国马铃薯栽培史考略》，《西北农业大学学报》1999 年第 1 期。

顾月清、吴坤其、苏冀北：《毛主席来到农科所》，《人民日报》1993 年 9 月 28 日，第 3 版。

贵州省畜禽品种志和品种图谱编委会：《苏联大白猪》，《贵州畜牧兽医科技》1984 年第 2 期。

郭蕴深：《论新疆地区的中俄茶叶贸易》，《中国边疆史地研究》1995 年第 4 期。

胡殿金：《苏联西伯利亚大白猪——赴苏联考察报告》，《黑龙江畜牧兽医》1990 年第 7 期。

蒋南群：《苏联冬小麦在黑龙江》，《东北农业》1950 年第 19 期。

李富春：《关于发展国民经济的第一个五年计划的报告——在一九五五年七月五日至六日的第一届全国人民代表大会第二次会议上》（1955 年 7 月 6 日），《人民日报》1955 年 7 月 8 日。

李群：《我国近代畜牧科技的引进与畜种改良实践》，《中国农史》1996 年第 1 期。

李韬：《苏联对我国畜牧业的巨大援助》，《中国农垦》1957 年第 5 期。

李志学：《试析 1860 年－1914 年间的赴俄华侨》，《暨南学报（哲学社会科学版）》2006 年第 1 期。

刘安定：《新式农具推广工作座谈会总结》，《中国农报》1952 年第 20 期。

刘芳、宋超、张建琴，等：《从丝织品用途看唐代蚕桑政策》，《丝绸》2018 年第 5 期。

刘行骥：《新疆省畜牧兽医事业概述》，《畜牧兽医月刊》1944 年第 4 期。

鲁农：《马匹人工授精术》，《中华农学会丛刊》1918 年第 1 期。

罗绍文：《赵鸿基和新疆的蚕丝业》，《新疆地方志》1993 年第 2 期。

马光明：《对南疆地区推广乌克兰 0246 冬小麦品种的意见》，《新疆农业科学通报》1958 年第 3 期。

买买提·莫明、李雪源、孙国清，等：《新疆棉花自育品种优越性与外引品种互补性》，《中国棉花》2003 年第 11 期。

欧阳云梓：《20 世纪 40 年代后期中苏新疆经贸合作谈判》，《江西社会科学》2003 年第 11 期。

祁学俊：《中俄文化的交流与影响》，《民间文化》2001 年第 2 期。

沈阳农学院畜牧兽医系、辽宁省畜牧兽医科学研究所：《苏联大白猪的风土驯化效果观察》，《甘肃畜牧兽医简讯》1972 年第 3 期。

沈志华：《对在华苏联专家问题的历史考察：基本状况及政策变化》，《当代中国史研究》2002 年第 1 期。

沈志忠：《近代中美农业科技交流与合作初探——以金陵大学农学院、中央大学农学院为中心》，《中国农史》2002 年第 4 期。

宋超：《建国初期中苏农业科学技术合作研究》，南京农业大学博士学位论文，2007 年。

宋超：《新中国初期对苏联农业机械技术引进特点与绩效》，《中国经济史研究》2009 年第 4 期。

宋超：《民国时期苏联农业技术向中国的转移及其影响》，《华南农业大学学报（社会科学版）》2010 年第 4 期。

宋超：《民国时期新疆引进苏联农业技术的历史考察》，《新疆社会科学（汉文版）》2010 年第 6 期。

宋超：《近代中国从俄苏引进农业技术及其影响考论》，《中国社会经济史研究》2011 年第 1 期。

宋超：《周恩来对中苏科学技术合作的贡献研究》，《求索》2012 年第 5 期。

宋超、惠富平：《建国初期苏联援建国营友谊农场的积极意义》，《中国农学通报》2007 年第 5 期。

宋超、栾贻信：《马克思循环经济思想的复杂性原则》，《马克思主义研究》2011 年第 12 期。

宋超、许婧：《中国对越南农业技术援助初探（1950—1978）》，《中国农史》2018 年第 4 期。

涂治：《新疆省玛纳斯河流域棉花增产经验》，《中国农报》1954 年第 3 期。

涂治：《新疆十年来的农业科学研究成就》，《新疆农业科学》1959 年第 10 期。

王道均：《611-Б 棉种在晋中棉区的展望》，《新疆农业科学》1960 年第 1 期。

王启美、柳培良：《机耕学校实习农场吸收苏联先进经验获得新的成就》，《中国农报》1952 年第 12 期。

王思明：《如何看待明清时期的中国农业》，《中国农史》2014 年第 1 期。

王希隆：《清代中俄文化交流述论》，《兰州大学学报（社会科学版）》1997 年第 4 期。

王献礼、郎红忠、贺美球，等：《新疆长绒棉品种系谱分析》，《中国种业》2002 年第 12 期。

王小平：《盛世才时期新疆的农业机械化运动研究》，《石河子大学学报（哲学社会科学版）》2007 年第 2 期。

肖玉秋：《试论俄国东正教驻北京传教士团文化与外交活动》，《世界历史》2005 年第 6 期。

肖玉秋：《清道光年间中俄政府互赠图书考略》，《南开学报（哲学社会科学版）》2006 年第 4 期。

肖玉秋：《17—19 世纪俄国人对中医的研究》，《史学月刊》2014 年第 3 期。

谢潜渊：《感谢苏联农业专家伊万诺夫同志》，《中国农业科学》1952 年第 10 期。

新华社：《苏联灭蝗工作团帮助我新疆省飞机灭蝗胜利结束》，《生物学通报》1953 年第 9 期。

新疆维吾尔自治区农业厅：《新疆吐鲁番五星农业社 1956 年棉花丰产总结》，《农业科学通讯》1957 年第 2 期。

徐焕曦、张继生：《冬小麦新乌克兰 83 号在兵团农场的引种和推广》，《新疆农业科学》1964 年第 8 期。

薛明：《二十世纪初东北北部的对外贸易及特点》，《学习与探索》1993 年第 3 期。

薛衔天、栾景河:《中俄关系的历史与现实——从三次结盟到〈睦邻友好合作条约〉》,《西伯利亚研究》2002 年第 3 期。

杨海莹:《马铃薯在山西的本土化》,《安徽农业科学》2007 年第 2 期。

杨慧:《中国东北与俄罗斯农业交流史研究——从 1689 年中俄〈尼布楚条约〉至今》,南京农业大学博士学位论文,2011 年。

于国政、樊华:《地缘地理学学科构建探析》,《世界地理研究》2009 年第 3 期。

张柏春、张久春、姚芳:《苏联技术向中国转移的特点及其影响》,《科学学研究》2004 年第 3 期。

张传燧、石雷:《论课程与教学论的本土化》,《教育研究》2012 年第 3 期。

张亨禄、杨世臣:《我省棉花品种的更换特点》,《种子世界》1990 年第 6 期。

张松、刘志民:《俄罗斯高等农业教育发展道路及模式探索》,《中国农业教育》2005 年第 3 期。

郑丕留:《家畜人工授精的过去及现在》,《工作通讯》1950 年第 10 期。

后 记

中国与俄国（苏联）互为最大邻国，两国政治外交、经贸往来、文化交流一直受到政界、经济界、学界的普遍重视，但近现代中俄（苏）农业科技合作交流的诸多学术问题尚缺乏系统研究。关于本书的相关问题探讨，开始阶段笔者由于史料零散和前人研究成果少曾长时间犹豫彷徨，后来顾虑完全打消是因为有幸查阅到了新中国成立初期中苏农业科学技术合作的原始档案。笔者以这些丰富的一手档案资料整理与研究为起点，经过长期不断地搜集，积累了记载清末和民国时期中国同俄苏农业技术交流的大量史志和档案资料。这期间，笔者撰写的论文先后在《中国农史》《中国经济史》《中国社会经济史》《新疆社会科学》《华南农业大学学报（社会科学版）》等刊物发表。2010 年，“建国初期国际农业科学技术合作研究”获得教育部人文社会科学研究基金资助，以论文形式完成结题。2012 年，“中国引进俄苏农业技术结构变迁及本土化研究（1840—1966）”获得国家社会科学基金资助，以著作（书稿）形式完成结题。科学研究是接力进行的，如同芝麻开花节节高。尽管本书还存在一些需要进一步探讨的问题，但如果在以下几个方面的探讨和认识上可以成为“引玉之砖”，也足慰笔者的心愿和努力。

第一，清末至新中国成立初期引进俄苏农业技术的自然优势和人文优势显著。自然优势包括地缘优势、农业资源互补性强、同纬度引种优势、跨纬度育种优势，以及边境地区两国边民之间姻亲相连等方面的优势；人文优势包括中俄文化交流历史悠久、异质性弱、融通性强，两国外交关系和农业交往密切等方面。这些优势的显著性在中国与其他国家农业关系中是少有的。“文化”一词原本意涵就是农业的“耕耘”“栽培”。技术作为文化重要的组成部分，是实现目的的手段、方法或流程。自然优势是人文优势的基础。而人文优势的形成和增强，又推动自然优势潜能和作用的发挥。技术具有自然物质性和社会精神性。文化异质性直接影响引进技术本土化的进程及成效。传播和扩散是文化与技术的生命力。中俄（苏）贸易往来和文化交流历史悠久，早在西汉时期中国与后来成为苏联一部分的中亚地区就建立了“丝绸之路”上的贸易关系，传播中华文明成果，引进大宛葡萄、苜蓿、大宛马（别名汗血宝马）等农牧品种；边境地区两国边民姻亲相连、交往频繁、生产生活方式相同或相近，两大民族文化异质性不断减弱，融通性不断增强。

第二，清末、民国时期和新中国成立初期中国引进俄苏农业技术目的性和计划性不断增强。技术的目的性贯穿于整个技术活动的过程之中，而技术目的的实现需要政策支持、社会协作、适宜的文化和自然环境。清末引进俄苏农业技术，主要是民间行为，中国边民或俄（苏）侨为了自用而从俄（苏）带来农机具、农牧品种等物质形态农业技术；官方引进主要是购买俄（苏）马匹品种，用于改良军马场的地方品种。民国时期引进俄苏农业技术规模扩大，具有一定整体性和层次性。新疆省政府为了地方经济发展，聘请苏联专家帮助制订发展规划，多层次引进苏联农业技术并推广应用。新中国成立初期主要通过官方引进苏联农业技术。为了农业恢复发展、农业社会主义改造和农业现代化发展需要，外交部、外贸部、农业部等国家部委根据“一五”计划、“十二年科学规划”，通过外贸、中苏科学技术合作委员会和中苏“122项”科研合作等途径，多层次、全方位、大规模地引进苏联农业技术。中国引进俄苏农业技术是自然因素和人文因素相互作用的结果，是合规律性与合目的性的有机统一。一方面，俄苏近现代科技整体实力与农业技术发展水平比较先进，农业育种资源保护、家畜人工授精、兽医生物药品制造、农牧产品加工等方面的技术水平世界领先，引进俄苏农业技术有一定历史必然性，符合技术差势和技术流动规律；另一方面，中国引进俄苏农业技术是根据中国农业发展实际需要通过有目的、有计划交流与合作进行的，符合改造传统农业、农业社会主义改造和促进农业近现代化发展的目标。

第三，清末至新中国成立初期引进俄苏农业技术结构完整性不断增强。技术是不断成长、进化和完善的系统结构，各种技术要素相互联系结成了一个体系。它作为技术在社会中的现实存在方式，是依据自然规律、技术规范和社会文化而形成的具有特定结构和功能的有机整体。清末至新中国成立初期，引进俄苏农业技术途径和方式的拓展直接引起了引进技术结构的变迁。清末仅通过贸易引进农牧良种、农业机械等实体形态的农业技术。民国时期，不仅通过贸易有计划地引进农业机械、农牧新品种等实体形态农业技术，而且以聘请苏联专家、派遣留苏学生等方式引进经验形态和知识形态的农业技术。新中国成立初期，政府通过中苏贸易、中苏科学技术合作委员会、中苏“122 项”科研合作及中苏相应机构直接联系等途径，以进口农牧品种和农业机械、聘请苏联专家、派遣留苏学生、专家互访、双方共同举办农业博览会及学术会议等方式，从苏联全面系统引进实体形态、经验形态和知识形态的农业技术；对于一些亟须发展的基础薄弱的重要技术，为了尽快消化吸收和应用推广，将其纳入“一五”期间苏联援建的“156 项”重点工程计划，以苏联援建成套项目形式系统引进，如大型国营农场设计建设、拖拉机制造、亚麻纺织等技术，在规模、内容结构整体性、应用范围和成效、影响等方面，都是清末和民国时期引进俄苏农业技术无法比拟的。

第四，中国引进俄苏农业技术具有新颖性。技术既是一种“创制科学”，又是一种规则体系和工具、方法的组合，具有多要素、目的性和协作性等特点。每一种技术都是由其他技术构成的，即技术产生于其他技术的系统化的组合（combinations）。中国引进俄苏农业技术的新颖性是显而易见的。20 世纪初，黑龙江、内蒙古、新疆等省中俄边境地区引进俄国火犁（拖拉机），聘请俄匠驾驶示范拖拉机耕地。在当时中国用拖拉机耕地还是少有的新鲜事，是一种“新生事物”。民国时期，新疆省建设厅以聘请苏联专家、派遣留苏学生与进口苏联农业机械、农牧品种等方式，有计划地引进并应用推广农牧新品种、西兽医、家畜人工授精技术和试办农业机械化，也是当时中国少有的事情。新中国成立初期，通过中苏贸易、中苏科学技术合作委员会、中苏“122 项”科研合作项目、中苏相应机构直接联系和苏联援助成套项目建设等途径，大规模进口苏联农业机械和农牧品种、聘请苏联专家、派遣留苏学生，全方位地系统引进苏联农业技术，其内容结构、规模、社会影响等方面在中国农业发展史上是空前的。同时，参照苏联农业技术推广服务体系，建设农技站、植保站、畜牧兽医站、配种站、拖拉机站，以及生物药品生产监理、机务维修管理等制度。

第五，引进俄苏农业技术实用性强，应用创新实现本土化影响深远。清末和民国时期引进俄苏农机具、农牧品种、家畜人工授精等技术实用性强，在黑龙江、内蒙古、新疆等地的中俄边境地区应用推广，并在新中国成立初期大规模、全方位、多层次地引进在全国各地应用推广，融入中国农业技术体系。借鉴近代引进俄苏农业技术长期应用而积累的基础和经验，新中国成立初期，引进苏联农业技术减少了盲目性，加之引进技术规模扩大、结构完整性增强，因而本土化进程得以加快。培育畜牧新品种周期长，利用引进畜牧品种培育新品种需要具有连续性。中国在 19 世纪末 20 世纪初开始引进俄苏马、牛、猪等畜牧品种，改良地方品种并在民国时期形成优良杂种群。新中国成立初期，中国继续从苏联引进种畜，利用杂种畜群定向培育，育成大批新品种；引进农业机械进行仿制和再创新以实现国产化，生产多种系列新产品；引进俄苏大型机械化农场设计建设、土地整理、西兽医、生物药品制造等科学技术并再创新以实现本土化；借鉴苏联经验，在苏联专家指导下建立科研机构和学科体系。有些引进技术已经成为宝贵的物质文化遗产，如从俄国引进开荒用的“三马镣子”（大洋犁）、割地“马神”（马拉收割机）、打场“马神”（马拉脱谷机）等具有文化遗产保护意义，旅俄归侨徐相久于 1922 年创建的黑河振边酒厂已成为国家文物保护单位，苏联援建的中国一拖（“一五”期间“156 项”重点工程之一）被列入首批“中国工业遗产保护名录”。

本书尚有一些问题有待进一步深入探讨。事物结构是多层次的复杂性系统结构，任何研究和认识都是阶段性的。中国引进俄苏农业技术的应用推广和本土化，提高农产品的产量、质量和经济效益，改变农业产业结构，这些直接效应容易看到，并被大多数人视为引进技术产生的主要结果和成效。然而，农业再生产主要是生物再生产。而农业生产环境条件和动植物产品对人类身体健康、自然生态、社会文化的作用和影响是极其复杂的，具有潜在性、间接性、滞后性和长期性等特点。因此，虽然本课题研究从立项到结项历时6年，仍有很多问题尚待进一步深入探讨，如引进俄苏农牧品种溯源、中国引进俄苏农业技术在中国对外援助中的作用和影响等。

本书曾得到农业部办公厅、南京农业大学中华农业文明研究院和南京信息工程大学社会科学处、法政学院、马克思主义学院等单位领导、专家、教授的大力支持，南京信息工程大学科学技术史研究院同事和研究生也给予笔者许多帮助马海涛、杨瑶、张台铭整理资料和撰写书稿均在8万字以上，科学出版社编辑同志对书稿修改严谨、细致，付出了大量的时间和精力，提出许多宝贵意见，在此向他们致以最诚挚的谢意。

宋 超

2019年冬于南京信息工程大学

西苑揽江楼